भारतीय सामाजिक व्यवस्था

भारतीय सामाजिक व्यवस्था

भावना गुप्ता

इशिका पब्लिशिंग हाउस
जयपुर दिल्ली

इशिका पब्लिशिंग हाउस
ए –25, ''गणेश सदन'', गली न. 4, आदर्श बस्ती,
बी.एल. हाउस के पास, टोंक फाटक,
जयपुर–302018 (राजस्थान) भारत
फोन : 0141-2761280, Mob. 9887532741
Email: ishikapublishinghouse@yahoo.in

दिल्ली कार्यालय : 102, प्रथम मंजिल, 'सत्यम हाउस'
4324 / 3, अंसारी रोड़, दरियागंज, नई दिल्ली – 110 002
फोन : 011–45652440

ISBN: 9788189471095

Price: ₹ 1750.00

टाइपसेटिंग : बी.एस. कम्प्यूटर्स, जयपुर

मुद्रक : थॉमसन प्रेस, नई दिल्ली

भूमिका

समाज का हर वर्ग अब धीरे-धीरे यह समझ रहा है कि महिलाओं के सही प्रतिनिधित्व और हिस्सेदारी के बगैर किसी भी क्षेत्र में काम ठीक से और सौहार्द्र के साथ नहीं हो सकता। घरों के अलावा ऑफिस में, बाजार में, एयरपोर्ट में, दुकानों में, खेतों में, शिक्षा-संस्थानों में, और भी कई जगह महिलाओं के होने से न केवल समरसता दिखती है बल्कि अन्य महिलाओं को अपनी बात कहने या अपना काम करने में सहजता का अनुभव होता है। महिलाओं की बढ़ती साक्षरता से और उनमें काम करने की बढ़ती लालसा से आने वाले समय में कई क्षेत्रों में महिलाओं की संख्या निश्चित तौर पर बढ़ेगी। इसी के साथ टूटेगा पुरुषों का एकाधिकार। आने वाले समय में महिलाएँ सेना की सिपाही, इंजीनियरिंग या कुछ और दुष्कर क्षेत्रों में भी अपना स्थान बना लेंगी। अब जरूरत है सभ्य समाज की प्रतीक इन महिलाओं के साथ शालीन व्यवहार की जिससे ये आगे आने वाले समाज को सभ्य व सुसंस्कृत कर सकें।

मानव जीवम की विशिष्ट विशेषताओं में से एक उसका सामाजिक जीवन का स्वरूप भी सम्मिलित है। जीवित रहने के लिए सभी मनुष्य एक दूसरे के साथ अन्तःक्रिया करते हैं। महान् यूनानी दार्शनिक अरस्तु (384-322 ई.पू.) ने कहा है कि - मनुष्य एक सामाजिक प्राणी है। उसका स्वभाव और आवश्यकताएं दोनों ही उसे समाज में रहने के लिए प्रेरित करते हैं। सबसे पहले स्पष्ट रूप से 1838 ई. में फ्रांसिसी दार्शनिक और समाज वैज्ञानिक ऑगस्ट कॉम्टे (Auguste Comte) ने "समाजशास्त्र" (Sociology) शब्द दिया और समाजशास्त्र के विषय-क्षेत्र तथा उसकी अध्ययन पद्धति निर्धारित की। इसी कारण कॉम्टे को "समाजशास्त्र का जन्मदाता" (Father of Sociology) माना जाता है। कॉम्टे ने मानव समाज की प्रकृति और उसके जन्म तथा विकास के नियमों तथा सिद्धान्तों की खोज करने के लिए कठिन परिश्रम किया। अपनी प्रमुख रचना "Course de Philosophic - Positive Philosophy" में एक पृथक सामाजिक शास्त्र के निर्माण की आवश्यकता की ओर संकेत किया है, जो सामाजिक घटनाओं की व्याख्या एवं विश्लेषण करे। पहले इस विज्ञान का नाम कॉम्टे

ने "**सामाजिक भौतिकी**" (Social Physics) और बाद में "**समाजशास्त्र**" रखा। कॉम्टे और समकालीन सामाजिक चिन्तकों के अनुसार तमाम सामाजिक समस्याओं का मूल समाज-सम्बन्धी अज्ञान है और उनका विश्वास था कि उस समय प्राकृतिक विज्ञानों में अत्यधिक लाभकारी सिद्ध हो रही वैज्ञानिक विधि से प्राप्त समाज सम्बन्धी ज्ञान एक अच्छे समाज के विकास को सम्भव बना देगा। उन्होंने भविष्यवाणी की कि जैसे ही मानव एक सामाजिक विज्ञान विकास कर लेगा, वैसे ही वह अपने सामाजिक-भाग्य का स्वामी बन जायेगा।

सामाजिक जीवन के बारे में सुव्यवस्थित ढंग से सोचने का प्रथम प्रयास यूरोप में यूनानी दार्शनिक प्लूटो (427-347 ई.पू.) ने किया। अपनी कृति रिपब्लिक **"Republic"** में नगरीय समुदाय के सभी पहलुओं का विश्लेषण किया गया है। प्लूटो के शिष्य अरस्तु (384-322 ई.पू.) ने "Ethics" और "Politics" कृतियों में कानून, समाज और राज्य के व्यवस्थित अध्ययन का महत्त्वपूर्ण प्रयास दिखाई पड़ता है। अरस्तु का दर्शन यथावत् (Status Quo) का पक्षपाती है, इसी कारण इसका रूप नितान्त रूढ़ीवादी माना जाता है। रोमन दार्शनिक **सिसरो** (Ciccro) ने अपनी रचना **"De Officus"** के माध्यम से यूरोप के लिए दर्शन-राजनीति, कानून तथा सामाजिक विचारों संबंधी यूनानी ज्ञान भण्डार के द्वार खोल दिए। रोम के विद्वान राज्य और समाज के बीच अन्तर भी स्पष्ट नहीं कर पाये। इसके बाद के काल में सामाजिक विधान ईश्वरीय स्वीकृत विधान था। वितण्डावादियों (The Scholastics) ने बिब्लिकल (Biblical) मान्यता को स्थापित किया, जिसके अनुसार - मानव भगवान की विशिष्ट रचना है। आधुनिक समय में सोलहवीं शताब्दी में राज्य तथा समाज का अन्तर स्पष्ट किया गया।

लेखक

अनुक्रमणिका

1

भारतीय समाज के प्रमुख लक्षण

एक पृथक विषय के रूप में समाजशास्त्र का इतिहास मात्र डेढ़ सौ वर्ष पुराना है। समाजशास्त्र समाज का समग्र वैज्ञानिक अध्ययन करता है। समाज के सम्बन्ध अध्ययन उसी समय प्रारम्भ हो गया जब मनुष्य अस्तित्त्व में आया। मनुष्य के प्रारम्भिक चिन्तन के साथ सामाजिक विषय का प्रादुर्भाव माना जा सकता है। समाजशास्त्र की उत्पत्ति से पूर्व समाज को धार्मिक, दार्शनिक, ऐतिहासिक एवं राजनीतिक-आर्थिक रूप में समझने की चेष्टा की गई थी। ईसा से पूर्व भारत, चीन, अरब, ग्रीस और रोम में सामाजिक दर्शन की एक उन्नत परम्परा विकसित हो चुकी थी। विश्व के प्राचीन तथा सुप्रसिद्ध प्रमुख सामाजिक दार्शनिकों में मनु, कौटिल्य, कन्फ्यूशियस, प्लेटो और अरस्तु के नाम उल्लेखनीय हैं। दर्शन, धर्म और इतिहास आधुनिक सामाजिक विज्ञानों की जननी माने जाते हैं। मानव जीवन की विशिष्ट विशेषताओं में से एक उसका सामाजिक जीवन का स्वरूप भी सम्मिलित है। जीवित रहने के लिए सभी मनुष्य एक दूसरे के साथ अन्त:क्रिया करते हैं। महान् यूनानी दार्शनिक अरस्तु (384-322 ई.पू.) ने कहा है कि - मनुष्य एक सामाजिक प्राणी है। उसका स्वभाव और आवश्यकताएं दोनों ही उसे समाज में रहने के लिए प्रेरित करते हैं। सबसे पहले स्पष्ट रूप से 1838 ई. में फ्रांसिसी दार्शनिक और समाज वैज्ञानिक ऑगस्ट कॉम्टे (Auguste Comte) ने "समाजशास्त्र" (Sociology) शब्द दिया और समाजशास्त्र के विषय-क्षेत्र तथा उसकी अध्ययन पद्धति निर्धारित की।

इसी कारण कॉम्टे को "समाजशास्त्र का जन्मदाता" (Father of Sociology) माना जाता है। कॉम्टे ने मानव समाज की प्रकृति और उसके जन्म तथा विकास के नियमों तथा सिद्धान्तों की खोज करने के लिए कठिन परिश्रम किया। अपनी प्रमुख रचना "Course de Philosophic - Positive Philosophy" में एक पृथक सामाजिक शास्त्र के निर्माण की आवश्यकता की ओर संकेत किया है, जो सामाजिक घटनाओं की व्याख्या एवं विश्लेषण करे। पहले इस विज्ञान का नाम कॉम्टे ने "**सामाजिक भौतिकी**" (Social Physics) और बाद में "**समाजशास्त्र**" रखा। कॉम्टे और समकालीन सामाजिक चिन्तकों के अनुसार तमाम सामाजिक समस्याओं का मूल समाज-सम्बन्धी अज्ञान है और उनका विश्वास था कि उस समय प्राकृतिक विज्ञानों में अत्यधिक लाभकारी सिद्ध हो रही वैज्ञानिक विधि से प्राप्त समाज सम्बन्धी ज्ञान एक अच्छे समाज के विकास को सम्भव बना देगा। उन्होंने भविष्यवाणी की कि जैसे ही मानव एक सामाजिक विज्ञान विकास कर लेगा, वैसे ही वह अपने सामाजिक-भाग्य का स्वामी बन जायेगा।

सामाजिक जीवन के बारे में सुव्यवस्थित ढंग से सोचने का प्रथम प्रयास यूरोप में यूनानी दार्शनिक प्लूटो (427-347 ई.पू.) ने किया। अपनी कृति रिपब्लिक **"Republic"** में नगरीय समुदाय के सभी पहलुओं का विश्लेषण किया गया है। प्लूटो के शिष्य अरस्तु (384-322 ई.पू.) ने "Ethics" और "Politics" कृतियों में कानून, समाज और राज्य के व्यवस्थित अध्ययन का महत्त्वपूर्ण प्रयास दिखाई पड़ता है। अरस्तु का दर्शन यथावत् (Status Quo) का पक्षपाती है, इसी कारण इसका रूप नितान्त रूढ़ीवादी माना जाता है। रोमन दार्शनिक **सिसरो** (Ciccro) ने अपनी रचना **"De Officus"** के माध्यम से यूरोप के लिए दर्शन-राजनीति, कानून तथा सामाजिक विचारों संबंधी यूनानी ज्ञान भण्डार के द्वार खोल दिए। रोम के विद्वान राज्य और समाज के बीच अन्तर भी स्पष्ट नहीं कर पाये। इसके बाद के काल में सामाजिक विधान ईश्वरीय स्वीकृत विधान था। वितण्डावादियों (The Scholastics) ने बिब्लिकल (Biblical) मान्यता को स्थापित किया, जिसके अनुसार - मानव भगवान की विशिष्ट रचना है। आधुनिक समय में सोलहवीं शताब्दी में राज्य तथा समाज का अन्तर स्पष्ट किया गया। इसी काल के प्रसिद्ध विचारक हॉब्स (1588-1679), लॉक (1632-1704), मैकियावेली (1479-1527,) आदि थे।

सर थॉमस मूर (Sir Thamas Moor) ने अपनी बहुचर्चित रचना "Utopia, 1515" में एक आदर्श सामाजिक व्यवस्था का चित्रण और दैनिक जीवन की सामाजिक समस्याओं का वर्णन किया हैं। आदर्श जीवन का चित्रण करने वालों में प्रमुख विद्वान थे - थॉमस कैम्पवैला (City of the Sun), फ्रांसिस बेकन (New Atlantis), जैम्स हैरिगंटन (The Commonwalth of Nations) ने सामाजिक घटनाओं की वैज्ञानिक खोज की दशा में इटली के विको (Vico) तथा फ्रांस के मोंटेस्क्यू (1689-1755) का

आयोजन उल्लेखनीय रहा। विको ने "The New Science" में लिखा है कि - समाज कुछ निश्चित नियमों के अधीन होता है। इन नियमों को तथ्यात्मक निरीक्षण द्वारा समझा जा सकता है। मांटेस्क्यू "The Spirit of Laws" में लिखते हैं कि - जलवायु या भौगोलिक अवस्थाएं सामाजिक जीवन को निर्णायक रूप से प्रभावित करती हैं।

जीव-वैज्ञानिक डार्विन (1809-82) ने "Origin of Spacies में "Survival of the Fittest" के सिद्धान्त को प्रस्तुत कर सामाजिक उद्‌विकास की अवधारणा को स्थापित किया। समाजशास्त्रीय स्वरूप में इसे अपनाने का उल्लेखनीय कार्य हरबर्ट स्पेन्सर ने किया। मनोवैज्ञानिक दृष्टिकोण से सामाजिक विकास की व्याख्या करने वालों में ग्राहम वैलेस, मैक्डूगल, हाबहाउस (इंग्लैण्ड में) तथा वार्ड, गिडिंग्स, कूले, मीड, डीवी (अमेरिका में) प्रमुख हैं। जर्मनी विद्वानों - वानवीजे, रोनीज, वीरकांत, सिमैल एवं मैक्सवेबर ने भी समाजशास्त्र के विकास में अपूर्व योगदान दिया है।

समाजशास्त्र के आविर्भाव के मूल में अठारहवीं सदी के यूरोप की सामाजिक, आर्थिक, राजनीतिक और बौद्धिक पृष्ठभूमि का महत्त्वपूर्ण हाथ है। इसी समय इतिहास की दार्शनिक व्याख्या की बौद्धिक परम्परा विकसित हुई। इस तरह की विश्लेषण पद्धति के विकास में जर्मन दार्शनिक हीगेल (1770-1831) का योगदान महत्त्वपूर्ण है। इस परम्परा का भी समाजशास्त्र के विकास में विशेष प्रभाव पड़ा। इस काल में यूरोप में सामाजिक-राजनीतिक तथा आर्थिक पक्षों में विश्लेषण के लिए एक विषय के रूप में राजनीतिक अर्थतंत्र का एक विशेष स्थान था। कार्ल मार्क्स की शिक्षा-दीक्षा इसी विषय में हुई थी।

इस अवधि में इंग्लैण्ड में संसद के अधिकार क्षेत्र में वृद्धि, राजा के अधिकारों में परिसीमक, भूस्वामी और सामंत वर्ग के स्थान पर शिल्पी और व्यापारी वर्ग का उदय, फ्रांस की क्रांति, कारखाना आधारित आर्थिक व्यवस्था, आप्रवास, नगरीय विकास के फलस्वरूप अनेक सामाजिक, राजनीतिक और आर्थिक परिवर्तन दृष्टिगोचर होते हैं। इन परिवर्तनों के फलस्वरूप समाज का रूपान्तरण हुआ और पुरानी संरचना के स्थान पर नई संरचना विकसित हुई। नवीन संरचना की विशेषताएं थीं - (I) राजतंत्र के स्थान पर लोकतांत्रिक व्यवस्था का उदय, (II) भूमि या कृषि प्रधान अर्थव्यवस्था से औद्योगिक अर्थव्यवस्था की ओर बदलाव, (III) ग्रामों से नगरों की ओर प्रवसन (उत्प्रवास), (IV) सामुदायिक और सामूहिक सम्बन्धों के स्थान पर व्यक्तिवादी- सम्बन्धों का उदय।

सामाजिक रूपान्तरण की इस प्रक्रिया में फ्रांस की राजक्रांति (1789 ई.) का स्थान सर्वोपरि था। यह क्रांति स्वतंत्रता, समानता तथा बन्धुत्व के सिद्धान्तों पर आधारित थी। क्रांति के बाद राजतंत्र के स्थान पर फ्रांस में लोकतांत्रिक राजतंत्र की नींव पड़ी। क्रांति

के बाद की सामाजिक – अव्यवस्था·ने फ्रांस के विचारकों – सेंट साइमन और ऑगस्ट कॉम्टे को अत्यधिक उद्वेलित किया। सामाजिक पुनर्गठन, सुव्यवस्थापन एवं समाज की वैज्ञानिक व्याख्या के लिए उन्होंने एक नए विज्ञान की आवश्यकता पर बल दिया। यद्यपि औपचारिक रूप से समाजशास्त्र नामक सामाजिक विषय 18वीं शताब्दी के पूवार्द्ध की प्रघटना है; तथापि 1838 से पूर्व में दार्शनिक चिन्तन एवं घटनाओं के महत्त्व को नकारा नहीं जा सकता। यूनानी दर्शन में अरस्तु ; प्लेटों का योगदान, भारतीय इतिहास में वेद, मनु–संहिता, परिवार, ब्रह्म, आत्मा उपनिषद आदि के विषय में सुव्यवस्थित विचार तथा मैकियावली व कौटिल्य का चिन्तन समाजशास्त्र की उत्पत्ति को समृद्ध बनाते हैं। प्रघटनाओं के संदर्भ में यूरोप में राजनीतिक आर्थिक हलचल और इंग्लैण्ड की औद्योगिक क्रांति तथा फ्रांस की क्रांति समाज के महत्त्व को स्थापित करने में समर्थ नहीं है। इंग्लैण्ड की औद्योगिक क्रांति ने जहाँ – औद्योगिक विकास के मार्ग की नींव डाली वहीं व्यक्तिगत सम्पत्ति एवं मशीनीकरण जैसी अवधारणाओं से मजबूती के साथ समाज में अपने को स्थापित करने में सफल रहीं।

❑❑❑

2

समाजशास्त्र के परम्परागत आधार

आज प्राय: सभी विचारक इस मत से कमोबेश सहमत नजर आते हैं कि - समाजशास्त्र एक पृथक विषय-सामग्री वाला विज्ञान नहीं अपितु सभी सामाजिक विज्ञानों की जननी है। अन्य सामाजिक विज्ञानों में समाजशास्त्र के स्थान की व्याख्या करते हुए मैकाइवर (MacIver : Society) लिखते हैं – ''समाजशास्त्र में अन्य सामाजिक विज्ञानों का वैसा ही स्थान है, जैसा समुदाय (Community) में समिति (Association) का होता है। विशिष्ट सामाजिक विज्ञान जीवन के समितीय (Associational) स्वरूपों के विज्ञान हैं, अतएव वे उस पद पर आरूढ़ नहीं हो सकते जो समाजशास्त्र के लिए सुरक्षित है।'' समाजशास्त्र और इतिहास में इतना गहरा सम्बन्ध है कि **वान बुलो** (Von Bulow) जैसे लेखकों ने समाजशास्त्र को इतिहास से पृथक मानने से इन्कार कर दिया। समाजशास्त्र को अपनी अध्ययन सामग्री के लिए इतिहास पर निर्भर रहना पड़ता है। अर्नाल्ड टॉयनबी (Arnold Toynbee) की कृति "A Study of History" समाजशास्त्र में अत्यधिक महत्त्वपूर्ण स्थान रखती है। यदि वर्तमान को समझने के लिए और भविष्य के मार्ग-दर्शन के लिए इतिहास को उपयोगी बनाना है, तो यह परमावश्यक है कि ऐतिहासिक तथ्यों की समाजशास्त्रीय ढंग से व्याख्या की जानी चाहिए। सामाजिक महत्त्व को समझे बिना इतिहास का अध्ययन व्यर्थ है।

जी.ई.हावर्ड (G.E. Howard) लिखते हैं – "**इतिहास भूतकाल का समाजशास्त्र है और समाजशास्त्र वर्तमान इतिहास है।**"

दोनों विषयों में निकट सम्बन्ध होने के बावजूद दोनों विषय अलग-अलग है। पार्क (1864-1844) के अनुसार – "इतिहास जहाँ मानव अनुभवों तथा मानव प्रकृति का स्थूल / मूर्त (Concrete) विज्ञान है, समाजशास्त्र एक अमूर्त (Abstract) विज्ञान है।" समाजशास्त्र का मुख्य उद्देश्य समाज के सामान्य सिद्धान्तों का पता लगाना है। जबकि इतिहास तिथिक्रम के अनुसार ऐतिहासिक घटनाओं का वर्णन करता है।

बीरस्टीड (R.Bierstedt) के अनुसार "अगर अतीत को शताब्दियों से लुड़कता हुआ एक वस्त्र मान लिया जाए तो इतिहास की रूचि उन विशिष्ट धागों और किनारों में होगी जो वस्त्र को बनाते हैं, जबकि समाजशास्त्र की रूचि उस वस्त्र से दिखने वाले प्रतिमानों में होगी। इस प्रकार इतिहास में घटनाओं के सभी पहलुओं का अध्ययन किया जाता है जबकि समाजशास्त्र सामाजिक सम्बन्धों की दृष्टि से ही उन घटनाओं का अध्ययन करता है।"

समाजशास्त्र और अर्थशास्त्र

समाज पर आर्थिक तत्त्वों का प्रभाव पड़ता है और आर्थिक प्रक्रियाओं का निर्धारण सामाजिक वातावरण से होता है, अंत: स्पष्ट है कि समाजशास्त्र तथा अर्थशास्त्र के मध्य गहरा सम्बन्ध होता है। समाजशास्त्र तथा अन्य सामाजिक शास्त्रों की सहायता के बिना अर्थशास्त्र आगे नहीं बढ़ सकता। समाजशास्त्र उन विशिष्ट तथ्यों की जानकारी देता है, जिनके आधार पर अर्थशास्त्र के सामान्य नियमों की खोज की जा सकती है। समाजशास्त्र एवं अर्थशास्त्र की अनेक समस्याएं मिलीजुली है।

थॉमस (Thomas) अपनी कृति "Elements of Economics" में लिखते हैं – "अर्थशास्त्र वास्तव में समाजशास्त्र के व्यापक विज्ञान की एक शाखा मात्र है।" मार्क्स एवं एंजिल्स ने तो यहाँ तक कहा है कि आर्थिक तत्त्व ही समाज की अकेली गत्यात्मक शक्ति है। समाजशास्त्र पर अर्थशास्त्र के प्रभाव को स्पष्ट करते हुए मैकाइवर लिखते हैं – "आर्थिक घटना-वस्तु सामाजिक आवश्यकता एवं गतिविधि के सभी प्रकारों द्वारा निरन्तर प्रभावित होती है जो पुन: प्रत्येक प्रकार की सामाजिक आवश्यकता एवं गतिविधि को निरन्तर पुनर्निर्धारित निर्मित एवं परिवर्तित करती रहती है।"

सिल्वरमैन (Silverman) ने "The Sub-stance of Economics" लिखा है – "अर्थशास्त्र को सामान्य शब्दों में समाजशास्त्र के पैतृक विज्ञान, जो सभी सामाजिक सम्बन्धों के सामान्य नियमों का अध्ययन करता है, की एक शाखा समझा जा सकता है।"

ये दोनों विज्ञान अन्योन्याश्रित होते हुए भी एक दूसरे से पृथक हैं। अर्थशास्त्र की तुलना में समाजशास्त्र का क्षेत्र अधिक व्यापक है। क्योंकि अर्थशास्त्र उत्पादन, वितरण एवं उपभोग सम्बन्धी अध्ययन करता है। जबकि समाजशास्त्र आर्थिक गतिविधियों के सामाजिक पहलुओं के अध्ययन पर बल देता है।

अर्थशास्त्र समाजशास्त्र की अपेक्षा अधिक पुराना एवं परिपक्व विज्ञान है। हाल ही में समाजशास्त्र की एक शाखा के रूप में **''आर्थिक जीवन के समाजशास्त्र''** का विकास हो रहा है।

समाजशास्त्र और राजनीतिशास्त्र

मोटिस गिन्सबर्ग (1889-1970) ने "Essays in Sociology and Social Philosophy में लिखा है - ''ऐतिहासिक दृष्टि से समाजशास्त्र की मुख्य जड़े राजनीति एवं इतिहास दर्शन में हैं।'' प्लूटो, अरस्तु से लेकर वर्तगान तक समाजशास्त्र और राजनीति शास्त्र के मध्य गहरा सम्बन्ध रहा है। राजनीति शास्त्र समाजशास्त्र का एक भाग है जो मानव समाज के राजनीतिक संगठन एवं शासन के नियमों का अध्ययन करता है।

बार्न्स (Barnes) ने अपनी पुस्तक "Socilogy and Political Theory" में लिखा है - ''समाजशास्त्र और आधुनिक राजनीतिक सिद्धान्त के बारे में सबसे महत्त्वपूर्ण बात यह है कि गत तीस वर्षों में राजनीतिक सिद्धान्त में जो परिवर्तन हुए हैं, वे सभी समाजशास्त्र द्वारा अंकित एवं सुझाए गए विकास के अनुसार हुए हैं।'' कॉलिन (G.E.G. Colin) लिखतें हैं कि - ''राजनीतिशास्त्र एवं समाजशास्त्र एक ही आकृति के दो रूप हैं।''

एफ.जी.विल्सन ने ''Elements of Modern Politics'' में लिखा हैं - ''यह अवश्य स्वीकार कर लेना चाहिए कि बहुधा यह निर्णय करना कठिन होता है कि विशिष्ट लेखक को समाजशास्त्री, राजनीतिशास्त्री या दर्शनशास्त्री क्या माना जाए ?'' समाजशास्त्र की एक नवीन शाखा 'राजनीतिक समाजशास्त्र' एक अन्तरनुशासनीय विज्ञान है, जिसमें समाजशास्त्रीय एवं राजनीतिक उपागमों को संयुक्त करने का प्रयास किया जाता है।

गिडिंग्स अपनी पुस्तक ''Principles of Socilogy'' में लिखते हैं - ''जिस व्यक्ति को पहले समाजशास्त्र के मूल सिद्धान्तों का ज्ञान न हो, उसे राज्य के सिद्धान्त की शिक्षा देना वैसा है, जैसा न्यूटन के गति सिद्धान्त को न जानने वाले व्यक्ति को खगोलशास्त्र या ऊष्मागतिकी की शिक्षा देना।''

समाजशास्त्र की अपेक्षा राजनीतिशास्त्र ज्यादा पुराना परिपक्व एवं विशिष्ट विज्ञान है। दूसरी ओर समाजशास्त्र का क्षेत्र राजनीतिशास्त्र से अधिक व्यापक है। **गारनर**

(G.W.Garner) ने "Political Science and Government" में लिखा है - ''राजनीतिशास्त्र मानव-समुदाय के केवल एक रूप 'राज्य' से सम्बन्धित है, समाजशास्त्र मानव-समुदाय के सभी रूपों से सम्बद्ध है।'' समाजशास्त्र संगठित एवं असंगठित दोनों प्रकार के समाजों का अध्ययन है, जबकि राजनीतिशास्त्र केवल संगठित-समुदायों का अध्ययन करता है। समाजशास्त्र में अचेतन प्रकार की गतिविधियों का भी अध्ययन सम्मिलित करता है, जबकि राजनीतिशास्त्र में यह सम्भव नहीं है।

समाजशास्त्र और मनोविज्ञान

मनोविज्ञान व्यक्ति को व्यक्तित्व और उसकी मानसिक प्रक्रियाओं का अध्ययन करता है, जबकि समाजशास्त्र समाज के विभिन्न अंग-समूहों, संस्थाओं का समग्र अध्ययन करता है। समाजशास्त्री मोटवानी समाजशास्त्र की एक शाखा सामाजिक मनोविज्ञान समाजशास्त्र एवं मनोविज्ञान के बीच की कड़ी है। **फ्रायड एवं मैक्डूगल** का मत है कि सम्पूर्ण सामाजिक जीवन को अन्ततः मनोवैज्ञानिक शक्तियों में बद्ध किया जा सकता है।

व्यक्ति मनोविज्ञान के अध्ययन की इकाई है और व्यक्ति ही समाजशास्त्रीय अध्ययन की सम्पूर्ण इकाई समूह / समाज को निर्मित करते हैं। इस प्रकार मनोविज्ञान और समाज़शास्त्र एक दूसरे से संरचनात्मक रूप से सम्बद्ध हैं। मैकाइवर का यह कथन सर्वथा सत्य है कि - यह केवल सामान्य सामग्री एवं दृष्टिकोण का अन्तर है।

ब्रूम एवं सेल्जनिक के अनुसार सामाजिक मनोविज्ञान, जो समाजशास्त्रियों एवं मनोवैज्ञानिकों दोनों के महत्त्वपूर्ण योगदान का परिणाम है, मुख्य रूप से सामाजिक अनुभव तथा व्यक्ति के मनोविज्ञान के बीच पाये जाने वाले सम्बंधों का अध्ययन करता है। मनोविज्ञान एवं समाजशास्त्र के मध्य निकटता का समर्थन करते हुए किम्बाल यंग लिखते हैं कि दोनों विज्ञानों के संयोग से बनी शाखा सामाजिक मनोविज्ञान पारस्परिक क्रिया करने वाली इकाइयों (व्यक्तियों) का अध्ययन करती है। न्यूकॉम्ब (Nucomb) इन दोनों शास्त्रों की घनिष्ठता से **''सूक्ष्म समाजशास्त्र''** नामक नवीन शाखा की कल्पना करते हैं।

यद्यपि समाजशास्त्र एवं मनोविज्ञान के मध्य घनिष्ठ पारस्परिक सम्बन्धों से इंकार नहीं किया जा सकता, तथापि इनके विषय-क्षेत्र एवं अध्ययन-दृष्टि कोणों में व्यापक अन्तर है। समाजशास्त्र तो समाज का समग्र अध्ययन करता है, जबकि मनोविज्ञान का दृष्टिकोण एकाकी है। बीरस्टीड (R.Bierstedt) के अनुसार ''मनोविज्ञान व्यक्ति का'' सामाजिक मनोविज्ञान 'समूह गत व्यक्ति का' तथा समाजशास्त्र स्वयं उन समूहों एवं विशाल सामाजिक संरचनाओं का, जिसमें व्यक्ति एवं समूह की कियाएं होती है, अध्ययन करता है।

रैडक्लिफ ब्राउन (1881-1955)- लिखते हैं कि "समाजशास्त्र सामाजिक व्यवस्था का अध्ययन करता है, जबकि मनोविज्ञान मानसिक व्यवस्था का। यह दोनों क्षेत्र एक दूसरे से इतने भिन्न हैं कि इनको एक-दूसरे के साथ मिलाया नहीं जा सकता।" सारांश रूप में यह कहा जा सकता है कि समाजशास्त्र एक सामान्य विज्ञान है, जबकि मनोविज्ञान विशिष्ट विज्ञानों की श्रेणी में शामिल किया जाता है।

समाजशास्त्र एवं मानव-विज्ञान

मानवशास्त्र (मानव विज्ञान) या नृविज्ञान में मानव का आदिकाल से लेकर वर्तमान तक भौतिक तथा सांस्कृतिक विकास का अध्ययन किया जाता है। विकासवादी, भौतिक, पुरातत्त्व, सांस्कृतिक, सामाजिक एवं भाषायी मानवशास्त्र के रूप में इसकी विभिन्न शाखाएं हैं। इन शाखाओं का कोई भी भाग ऐसा नहीं है जिसमें सामाजिक जीवन में किसी न किसी पहलू का अध्ययन न किया जाता हो। बोआस (Boas, Frange) समाजशास्त्र एवं मानवशास्त्र के मध्य घनिष्ठ सम्बन्धों पर प्रकार डालते हुए लिखते हैं कि "मानवशास्त्र का मुख्य कार्य सामाजिक गतिशीलता तथा अनुक्रम के सिद्धान्तों का प्रतिपादन करना है।" ये दोनों प्रत्यय समाजशास्त्र के लिए विशेष रूचि के विषय हैं।

क्लुक्खोन (Klukhon) के अनुसार "समाजशास्त्रीय प्रवृत्ति (Sociological Attitude) व्यावहारिक तथा वर्तमान है, जबकि मानवशास्त्रीय प्रवृत्ति विशेद्ध चिन्तन और अतीत की ओर है।" समाजशास्त्र एक सीमा तक मानवशास्त्र द्वारा प्रदत्त सामग्री पर निर्भर है। समाजशास्त्रीय अध्ययन में भी मानवशास्त्र का बड़ा योगदान है। **हॉबेल** (Hoebel) लिखते हैं - "समाजशास्त्र और सामाजिक मानवशास्त्र अपने विशाल अर्थ में एक ही हैं।" प्रिचार्ड (Evans Pritchard) सामाजिक मानवशास्त्र को समाजशास्त्र की एक ऐसी शाखा मानते है जिसने समाजशास्त्र में मानवशास्त्रीय महत्त्व को स्वसिद्ध कर दिया है। **ए.एल.क्रोबर** समाजशास्त्र एवं मानव-विज्ञान की जुड़वां बहनें (Twin Sisters) मानते हैं।

रॉबर्ट रैडक्लिफ के अनुसार - "सम्पूर्ण संयुक्त राज्य को देखते हुए यह कहा जा सकता है कि समाजशास्त्र और राजनीतिशास्त्र कीअपेक्षा अधिक घनिष्ठ हैं।" दोनों विषयों की भिन्नता के बारे में भी अनेक विद्वान सहमत हैं। **कीसिंग** (Keesing) ने अपनी पुस्तक "Cultural Anthropology" में लिखा है - "दोनों अनुशासनों का विकास स्वतंत्र रूप से हुआ है, दोनों भिन्न प्रकार की समस्याओं का अध्ययन करते हैं तथा दोनों की शोध पद्धतियाँ भिन्न हैं।"

मानवशास्त्र यद्यपि परम्परागत सामाजिक विज्ञानों में सबसे नवीन है, लेकिन फिर भी यह अपने विकास में बहुत आगे निकल गया है। क्षेत्रीय अनुसंधान तथा चिन्तन

की अपेक्षा तथ्यों पर अधिक बल देकर इसने सामाजिक विज्ञानों को खासकर समाजशास्त्र को समरैखिक क्रम विकास में खतरनाक तरीके से जुड़ जाने से बचा लिया है। मानवशास्त्र संस्कृतियों का अध्ययन करता है जो छोटी व स्थिर होती हैं जबकि समाजशास्त्र सभ्यताओं का अध्ययन करता है जो व्यापक गतिशील होती हैं। मानवशास्त्रीय अध्ययन पद्धति सहभागी अवलोकन (Participatory Observation) आधारित होती है, इसका समाजशास्त्र में कमतर प्रयोग किया जाता है। समाजशास्त्र का सम्बन्ध सामाजिक दर्शन एवं सामाजिक नियोजन दोनों से है, जबकि मानवशास्त्र का सम्बन्ध सामाजिक नियोजन से नहीं है। यह भविष्य के लिए कोई सुझाव नहीं देता।

समाजशास्त्र का अन्य विज्ञानों से सम्बन्ध

चार्ल्स एलवुड (Charles A Ellwood) अपनी कृति "Basis of Ethics" में लिखते हैं- ''समाजशास्त्र का कार्य वैज्ञानिक नीतिशास्त्र (Ethics) के लिये बुनियादी आधार प्रस्तुत करना है और दूसरी ओर नीतिशास्त्र का कार्य यह है कि उन नैतिक आशयों (Implications) को जो मानव समाज को ज्ञान प्रदान कर सकते हैं, विकसित करे। नीतिशास्त्र समाजशास्त्रीय ज्ञान का अधिक प्रयोग कर सकेगा।'' समाजशास्त्र एक व्यावहारिक विज्ञान (Positive Science) है और नीतिशास्त्र एक आदर्श विज्ञान (Normative Science) है।

समाजशास्त्र और भूगोल (Geography and Sociology) के मध्य गहरा सम्बन्ध है। मानव-समाज पर भौगोलिक दशाओं का प्रभाव स्पष्ट है, जिसका सामाजिक घटनाओं एवं भौतिक-अवस्थाओं से सम्बन्ध देखा जा सकता है। फ्रांसिसी विद्वान **ली प्ले** (Le Play) को समाजशास्त्र के भौगोलिक सम्प्रदाय का प्रवर्तक माना जाता है। ली प्ले ने यूरोपीय श्रमिकों के अध्ययन में पाया कि भौगोलिक परिस्थितियों का परिवार तथा उनकी सामाजिक संस्थाओं के आर्थिक गठन पर भी पड़ता है। अमरीकी समाजशास्त्र के क्षेत्रीय सम्प्रदाय के विद्वान एच.डब्लू.ओडम (..............) एवं उनके साथियों ने प्राकृतिक पर्यावरण तथा सामाजिक जीवन के मध्य अन्त:क्रिया का अध्ययन किया है।

समाजशास्त्र मानवीय व्यवहार का अध्ययन करता है, जो औपचारिक, अनौपचारिक कानूनों द्वारा नियंत्रित-नियमित होता है। अत: कानून और विधिशास्त्र (Jurisprudence) का अध्ययन एक समाजशास्त्री के लिये आवश्यक हो जाता है। कानूनी अध्ययन में समाजशास्त्री और विधिशास्त्री दोनों का दृष्टिकोण अलग-अलग होता है। समाजशास्त्री द्वारा कानूनी अध्ययन को **'कानून का समाजशास्त्र'** (................) (Sociology of Law) या समाजशास्त्रीय विधिशास्त्र (Sociology Jurisprudence) की संज्ञा दी गई है। यह शाखा समाजशास्त्र एवं विधिशास्त्र विषयों में पारस्परिक निकटता

लाने में अहम भूमिका निभाती है। समाज की इकाई जीवित प्राणी होने के कारण समाजशास्त्र और जीवविज्ञान (Biology) के मध्य पारस्परिक जुड़ाव प्रत्यक्ष रूप में देखा जा सकता है। डार्विन (1809-82) का उद्विकासीय सिद्धान्त समाजशास्त्रीय विकास में महत्त्वपूर्ण सिद्ध हुआ, जिसे हरबर्ट स्पेन्सर (1820-1903) ने सामाजिक उद्विकास के रूप में अपनाया। मिशा टिटीव (Mischo Titeiv) ने अपने पुस्तक "Introduction to Cultural Anthropology" में लिखा हैं – ''मनुष्य की संस्कृति के बारे में पूर्ण ज्ञान प्राप्त करना उसकी शरीर रचना के बारे में बिना कुछ जानकारी प्राप्त किये असम्भव है।'' इतनी सम्बद्धता के बावजूद जीव वैज्ञानिक सिद्धान्तों का समाजशास्त्र में बिना सोचे विचारे प्रयोग नहीं किया जाना चाहिए। इस सम्बन्ध में गिन्सबर्ग (Ginsberg : Studies in Sociology) का कथन है कि जैविक तत्त्वों का महत्त्व समाजशास्त्र के अध्येताओं के लिये महत्त्वपूर्ण है, परन्तु सामाजिक तथ्यों को समझने में जैविक सिद्धान्तों के सुलभ प्रयोग (खासकर सामाजिक विकास या परिवर्तन में विशुद्ध प्रजननीय तत्त्वों पर अत्यधिक बल) करने की प्रवृत्ति से बड़ी भ्रांति पैदा हुई है।

विभिन्न सामाजिक विज्ञान मानवीय जीवन के एक विशिष्ट पहलू का अध्ययन करते हैं, जबकि समाजशास्त्र सामाजिक जीवन के इन विशेष तत्त्वों के बीच परस्पर सम्बन्धों का अध्ययन करता है। यह सच है कि सभी सामाजिक विज्ञान समाजशास्त्र पर कुछ सीमा तक निर्भर हैं। विभिन्न सामाजिक विज्ञानों का एक-दूसरे से स्वतंत्र कोई अस्तित्व नहीं हो सकता। इस संदर्भ में जार्ज सिम्पसन (George Simpson) अपनी पुस्तक "Man in Society" में लिखते हैं – ''सामाजिक विज्ञान एक इकाई है, परन्तु एक कृत्रिम इकाई नहीं है। यह विभिन्न भागों की गतिशील इकाई है जिसका प्रत्येक भाग अन्य प्रत्येक तथा सभी दूसरे भागों के लिए अनिवार्य है।''

□□□

3

समाज का वैज्ञानिक अध्ययन

ज्ञान का भण्डार होने के कारण ही मानव सभ्य कहलाता है। सामाजिक घटनाओं (Social Phenomena) के सम्बन्ध में ज्ञान प्राप्त करने के लिए वैज्ञानिक पद्धति (Scientific Method) का प्रयोग हो रहा है। कार्ल पियर्सन (Karl Pearson) अपनी पुस्तक "The Grammer of Science, 1911" में लिखते हैं – "सत्य तक पहुँचने के लिए कोई संक्षिप्त मार्ग नहीं है। विश्व के बारे में ज्ञान प्राप्त करने के लिए हमें वैज्ञानिक पद्धति के द्वार से ही गुजरना पड़ेगा।" इसी प्रकार विज्ञान के बारे में स्टुअर्ट चेज (Stuart Chase ; The Proper Study of Manleind, 1956") लिखते हैं – "विज्ञान का सम्बन्ध वैज्ञानिक पद्धति से है, न कि अध्ययन विधि से।"

आगस्ट कॉम्टे (1798-1857) के अनुसार प्राकृतिक नियमों को वैज्ञानिक पद्धति के द्वारा ही समझा जा सकता है। इसमें धर्म, दर्शन या कल्पना का कोई स्थान नहीं है। निरीक्षण (अवलोकन), परीक्षण, प्रयोग एवं वर्गीकरण विश्लेषण की एक व्यवस्थित कार्यप्रणाली को वैज्ञानिक पद्धति कहा जा सकता है। **थाडलेस** (R.N.Thouless ; The Study of Society, 1956) ने प्रविधियों की एक व्यवस्था (A System of Techinques) को वैज्ञानिक पद्धति माना है। ज्ञान प्राप्त करने का एक ऐसा तरीका जिसमें तथ्यों (Facts) का व्यवस्थित अवलोकन, परीक्षण, सामान्यीकरण तथा सत्यापन किया जाता है, वैज्ञानिक पद्धति या विधि कहलाती है।

वैज्ञानिक पद्धति की विशेषताएं

अपनी विषय सामग्री के अध्ययन में प्रत्येक विज्ञान वैज्ञानिक पद्धति का प्रयोग करता है। इस पद्धति में सत्यापन, वस्तुनिष्ठता, सामान्यीकरण, निश्चयात्मकता, वस्तुनिष्ठता, सामान्यीकरण, निश्चयात्मकता, पूर्वकथनीयता, अवलोकन, प्रलेखन वर्गीकरण एवं उपकल्पना (प्राक्कल्पना) इत्यादि सम्मिलित हैं।

1. **सत्यापन (Verification)**– वैज्ञानिक पद्धति की महत्त्वपूर्ण विशेषता यह है कि इसके द्वारा प्राप्त निष्कर्ष का किसी भी समय सत्यापन किया जा सकता है, या पुनःपरीक्षा की जा सकती है।

2. **वस्तुनिष्ठता (Objectivity)**– यह पद्धति अपने अध्ययन विषय को जैसा वह है ठीक उसी रूप में ( ) प्रस्तुत करती है। ऐसा करते समय अध्ययनकर्त्ता अपने आपको पूर्वधारणाओं, विशिष्ट विचारों, पक्षपातपूर्ण भावनाओं आदि से पूरी तरह मुक्त रहता है। तटस्थता वैज्ञानिक पद्धति की एक उल्लेखनीय विशेषता है। यह व्यक्तिनिष्ठता ( ) को अपने से दृढतापूर्वक दूर रखती है। वैज्ञानिक पद्धति का मूल उद्देश्य तो व्यक्तिनिष्ठ घटनाओं का भी वस्तुपरक दृष्टिकोण से अध्ययन करना तथा उनके सम्बन्ध में वास्तविक ज्ञान प्राप्त करना है।

3. **निश्चयात्मकता (Definiteness)**–वैज्ञानिक पद्धति में अस्पष्टता या अनिश्चितता का बिल्कुल ही अभाव पाया जाता है। यह तो पूर्णतया सुनिश्चित होती है।

4. **सामान्यीकरण (Generalization)**-वैज्ञानिक पद्धति विज्ञान की सभी शाखाओं में सामान्य होती है। दूसरे अर्थ में यह किसी विषय के सम्बन्ध में एक सामान्य सत्य को ढूँढ निकालने की विधि है। अर्थात अध्ययन द्वारा जो निष्कर्ष निकाला जाता है या नियम बनाया जाता है वह किसी इकाई विशेष पर लागू होता है। वैज्ञानिक नियम सभी परिस्थितियों तथा इकाइयों पर बिना किसी शर्त के लागू किए जा सकते हैं।

5. **पूर्वकथन (Prediction)**–वैज्ञानिक पद्धति में भविष्यवाणी करने की क्षमता निहित होती है। चूँकि वैज्ञानिक पद्धति की सहायता से किसी भी घटना के कार्य–कारण सम्बन्धों (Cause-effect Relationship)को जाना जा सकता है, अतः यह सम्बन्ध स्पष्टहोने के बाद उस प्रघटना के भविष्य के संकेत ज्ञात किए जा सकते हैं। वैज्ञानिक विधि या पद्धति में कठोर आनुभाविक परीक्षणों (Empirical Test) पर बल दिया जाता है, इसीलिए यह अन्य विधियों से

भिन्न है सामान्यत: वैज्ञानिक पद्धति को आगमनात्मक पद्धति (Inductive Method) माना जाता है, क्योंकि इसके विशिष्ट तथ्यों के आधार पर सामान्य सिद्धान्तों की रचना की जाती है। यद्यपि अनुसंधान, सिद्धान्त रचना तथा सत्यापन के बीच आपसी अन्त:क्रिया के फलस्वरूप आगमनात्मक एवं निगमनात्मक दोनों पद्धतियों का प्रयोग आवश्यक है।

मार्टिनडेल एवं मोनाकेसी (D.Martindale and E.Monachase) ने अपनी पुस्तक "Elements of Sociology, 1951" में लिखा है कि विज्ञान की पद्धति की पाँच प्रमुख विशेषताएँ हैं - (1) यह अवलोकन पर बल देती है, (2) विचारों की वास्तविक परीक्षा करती है, (3) विचारों की परीक्षा हेतु प्रयोगों का विकास करती है, (4) अधिक निश्चित अवलोकन एवं यथार्थ माप हेतु उपकरणों (Tools) का आविष्कार, (5) घटनाएँ वास्तविक रूप में वैसे घटित होती है, इस पर ध्यान केन्द्रित रखती है।

वैज्ञानिक पद्धति के प्रमुख चरण

वैज्ञानिक पद्धति का प्रयोग करते समय स्तरों या चरणों की क्रमबद्धता का विशेष ध्यान रखना अनिवार्य है। सर्वप्रथम अध्ययन विषय का चुनाव कर उसे सुनिश्चित शब्दों में परिभाषित किया जाता है। इसी आधार पर एक ऐसी उपकल्पना या प्राक्कल्पना (प्रस्थापना) की रचना की जाती है जो अनुसंधान को दिशा-निर्देश दे सके। प्राक्कल्पना निर्माण के बाद इसकी सहायता जाँच हेतु आवश्यक तथ्यों का संकलन, वर्गीकरण एवं विश्लेषण किया जाता है। अन्तिम चरण के रूप में प्राप्त निष्कर्षों के आधार पर सामान्यीकरण एवं सिद्धान्त रचना की जाती है।

ऑगस्ट कॉम्टे (1798-1857) ने "Positive Philosophy" में वैज्ञानिक विधि के पाँच चरण बताए हैं - (1) विषय का चुनाव, (2) अवलोकन द्वारा तथ्य-संकलन, (3) तथ्यों का वर्गीकरण, (4) तथ्यों का परीक्षण, (5) नियमों का प्रतिपादन।

तथ्य-संकलन और विश्लेषण की प्रविधियाँ

सामाजिक अनुसंधान का उद्देश्य एक घटना विशेष के सम्बन्ध में वैज्ञानिक निष्कर्ष निकालना होता है। सामाजिक अनुसंधान की बुनियादी शर्त अध्ययन विषय से सम्बन्धित वास्तविक तथ्यों का संकलन है। तथ्य-संकलन के लिए कुछ प्रमाणसिद्ध तरीकों का होना आवश्यक है, जिन्हें प्रविधि (Techniques) कहते हैं। सामाजिक अनुसंधान में विभिन्न प्रकार की सूचनाओं या तथ्यों की आवश्यकता होती है। इन्हें दो भागों में विभाजित किया जा सकता है -

(1) प्राथमिक तथ्य (Primary Data) एवं

(2) द्वितीयक तथ्य (Secondary Data)

प्राथमिक तथ्य वे मौलिक सूचनाएं या आँकड़े हैं जो एक अनुसंधानकर्त्ता वास्तविक अध्ययन स्थल (Field) में जाकर समस्या से सम्बन्धित जीवित व्यक्तियों से साक्षात्कार अथवा प्रत्यक्ष अवलोकन के द्वारा प्राप्त करता है। प्राथमिक तथ्यों को अध्ययनकर्त्ता अपने उपकरणों की सहायता से प्रथम बार एकत्रित करता है अथवा अवलोकन करता है।

द्वितीयक तथ्य वे सूचनाएं हैं जो अनुसंधानकर्त्ता को प्रकाशित या अप्रकाशित प्रलेखों (Documents), रिपोर्ट, सांख्यिकी (.........), पाण्डुलिपि, पत्र-डायरी आदि से प्राप्त होते हैं। सामाजिक अनुसंधान में तथ्य संकलन की प्रविधियों को समाजशास्त्र ने अपने अध्ययन विषय में सामाजिक घटनाओं की प्रकृति के अनुसार विकसित किया है-

1. **प्रश्नावली (Questionnaire)**-जब सूचनादाताओं से व्यक्तिगत सम्पक्र संभव नहीं होता तो ऐसी स्थिति में प्रश्नावली प्रविधि उपयुक्त रहती है यह प्रश्नों की एक अनुसूची होती है जिसे डाक द्वारा सूचनादाता के पास एक अनुरोध पत्र के साथ भेजा जाता है। सूचनादाता इसे भरकर अध्ययनकर्त्ता के पास वापिस भेजता है। इसका सबसे बड़ा दोष यह है कि अधिकांश प्रश्नावलियाँ लौटकर नहीं आती। और यह केवल शिक्षित लोगों के लिए ही उपयोगी है।

2. **अनुसूची (Schedule)**- यह प्रश्नों की एक क्रमबद्ध सूची होती है, जिसे अध्ययनकर्त्ता सूचनादाता के पास ले जाकर उससे सूचनाएं पूछता भरवाता है। यह प्रश्नावली अनुसूची, साक्षात्कार अनुसूची आदि कई प्रकार की हो सकती है।

3. **साक्षात्कार (Interview)**- वह व्यवस्थित प्रविधि जिसके द्वारा सूचनादाताओं से विषय के सम्बन्ध में उनके विचारों, भावनाओं एवं अनुभवों को जानने का प्रयत्न किया जाता है। साक्षात्कार पूर्व-नियोजित भी हो सकता है और अनियोजित भी।

4. **अवलोकन (Observation)**- अध्ययन विषय से सम्बन्धित अनेक महत्त्वपूर्ण सूचनाओं को अध्ययन-स्थल पर जाकर वास्तविक अवलोकन के द्वारा प्राप्त किया जा सकता है। यह सहभागी (participatory) एवं असहभागी (Non-Participatory) प्रकार का हो सकता है। सहभागी अवलोकन में अनुसंधानकर्त्ता स्वयं अध्ययन किए जाने वाले समूह या समुदाय का एक सक्रिय सदस्य बनकर उन्हीं के बीच रहकर सूचनाएं एकत्रित करता है। अर्द्ध सहभागी अवलोकन

में अध्ययनकर्त्ता न तो पूरी तरह अजनबी रहता है और न ही समूह का पूर्ण सदस्य बनकर अध्ययन करता है, बल्कि समूह के मेलजोल अवश्य रखता है।

5. **निदर्शन (Sampling)**– सूचना प्राप्ति में सुविधा के लिए एक विस्तृत समूह में से कुछ प्रतिनिधित्वपूर्ण इकाइयों को चुनकर निदर्शन प्रविधि द्वारा अध्ययन किया जाता है। अध्ययन क्षेत्र के अत्यधिक विस्तृत होने पर इस प्रविधि को अपनाया जाता है, जिससे धन एवं समय दोनों की बचत होती है।

6. **समाजमिति (Sociometry)**– यह लघु समूह के अन्तर पारस्परिक सम्बन्धों, समूह–संरचना एवं समूह में व्यक्तियों की प्रस्थिति मापन की प्रविधि है। इस प्रविधि का विकास जे.एल.मोरेनो (1934) ने तत्पश्चात एच.एच.जैनिग्स ने अपने अध्ययनों में किया। समाजमितीय पैमाने मूल रूप से मनोवृत्ति मापक पैमानों के समान ही होते हैं।

7. **मनोवृत्ति मापक पैमाने (Scales for Measurment of Attitudes)**–

8. **वैयक्तिक अध्ययन पद्धति (Case Study Method)**

9. **प्रक्षेपण प्रविधियाँ (Projective Techniques)**–WAT (Word Association Test), शेरशाक स्याही धब्बा परीक्षण -Research Ink Blot Testing (Thematic Appppercoption Test), वाक्यपूर्ति परीक्षण (Scentence Completion) एवं मनोनाटकीय विधि (Psychodrama Method) ।

10. **अन्तर्वस्तु विश्लेषण प्रविधि (Confent Analysis)**– संचार के वस्तुपरक, क्रमबद्ध एवं गणितीय अध्ययन की प्रविधि है। 1926 ई. में सर्वप्रथम मेल्कोम बिल्ली, 1930 ई. में बुडलैण्ड ने (foreign News in American Morning NewsPaper) एवं 1940 में हैराल्ड लेस्बेल द्वारा यह विधि विकसित की गई।

सामाजिक विज्ञान में मापन की समस्याएँ

सामाजिक घटनाओं की अमूर्त प्रकृति (Abstract Nature of Social Phenomene) – सामाजिक घटनाएं अमूर्त होती हैं, अत: इनकी गुणात्मक (Qualitative) प्रकृति इनके मापन में समस्या बन जाती है। सामाजिक प्रस्थिति, मनोवृत्ति, घृणा, प्रेम, विचार इत्यादि अमूर्त (गुणात्मक) होते हैं। इस प्रकार गुणात्मक विषयवस्तु की परिमाणात्मक (Quantitative) रूप में माप यथार्थवादी एवं पक्षपात–रहित नहीं हो सकती।

मानवीय व्यवहार की परिवर्तनशील प्रकृति (Changing nature of Human Behaviour)– सामाजिक परिस्थितियों में तो परिवर्तन होते ही हैं, साथ में मनुष्य के

व्यवहार में भी समयानुसार निरन्तर परिवर्तन होता रहता है। एक समय किसी विषय पर जो विचार हैं, कुछ दिनों पश्चात् वह चिन्तन बदल सकता है। अत: मापन का एक स्थिर पैमाना नहीं बनाया जा सकता।

सामाजिक मूल्यों के सर्वप्रचलित माप की कमी (Lack of Universal Measurement of Social Values) – जिस प्रकार आर्थिक वस्तुओं के मापन हेतु धन (Money) एवं सार्वभौमिक माप है। इसी प्रकार सामाजिक मूल्यों के मापन हेतु कोई सर्वप्रचलित माप उपलब्ध नहीं है। ऐसी अवस्था में विभिन्न तथ्यों के सापेक्षिक महत्त्व का पता लगाना अत्यन्त कठिन होता है। अत: पैमानों का निर्माण करना दुष्कर हो जाता है।

उपर्युक्त सीमाओं के बावजूद आज सामाजिक घटनाओं को मापने के लिए विभिन्न पैमानों का निर्माण किया जा रहा है। और वस्तुपरकता के अर्थ में निरन्तर परिवर्तन के कारण आधुनिक वस्तुपरकता (सामाजिक विज्ञानों के परिप्रेक्ष्य में) सामाजिक विज्ञानों में भी पूर्णतया सम्भव है। अन्तरवैषयिक सहमति (Inter Subjective Agreement) के आलोक में सामाजिक विज्ञानों में वैज्ञानिकता का समाधान सम्भव सा लगता है। इसलिए यह आशा की जा सकती है कि गुणात्मक एवं जटिल सामाजिक घटनाओं की सुनिश्चित माप लेना समाजशास्त्रियों के लिए भविष्य में सम्भव हो सकेगा।

उपर्युक्त अनुसूची 1725 अमेरिकलन नागरिकों को दी गई और उनसे कहा गया कि प्रत्येक दशा में अपनी प्रारम्भिक प्रतिक्रिया ही दीजिए। यह प्रतिक्रिया समस्त वर्ग के लिए होनी चाहिए, किसी व्यक्ति विशेष को ध्यान में रखकर नहीं होनी चाहिए।

प्राप्त सूचनाओं के आधार पर प्रत्येक वर्ग तथा प्रत्येक जाति का योग निकाला गया। बाद में इसे प्रतिशत में बदला गया (कुल 1725 उत्तरों को 100 के बराबर मानकर)। इसी आधार पर पक्ष में गिलने ताले उत्तरों का प्रतिशत निकाला गया, जो इस प्रकार है–

वर्ग	1	2	3	4	5	6	7
अंग्रेज	93.7	96.7	97.3	95.4	95.9	1.7	1.0
स्वीडिश	45.3	62.1	75.6	78.0	86.3	5.4	1.0
पोल	11.0	11.6	28.3	44.3	58.3	19.7	4.7
कोरियन	1.1	6.8	13.0	21.4	23.7	47.1	19.1

उपरोक्त प्रतिशतों को ग्राफ पर प्रदर्शित करने पर यह स्थिति आएगी

समाजमितीय पैमाना

समाजमिति किसी लघु समूह के अन्तर पारस्परिक सम्बन्धों, समूह-संरचना तथा समूह में व्यक्तियों की प्रस्थिति के माप की एक विधि है। इसका प्रयोग मूल रूप से समाज मनोवैज्ञानिकों द्वारा किया जाता है। लेकिन समाजशास्त्रीय अध्ययनों में भी धीरे-धीरे इसका प्रचलन बढ़ने लगा है। समाजमिति का सर्वप्रथम उल्लेख आस्ट्रीया मूल के अमरीकी मनोवैज्ञानिक (मनोचिकित्सक) **जैकोब एल.मोरेनो** (Jacob L.Moreno, 1890-1974) ने अपनी पुस्तक "Who shall Survive ? (1934)" में किया।

प्रथम विश्वयुद्ध के बाद शरणार्थियों के मानसिक तनाव व दुखों को दूर करने में सहायता करने के दौरान मोरेनों ने इस प्रविधि की खोज की। इस प्रविधि को हैलेन जेनिंग्स (Hallen H.Jennings) ने विकसित और परिवर्द्धित किया। "Who shall Survive ?" का 1953 में संशोधित संस्करण निकला जिसमें समाजमिति के बारे में विस्तृत विवरण प्रस्तुत किया गया।

हैलेन जेनिंग्स (Hallen H. Jennings) अपनी पुस्तक "Sociometry in Groups Relations, (1846)" में लिखतें हैं कि - समाजमिति साधारण एवं लेखाचित्रीय रीति (Graphically) से किसी समय में समूह के सदस्यों में पाए जाने वाले पारस्पारिक सम्बन्धों की सम्पूर्ण संरचना को प्रस्तुत करने का साधन है। संचार के मुख्य मार्ग अथवा आकर्षण-विकर्षण के प्रतिमानों को पूर्ण रूप में हम एक ही नजर में देख सकते हैं।

जे.सी.फ्रांज (J.C.Franz) लिखतें है कि - समाजमिति एक समूह में व्यक्तियों के बीच पाए जाने वाले आकर्षण विकर्षण को मापकर सामाजिक संरूपों (Social Configuration) को खोजने एवं हेर-फेर की एक पद्धति है।

मोरेनो ने समाजमिति परीक्षण का सर्वप्रथम प्रयोग एक पब्लिक स्कूल के गुटों (Grouping) के अध्ययन में किया। इसके बाद हड़सन (न्यूयार्क) के राजकीय बालिका प्रशिक्षण स्कूल के अध्ययन में किया। इसके बाद हडसन (न्यूयार्क) के राजकीय बालिका प्रशिक्षण स्कूल के अध्ययन में समाजमिति को प्रयुक्त किया। इसमें लड़कियों के परस्पर अन्त: सम्बन्धों के पसन्द (Preferences) एवं नापसन्द (Rejection) को दर्शाया गया था।

उत्तम समाजशास्त्रीय पैमाने के गुण

- विश्वसनीयता - समानदशाओं में किसी भी विशिष्ट विषय के सम्बन्ध में समान माप या परिणाम प्राप्त होना चाहिए।

- प्रामाणिकता (वैधता) – जिस घटना को मापने हेतु पैमाने का निर्माण किया है, उसे सही रूप में मापे।
- पैमाना सरल होना चाहिए जिससे उसका अधिकतम उपयोग हो सके परिणामस्वरूप उसमें परिष्करण हो।

समाजमितीय पैमाने की सीमाएं

समाजमिति वैज्ञानिक-अध्ययन की एक महत्त्वपूर्ण प्रविधि है। इसमें समाज की अमूर्त एवं गुणात्मक (Qualitative) प्रकार की सामाजिक घटनाओं का गणनात्मक (Quantitative) अध्ययन किया जाता है। जटिल एवं परिवर्तनशील भावनात्मक सामाजिक घटनाओं को संख्यात्मक रूप में विवेचित करना अत्यन्त कठिन बन पड़ता है।

समाजमिति में उत्तरदाताओं के प्रत्युत्तरों पर पूर्णतया वास्तविक सूचनाएं देने का विश्वास नहीं किया जा सकता। अध्ययन के आधारों (Criteria) को उचित (सही) मूल्य प्रदान करने में भूल हो जाती है इससे पैमाना वैज्ञानिक एवं यथार्थ निष्कर्ष निकालने में असमर्थ रहता है। रागाजमिति के पैमाने को तैयार करना स्वयं में एक कठिन प्रक्रिया है। समाजमिति पैमानों की सीमाएं होने के बावजूद समाजशास्त्रीय अनुसंधानों में इनका प्रचलन निरन्तर बढ़ता जा रहा है। इसका सबसे प्रमुखकारण यह है कि ऐसी गणनात्मक एवं यथार्थवादी प्रविधियों के माध्यम से ही समाजशास्त्र अपनी वैज्ञानिक प्रस्थिति (Scientific Status) को बनाए रखने में सफल हो सकता है।

लिकर्ट पैमाना विधि

मनोवृत्तियों (Attitudes) के मापन की एक महत्त्वपूर्ण विधि के रूप में लिकर्ट ने 1932 में यह पैमाना बनाया। थर्सटन (Thurstone) से कुछ भिन्न तथा साल पैमाने के रूप में इसको निर्मित किया गया। इसकी सहायता से विभिन्न समूहों के साम्राज्यवाद (Imperialism), अन्तर-राष्ट्रीयता एवं नीग्रों लोगों के प्रति मनोवृत्तियों का अध्ययन किया गया। मनोवृत्तियों में वैयक्तिक भिन्नताएं पाई जाती हैं तथा ये अमूर्त (Abstract) प्रकार की होती हैं। मनोवृत्तियों की प्रकृति अत्यन्त जटिल होती है, अतः इनका मापन अपेक्षाकृत कठिन काम है। लेकिन जब से मनोवृत्तियों को मापने के लिए पैमानों का निर्माण हुआ है, तभी से मनोवृत्ति को सामाजिक मनोविज्ञान का एक केन्द्रीय अध्ययन-विषय बना दिया है। समाजशास्त्र में मनोवृत्तियों का महत्त्व इसलिए भी बढा है; क्योंकि व्यावहारिक समाजशास्त्र में सामाजिक सुधारों की सफलता इस बात पर निर्भर करती है कि लोगों की मनोवृत्तियों के बारे में हमें यथार्थ ज्ञान है अथवा नहीं।

पैमाना

पैमाने को तैयार करने के लिए विषय सम्बन्धी बहुत से कथनों को एकत्रित किया जाता है। जिन लोगों की मनोवृत्ति का अध्ययन करना है, उनसे कहा जाता है कि इन कथनों में से प्रत्येक के प्रति अपनी मनोवृत्ति की मात्रा (Degree of Attitude) पाँच श्रेणियों में व्यक्त करे –

1. दृढ़ सहमति (Strongly Approval), (2) सहमति (Approve), (3) अनिश्चितता (Undecided), (4) असहमति (Disapprove), (5) दृढ़ असहमति (Strongly Disapprove)

इन पाँच श्रेणियों को क्रम से 5, 4, 3, 2, 1 अंक प्रदान किए जाते हैं। जिस कथन को अधिक अंक मिलते है, उसे अनुकूल मनोवृत्ति को द्योतक मान लिया जाता है। उन कथनों को निकालकर पृथक कर दिया जाता है जिनका व्यक्ति के सम्पूर्ण गुणांक (Scope) से कोई भी सह–सम्बन्ध नहीं है।

- पैमाने के आधार पर काल्पनिक या अलौकिक न होकर वास्तविक एवं व्यवहारिक होने चाहिए, जिससे वास्तविक परिणामों को निकाला जा सके।
- व्यापकता–पैमानें का निर्माण इस प्रकार होना चाहिए ताकि उसका व्यापक उपयोग हो सके।
- उत्तम पैमाना कुछ ऐसे मापदण्डों (Standards) पर आधारित होता है, जो गणनात्मक (Quantitive) निष्कर्षों को निकालने में सहायक हो।

समाजमितीय पैमानों के निर्माण की प्रक्रिया

1. समाजमितीय पैमानें को तैयार करने से पहले यह निश्चित कर लेना चाहिए कि हमारा अध्ययन–विषय क्या है।
2. विषय के विशिष्ट स्वरूपों या पहलुओं के बारे में स्पष्ट व्याख्या कर लेनी चाहिए।
3. ऐसे आधारों को निर्धारित कर लिया जाना चाहिए जिनके चारों ओर उस सामूहिक क्रियाकलापों की घटनाएं घटित होने की सम्भावना हो। इन आधारों (Criteria) को उचित तुलनात्मक मूल्य प्रदान करना चाहिए।
4. समाजमितीय पैमानें को ऐसे चुने गए निदर्शनों पर प्रयोग करना चाहिए जो सम्बन्धित समूहों का उचित प्रतिनिधित्व कर सके।

समाजमितीय परीक्षण या मापन

समाजमिति से किसी समूह का अध्ययन करने के लिए समूह के प्रत्येक व्यक्ति से यह बतलाने के लिए कहा जाता है कि उसे समूह के कौन से व्यक्ति अच्छे (भले) लगते हैं? उसे किन-किन के साथ उठना-बैठना, राम करना, भोजन करना, साथ में रहना अच्छा लगता है? उसे कौन व्यक्ति अच्छे नहीं लगते हैं? वह किन लोगों से अलग रहना चाहते हैं। इन प्रश्नों के विश्लेषण द्वारा समूह में आकर्षण-विकर्षण, स्वीकृति-अस्वीकृति की माप द्वारा समूह की संरचना, विकास एवं व्यक्तियों की सामाजिक प्रस्थिति का अध्ययन किया जाता है। समाजमिति में सदैव लघु-समृह को प्रयुक्त किया जाता है। एक उदाहरण द्वारा इसे स्पष्ट समझा जा सकता है -

मान लीजिए केवल दस छात्रों के समूह में परस्पर प्रेम एवं घृणा का मापन करना है। प्रत्येक छात्र को एक स्लिप (Slip) देकर उससे तीन मित्रों के अधिमान्यता के अनुसार (According to his preference) नाम लिखने को कहिए। एक नम्बर सर्वाधिक आकर्षण का प्रतीक होगा। छात्रों की पसन्द-नापसन्द को सारणी से प्रदर्शित किया जा सकता है -

दस छात्रों के बीच पाए जाने वाले सम्बन्ध प्रतिमानों के विषय में कुछ महत्त्वपूर्ण निष्कर्ष निकाले जा सकते हैं-

(i) एक तरफा प्राथमिकता - एक छात्र (A) तो दूसरे को (D) प्राथमिकता देता है लेकिन दूसरा छात्र (D) पहले वाले को (A) कोई प्राथमिकता नहीं देता।

(ii) पारस्परिक प्राथमिकता - दोनों छात्र (B एवं D) एक दूसरे को द्वितीय प्राथमिकता देते हैं।

(iii) त्रिकोणीय या चतुष्कोणीय प्राथमिकता- इसमें छात्र प्रत्यक्ष की अपेक्षा अप्रत्यक्ष रूप से (एक-दूसरे के माध्यम से) प्राथमिकता देते हैं।

(iv) दलबन्दी (Cliques) - कुछ विद्यार्थी आपस में ही एक दूसरे का चुनाव करते हैं जैसे - B, D, I एवं H आपस पर एक दूसरे को प्राथमिकता देते हैं तो BDIH एक गुट बन गया।

(v) सर्वप्रिय नेता (Choice)- ऐसा छात्र जिसे सर्वाधिक प्राथमिकता मिली है। जैसे D को 5 ने प्रथम 3 ने द्वितीय तथा 2 ने तृतीय प्राथमिकता दी है।

(vi) अप्रत्यक्ष नेता (Secondary Star) – यह छात्र सर्वप्रिय नेता एवं इसके साथी का समर्थन प्राप्त होता है। जैसे H छात्र सर्वप्रिय नेता D एवं B एवं H प्रथम प्राथमिकता प्राप्त है।

(vii) पूर्णतया पृथक (Totally Isolate)- ये कक्षा में अलग-थलग रहते हैं किसी को भी इनका साथ अच्छा नहीं लगता, अन्तरमुखी व्यक्तित्व (Introvest Personality) वाले होते हैं। जैसे J एवं L ऐसे ही छात्र हैं।

❑❑❑

4

समाजशास्त्र को पुरोगामी योगदान

जर्मन दार्शनिक अर्थशास्त्र, समाजशास्त्री एवं क्रांतिकारी पत्रकार कार्ल हाईनरिष मार्क्स का यहूदी (Jewish) कुल में, ट्राइअर (Trier), राइनलैण्ड (Rhineland) में जन्म हुआ। अपने बोन एवं बर्लिन विश्वविद्यालयों में दर्शन तथा विधि की शिक्षा प्राप्त की। अपने बचपन की मित्र जेनी फॉन वेस्टकालेन से विवाह के पश्चात आप पत्रकार बने। स्थाय रोजगार की तलाश में 1843 ई.में पेरिस में आए। 1864 ई. में मार्क्स ने "International Working men's Association (The First International)" को स्थागित किया। यह विश्व का प्रथम मजदूर संघ के रूप मे माना जाता है। कार्लमार्क्स के विचारों में कूल रूप से तीन प्रकार के दर्शन का प्रभाव स्पष्ट रूप से देखा जा सकता है-

I. फ्रांसिसी समाजवादी विचारधारा (french Socialist Thought)

II. हीगेल का दर्शन (Hegel's Philosophy)

III. अंग्रेजी राजनीतिक अर्थवाद (English Political Economy)

मार्क्स का समाजशास्त्रीय साहित्य-

1. Theses on Feyerbach (1845)
2. The Poverty of Philosophy (1847)

3. The Eighteenth Brumaire of Louis Bonaparte (1852)
4. Capital (1867, 1885, 1894)
5. The Economic and Philosophical Manuscripts of 1844 (1964)
6. Grundrisse (1857-58; Published in only 1939-41)
7. A Contribution to the critique of Political Economy (1859)
8. The Holy Family (1845); With Friedrich Engles
9. The German Ideology (1846); With Friedrich Engels
10. Menifesto of the Communist Party (1848), With F.Engles.

मार्क्स का प्रमुख सैद्धान्तिक योगदान

1. द्वन्द्वात्मक भौतिकवाद (Dialectical Materialism)
2. ऐतिहासिक भौतिकवाद (Historical Materialism)
3. वर्ग संघर्ष का सिद्धान्त (Class- conflict)
4. अलगाव (Aliention)
5. अतिरिक्त मूल्य एवं अतिरिक्त श्रम (Surplus value and Surplus labour)
6. आधार-संरचना एवं अधि-संरचना (Base-Structure and Superstructure)
7. उत्पादन पद्धति एवं उत्पादन सम्बन्ध (Mode of Production and Prodution-Relation)
8. वर्ग चेतना (Class-Conscionsness)

मार्क्स के बौद्धिक विकास में हीगल (Hegal, 1770-1831) के अतिरिक्त मांटेस्क्यू (Montesquieu, 1689-1755) एवं फायरवाख (Feuerback) का स्पष्ट प्रभाव देखा जा सकता है। अन्य तीन प्रभाव इस प्रकार है-1. फांसिसी समाजवादी विचारधारा (सेंट-साइमन, 1760-1825), 2. अंग्रेजी राजनीतिक अर्थवाद, 3.फ्रेडटिक एंजिल्स (1820-95) की आजीवन -मित्रता,जिसने मार्क्स को एक रेडिकल डेमोक्रेट से साम्यवादी क्रांतिकारी बना दिया।

मार्क्स के बौद्धिक दर्शन को संक्षेप में द्वन्द्वात्मक ऐतिहासिक भौतिकवाद (Dialectical Historical Materialism) के नाम से जाना जाता है।

ऐतिहासिक भौतिकवाद

मानव-इतिहास की भौतिक आधार पर व्याख्या ही ऐतिहासिक भौतिकवाद है। इसे इतिहास की भौतिक व्याख्या अथवा इतिहास की उत्पादन-प्रणाली द्वारा व्याख्या भी कहा जाता है। समाज की संरचना में मूलभूत आवश्यकताएँ भौतिक आधार हैं, जो आर्थिक संगठन को बनाते हैं। इन भौतिक वस्तुओं के अतिरिक्त समाज में जो कुछ भी है जैसे-साहित्य, कला, दर्शन, राजनीति। इन सबका निर्माण उत्पादन-शक्तियों, उत्पादन सम्बन्धों और आर्थिक संरचना में निहित हैं। जब हम किसी भी समाज का विश्लेषण भौतिक उत्पादन शक्तियों आदि के संदर्भ में करते हैं तो यह इतिहास की भौतिकवादी व्याख्या है। मानव-समाज के इतिहासिक विकास या बदलाव को उत्पादन-पद्धति के संदर्भ में देखते हैं तो यह इतिहास की भौतिक वादी अवधारणा है। और यदि हम इतिहास के प्रत्येक उत्पादन के तरीकों के युग को द्वन्द्व के रूप में देखते हैं तो यह द्वन्द्वात्मक भौतिकवाद है। इस प्रकार द्वन्द्वात्मक भौतिकवाद ऐतिहासिक भौतिकवाद की प्रक्रिया में निहित एक दूसरी प्रक्रिया है। ये दानों प्रत्येक युग में समान रूप से अतिस्त्व में रहती है।

ऐतिहासिक भौतिकवाद की बुनियादी स्थापनाओं को मार्क्स ने फ्रेडरिक एंजिल्स के साथ लिखी "The German Ideology, 1845" में प्रस्तुत किया है। मार्क्स के इस दृष्टिकोण ने समूचे विश्व इतिहास में एक क्रान्तिकारी परिवर्तन ला दिया। इस खोज ने इतिहास को एक विज्ञान बना दिया यद्यपि मार्क्स यंग हीगेलियन के रूप में हीगत के बौद्धिक शिष्य रहे हैं लेकिन वे हीगल दर्शन के विपरीत सिद्धान्त को स्थापित करते हैं। मार्क्स हीगल के इतिहास सम्बन्धी आदर्शवादी विचारों से सहमत नहीं है। मार्क्स के अनुसार समाज के भौतिक जीवन की अवस्थाएँ अन्तिम रूप में समाज की संरचना विचार, राजनीतिक संस्थाओं आदि को निर्धारित करती है। हीगल का मत है कि समाज की अधिसंरचना (Super Structure) उसकी आधार संरचना (Basic Structure) का निर्धारण करती है। इसके विपरीत मार्क्स आधार-संरचना के आधार पर अधि-संरचना के निर्धारण की बात करते हैं।

मानव अस्तित्व के लिए आवश्यक भौतिक वस्तु या मूल्यों के उत्पादन और पुन:उत्पादन पर ऐतिहासिक विकास निर्भर करता है। भौतिक जीवन का उत्पादन ही सर्वप्रथम और सर्वोपरि ऐतिहासिक कार्य है। इतिहास के सभी प्रमुख परिवर्तन उत्पादन प्रणाली में होने वाले परिवर्तनों के परिणामस्वरूप हुए हैं। इस प्रकार भौतिक मूल्यों के उत्पादन की क्रिया सर्वाधिक आधारभूत सबसे प्रथम, सबसे अधिक आवश्यक और सबसे अधिक सामान्य ऐतिहासिक घटना है। अत: इतिहास निर्माण में कुछ गिन-चुने व्यक्तियों का हाथ नहीं होता, अपितु साधारण, मेहनतकश जनता का हाथ होता है।

स्पष्ट है कि मार्क्स इतिहास की अपनी व्याख्या में उत्पादन प्रणाली को अत्यधिक महत्त्व देते हैं। उनके अनुसार उत्पादन प्रणाली के प्रत्येक परिवर्तन के साथ लोगों के आर्थिक सम्बन्ध, सामाजिक व्यवस्था आदि में भी परिवर्तन हो जाता है। मार्क्स ने इस दृष्टि से मानव इतिहास के कुल छः युगों की चर्चा की है-1. आदिम साम्यवादी समाज, 2. दासत्व समाज, 3. सामन्तवादी समाज, 4. पूँजीवादी समाज, 5. समाजवादी समाज, एवं 6. साम्यवादी समाज।आदिम साम्यवादी (Primitive Communalism) समाज इतिहास के प्रारम्भिक युग को निरूपित करता है। इस युग में उत्पादन के साधनों पर सबका समान रूप से अधिकार होता था और संयुक्त श्रम की अवधारणा के कारण उत्पादित वस्तुओं पर सबका समान अधिकार होता था। इसमें न वर्ग थे, न सम्पत्ति और न ही कोई राज्य एवं शोषण। मनुष्य को अपनी शक्ति का आभास होने पर, इसके बाद दास प्रणाली (Slave-System) का प्रादुर्भाव हुआ। इसमें उत्पादन साधनों पर स्वामी का अधिकार होता था। और दास भी स्वामी की निजी सम्पत्ति होते थे, इन्हें वस्तुओं की भाँति बेचा एवं खरीदा जा सकता था'। इस समाज में दो विरोधी वर्ग-दास एवं स्वामी क्रमशः शोषित एवं शोषक के रूप में विकसित हुए। बहुसंख्यक दासों एवं अल्पसंख्यक स्वामियों में मार्क्स के अनुसार परस्पर संघर्ष स्वाभाविक हो गया। परिणामस्वरूप एक अन्य युग का सूत्रपात हुआ।

तीसरे सामन्तवादी (Feudal) समाज में उत्पादन साधनों अथवा भूमी पर सामन्तों (Feudal Lords) का अधिकार होता था। गरीब अर्द्धदास किसान (Serfs) सामन्तों के अधीन होते थे और उनकी बेगारी करते थे। खेतों पर सम्पूर्ण कार्य भूमिहीन किसान (अर्द्धदास) करते थे और उत्पादन पर सामन्तों का अधिकार होता था। यहाँ अर्द्धदास किसानों का दासों की भाँति शोषन होने लगा। निजी सम्पत्ति की धारणा इस युग में और भी स्पष्ट होने लगी और दोनों वर्गों के मध्य संघर्ष अपरिहार्य था। आधुनिक पूँजीवादी (Capitalistic) समाज औद्योगिक क्रांति एवं मशीनों के नव आविष्कारों का परिणाम है। इसमें एक वर्ग पूँजीपतियों या बुर्जुवा (Bourgeoisie) लोगों का तथा दूसरा श्रमिकों अथवा सर्वहारा (Proletariat) लोगों का होता है। समस्त श्रम कार्य सर्वहारा वर्ग करता है, उन्हें केवल नाम मात्र का वेतन मिलता है जबकि समस्त उत्पादन का लाभ बुर्जुवा उठाते हैं। इस युग में शोषण का ग्राफ उच्चतम होता है। परिणाम स्वरूप श्रमिक वर्ग में अलगाव, वर्गीय ध्रुवीकरण एवं वर्ग चेतना का संचार होता है और वर्ग संघर्ष का शंखनाद बजता है। यह वर्ग क्रांति पूँजीपतियों को उखाड़ फेंकेगी और एक नवीन वर्गहीन समाज का सूत्रपात होगा। समाजवादी (Socialism) समाज सर्वहारा एवं बुर्जुवा नर्गों के गध्य बर्ग संपर्ष का परिणाम होगा। इस वर्गहीन समाज में उत्पादन साधनों पर राज्य का अधिकार होगा और राज्य समान रूप से सभी को उत्पादित लाभ का वितरण

करेगा। इस प्रकार समाज को शोषण से मुक्ति मिलेगी। मार्क्स ने एक आदर्श युग के बारे में चर्चा की है और इस छठे युग को साम्यवादी (Communalism) युग कहा है। मार्क्स यह कल्पना करता है कि समाजवाद के बाद साम्यवाद आएगा जहाँ सर्वहारा का अधिनायकत्व (Dictatorship of the Proletariat) स्थापित होगा। यह वर्गहीन, राज्यहीन एवं शोषण विहीन समाज होगा। इस प्रकार इतिहास के विकास में मार्क्स ने साम्यवादी समाज के रूप में अन्तिम आदर्श युग की कल्पना की है।

मार्क्स एवं एंजिल्स अपनी कृति "The Holy Family, 1945" में लिखते हैं कि –इतिहास रचना की एक महत्त्वपूर्ण पूर्वावश्यकता यह है कि मानव का अस्तित्व बना रहे। इसके लिए उसे भौतिक वस्तुओं (भोजन, पानी, कपड़ा, मकान) की आवश्यकता होगी। यह एक ऐतिहासिक बुनियादी कार्य है, जो हजारों वर्षों की भाँति आज की मानव जीवन को बनाए रखने के लिए आवश्यक है। मार्क्स के ऐतिहासिक भौतिकवाद को कुछ विद्वान आर्थिक निर्धारणवाद (Economic Determinism) के रूप में प्रस्तुत करते हैं।

आलोचनात्मक व्याख्या

मार्क्सवाद के आलोचक ऐतिहासिक भौतिकवाद की आलोचना यह कहकर करते हैं कि इसमें भौतिक प्रभाव अथवा उत्पादन पद्धति को ही एक मात्र कारक मान लिया गया है। और इतिहास के अन्य प्रभावों की अवहेलना की गई है। कई विद्वान ऐतिहासिक भौतिकवाद को आर्थिक निर्धारणवाद कहकर आलोचना करते हैं। लेकिन फ्रेडरिक एंजिल्स स्पष्ट करते हैं कि मार्क्स ने भौतिक तत्त्वों को एक मात्र कारण नहीं माना है, अपितु अन्य कारकों से प्रबल माना है।

एंजिल्स (F.Engel's letter to H.Starkenburg in "Selected Correspondence") लिखते हैं कि–ऐतिहासिक घटनाओं की व्याख्या में आर्थिक प्रभाव एक मात्र कारक हो, ऐसा नहीं है। अन्य कारक भी सक्रिय रहते हैं। लेकिन वास्तव में आर्थिक आवश्यकता अन्त में सदैव अपने महत्व को प्रमाणित करती है।

अलगाव

अलगाव या विमुखन व्यक्ति की एक ऐसी सामाजिक एवं मनोवैज्ञानिक दशा का परिचायक है, जिसमें व्यक्ति अपने सामाजिक अस्तित्व के मुख्य पक्षों से विरसन या पृथक हो जाता है। समाज विद्वानों में इस अवधारणा का प्रयोग कई अर्थों एवं परिप्रेक्ष्यों में किया जाता है। अलगाव का सर्वप्रथम प्रयोग प्रसिद्ध जर्मन दार्शनिक हीगल (George Wilhelm Friedrich Hegel, 1770-1831) की कृतियों में किया गया है। समाजशास्त्रीय अवधारणा के रूप में अलगाव को सर्वप्रथम कार्ल मार्क्स ने प्रस्तुत किया। हीगल के

आदर्शवादी विचारों में संशोधन करते हुए मार्क्स ने आधुनिक पूँजीवादी व्यवस्था की विसंगतियों की व्याख्या में अलगाव का प्रयोग किया है। पूँजीवादी समाज में श्रमिक या सर्वहारा वग्र को कामकाज की सामाजिक दशाओं ने उसे अपने कार्य से पृथक कर दिया है। इस प्रकार श्रमिक का अस्तित्व न तो रचनात्मक बन सकता है और न ही अर्थपूर्ण। वह न तो अपने श्रम या कार्य से संतुष्ट है और न ही पारिश्रमिक से। यह उसके अलगाव की दशा की परिचायक है।

भूमिका विशेषीकरण या विशिष्ट श्रम विभाजन उत्पादन साधनों एवं पुरस्कारों का असमान वितरण समाज में अलगाव को उत्पन्न करते हैं। मार्क्स अपनी कृति "The Economic and Philosophical manusupts of 1844" and "The German Ideology, 1846" में अलगाव को एक ऐतिहासिक प्रत्यय के रूप में वर्ग संघर्ष का मूल तत्त्व मानते हैं। मार्क्स ने अलगाव के चार स्तरों की चर्चा की है–

1. कामगार (मनुष्य) का स्वयं द्वारा उत्पादित वस्तु से अलगाव (प्रकृति से अलगाव)–प्रथम स्तर पर मनुष्य अपने श्रम से उत्पन्न वस्तु से पृथक हो जाता है, फलस्वरूप वह अनेक भ्रामक धारणाओं (Fales consciousness) का शिकार हो जाता है। इस अवस्था में वह प्रकृति की शक्तियों को रहस्यपूर्ण मानकर उसकी अधीनता स्वत: स्वीकार कर लेता है।

2. स्वयं की क्रियाओं से अलगाव –श्रम के विशिष्ट विभाजन एवं व्यक्तिगत सम्पत्ति के प्रभाव में श्रमिक वस्तु–निर्माण में अपनी सृजनात्मक योग्यता (Creativity) को सम्मिलित नहीं कर सकता। क्योंकि वह विशेष निर्देशों द्वारा संचालित होता है, अत: कामगार अपनी क्रियाओं से पृथक हो जाता है।

3. अपने समूह से अलगाव –इस अवस्था में मनुष्य उन संस्थाओं, समुहों एवं अपने समाज से पृथक्करण दर्शाता है। इन समूहों संस्थाओं का निर्माण उसने स्वयं अपनी आवश्यकताओं की पूर्ति हेतु किया था। अन्य इकाइयों के प्रति वह उदासीन हो जाता है।

4. मनुष्य का स्वयं से अलगाव –इस स्तर पर मनुष्य का श्रम एक वस्तु (Comodity) का स्वरूप धारण कर लेता है और इस श्रम के प्रति उसकी रूचि समाप्त हो जाती है। कामगार यंत्रवत कार्य करने को मजबूर रहता है। पूँजीवादी प्रक्रियाओं के परिणाम स्वरूप वह इतना संवेदनहीन एवं व्यक्तिवादी हो जाता है कि सामाजिक सम्बन्धों के क्षेत्र में भी वह एक उपभोक्ता वस्तु बनकर रह जाता है।

टी.बी.बोटोमोर (T.B.Bottomore) अपनी कृति "Karl Marx : Early Writings (1964)" में लिखते हैं–उपस्थापन (Objectification) अलगाव की एक क्रिया (Practice) या अभ्यास है। मनुष्य के अलगाव की अवस्था का वर्णन एक मात्र

वस्तु धन (Alien entity money) के ऊपर निर्भर होकर किया जा सकता है। धन ही मनुष्य के अस्तित्व और कार्य के प्रति अलगाव का सार है। मनुष्य मात्र धन से नियन्त्रित होता है और उसी की पूजा हेतु उघत होता है। पूँजीवादी व्यवस्था के अन्तर्गत आर्थिक अलगाव (Economic Aliehation) मनुष्य के दैनिक जीवन में देखा जा सकता है। धार्मिक अलगाव (Religions Alination) केवल चेतनात्मक अवस्था में और मनुष्य के आन्तरिक जीवन में ही सक्रिय रहता है। यद्यपि कुछ विद्वानों का मत है कि मार्क्स के बाद वाले विचारधारा से अलगाव पृथक हो गया था। लेकिन यह भ्रम है क्योंकि मार्क्स ने "Das Kapital" (Capital) में "Fetishism Commodities" जैसी अवधारणा की चर्चा की है। अतः मार्क्स ने सामाजिक एवं आर्थिक विश्लेषण में अलगाव एक केन्द्रिय तत्त्व के रूप में उभरता है। एक अलगाववादी समाज में मनुष्य की मनो संरचना, चेतना उस स्तर के अनुसार प्रभावित होती है, जहाँ मनुष्य उत्पादन की प्रक्रियाओं की दशाओं में अपनी प्रस्थिति रखता है। इस प्रकार उत्पादन के तरीके मनष्य की सम्पूर्ण प्रकृति (मनो-सामाजिक) को निर्धारित करते हैं। यह विषय मार्क्स के 'ज्ञान के समाजशास्त्र' (Marx's Sociology of Knowledge) का एक अभिन्न अंग है।

मार्क्स के अनुसार-शासक वर्ग अनेक आर्थिक एवं गैर-आर्थिक साधनों के माध्यम से श्रमिक वर्ग से यह कबूल करवाने में समर्थ रहता है कि गरीबी एवं अलगाव उसके भाग्य की निर्यात है। इस तरह पूँजीपति वर्ग में यह भ्रामक चेतना (False Consciousness) पैदा हो जाती है कि श्रम और उत्पादन पृथक हो चुके है। और ये श्रमिक वर्ग के असन्तोष से अपरिचित रहते हैं। मार्क्स लिखते हैं कि शासक एवं शासित दोनों वर्गों में अलगाव जैसी प्रक्रिया उत्पन्न होती है। सामाजिक राजनीतिक एवं धार्मिक संस्थाएँ जो बुर्जुवा वर्ग ने अपने हितों के लिए विकसित की थी, अब ये संस्थाएँ ही उनकी प्रत्येक क्रिया को नियंत्रित करने का प्रयास करती है। इस प्रकार वर्ग संघर्ष अपरिहार्य हो जाता है। वर्ग संघर्ष के परिणाम के रूप में अलगाव से वि-अलगाव (De-Alienation) की ओर परिवर्तन दृष्टिगोचर होने लगेगा। इस अवस्था में वर्ग विहिन समाज की उत्पत्ति होगी, जिसमें श्रमिक वर्ग की सृजनात्मक क्षमता पुनः लोटेगी। वर्गीय, संरचना में यह श्रमिक वर्ग अपनी सृजन शक्तियों से पृथक कर दिया गया था। इस प्रकार मार्क्स वर्ग संघर्ष को एक ऐतिहासिक अनिवार्यता के रूप में स्थापित करते हैं।

वर्ग संघर्ष

समाजशास्त्र मे मार्क्स के योगदान को वर्ग संघर्ष का समाजशास्त्र कहा जाता है। मार्क्स के अनुसार वर्ग पूँजीवादी समाज कीएक महत्वपूर्ण विशेषता है। इसी कारण मार्क्स ने पूँजीवादी समाज के अलावा अन्य किसी भी प्रकार के समाज में वर्ग संरचना

तथा वर्ग सम्बन्धों की चर्चा नहीं की है। मार्क्स ने अपनी सभी कृतियों में सामाजिक वर्ग की अवधारणा को प्रयुक्त किया है। अत: मार्क्सवादी चिन्तन को समझने के लिए वर्गके संप्रत्यय को समझना अत्यन्त आवश्यक है। अंग्रेजी के शब्द क्लास (Class) (अर्थात वर्ग) का उद्भव **लैटिन** भाषा के शब्द "क्लासिस" (Classis) से हुआ है। क्लासिस का आशय-व्यक्तियों का सशस्त्र समूह है। प्रसिद्ध रोमन राजा सर्वियस टुलियस (678-534 ईसापूर्व) के शासन काल में रोमन समाज सम्पत्ति के आधार पर पाँच वर्गों में विभक्त था। आगे चलकर वर्ग का प्रयोग मानव समाज के वृहत् समूहों के लिए किया जाने लगा।

मार्क्स ने वर्ग के बारे मेंसम्पूर्ण एवं विशद व्याख्या कहीं भी नहीं की है। वर्ग-संरचना के बारे में महत्वपूर्ण व्याख्या कैपिटल (Capital, 1894) के तीसरे भाग में की कई है। मार्क्स आय के तीन स्रोतों के आधार पर तीन वर्गोंकी चर्चा की है-

1. साधारण श्रम शक्ति पर निर्भर श्रमिक वर्ग,
2. पूँजीपति जिनकी आय का स्रोत अतिरिक्त मूल्य या उत्पादन लाभ है।
3. भूमिपति जिनकी आय का स्रोत भूमि का किराया है।

सुनिश्चित रूप से समाज को आधुनिक पूँजीवादी व्यवस्था में दो ही वर्गों में विभक्त किया जा सकता है- 1. श्रमिक वर्ग (सर्वहारा) एवं 2. पूँजीपति (बुर्जुवा)।

मार्क्स के अनुसार -किसी भी सामाजिक वर्ग का उत्पादन की प्रक्रिया में एक निश्चित स्थान लेता है। वे लोग, जिनके उत्पादन के साधनों से समान सम्बन्ध होते हैं, दूसरे शब्दों में अपने समान हितों के प्रति जिनमें समान जागरूकता पाइे जाती है। वे एक से वर्ग का निर्माण करते है। जब परस्पर विपरीत तथा विरोधी वर्गीय हितों वाले वर्ग आपस में टकराते हैं ताकि वे अपने हितों की रक्षा कर सके, तब यह वर्ग संघर्ष कहलाता है। उत्पादन-प्रणाली अर्थात् समाज की आर्थिक संरचना (अद्योसंरचना) (Infrastructure) में होने वाला कोई परिवर्तन अधिसंरचना (Super-structure) में मौलिक परिवर्तन लाता है। मार्क्स के अनुसार आदिम साम्यवादी अवस्था में निजी सम्पत्ति के अभाव में वर्ग संघर्ष अस्तित्व में नहीं था। उत्पादन सम्बन्धों में परिवर्तन के साथ नई व्यवस्था, दास प्रथा (Slavery) प्रारम्भ होता है। इसके साथ ही मानव इतिहास में असमानता शोषण एवं वर्ग संघर्ष का एक लम्बा दौर प्रारम्भ होता है।

दास प्रथा में मालिकों एवं गुलामों (दासों) के मध्य वर्ग संघर्ष के परिणामस्वरूप उत्पादन प्रणाली में परिवर्तन आया-जिसकी वजह से सामंतवादी व्यवस्था (Feudal System) का प्रादुर्भाव हुआ। मार्क्स (Community manifesto, 1848) का मत है कि आज तक के समाज का इतिहास वर्ग सघर्ष का इतिहास रहा है। सामन्ती अवस्था में वर्ग

संघर्ष भूपति सामन्तों (Feudal Lords) तथा अर्द्धदास किसानों (Serfs) के मध्य शुरू होता है। इसके फलस्वरूप पूँजीवादी व्यवस्था (Capitalism) का उद्‌गम हुआ। पूँजीवादी व्यवस्था में वर्ग संघर्ष चरमोत्कर्ष पर पहुँच जाता है। कामगार वर्ग (श्रमिक सर्वहारा वर्ग) का यह आन्दालन व्यवस्थित रूप में क्रियान्वित होता है। इस वर्ग संघर्ष के परिणामस्वयप क्रान्तिकारी अमूलचूल परिवर्तन होता है और नवीन समाजवादी व्यवस्था (Socialism) जन्म लेती है। मार्क्स इस प्रक्रिया को क्रांति कहते है।

वर्ग संरचना में मार्क्स ने **स्वयं में वर्ग** (Class in itself) तथा **स्वयं के लिए वर्ग** (Class for itself) की व्याख्या की है। पूँजीवादी व्यवस्था में स्वयं के लिए वर्ग वर्ग चेतना के उच्च स्तर को अभिव्यक्त करताहै, फलस्वरूप वर्ग संघर्ष अपिरिहार्य हो जाता है। स्वयं के लिए वर्ग की प्रक्रिया वर्गीय ध्रुवीकरण की प्रक्रिया को तीव्र करती है, जो वर्ग संघर्ष ऊर्जा के रूप मे सम्मिलित होती है। यद्यपि मार्क्स पूँजीवादी समाज में मुख्यत: दो वर्गों पूँजीपति (Bourgeousie) तथा सर्वहारा (Proliteriat) की चर्चा करते हैं। लेकिन कहीं नहीं पेटिट बुर्जुआ या मध्यम वग्र का उल्लेख किया गया, जो वर्ग संघर्ष की प्रक्रिया में दो मनुष्य वर्गों में से किसी एक में सम्मिलित हो जाते हैं।

पूँजीवादी समाज में वृहत् उत्पादन होने पर जनसंख्या काएक बड़ा भाग निर्धनता के शिंकंज में आ जाता है। अतिरिक्त मूल्य, अतिरिक्त श्रम के परिणामस्वरूप पूँजीपति और अधिक समृद्ध तथा सर्वहारा (कामगार) और अधिक बेहाल होते जाते हैं। भीषण विषमता एवं असमानता सामाजिक सम्बन्धों में अर्न्तद्वन्द्व को जन्म देती है, जिसकी परिणति वर्ग संघर्ष के रूप में सामने आती है। अलगाव, वर्गीयचेतना, वर्गीय ध्रुवीकरण एवं स्वयं के लिए वर्ग की अवधारणाएँ वर्ग संघर्ष को तीव्रता प्रदान करती है। सर्वहारा को मार्क्स ने एक उभरते हुए वर्ग के रूप में मान्यता दी है। मार्क्स के जीवन का उद्देश्य ही सर्वहारा वर्ग को प्रभावी बनाया था। पूँजीवादी व्यवस्था में वर्ग संघर्ष का परिणाम समाजवाद की स्थापना को जन्म देता है। मार्क्स कहते हैं कि यह क्रांति पिछली क्रान्तियों से भिन्न होगी। इससे एक वर्गविहीन समाज (Classless society) की स्थापना होगी, जिसमें सम्पत्ति पर निजी स्वामित्व नहीं रहेगा। असमानता एवं शोषण का नामोनिशान नहीं होगा। सर्वहारा वर्ग का उत्पादन प्रणाली पर सामूहिक रूप से स्वामित्व होगा, मार्क्स ने इसे सर्वहारा वर्ग का अधिनायकत्व (Dictatorship of Prolctariat) कहा है। समाजवाद की अवस्था कालांतर मे साम्यवादी (Communalism) अवस्था में परिणित हो जायेगी। इसमे राज्यविहिन समाज होगा, तथा सर्वहारा वर्ग का अलगाव भी समाप्त हो जायेगा। "Economic and Philosophical Manuscripts of 1844" मे मार्क्स लिखते हैं कि- साम्यवाद समाज का विशिष्ट रूप है, जिसमें निजी सम्पत्ति, स्व का अलगाव एवं शोषण पूर्ण रूप से समाप्त हो जाएगा।

वर्ग संघर्ष का विचार मार्क्स से पहले कई विद्वानों ने भी व्यक्त किया था। सेंट साइमन (Saint Saimen) ने मानव इतिहास को सामाजिक वर्गों के मध्य हो रहे संघर्ष के रूप मे देखा है। 1790 के दशक में फ्रांसिसी राजनीतिक आन्दोलनकर्त्ता **बाबेफ** ने भी कामगार वर्ग की अधिनायकता के बारे में लिखा है। बाद में बाबेफ के शिष्य **ब्लॉकी** तथा जर्मन विद्वान **वाइटलिंग** ने बाबेफ के विचारों को आगे बढ़ाया। 18वीं शताब्दी में कई विचारकों ने ऐसी धारणाएँ प्रस्तुत की थी। मार्क्स ने सभी का विश्लेषण कर इसे वैज्ञानिक स्वरूप प्रदान किया। मार्क्स कामत है कि -सर्वहारा वर्ग के लिए यह संघर्ष जीतना, उसके जीवित रहने के लिए अनिवार्य है।

समाजवाद व साम्यवाद

समाजवाद, एक सामाजिक राजनैतिक दर्शन अथवा विचारधारा के रूप में उत्पादन के भौतिक साधनों एवं वितरण पर राज्य के स्वामित्व संचालन पर बल देता है। वांछित लक्ष्यों की प्राप्ति के लिए समाजवाद सिद्धान्त में तर्कसम्मत सामाजिक नियोजन का प्रयोग किया जाता है। समाजवादी का प्रयोग 19वीं शताब्दी के पूर्वार्द्ध में व्यक्तिवाद के विरोध में तथा जीवन में व्यक्तिगत नियंत्रण के स्थान पर सामाजिक नियंत्रण के पक्ष में किया गया। एक सिद्धान्त एवं आन्दोलन के रूप में समाजवाद उत्पादन साधनों के समाजीकरण पर आधारित वर्ग विहीन समाज की स्थापना को प्रोत्साहित करता है।

17वीं शताब्दी में सर्वप्रथम डिगर्स (Diggers) ने इंगलैण्ड मे इस विचारधारा की शुरूआत की। लेकिन 19वीं सदी में ही इसका वांछित विकास हो पाया, सेंट साइमन (Saint Saimen), रॉबर्ट ओवेन (Rober Owen) आदि ने सहकारी समितियों, ट्रेड यूनियनों के माध्यम से यह कार्य किया। मार्क्स एवं फ्रेडरिक एंजिल्स ने समाजवाद को एक आन्दोलन एवं वैज्ञानिक सिद्धान्त का स्वरूप प्रदान किया।

कुछ विद्वान समाजवाद को लोकतांत्रिक व्यवस्था का एक अंग मानते हैं, उन्होंने इसे साम्यवाद से अलग रखने का प्रयत्न किया है। जबकि कुछ अन्य लेखक समाजवाद को साम्यवाद का समानार्थी मानते हैं। समाजवादी सिद्धत्रान्त के कई झरूप देखे जा सकते हैं- माक्स्रवादी समाजवाद, फैबियन समाजवाद, गिल्ड समाजवाद, राष्ट्रीय समाजवाद, इत्यादि। ऐतिहासिक दृष्टि से व्यापक समाजवाद की स्थापना का एक मात्र उदाहरण-समाजवादी रूस (पूर्व सोवियत रूस) ही है। साम्यवाद शब्द का उद्भव 1830 ई. के मध्य हुआ, जब पेरिस मं गुप्त क्रांतिकारी पार्टियों ने 'साम्यवाद' नाम से पूँजीपतियों के विरूद्ध कामगार वर्ग की ओर से एक राजनीतिक आन्दोलन चलाया। साम्यवादी समाज का अभिप्राय उस समाज से था जो कामगार वर्ग के संघर्ष के परिणामस्वरूप सामने आने वाला था। लेकिन 19वीं शताब्दी के अन्त में साम्यवाद एवं

समाजवाद काएक ही अर्थ समझा जाने लगा। वस्तुतः यह मार्क्स एवं एंजिल्स का विचारधाराई समय था। आधुनिक वैज्ञानिक साम्य के प्रणेता मार्क्स एवं एंजिल्स हैं। मार्क्स के अनुसार, समाजवाद की स्थापना (वर्गहीन समाज) के बाद वर्गहीन एवं राज्य विहीन समाज के रूप मे साम्यवाद की स्थापना होगी। जिसकी चरम परिणति वे ''**सर्वहारा के अधिनायकवाद**'' (Dictatorship of Proletariat) में देखते हैं। मार्क्स "Economic and Philosophical Manuscript 1844" में लिखते हैं कि-साम्यवाद में निजी सम्पत्ति, स्व का अलगाव एवं मनुष्य का मनुष्य द्वारा शोषण पूर्णरूप से समाप्त हो जाएगा।

तीसरे अन्तर्राष्ट्रीय साम्यवादी सम्मेलन 1917 के समय पूँजीवाद को उखाड़ फेंकने वाली क्रांति के रूप मे साम्यवाद की अवधारणा का प्रयोग किया जाने लगा। वर्तमान में समाजवाद का अभिप्राय शान्तिपूर्वक व वैधानिक गतिविधियों द्वारा लाए गए दीर्घकालीन परिवर्तनों से समझा जाता है, जबकि साम्यवाद का अर्थ हिन्सात्मक क्रान्ति द्वारा लाए गए परिवर्तनों से है।

उत्पादन की पद्धति

उत्पादन पद्धति या उत्पादन प्रणाली कार्ल मार्क्स द्वारा प्रतिपादित मूल अवधारणा है, जिसके आधार पर ही मार्क्स ने ऐतिहासिक भौतिकवाद का सिद्धान्त निर्मित किया है। उत्पादन प्रणाली उत्पादन साधनों, शक्तियों एवं उत्पादन सम्बन्धों के मध्य संरचित सम्बन्धों का संकेत देती है। इन्हीं संबंधों के आधार पर मार्क्स ने सामाजिक परिवर्तन के सिद्धान्त को प्रस्तुत किया है। उत्पादन मानवी अस्तित्व काआधार है। अपनी कृति "Groundrisse, 1857-58" की प्रस्तावना में मार्क्स लिखते हैं कि-यद्यपि उत्पादन, वितरण व उपभोग की तीनो प्रक्रियाएँ एक ही नहीं हैं तो भी में एक समष्टि का प्रतिनिधित्व करती हैं। मानव इतिहास मे उत्पादन की भूमिका मार्क्स की कृतियों में ''मार्गदर्शक सूत्र'' बन जाती है। उत्पादन के सम्बन्ध एवं उत्पादन शक्तियाँ उत्पादन प्रणाली के दो पक्ष है। उत्पादन की शक्तियाँ, उत्पादन सम्बन्धों को निर्धारित करती है तथा दोनों मिलकर उत्पादन प्रणाली को परिभाषित करते हैं।

इमाइल दुर्खीम

फ्रांस के एपिलन कस्बा (आल्सास प्रांत) में 15 अप्रैल, 1858 को जन्मे दुर्खाइम ने कुशल शिक्षक बनने के लिए पेरिस में अध्ययन किया। दर्शनशास्त्र के शिक्षक (1882-87) बनने के पश्चात् दुर्खाइम की रूचि मनोविज्ञान एवं समाजशास्त्र में बढ़ने लगी। प्रायोगिक मनोविज्ञान के शिक्षाविद् विलहैम वुंह (W. Wundt) का दुर्खाइम पर विशेष प्रभाव पड़ा। दुर्खाइम ने फ्रांस के राजनीति वैज्ञानिक मानटेस्क्यू (Monteshqui) पर छोटी थीसिस लातिनी भाषा में लिखी। दुर्खाइम की दूसरी थीसिस "The Division of

Labour in Society" से सम्बन्धित थी। 1893 ई. में प्रकाशित इस थीसिस मे दुर्खाइम ने एडम स्मिथ (Adam Smith) के श्रम विभाजन सिद्धान्त (The Wealth of Nations, 1776) को सामाजिक स्वरूप प्रदान किया। दुर्खाइम की समाजशास्त्रीय परम्परा को समूहवाद या समाजशास्त्र अथवा सामूहिकतावाद (Sociogolism) के रूप में पहचाना जाता है। दुर्खाइम समाजशास्त्र को सामाजिक तथ्यों (Social Facts) के अध्ययन के रूप मे परिभाषित करते हैं। "The Rules of Sociological Method, 1895" में दुर्खाइम ने सामाजिक तथ्यों की विशद व्याख्या की है। मनोवैज्ञानिक विषय आत्महत्या पर दुर्खाइमने अहम समाजशास्त्रीय अध्ययन किया और "Suicide, 1897" में इस सिद्धान्त को प्रतिपादित किया कि यह एक विशुद्ध सामाजिक प्रधटनाहै। दुर्खाइम ने बॉर्दों विश्वविद्यालय (University of Bordeaux) में व्याख्यता पद पर रहकर शिक्षाशास्त्र एवं सामाजिक दर्शन का अध्यापन किया। फ्रेंच समाजशास्त्रीय शोध पत्रिका "L'Annee Sociologique" ने 1898 ई. में सम्पादन प्रारम्भ किया। जो 1914 ई. तक संपादित होती रही। उल्लेखनीय है कि भारत के शिक्षाविद् **यश नन्दन** ने 1980 ई. मेंअपनी सोशियोलॉजिक के फ्रेंच योगदान को अंग्रेजी में प्रकाशित किया है।

धर्म तथा विज्ञान (धर्म के प्रारम्भिक स्वरूप) के बारे में रूचि के कारण दुर्खाइम ने आस्ट्रेलिया की **अरूण्टा** जनजाति के बारे में उपलब्ध साहित्य का अध्ययन किया। टोटम को अपने धर्म के मूल तत्त्व के रूप में स्थापित किया है। टोटम कोईभी जानवर, वनस्पति, इत्यादि हो सकता है। जिसे लोग (समूह) आदर की दृष्टि से देखताहै। दुर्खाइम ने धर्म को समान की आत्मा माना है तथा इस प्रक्रिया में ने सामूहिक चेतना (Collective Conscience) को प्रतिस्थापित करते हैं। धर्म सम्बन्धी व्याख्या को दुर्खाइम ने "The Elementary Forms of the Religious Life, 1912" में वर्णित किया है। (Dryfus) दुर्खाइम के समय फ्रांस में एक यहूदी मूल के कैप्टन ड्रायफस पर 1894 ई. मे जर्मनी को सैन्य गोपनीयता बेचने का आरोप था। ड्रायफस आन्दोलन के रूप में एक राष्ट्रीय विवाद बन चुका था। इस समय सम्पूर्ण फ्रांस दो ध्रुवों "Dryfusards एवं Antidryfusards में बंटा हुआ था। फ्रांस के एक लेखक इमाइल जोला ड्रायफस विरोधी मुहिम मे अग्रणी थे, जबकि इमाइल दुर्खाइम ड्रायफस समर्थक थे। ड्रायफस अन्ततः दोषी नही पाया गया और उसे प्रोन्नति प्रदान की गई।

दुर्खाइम की कृतियाँ

1. De la division du travail social (Division of Lafond in Society, 1893 AD.
2. Les Reqles de is methode sociologique (Rules of Sociological Method)

1895 AD

3. Le Suicide (Suicide) 1897AD
4. Les Forms Elementaries de la vie religieuse (The Elementary forms of the Religious life) 1912AD
5. शिक्षा का समाजशास्त्र (Education et Sociologic 1922), दर्शन का समाजशास्त्र (Sociology et Philosophy, 1924), नैतिकता का समाजशास्त्र (L'educative Morale 1925), समाजशास्त्र, आदिम वर्गीकरण (Primitive Classification) इत्यादि महत्त्वपूर्ण लेखों का संकलन दुर्खाइम की मृत्यु के प्रश्चात प्रकाशित हुआ।

समाज में श्रम विभाजन

"The Divison of Labour in Society" (1893AD) इगाइल दुर्खाइम का सर्वप्रथम शोध ग्रन्थ है। इसमें दुर्खाइम के समाजशास्त्रीय विचारों एवं पद्धतिशास्त्र के अंकुर स्पष्ट देखे जा सकते है। श्रम विभाजन के संप्रत्यय को सर्वप्रथम **एडम स्मिथ** ने अपनी पुस्तक "The Wealth of the Nations, 1776" में प्रस्तुत किया था। दुर्खाइम ने इस अवधारणा को समाजशास्त्रीय जामा पहनाया और एक नवीन दिशा प्रदान की। दुर्खाइम की यह कृति तीन खण्डों में विभाजित है, जिसमें कुल चौदह अध्याय हैं।

प्रथम खण्ड में दुर्खाइम श्रम विभाजन के प्रकार्य की चर्चा करते हैं। जिसे सामाजिक एकता के आधार पर समझाया गया है। दूसरे खण्ड में श्रम विभाजन के कारण एवं परिणामों का विश्लेषण तथा तीसरे खण्ड में श्रम विभाजन के असामान्य (व्याधिकीय) स्वरूपों की चर्चा की गई है।

श्रम विभाजन का प्रकार्य

एक प्रकार्यवादी समाजवैज्ञानिक के रूप में दुर्खाइम ने सर्वप्रथम श्रम विभाजन के प्रकार्य की खोज की है। दुर्खाइम के अनुसार प्रकार्य का अर्थ-गति व्यवस्था (Systemj of Movements) तथा क्रिया द्वारा पूर्ण होने वाली आवश्कता से है। प्रकार्य का आशय, यहाँ भूमिका (Role) से किया जासकता है। दुर्खाइम के श्रम विभाग की प्रकृति **नैतिक** है। दुर्खाइम का मत है कि सभ्यता का विकास (औद्योगिक कलात्मक एवं वैज्ञानिक) श्रम विभाजन का प्रकार्य नहीं है। दुर्खाइम श्रम विभाजन के प्रकार्य के रूप में नवीन समूहों का निर्माण और उनकी एकता को खोजने का प्रयास करते हैं। दुर्खाइम यहाँ ऑगस्ट कॉम्टे को विशेष श्रेय प्रदान करते हैं। जिसने सबसे पहले श्रम विभाजन के सामाजिक महत्त्व को स्पष्ट किया और इसे सामाजिक जीवन की सर्वाधिक अनिवार्य दशा

घोषित किया। दुर्खाइम लिखते हैं कि श्रम विभाजन विभिन्न कार्यों को संगठित करता है तथा समाजों को सम्भव बनाता है, जो इसके बिना जीवित नहीं रह सकते।

सामाजिक एकता एवं कानून

दुर्खाइम ने श्रम विभाजन से उत्पनन सामाजिक एकता के स्वरूपों को स्पष्ट करने के लिए कानून का वर्गीकरण किया है।

1. दमनकारी कानून (Repressive Law) –ये नैतिकता के आधार पर व्याप्त (Diffused) कानून है। जो सार्वजनिक कानून रहे जा सकते हैं। ऐसे कानूनों के द्वारा यान्त्रिक एकता की अभिव्यक्ति होती है। यहाँ समाज के सदस्यों मेंसमानताओं सेपरिपूर्ण जीवन होता है।

2. प्रतिकारी कानून (Restitutive Law)– यह व्यक्तियों में उत्पन्न होने वाले असन्तुलन को सामान्य स्थिति प्रदान करते हैं। प्रतिकारी कानून सावयवी एकता (Organic Solidarity) के प्रतीक है। यहाँ समाज के सदस्यों में विभिन्नताओं एवं विशेषीकरण से परिपूर्ण होता है।

आधुनिक विकसित समाज व्यवस्था सावयव एकता को प्रदर्शित करती है, जबकि साल ग्रामीण समाज यान्त्रिक एकता के प्रतिनिधि कहे जा सकते हैं। यान्त्रिक एकता व्यक्तित्व विकास में प्रतिकूल है। यान्त्रिक एकता आधारित समाज में प्राथमिक अनौपचारिक सामाजिक सम्बन्धों की बहुलता देखी जा सकती है, जबकि सावयव एकता आधारित समाजों में द्वितीयक एवं औपचारिक सम्बन्धों का बोलबाला होता है। यान्त्रिक एकता में धर्म की प्रधानता होती है,जबकि सावयवी एकता धर्म के महत्त्व को कम कर देती है।

दुर्खाइम स्पेन्सर जैसे संविदावादियों एवं अर्थशास्त्रियों को अस्वीकार करते हुए लिखते हैं कि–व्यक्तियों के पारस्परिक समझौते किसी सामाजिक संदर्भ में ही हो सकते हैं जो स्वयं व्यक्तियों के द्वारा निर्धारित नहीं होता। यह विभेदीकरण से अपने श्रम विभाजन ही है जो संविदाओं के क्षेत्र के अस्तित्व के लिए प्राथमिक दशा है।

श्रम विभाजन के कारण

दुर्खाइम श्रम विभाजन को एक सामाजिक तथ्य मानते हैं। इसकी व्याख्या समाजशास्त्रीय आधार पर करते हैं। दुर्खाइम श्रम विभाजन के तीन प्रमुख कारकों की चर्चा करते है–1.जनसंख्या के आधार एवं घनत्व में वृद्धि, 2. सामूहिक आत्मा का उत्तरोत्तर ह्रास (Progressive Indetermination of Common conscience), 3. पैतृकता का घटता हुआ प्रभाव।

जनसंख्या के आकार एवं घनत्व में वृद्धि के परिणामस्वरूप समाज अधिक जटिल हो जाते हैं। भौतिक घनत्व (Material Density) तथा नैतिक घनत्व (Moral or Dynamic density) बढ़ने के कारण लोगों के पारस्परिक सम्बन्धों की प्रतिक्रियाओं में वृद्धि हो जाती है। दुर्खाइम ने सामूहिक दृष्टिकोण के स्थान पर वैयक्तिक दृष्टिकोण का विकास श्रम विभाजन कादूसरा महत्त्वपूर्ण कारक माना है। इससे परम्पराओं में कमी तथा स्वंतत्र वृत्तियों काविकास हो जाता है। प्रदत्त या पैतृक व्यवसायों के स्थान पर अर्जित व्यवसायों की प्रधानता श्रम विभाजन को प्रोत्साहित करती है। इस प्रकार यान्त्रिक एकता आधरित समाज के स्थान पर सावयव एकता आधारित समाज की और बदलाव श्रम विभाजन को बल प्रदान करता है।

श्रम विभाजन के परिणाम

प्रकार्यात्मक स्वतन्त्रता एवं विशेषीकरण, सभ्यता का विकास, सामाजिक प्रगति, सामाजिक व व्यक्तित्व परिवर्तन, नवीन समूहों काविकास एवं अन्तरनिर्भरता, सावयव एकता, प्रतिकारी कानून एवं नैतिक दबाव श्रम विभाजन के प्रमुख परिणाम है। समाज का स्वरूप अधिक श्रम विभाजन के साथ साथअधिक जटिल एवं विभिन्नतापूर्ण हो जाता है। ऐसे में अर्जित प्रस्थिति आधारित विकास को महत्त्व प्रदान किया जाता है। श्रम विभाजन से मुक्त समाज में पारस्परिक प्रकार्यात्मक निर्भरता पायीजाती है। जिससे समाज स्वयं एकगतिशील इकाई के रूप मे स्पष्ट होता है।

श्रम विभाजन के असामान्य स्वरूप

दुर्खाइम लिखते हैं कि यद्यपि सामान्यतया श्रम विभाजन सामाजिक एकता उत्पन्न करता है, कभी कभी ऐसा भी होता है कि इसके भिन्न और विपरीत परिणाम भी होते है। दुर्खाइम व्याधिकीय श्रम विभाग के रूप मे तीन स्वरूपों की चर्चा करते है। 1. आदर्शहीन श्रम विभाजन (Anomie DOL) –आर्थिक एवं वैज्ञानिक क्षेत्र से सम्बन्धित इस श्रम विभाजन के कारण उत्पादन की एकता व विज्ञानों की एकतानष्ट हो जाती है। 2. बलात् श्रम विभाजन (Formed DOL) –यह विभिन्न वर्गों व जातियों के बीच संघर्ष को जन्म देकर सामाजिक एकताको नष्ट करताहै। 3.व्यक्तिगत कार्य की अपर्यासता (Insufficient Individual Activity)। दुर्खाइम अपनी श्रम विभाजन की व्याख्या में यह स्थापित करते हैं कि इसे केवल आर्थिक तथ्य मानना उचित नहीं है। क्योंकि श्रम विभाजन एक सामाजिक तथ्य है, जो सामाजिक एकता का आधार है और सामाजिक एकतासमाज की नैतिक आवश्यकताहै। इस प्रकार अपने प्रथम शोधग्रन्थ में दुर्खाइम एक प्रकार्यवादी चिन्तक के साथ-साथ समूहवादी विचारक के रूप में अपने आपको स्थापित करते है।

समालोचना

आर. के. मर्टन दुर्खाइम के श्रमविभाजन पर आधारित विकासवादी सिद्धान्त (रेखीय) कीआलोचना करते है। दुर्खाइम ने श्रम विभाजन को समस्त सामाजिक विकास का कारण मान लिया है। बोगाईस, जिन्सबर्ग, बार्नेस, सोरोकिन, रेमण्ड एरोन, मर्टन इत्यादि। विद्वान दुर्खाइम द्वारा प्रस्तुत श्रमविभाजन के जैविकीय कारणों (जनसंख्या वृद्धि) की ठोस आलोचना प्रस्तुत की है। वास्तव में श्रम विभाजक की यह जीवशास्त्रीय व्याख्या दुर्खाइम की मूल पद्धति के भी प्रतिकूल है।

वीरस्टीड (Robert Bierstdt, Emile Durkheim) तथा मर्टन व बार्नेस ने व्यक्तिगत एकता एवं सामाजिक एकता में अन्तर स्पष्ट नहीं करने के कारण दुर्खाइम की आलोचना की है। मर्टन लिखते हैं कि दुर्खाइम ने श्रम विभाजन के अध्ययन में भौतिक विज्ञानों की पद्धति कामनमाना प्रयोग किया है। दुर्खाइम ने कानून को एकता का प्रत्यक्ष प्रतीक माना है, जबकि कानून स्वयं एक अमूर्त व्यवस्था है।

कुछ कमियों के बावजूद दुर्खाइम की यह प्रथम कृति निःसन्देह उसे समाजशास्त्र के जनकों में स्थान प्रदान करती है। **जार्ज सिम्पसन** क अनुसार, महान विचारक की प्रथम महान कृति का प्रभाव घटने की बजाय आज भी निरन्तर बढ़ रहा है। ऐतिहासिक एवं विचारधाराई दृष्टि से यह ग्रन्थ उन सभी द्वारा पढ़ा जाना चाहिए जो सामाजिक चिन्तन, ज्ञान एवं सामाजिक समस्याओं में रूचि रखते हैं।

सामाजिक तथ्य

दुर्खाइम समाजशास्त्र को एक स्वतंत्र एवं विशिष्ट विज्ञान के रूप में प्रतिष्ठित करने के प्रयासों में निरन्तर संघर्ष करने वाले विद्वानों में सर्वप्रमुख थे। दुर्खाइम का स्पष्टमत हैकिसमाजशास्त्र समस्त मानवीय प्रक्रियाओं काअध्ययन नहीं करता है,बल्कि सामाजिक तथ्य ही समाजशास्त्र की वास्तविक अध्ययन वस्तु है। "The Rules of Sociological Method" (1895) में सामाजिक तथ्य को परिभाषित करते हुए दुर्खाइम लिखते हैं कि-इन्हें वस्तुओं के समान समझना चाहिए। वस्तु शब्द का दुर्खाइम चार पृथक पृथक अर्थों में प्रयोग करते है - 1. वस्तु, जिसमें कुछ विशेष गुण होते हैं। 2.वस्तु, जिसे केवल अनुभव द्वारा ही जाना जासकताहै। 3. वस्तु, जिसकाअस्तित्व मनुष्य पर बिल्कुल निर्भर नहीं है। 4. वस्तु, जिसे केवल बाहरी तौर पर देखकर ही जाना जा सकता है। इस प्रकार ये चारो वस्तु प्रकार सामाजिक तथ्यों के लक्षण माने जासकते है। दुर्खाइम सामाजिक तथ्य के बारे में लिखते हैं कि सामाजिक तथ्य कार्य करने, सोचने तथा अनुभव करने के वे तरीके हैं जो व्यक्ति सेबाहयहै। तथा एक दबावकारी शक्ति से युक्त है। सामाजिक तथ्य किसी भी समाज में नैतिक नियम, धार्मिक विश्वास, रीतियाँ, भाषा

इत्यादि। दुर्खाइम समाज की तरह सामाजिक तथ्य को भी सुजेनेटिस (Suigeneris) मानते हैं।

सामाजिक तथ्यों की विशेषताएँ

दुर्खाइम समाजशास्त्र को एक स्वतंत्र वस्तुपरक विज्ञान के रूप में स्थापित करना चाहते थे। इसके लिए दो बातों का होना आवश्यक है-प्रथम समाजशास्त्र का विषय निश्चित होना चाहिए, द्वितीय इस विषय का अवलोकन एवं व्याख्या अन्य विज्ञानों की भाँति तथ्यों के अनुरूप होनी चाहिए। अत: दुर्खाइम समाजशास्त्र की विषयवस्तु - सामाजिक तथ्यों को अवलोकनीय वस्तुओं के रूप में मानते हैं जिनकी विशेषता है-1. बाह्यता, 2. बाध्यता, 3. स्वतंत्रता, एवं 4. सामान्यता। दुर्खाइम के अनुसार सामाजिक तथ्यों का अस्तित्व व्यक्तिगत चेतना से बाहर होता है। उनका अस्तित्व व्यक्तियों से परे है। उदाहरण के लिए कानून, प्रथा एवं भाषा किसी भी व्यक्ति पर निभ्रर न रहते हुए स्वतंत्र रूप से कार्यरत रहते है। सामाजिक तथ्यों में सामूहिक चेतना (Collective Consciousness) का तत्त्व विद्यमान रहता है। अत: सामाजिक तथ्य मं निहित बाह्यता (Exteriority) का गुण सामुहिकता का प्रतीक है।

बाध्यता (Constraint) का आशय स्वयं को व्यक्ति पर अधिरोपित करने से है। सामाजिक तथ्य, व्यक्तिके ऊपर एक दबाव डालते हैं अर्थात् व्यक्ति का प्रत्येक कार्य पर सामाजिक तथ्यों का प्रभाव देखा जा सकता है। दर्खाइम के अनुसार समाज में प्रचलित अनेक सामाजिक तथ्य जैसे नैतिक नियम, धार्मिक विश्वास, वित्तीय व्यवस्थाएँ आदि सभी मनुष्य के व्यवहार व कार्य करने के तरीकों को अत्यधिक प्रभावित करते हैं। सामाजिक तथ्यों के बबानकारी प्रभावों को सुनिश्चित करने के लिए दुर्खाइम ने शिक्षा के प्रयासों को बालक पर ऐसे कार्यकरने, देखने व अनुभव करने के तरीकोंका आधरोपण करने के रूप में देखा है, जिन्हें बालक स्वयं प्राप्त नहीं कर सकता। सामाजिक तथ्य की प्रकृति सामान्यता (Gencrality) एवं स्वतंत्रता (Freedom) से युक्त होती है। सामाजिक तथ्य वह है जो समाज मेंलगभग सामान्य रूप से घटित होताहै। साथ ही मानव प्रकृति केसार्वभौमिक गुणों व व्यक्तियों के वैयक्तिक गुणों से सीमित न होने के अर्थ में स्वतन्त्र है। इस प्रकार सामाजिक तथ्य कीसामान्यता उसकी सागूहिकता (Collectiveness) का परिणाम है।

सामाजिक तथ्यों के प्रकार-

दुर्खाइम की दृष्टि में सामाजिक तथ्य एक सतत क्रम में होते हैं। इनके एक सिरे पर **संरचनात्मक** या **स्वरूप** सम्बन्धी सामाजिक घटनाएँ होती है। इस श्रेणी के सामाजिकतथ्यों मेंभौगोलिक क्षेत्रों में जनसंख्या कावितरण आवासों की रचना, संचार

व्यवस्था की प्रकृति आदिसम्मिलित है। दूसरी श्रेणी में सामाजिक तथ्यों के **संस्थागत स्वरूप** आते है। ये सम्पूर्ण समाज की सामूहिक प्रवृत्ति का प्रतिनिधित्व करते है तथा समाज में लगभग सामान्य व विस्तृत रूप में व्याप्त रहते हैं। इसमें कानूनी व नैतिक नियम, धार्मिक मत, विश्वास एवं प्रथाएँ सम्मिलित है।

तीसरी श्रेणी मं, वे सामाजिक तथ्य है, जो संस्थागत नहीं हो पाए है। ये समाज के संस्थागत आदर्शों से परे स्थित है तथा इन सामाजिक तथ्यों ने अभी तक पूर्णतया वस्तुपरक व स्वंतत्र अस्तित्व नहीं प्राप्तकियाहै। व्यक्तियों पर इनकीबाह्यता तथा बाध्यता अभी पूर्ण रूप से नहीं है। इस प्रकार के सामाजिक तथ्यों को "**सामाजिक प्रवाह**"(Social Currents) कहागया है। जैसेसाहित्यिक विचारधाराएँ ,नई कविता, भीड़ मेंउत्पन्न उन्माद, तिरस्कार याकरूणा की भावना का उपजना इत्यादि। दुर्खाइम ने **सामान्य** एवं **व्याधिकीय** सामाजिक तथ्यों की चर्चा कीहै। समाज के स्वीकृत प्रतिमानों के अनुकूल पाए जाने वाले तथ्य सामान्य कहलाते हैं। एक तथ्य उस दशा में सामान्य हैजब वह उद्विकास कीकिसी निश्चित अवस्था में किसीनिश्चित प्रकार के समाज मेंसामान्य रूप से मिल जाता है। इससे विचलित तथ्य व्याधिकीय है। सामान्य तथ्य सामाजिक जीवन के स्वास्थ्य मेंवृद्धि करते है, जबकि व्याधिकीय तथ्यसमाज के स्वास्थ्य के लिए हानिकारक है। सामान्य एवं व्याधिकीय तथ्यों की अवधारणा को दुर्खाइम एक उदाहरण द्वारा समझाते है। जैसेकिसी भी समाज में अपराध की कुछ मात्रा होना आवश्यक है, अतः उस सीमा तक अपराध एक सामान्य तथ्य होगा। जबकि अपराध की दर एवं तीव्रता मेंअसामान्य वृद्धि होना व्याधिकीय तथ्य है। ऐसी प्रकार विशिष्ट ग्रिक्संकट, जो समाज को अराजकता की ओर ले जाते हैं, व्याधिकीय सामाजिक तथ्य के उदाहरण है।

सामाजिक तथ्यों के अवलोकन के नियम

सामाजिक तथ्य वास्तविक हैं। दुर्खाइम ने इन्हें वस्तुओं की भांति अध्ययन करते समय वस्तुपरकता बनाए रखने हेतु तीन नियमों का प्रतिपादन किया है-

1. पूर्व मान्यताओं का निराकरण (Eradication of Preconceptions)-भावनात्मक रूप से निष्पक्ष रहना चाहिए।
2. विषयवस्तु की परिभाषा एवं व्याख्या। इसमें समाजशास्त्रीय घटनाओं की बाहरी विशेषताओं का समावेश होना चाहिए।
3. वैयक्तिक तथा सामाजिक तथ्यों का पृथक्करण (Separation of Individual and Social Facts) -सामाजिक तथ्यों के अवलोकन के बिषय में दुर्खाइम ने प्रत्यक्षात्मक इन्द्रिय ग्राह्य अध्याय पर जोर दिया है।

दुर्खाइम ने सामाजिक तथ्यों की व्याख्या सम्बंधी तर्क के अंत में सामाजिक विज्ञान की तुलनात्मक प्रवृत्ति पर बल दिया है। तुलनात्मक पद्धति दुर्खाइम के लिए समाज विज्ञान का वास्तविक ढाँचा है। दुर्खाइम ने फ्रैंच भाषा में ऑगस्ट कॉम्टे तथा अंग्रेजी भाषा में जे. एस. मिल्स की पुस्तक का "System of Logic" अनुसरण करते हुए तुलनात्मक पद्धति की कार्यप्रणाली के रूप में सहगामी भिन्नताओं की पद्धति का उदाहरण देकर, इसे समाजशास्त्रीय शोध का श्रेष्ठ उपकरण बताया है।

समालोचना

दुर्खाइम द्वारा प्रस्तुत सामाजिक तथ्य की अवधारणा निःसन्देह सामाजिक घटनाओं को वैद्यानिक रूप में समझने में पर्याप्त सहायक सिद्ध हुई है। लेकिन फिर भी अनेक समाजशास्त्रियों ने दुर्खाइम के इन विचारों की कटु आलोचना की है।

दुर्खाइम सामाजिक तथ्यों को वस्तुओं के समान तथा मानवीय अन्तःक्रियाओं से परे मानते हैं। जबकि वास्तव में मानवीय अन्तःक्रिया ही प्रत्येक सामाजिक चीज (तथ्य) को उत्पन्न करती है। ग्रेब्रिअल टार्ड (Gabrial Tarde) इसकी पुष्टि करते हुए लिखते है कि –व्यक्तियों को निकालने के बाद समाज में किस प्रकार शेष रह सकता है। यदि विश्वविद्यालय से प्रोफेसर तथा विद्यार्थियों को निकाल दिया जाए तो वहाँ क्या शेष रह जाएगा?

पितरिम सोरोकिन (P. Sorokin, Contemporary Sociological Theories, 1928) सामाजिक तथ्यों की बाह्यता एवं बाध्यता की आलोचना करते है। उनके अनुसार ये केवल विशिष्ट समस्याओं के अध्ययन हेतु ही उपयुक्त हैं,न किसी भी प्रकार के सामाजिक तथ्यों के लिए। सम्भवतः दुर्खाइम सामूहिक बाध्यता, सांस्कृतिक निर्धारक (Cultural Determinant), भौतिक व मनोवैज्ञानिक में भेद करने में असफल रहे हैं।

हैरी एल्मर बार्न्स (H.E. Barnes) भी सामाजिक तथ्यों की बाध्यता पर अत्यधिक जोर दिए जाने के कारण दुर्खाइम की आलोचना करते हैं। **रेमण्ड ऐरोन** (Raymond Aron; Main currents in Sociological thought, 1970) ने भी बाध्यता सम्बंधी विचारों के लिए दुर्खाइम की आलोचना की है।

आलोचनाओं के बावजूद यह कहा जा सकता है कि सामाजिक तथ्य की अवधारणा ने समाजशास्त्र में समाजशास्त्रवाद (Socialism) की स्थापना में महत्त्वपूर्ण भूमिका निभाई है। वस्तुतः सामाजिक तथ्य की बाध्यता सामाजिक घटनाओं में एक क्रमबत्रता को उत्पन्न करके उसका वैज्ञानिक बोध सम्भव कराती है। वास्तव में दुर्खाम ने सामाजिक तथ्यों के आधार पर ही सामाजिक एकता, साममहिक चेतना-रम विभाजन,

धर्म, आत्महत्या, ज्ञान एवं प्रकार्यात्मक सामाजिक घटनाओं का विश्लेषण एवं व्याख्या की है।

धर्म एवं समाज

दुर्खाइम ने अपनी कृति "The Elementary form of Religions Life, 1912" में धर्म का सामाजिक सिद्धान्त प्रस्तुत किया है। अपने यह स्थापित किया है कि धर्म सम्पूर्ण रूप से एक सामाजिक घटना या तथ्य है और वस्तुतः समाज ही वास्तविक देवता है। दुर्खाइम आस्ट्रेलिया की अरूण्टा (Arunta) जनजाति सम्बन्धी अध्ययनों का विश्लेषण करके धर्म सम्बंधी व्याख्या करते हैं। यह व्याख्या दुर्खाइम रो आर्म्ड् चेयर (Armed Chair Sociologists) समाजशास्त्रियों में अग्रणी बना देती है।

दुर्खाइम धर्म सम्बन्धी अब तक के सभी सिद्धान्तों की आलोचना करते हैं और इन्हें अवैज्ञानिक मानते हैं। एडवर्ड टायलर (E.Tylor) के आत्मावाद (Animism) के बारे में दुर्खाइम लिखते हैं कि-टायलर ने आदिम मनुष्यों को अत्यधिक तर्कयुक्त दार्शनिक के रूप में मान लिया है,जो सर्वथा गलत है। इसी प्रकार मैक्समूलर (Max Muller) के प्रकृतिवाद (Naturism) की आलोचना में दुर्खाइम यह मत व्यक्त करते हैं कि -प्रकृति की पूजा से धर्म को उत्पत्ति की यह व्याख्या अत्यन्त संकुचित विश्लेषण उत्पन्न करती हे। इसी प्रकार फ्रेजर एवं कॉडरिगंटन (Codrington ;मानावाद) को भी दुर्खाइम ने तार्किकता के अभाव में नकार दिया है।

प्रत्येक धर्म का कोई वास्तविक आधार होता है और वह आधार दुर्खाइम के अनुसार स्वयं समाज है। दुर्खाइम के अनुसार ''स्वर्ग का साम्राज्य एक महिमामंडित समाज है'' (The kingdom of Heaven is a Glorified Society)। सामूहिक जीवन की प्रत्येक घटनाओं को चाहे वे सरल हों या जटिल, वास्तविक हों या आदर्शात्मक दो प्रमुख भागों में बाँटा जा सकता है-1. साधारण (Profane), एवं 2. पवित्र (Sacred)। समस्त धर्मों का सम्बन्ध **पवित्र पक्ष** से होता है।

पवित्र वस्तुएँ समाज की प्रतीक या सामूहिक चेतना की प्रतिनिधि होती है। इसी कारण व्यक्ति इनके अधीन व इनसे प्रभावित रहता है। यद्यपि समस्त ईश्वरीय (आध्यात्मिक) घटनाएं पवित्र अवश्य होती हैं, परन्तु इसका अर्थ यह नहीं है कि सभी पवित्र वस्तुएं ईश्वरीय हों। समाज के सदस्य पवित्र या ईश्वरीय वस्तुओं को साधारण वस्तुओं से पृथक रखने का प्रयत्न करते हैं, धर्म इन्हीं प्रयत्नों (विश्वास, आचरण, संस्कार, उत्सव) का परिणाम हैं। चूँकि इन प्रयत्नों में सामूहिकता का प्रभाव होता है और समाज की सामूहिक सत्ता के सामने मनुष्य नतमस्तक हो जाता है, यहाँ से धर्म की नींव पड़ती है।

धर्म की प्रारम्भिक उत्पत्ति की व्याख्या में दुर्खाइम आस्ट्रेलिया की अरूण्टा (Arunta) जनजाति का विस्तृत ब्यौरा प्रस्तुत करते हैं। इन लोगों में धार्मिक अनुभव की उत्पत्ति एक प्रकार की सामूहिक उत्तेजना (Group excitment) के कारण होती है। त्यौहारों व उत्सवों पर जब गोत्र (Clan) के सभी लोग एक साथ एकत्र होते हैं तो प्रत्येक सदस्य को ऐसा अनुभव होता है कि समूह की शक्ति उसकी वैयक्तिक शक्ति से कहीं अधिक महान है। व्यक्ति समूह की इस शक्ति के सामने झुकता है और उसकी शक्ति से प्रभावित होकर उसके मन में समूह के प्रति भय, श्रद्धा एवं भक्ति की भावना पनपती है। वस्तुतः यह समूह या समाज ही धार्मिक पूजा का प्रतीक हो जाता है।

दुर्खाइम पवित्रता की धारणा के पनपने का वास्तविक आधार **टोटमवाद** (Totemism) को मानते हैं। आपके अनुसार टोटमवाद ही समस्त धर्मों का प्राथमिक स्तर है। टोटमवाद के आधार पर ही पवित्र एवं साधारण वस्तुओं में भेद करने की भावना का जन्म हुआ। टोटमवाद नैतिक कर्त्तग्वयों और मौलिकविश्वासों की वह समष्टि है, जिक्सकेक द्वारा समाज और पशु, पौधे या अन्य प्राकृतिक वस्तुओं के बीच एक पवित्र और अलौकिक सम्बन्ध स्थापित हो जाता है। दर्खाइम ने टोटमवाद की निम्न विशेषताएँ बताई हैं-

1. टोटम (Totem) के साथ एक गोत्र के सदस्य अपना कई प्रकार का गूढ, अजौकिक व पचित्र सम्बन्ध कानते हैं।
2. टोटम वह शक्ति है जो उस समूह की रक्षा करती है, सदस्यों को चेतावनी देती है और भविष्यवाणी करती है।
3. टोटम के प्रति विशेष भय, श्रद्धा, भक्ति व आदर की भावना होती है। टोटम को मारना, खाना, चो पहुँचाना निषिद्ध होता है तथा उसकी मृत्यु पर शोक प्रकट किया जाता है। टोटम की खाल या उससे गुडी समस्त चीजों को विशिष्ट एवं पवित्र समझा जाता है। टोटम सम्बंधी निषेधों का उल्लंघन करने वालों की समाज में निन्दा की जाती है।
4. टोटम समूह के सभी सदस्य अपने को एक दूसरे को भाई-बहिन मानते हैं, और वे आपस में विवाह नहीं करते। अतः टोटम सामुदायिक प्रतिनिधित्व का प्रतीक है।

टोटमवाद का ऐतिहासिक वृत्त प्रस्तुतत करते हुए दुर्खाइम लिखते हैं कि-सबसे पहले टोटम (Totem) शब्द का प्रयोग **जे. लोंग** (J.Long) ने 1791 ई. में अपनी पुस्तक में **भारतीय संदर्भ** में किया। **ग्रे** (Grey) ने 1841 ई. में टोटमवाद का आस्ट्रेलिया के संदर्भ में वर्णन किया था। मेकलेनान (Maclennan), लुइस मॉर्गन (Leuis H.

Margan, 1877), फ्रेजर (Frazer, 1877), रॉबर्टसन स्मिथ (Robertson Smith) इत्यादि विद्वानों ने टोटमवाद पर विस्तृत रूप में लिखा है। आस्ट्रेलिया की अरूण्टा जनजाति के ही संदर्भ मेंटोटमवाद की व्याख्या करने वालों में स्पेन्सर एवं गिलिन (Baldwin Spencer and F.J.Gillin) सर्वप्रमुख हैं। इस विषय पर इनकी दो कृतियाँ - "The Native Tribes of Central Australia" and "The Northern Tribes of Central Australia" महत्त्वपूर्ण है।

धर्म की परिभाषा में दुर्खाइम लिखते हैं -''धर्म पवित्र वस्तुओं से सम्बन्धित विश्वासों और आचरणों की वह समग्र व्यवस्था है,जो इन पर विश्वास करने वालों को एक नैतिक समुदाय (अर्थात् चर्च) में संयुक्त करती है।'' (Religion is a unified system of beliefs and practices relative to sacred things - which unite into one single moral community called a charch all those who adhere to them.)

दुर्खाइम के अनुसार-धर्म के अनेक सामाजिक कार्य (Social Functions) हैं और सर्वप्रथम यह कि धर्म मानव जीवन को दो स्पष्ट भागों साधारण (Profane) तथा पवित्र (Scared) में बाँट देता है। और दुर्खाइम का धर्म सम्बन्धी सामाजिक सिद्धान्त, इसी अन्तर पर आधारित है। इस साधारण के मध्य विभेद कीभावना का जन्म टोटमवाद के आधार पर हुआ और टोटम समाज का ही सामूहिक प्रतीक है।

पी. सोरोकिन (Pitrim Sorokin) ने अपनी पुस्तक "Entern porary sociological theories, 1828" में दुर्खाइम के धर्म सम्बन्धी सामाजिक सिद्धान्त का सार इस प्रकार दिया है-(1) धर्म की उत्पत्ति में मूलकारण स्वयं समाज हैं। (2) धार्मिक अवधारणाएँ समाज की विशेषताओं की प्रतीक के अतिरिक्त कुछ भी नहीं है। (3) पवित्र या ईश्वर समाज का ही मूर्त रूप है। (4) धर्म का प्रमुख कार्य सामाजिक एकता को उत्पन्न करना, लागु करना तथा स्थिर रखना है।

समालोचना

अलैक्जेण्डर गोल्डन विजर तथा अन्य विद्वानों ने दुर्खाइम के धार्मिक सिद्धान्त की आलोचना करते हुए लिखा है कि - 1. टोटमवाद को धर्म का सर्वप्रथम आधार मानना गलत है। क्योंकि आदिवासी समाजों में धर्म और टोटम अपना अपना पृथक अस्तित्व रखते हैं। अनेक जनजातीय अध्ययन इसकी पुष्टि करते हैं। 2. पवित्र एवं साधारण धारणाओं के मध्य विभाजक रेखा खींचना अत्यन्त कठिन है। आधुनिक समाजों में तो और भी कठिन हो जाता है। 3. धर्म की उत्पत्ति में समाज को एक मात्र कारक मानना अवैज्ञानिक और अव्यवहारिक लगता है।

यद्यपि दुर्खाइम की धर्म सम्बन्धी व्याख्या समाजशास्त्र एवं मानवशास्त्र दोनों में अपना विशेष महत्त्व रखती है,लेकिन दुर्खाइम ने ह कहकर कि –समाज ही वास्तविक देवता है। समाज को आवश्यकता से अधिक एवं एकाधिकृत रूप में महत्त्व प्रदान करने की त्रुटि की है।

मैक्स वेबर

जर्मन राजनीतिक अर्थशास्त्री एवं समाजशास्त्री मैक्स वेबर समाजशास्त्र में मनोसमाजशास्त्रवाद या नामक विचारधारा का प्रतिनिधित्व करते हैं। आपकी गिनती गार्क्स व दुर्खाइम के साथ एक क्लासिकीय विचारक (Classical Thinkers) के रूप मे होती है। सामाजिक घटनाओं के प्रति मैक्सवेबर की विचारधारा में नवीनता ही उनकी सम्पदा है। यह नवीनता वैज्ञानिक पद्धति के ठोर आधार पर आधारित है। विज्ञान का काम नवीन चीजों या घटनाओ को खोजना है। एक विज्ञान के रूप में वेबर का समाजशास्त्र इसी सत्य की प्रतिष्ठा करता है।

जर्मनी के थूरिंगा शहर (Thuringa, Erfuct) में 21 अप्रैल 1864 ई. को धनी प्रोटैस्टेट परिवार में जन्में वेबर का पालन पोषण बोद्धिक वातावरण में हुआ। इनके पिता एक प्रतिष्ठित उदारवादी राजनीतिज्ञ (National Liberal Politician) थे। भाषा, इतिहास एवं साहित्य में माध्यमिक शिक्षा के दौरान वह **त्रिश्के,साइबल, डिल्थी** जैसे विद्वानों से मिल चुका था। उसने गोये, स्पिनोजा एवं कांट को पढ़ा, लेकिन इस समय वेबर संकोची प्रकृति काथा। हैडेल बर्ग विश्वविद्यालय में शिक्षा पाने के बाद वेबर ने दो वर्ष तक सेना मे नौकरी की और सेना से वापिस लौटकर बर्लिन विश्वविद्यालय मे अपनी पढ़ाई पूरी की। "History of Commercial Socities in the middle age" पर 1889 ई. में वेबर ने अपनी पी. एच. डी. का शोध प्रबंध लिखा। विषय पर 1891 ई. मेंउत्तर डाक्टरी शोध लिखने के बाद उन्होंने बर्लिन विश्वविद्यालय में प्राध्यापक का पद ग्रहण किया। फ्राइबर्ग विश्वविद्यालय में तथाबाद में हैडेलबर्ग विश्वविद्यालय में वेबर अर्थशास्त्र के प्रोफेसर के रूप में नियुक्त रहे। अब वेबर अपने बौद्धिक और राजनीतिक कार्यकलापों दोनों में एक साथ ही सक्रिय हो गया।

मैक्स वेबर ने समाजशास्त्र को सामाजिक अन्तःक्रियाओं के अर्थपूर्ण अभिव्यक्ति के रूप में माना। आपने समाजशास्त्रीय अध्ययन पद्धति में आदर्श प्रारूप के वैज्ञानिक सिद्धान्त को विकसित किया। प्रोटेस्टेंट नैतिकता एवं पूँजीवाद के प्रादुर्भाव को धर्म के समाजशास्त्र में प्रस्तुत कर समाजशास्त्र को वेबर ने एक अनुपम भेंट दी है। वेबर की "Verstchen" नामक बोध पद्धति एवं प्रशासनतंत्र (Bureaucracy) समाज विज्ञानों को महत्त्वपूर्ण देन है।

अपने अन्तिम वर्षों में वेबर ने सक्रिय राजनीति में प्रवेश किया वे डायशे डैमोक्रेटिश पारताई (Deutsch Demokratische Partei) के संस्थापक सदस्य थे। 1919 ई. मे वर्साय शांति सम्मेलन (Versailles Peace Conference) में वे जर्मनी प्रतिनिधि मंडल के सलाहकार बने तथा उन्हें जर्मनी का नया संविधान (Weimar Constitution) लिखने के प्रार्थमिक काम में सहभागी बनाया गया। वेबर ने "Social Reforms and Social Politics" नामक सामाजिक पत्रका कासम्पादन कार्य भीकिया। वेबर के राजनीतिक विचारों और गतिविधियों का एक ओर तो सत्ता में आए नेताओं तथा दूसरा वामपंथियों द्वारा जबरदस्त विरोध हुआ।

□□□

5

हिन्दू विवाह की समस्याएँ और सामाजिक विधान

मानव एक सामाजिक इकाई के रूप में विवाह एवं परिवार जैसी अनौपचारिक संस्था व समूह के साथ घनिष्ठ रूप से सम्बद्ध रहता है। विवाह एवं परिवार का महत्त्व इस रूप में मनुष्य के लिए सर्वोपरी कहा जासकता है। जहाँ परिवार एक सरल सामाजिक समूह है वहीं विवाह परिवार के अन्त:सम्बन्धों को निर्धारित एवं क्रियान्वित करने की एक महत्त्वपूर्ण संस्था है। विवाह नामक संस्था स्त्री एवं पुरुष को पारिवारिज जीवन में प्रवेश दिलाती है और यही विवाह नर व नारी को लैंगिक सम्बन्धों (Sexual Relations) के अधिकार के साथ साथ प्रजनन की सामाजिक स्वीकृति प्रदान करता है। इस प्रकार विवाह दो अथवा अधिक विषम लिंगियों के मध्य समाज स्वीकृत, औपचारिक एवं अपेक्षाकृत स्थायी लैंगिक सम्बन्धों की एक व्यवस्था हैं, जिसमें कुछ दायित्व व अधिकार सन्निहित होते हैं।

बी.मौलिनोवास्की (Bronislaw Malinowski, 1884-1942) लिखते हैं कि विवाह बच्चों की उत्पत्ति और देखभाल हेतु इकरारनामा है। लुण्डबर्ग (G.A.Lundberg ; Sociology) के अनुसार विवाह वे नियम और विनियम है जो पति पत्नि के एक दूसरे के प्रति अधिकारों, कर्त्तव्यों एवं विशेषाधिकारों का वर्णन करते है।

लूसी मेयर (सामाजिक मानवशास्त्र की भूमिका) विवाह के बारे में लिखते हैं कि यह स्त्री पुरुष का ऐसा योग है जिससे स्त्री से जन्मा बच्चा माता पिता की वैध सन्तान माना जाता है। एडवर्ड वेस्टरमार्क (Edward Westermark; The History of Human Marriage) विवाह को स्त्री एवं पुरुष के मध्य अपेक्षाकृत स्थायी सम्बन्ध मानते हैं जो प्रजजन की क्रिया से परे बच्चों के जन्म के उपरांत भी बना रहता है।

डब्ल्यू. एच. आर. रिवर्स (Social Organisation) के अनुसार, जिन साधनों द्वारा मानव समाज योन सम्बन्धों का नियमन करता है, उन्हें विवाह की संज्ञा दी जाती है। ग्रोव्ज (Ernest R.Groves) विवाह को विषमलिंगियों के एक साथ रहने की सार्वजनिक स्वीकृति तथा कानूनी पंजीकरण कहा है।

एच. टी. मजूमदार (H.T.Majumdaar) ने अपनी पुस्तक "Grammar of Sociology", में विवाह के बारे में लिखा है कि पुरुष एवं स्त्री के सहवास एवं मिलन को स्वीकृति प्रदान करने के लिए समाज द्वारा निर्मित एक गौण संस्था को विवाह कहा जाता है। मजूमदार ने विवाह के चार उद्देश्य बताए हैं- 1. घर की स्थापना, 2. लैंगिक सम्बन्धों में प्रवेश, 3. प्रजनन, एवं 4. बच्चों का पालन पोषण।

मुर्डोक (G.P.Murdock) ने अपनी कृति "Social Structure" में 250 समाजों के अध्ययन के परिणामस्वरूप विवाह के तीन उद्देश्यों का वर्णन किया है–1. यौन सन्तुष्टि, 2. आर्थिक सहयोग, एवं 3. सन्तानों का समाजीकरण व लालन–पालन।

विवाह के प्रकार एवं स्वरूप

विवाह की उत्पत्ति के सम्बन्ध में विद्वान एकमत नहीं है, लेकिन यह सच है कि मानव समाज के विकास के साथ साथ विवाह के विभिन्न प्रकार अस्तित्व में आए। मॉर्गन (Leuis Henry Morgan, 1818-81) ने अपनी क्लासिक रचना "Ancient Society] 1877" में लिखा है कि प्राचीन काल में समाज में कामाचार (Sex-promiscuity) की अवस्था थी, धीरे धीरे समूह विवाह आरम्भ हुए और अन्त में एक विवाह प्रथा अस्तित्व में आयी। मनुस्मृति में हिन्दू विवाह के आठ प्रकारों का उल्लेख किया गया है। इनमें ब्रह्म विवाह, दैव विवाह, आर्ष विवाह एवं प्रजापत्य विवाह सामाजिक रूप से स्वीकृति तथा अन्य चार गान्धर्व-विवाह असुर विवाह, राक्षस विवाह एवं पैशाच विवाह को निन्दनीय माना गया है। प्रजातत्य विवाह वर्तमान में सर्वप्रचलित विवाह का ही रूप है, जबकि गान्धर्व विवाह को आधुनिक प्रेम विवाह (Love Marriage) के समकक्ष रखा जा सकता है। संसार भर में आदिम एवं सभ्य समाजों में विभिन्न प्रकार के विवाहों का प्रचलन देखा जा सकता है। पुरुष स्त्री संख्या के आधार पर विवाह सम्बन्धी निषेध, अधिमान्यता (Prefereutial) एवं अन्य कई शर्तों के आधार पर विवाह के कई स्वरूप

अस्तित्व में हैं- 1. अन्त:विवाह, 2. बहिर्विवाह, 3. पैरेलल कजिन विवाह, 4. क्रॉस कजिन विवाह, 5. लेविरेट विवाह 6. समूह विवाह, 10. अनुलोम विवाह, 11. प्रतिलोम विवाह, 12. परिवीक्षा विवाह, 13. हरण विवाह इत्यादि।

प्रत्येक समाज में निकट के सम्बन्धियों में विवाह सम्बन्ध या यौन सम्बन्ध स्थापित करना निषिद्ध होता है। इस प्रकार के नियम को **निषिद्ध निकटाभिगमन** (Incest Taboo) या पारिवारिक निकटाभिगमन कहते हैं। सामान्य रूप से पिता-पुत्री, माता-पुत्र, भाई बहिन, चाचा भतीजी, मामा भान्जी में विवाह एवं यौन सम्बन्ध निषेध होता है।

अन्त:विवाह

विवाह का ऐसा नियम, जिसके अनुसार व्यक्ति को अपने समूह (जाति, धर्म, प्रजाति, जनजाति आदि) में विवाह करने हेतु बाध्य होना पड़ता है। अन्त:विवाह कहलाता है। जैसे-परम्परागत भारतीय समाज में एक हिन्दू को अपनी ही जाति में विवाह करना पड़ता है।

बहिर्विवाह

अन्त:विवाह के ठीक विपरीत बहिर्विवाह में एक व्यक्ति को अपने समूह (जाति, जनजाति, प्रजाति, धर्म) के बाहर विवाह करना अनिवार्य होता है। समूह के अन्दर विवाह निषेध माना जाता है। भारतीय समाज में एक व्यक्ति को प्राय: अपने वंश या गोत्र समूह में विवाह करना अनुचित एवं निषद्ध माना जाता है।

चचेरे या मौसेरे भाई बहिनों का विवाह

जब दो भाइयों की सन्तान आपस में विवाह करे तो इसे चचेरे भाई बहिन विवाह और जब दो बहिनों की सन्तान आपस में विवाह करें तब इसे मौसेरे भाई-बहिनों का विवाह मुस्लिम धर्म में प्रचलित है। इन्हें **अधिमान्य विवाह** (Preferential Mating) भी कहा जाता है। क्योंकि ऐसे विवाह समाज विशेषों में अधिक पसन्द किए जाते हैं। क्रॉस कजिन विवाह, लेविरैट एवं सोरोरैट विवाह भी अधिमान्य विवाह के ही उदाहरण है।

ममेरे व फुफेरे भाई बहिनों का विवाह

जब भाई एवं बहिनों के बच्चे आपस में विवाह करते हैं तब यह ममेरे फुफरे भाई बहिनों का विवाह या क्रॉस कजिन मैरिज कहलाता है। यह भी मुस्लिम समाजों में मान्यता प्राप्त है।

पति भ्राता विवाह

जब एक विधवा स्त्री अपने पति के भाई से विवाह करती है तो इसे पति भ्राता विवाह या लेविरैट कहा जाता है। इसके दो रूप देखे जा सकते हैं– 1. देवर विवाह, एवं 2. ज्येष्ठ विवाह।

पत्नी भगिनी या साली विवाह

जब पुरुष अपनी पत्नी की बहिन या बहिनों से विवाह करता है तो इसे साली विवाह या सोरोरैट कहते हैं। इसे भी दो स्वरूप पाए जाते हैं– 1. सीमित साली विवाह (Restricted Sororate) –इसमे पत्नी की मृत्यु के बाद ही उसकी बहिन से विवाह किया जाता है। 2. समकालीन साली विवाह (Simultaneons)–इसमे किसी परिवार की बड़ी लड़की से विवाह करने पर उसकी सभी छोटी बहिने अपने आप उस पुरुष की पत्नियाँ बन जाती है।

एक विवाह (Monogamy) –यह वर्तमान में सर्वप्रचलित विवाह का प्रकार है, जिसमें एक पुरुष केवल एक स्त्री से विवाह सम्बन्ध स्थापित करता है।

बहु पत्नी विवाह (Polygamy) –यह बहु–विवाह का एक स्वरूप है, जिसमें एक पुरुष अपनी पहली पत्नी के जीवित रहते अन्य स्त्रियों से विवाह कर सकता है। एकाधिक पत्नियाँ रखना स्वीकार्य होता है। मुस्लिम धर्म में बहुपत्नी विवाह को मान्यता मिली हुई है। एक मुसलमान एक समय में चार पत्नियाँ रख सकता है। नागा, गोंड, खस, टोडा,बैंगा, लुशाई एवं हो जनजातियों में भी यह प्रथा प्रचलित है। कई पुस्तकों में Poly gamy का अर्थ बहुपत्नी विवाह लिखा है, जो मात्र भ्रम पैदा करता है

बहुपति विवाह (Polyandry) –जब एक स्त्री एक समय में एक पति के जीवित रहते हुए अन्य पुरुष या पुरुषों से विवाह सम्बन्ध स्थापित कर सकती है,तो यह प्रथा बहुपति विवाह प्रथा कहलाती है। नामर (केरल) लोगों के अलावा जौनसार बाबर क्षेत्र के खस एवं टोडा (नीलगिरि) जनजाति में यह प्रचलित है।

इसके दो स्वरूप मिलते हैं–

1. भ्रातृक बहुपति विवाह (Adelphic or Fraternal Polyandry) – इसमें एक स्त्री से विवाह करने वाले सभी पुरुष आपस में भाई होते हैं या सगोत्री भाई होते हैं। ऐसी प्रथा खस लोगों में प्रचलित है।

2. अभ्रातृक बहुपति विवाह (Non-fraternal Polyandry)–ऐसे विवाह में एक स्त्री के सभी पतियों का आपस में भाई होना आवश्यक नहीं है।

समूह विवाह

इसमें एक समूह के सभी पुरुषों का विवाह दूसरे समूह की सभी स्त्रियों से हो जाता है। इस प्रकार समूह में प्रत्येक पुरुष, प्रत्येक स्त्री के साथ यौन सम्बन्ध स्थापना हेतु स्वतन्त्र होता है।

अनुलोम विवाह

हिन्दू सामाजिक व्यवस्था में एक स्त्री द्वारा अपने से उच्चकुल या जाति (वर्ग) के पुरुष से विवाह किया जाता है, तो इसे अनुलोम विवाह कहते है।

प्रतिलोम विवाह (Hypogamy)–हिन्दू सामाजिक व्यवस्था में जब एक स्त्री अपने से निम्न जाति या कुल (वर्ग) के पुरुष से विवाह करती है, तो यह प्रतिलोम विवाह कहलाता है।

परिवीक्षा विवाह (Probationary Marriage)–विवाह से पूर्व स्त्री पुरुष कुछ समय के लिए साथ साथ रहते हैं और उसके बाद चाहने पर विवाह सम्बन्ध स्थापित करना, परिवीक्षा विवाह कहलाता है।

हरण विवाह (Marriage by Capture)–में वर द्वारा कन्या को उठाकर ले जाकर, उससे विवाह किया जाता है। जबकि परीक्षा विवाह (Marriage by Trail) में इच्छुक युवके के साहस एवं शक्ति की परीक्षा ली जाती है। जब वर-वधु के माता पिता को वधू मूल्य (Bride Price or Progemy Price) चुकाकर विवाह करता है, तब इसे क्रय विवाह (Marriage of Purchase) कहते है।

सेवा विवाह (Marriage of Serivce)–में विवाह से पहले या पश्चात् वर को अपनी ससुराल में रहकर सेवा प्रदान करनी पड़ती है। इस सेवा को वधु मूल्य का विकल्प माना जाता है। जब एक परिवार के भाई एवं बहिन का विवाह दूसरे परिवार को क्रमशः बहिन एवं भाई के साथ हो जाता है, तब इसे विनिमय विवाह (Marriage by Exchange) कहते है।

सहमति एवं सहपलायन विवाह (Marriage by Mutual Consent and Elopement)–में युवक एवं युवती की आपसी सहमति एवं पसन्द से विवाह-सम्बन्ध स्थापित होता है। जब एक युवती अपने प्रेमी के घर उसके माता-पिता की बिना अनुमति व इच्छा के प्रवेश करके अपने साथ विवाह करने काक बाध्य कर देती है, तब ऐसे विवाह को हठ विवाह (Marriage by Intrusion) कहत हैं। यह प्रथा हो, बिरहोर, आरांव, कमार एवं मुण्डा जनजातियों में प्रचलित है। ❑❑❑

6

परिवार : संरचना एवं प्रकार्य

परिवार का अंग्रेजी शब्द रोमन या लैटिन भाषा के शब्द "Famulus" से बना है। फैमुलस का अर्थ नौकर से है, लेकिन रोमन कानून के अन्दर यह शब्द स्वामियों एवं उनके दासों, अन्य नौकरों तथा साथ ही सामान्य वंश या विवाह के आधार पर सम्बंधित सदस्यों के लिए संयुक्त रूप से प्रयुक्त होता था। एक अन्य मत के अनुसार फैमिली शब्द लैटिन शब्द से व्युत्पन्न हुआ है, इसका अर्थ -गृहस्थ को संचालित करना होता है इसमे दास, नौकर एवं परिवारजन सम्मिलित होते हैं।

समस्त मानवीय समूहों मे परिवार सर्वाधिक महत्त्वपूर्ण, सार्वभौमिक एवं आधारभूत प्राथमिक समूह है। **बर्गेस एवं लॉक** (Burgess and Locke) ने अपनी पुस्तक में "The Family" परिवार को इस प्रकार परिभाषित किया है-परिवार व्यक्तियों का ऐसा समूह है जो विवाह, रक्त या दत्तक बन्धनों से बंधा होता है। ये एक गृहस्थी (घर) का निर्माण करते हैं, इसके सदस्य पति-पत्नि, माता-पिता, भाई बहिन की सामाजिक भूमिका में एक दूसरे से अन्त:क्रिया तथा अन्त:सम्प्रेषण करते हुए एक सामान्य संस्कृति की रचना करते हैं। परिवार को संक्षेप में एक जैविकीय सम्बन्धों पर आधारित सामाजिक समूह के रूप में परिभाषित किया जा सकता है, जिसमें माता पिता एवं बच्चे होते हैं। तथा जिसका उद्देश्य अपने सदस्यों के लिए सामान्य निवास, आर्थिक सहयोग, यौन संतुष्टि एवं प्रजनन, समाजीकरण व शिक्षण इत्यादि सुविधाएँ उपलब्ध कराना है।

प्रत्येक समाज में परिवार एक समूह, संस्था या संघ के रूप में विद्यमान होता है। परिवार के दो पक्ष स्पष्ट रूप से देखे जा सकते हैं–1. संरचनात्मक (Structural) एवं 2. प्रकार्यात्मक (Functional)। परिवार की संरचना पति पत्नी एवं बच्चों से मिलकर बनी होती है। इस प्रकार इसमें न्यूनतम तीन प्रकार के सामाजिक सम्बन्धों विद्यमान होते हैं–पति-पत्नी सम्बन्ध, जो वैवाहिक (Affinal) प्रकार का है; माता-पिता एवं बच्चों और भाई बहिनों के आपसी सम्बन्ध (Siblings Relations) रक्त (Blood) सम्बन्ध होते है।

प्रकार्यात्मक रूप से परिवार का निर्माण कुछ मूल उद्देश्यों की पूर्ति हेतु किया जाता है। परिवार का उद्देश्य यौन सम्बन्धों का नियमन करना, सन्तानोत्पत्ति करना (प्रजनन), उनका लालन पालन करना, शिक्षण एवं समाजीकरण एवं उन्हें सामाजिक आर्थिक एवं मानसिक संरक्षण प्रदान करना है। परिवार के सदस्य परस्पर कर्त्तव्यों व अधिकारों से आबद्ध होते हैं। परिवार का सबसे महत्त्वपूर्ण प्रकार्य सांस्कृतिक रचना सुरक्षा एवं संस्कृति के हस्तान्तरण संवर्धन गें सहयोग प्रदान करना है।

मानव समाज के विकास के साथ साथ परिवार के अनेक रूप अस्तित्व में आये हैं। प्रत्येक स्थान एवं समाज में भौगोलिक, आर्थिक, सामाजिक, सांस्कृतिक परिस्थितियों ने भिन्न भिन्न प्रकार की पारिवारिक संरचनाओं को जन्म दिया है। सदस्यों की संख्या विवाह के स्वरूप, स्त्री पुरुष निवास सत्ता वंशनाम के आधार पर परिवार का विभिन्न प्रकार से वर्गीकरण किया जा सकता है। परिवार में सदस्यों की संख्या के आधार पर तीन प्रकार के परिवार देखे जा सकते हैं– 1. नाभिक या केन्द्रीय परिवार (Nuclear Family), 2. संयुक्त परिवार (Joint Family), 3. विस्तृत परिवार (Extended Family)।

नाभिक परिवार आधुनिक विकसित तकनीकी (औद्योगिक) समाजों की विशेषता है। औद्योगिक एवं नगरीयकरण की प्रक्रिया के परिणामस्वरूप ऐसे एकल परिवारों की संख्या बढ़ती जा रही है। नाभिक परिवार एक पुरुष, स्त्री एवं उनके आश्रित अविवाहित बच्चों से मिलकर बनता है। जबकि संयुक्त परिवान तीन अथवा अधिक पीढ़ियों के सदस्यों के सामान्य निवास, रसोई, पूजा एवं सामान्य आर्थिक क्रियाओं को सम्मिलित करता है। कृषि प्रधान समाजों में संयुक्त परिवार प्रणाली अभी भी देखी जा सकती है। विस्तृत परिवार के बारे में डॉ श्यामा चरण दुबे ने ''मानव और संस्कृति (1993)'' में लिखा है कि विस्तृत परिवार वह परिवार संकुल हैं जो वंशानुक्रम से सम्बद्ध होते हुए भी अपनी भिन्न भिन्न इकाइयों के रूप में परिवारों में बँटा हुआ है। निवास (Resident) के आधार पर परिवारों का संरचनात्मक वर्गीकरण विवाह के बाद दम्पति के निवास स्थान पर आधारित है–

1. **पितृ स्थानीय परिवार(Patrilocal)** – विवाह के बाद दम्पत्ति पति के माता पिता के साथ रहते है।

2. **मातृ स्थानीय (Matrilocal)**–विवाह के बाद दम्पत्ति पत्नी के माता पिता के साथ रहते है।

3. **नवस्थानीय परिवार (Neolocal)** –इस संरचना में दम्पत्ति अपना नया घर बनाकर अलग निवास करते हैं।

4. **मातृ-पितृ स्थानीय (Biolocal)** परिवार में दम्पत्ति को पति या पत्नी किसी के भी निवास पर रहने की स्वतंत्रता होती है।

5. **माता स्थानीय (Avanculocal)** परिवार – इसमे नव विवाहित दम्पत्ति पति की माँ के भाई अर्थात मामा के घर मे जाकर रहने लगते हैं। यह प्रथा ट्रोबियाण्डा द्वीपवासियों में प्रचलित है।

6. **द्विस्थानीय (Duolocal)** परिवार में पति एवं पत्नी विवाह के पश्चात् भी अपने अपने जन्म के परिवारो में रहते हैं। पति रात्रि को पत्नी के घर जाता है, पुनः दिन में अपने घर लौट आता है। लक्ष्यद्वीप, केरल एवं अशांटी जनजाति में यह प्रथा प्रचलित है।

अधिकार के आधार पर परिवारों के दो संरचनात्मक रूप देखे जा सकते हैं– 1. पितृ सत्तात्मक (Patriarchal) परिवार –जिसमें सत्ता एवं अधिकार पिता (पुरुषों) के हाथ में होती है। एवं 2. मातृ सत्तात्मक (Matriarchal) परिवार में माता (स्त्री) में ही गृहस्थ के अधिकार एवं सत्ता निहित होती है। नामर, खासी, गारो जैसी भारतीय जनजातियों में यह प्रथा प्रचलित है।

उत्तराधिकार (Succession) के आधार पर भी परिवारों के दो स्वरूप हो सकते हैं– 1. पितृ मार्गी (Parilateral) परिवार – इसमें उत्तराधिकार नियम पितृपक्ष की ओर से तय किए जाते हैं। 2. मातृमार्गी (Matrilateral) परिवारों में उत्तराधिकार के नियम माता पक्ष के आधार पर तय होते है।

वंशनाम (Lineage) के आधार पर परिवारों का वर्गीकरण चार प्रकार से हो सकता है– 1. पितृवंशीय (Patrilineal) परिवार – इनमें वंश परम्परा पिता के नाम पर चलती है। 2. मातृवंशीय परिवार में वंश परम्परा माँ के नाम से मिलती है, माँ से पुत्रियों को वंशनाम पास होते हैं। 3. उभवाही परिवारों में एक व्यक्ति अपने दादा-दादी एवं नाना -नानी से समान रूप से सम्बद्ध रहता है। 4. द्विनामी परिवार में व्यक्ति एक समय में दादा एवं नानी से सम्बद्ध रहता है।

जन्म मूलक परिवार (Family of Orientation or origin) –जिसमें व्यक्ति का जन्म होता है, और लालन–पालन होता है, जनममुलक परिवार कहलाता है। जबकि प्रजननमूलक परिवार (Family of Procreation) का निर्माण व्यक्ति विवाह के बाद स्वयं करता है।

उपर्युक्त चित्र में A एवं B दो परिवार हैं व्यक्ति C के लिए A जन्ममूलक परिवार है, जबकि B इसी C व्यक्ति के लिए प्रजननमूलक परिवार होगा।

रॉल्फ लिंटन (Ralf Linton) ने अपनी कृति "The Study of Man ; An Introduction, 1936" में दो प्रकार के परिवारों का वर्णन किया है–1. समरक्त परिवार (Censang wine Family), एवं 2. विवाह सम्बन्धी परिवार (Affinal Family)।

परिवार के प्रकार्य

ऑगस्त कॉम्टे (1798–1857) ने कहा है कि व्यक्ति नहीं अपितु परिवार ही सही अर्थों में समाज के अध्ययन की इकाई है। इसी प्रकार मुरडोक (G.P.Murdock ; Social Structure) ने 250 समाजों का अध्ययन करके परिवार के चार सार्वभौमिक कार्यों का उल्लेख किया है–यौन संतुष्टि, प्रजनन, आर्थिक एवं शैक्षणिक कार्य।

चार्ल्स कूले (1864–1929) ने अपनी पुस्तक "Social Organisation, 1909" में परिवार को एक ऐसा प्राथमिक समूह माना हे जो मानव स्वभाव की पोषिका (Nursery of Human Nature) है तथा मानव में उत्कृष्ठ भावनाओं को पैदा करता है। **सिडनी ईगोल्डस्टोन** ने परिवार को वह झूला कहा है, जिसमे भविष्य का जन्म होता है और वह शिशुगृह जिसमें नए प्रजातंत्र का जन्म होता है।

टॉलकॉट पारसन्स (1902–79) परिवार के दो मौलिक कार्यों को महत्त्वपूर्ण मानते हैं–प्राथमिक समाजीकरण और व्यक्तित्व निर्माण। प्रो. किंग्सले डेविस (K.Davis ; Human Society, 1848) परिवार के चार प्रकार्यों का वर्णन करते हैं– प्रजनन, भरण पोषण, सामाजिक संस्तरण एवं समाजीकरण। ऑगबर्न (Ogburn) ने परिवार के कार्यों को छः भागों में विभक्त किया है–1. स्नेह सम्बन्धी कार्य (Affectional), 2. आर्थिक, 3. मनोरंजनात्मक,4. सुरक्षात्मक, 5. धार्मिक, 6. शैक्षिक कार्य। जबकि **रीड** (M.I.Reed) अपनी नवीनतम पुस्तक "The Sociology of Organisations, 1992" में परिवार के केवल चार प्रकार्यों काउल्लेख किया है– प्रजाति संचरण, समाजीकरण, लैंगिक आवश्यकताओं का नियमन एवं आर्थिक प्रकार्य।

परिवार समाज की एक अपरिहार्य एवं आधारभूत इकाई है। इसके प्रकार्य असीमित है, तथापि सारांश के रूप में इन्हें निम्न प्रकार वर्णित किया जा सकता है–

1. प्राणिशास्त्रीय प्रकार्य (Biological Functions)- इसके अन्तर्गत यौन इच्छाओं की पूर्ति, संतानोंत्पति (Reproduction) एवं प्रजाति की निरन्तरता (Race Perpetuation) जैसे कार्य सम्मिलित होते हैं। गुडे (W.J.Goode) ने अपनी पुस्तक "The Family (1964) में लिखा हे कि यदि परिवार मानव की प्राणिशास्त्रीय एवं लैंगिक संतुष्टि जैसे आवश्यकताओं की पर्याप्त व्यवस्था नहीं करे तो समाज समाप्त हो जायेगा।

2. शारीरिक प्रकार्य (Physical Functions) - पारिवारिक सदस्यों को शारीरिक संरक्षण प्रदान करना, बच्चों का पालन पोषण एवं विकास, भोजन प्रबन्ध तथा निवास एवं वस्त्र सम्बन्धी आवश्यकताओं की पूर्ति परिवार द्वारा होती है।

3. आर्थिक प्रकार्य (Economic Functions)- परिवार के आर्थिक प्रकार्यों में उत्तराधिकार का निर्धारण (Inheritence Determination), श्रम विभाजन (Division of Labour) तथा आय एवं सम्पत्ति का उचित प्रबन्धन इत्यादि सम्मिलित हैं। परिवार उपभोग के साथ साथ उत्पादन एवं वितरण की भी एक इकाई है। परिवार को उत्पादउन की सबसे प्राथमिक एवं सर्वप्रथम सहकारी-उत्पादक इकाई माना गया है। आधुनिक समाजों में परिवार एक उत्पादन के बजाय उपभोग-ड्राकइ बनकर रह गया है।

4. धार्मिक एवं सांस्कृतिक प्रकार्य (Religions and Cultural Functions) - परिवार में सदस्यों को धार्मिक शिक्षा, प्रथाएँ, नैतिकता व्रत त्यौहार,आराधना की पद्धतिर्या पूर्वक पूजा, पाप पुण्य जैसी अवधारणाओं को सीखने एवं रीतियों का ज्ञान परिवार से ही प्राप्त होता है। परिवार संस्कृति को संरक्षित करके, नयी पीढ़ी को इसका ज्ञान कराकर इसका हस्तान्तरण कर इसी निरन्तरता एवं स्थायित्व बनाये रखता है।

5. राजनीतिक प्रकार्य (Political Functions)- सरल समाजों में परिवार का मुखिया एक महत्त्वपूर्ण प्रतिनिधि के रूप में राजनीतिक क्रिया कलापों में भाग लेता है। परिवार में राजनीतिक समाजीकरण की प्रक्रिया का श्रीगणेश हो जाता है।

6. मनोवैज्ञानिक प्रकार्य (Psychological Functions)- परिवार अपने सदस्यों को मानसिक सुरक्षा एवं संतोष प्रदान करता है। पारिवारिक सदस्यों के प्रेम, सहानुभूति, सद्भाव एवं सहयोग से बच्चों का पूर्णतया विकास एवं आत्मविश्वास पैदा होता है। सिगमंड फ्रांयड (1856-1939) ने अपनी कृति "Civilization and its Discontents (1930)" में लिखा है कि पारिवारिक असुरक्षा अथवा पारिवारिक क्लेश बालक के अचेतन मन पर नकारात्मक प्रभाव डालते हैं, परिणामस्वरूप बालक का व्यक्तित्व विघटित एवं दोषपूर्ण हो जाता है।

7. सामाजिक नियन्त्रण (Social Control)–परिवार को सामाजिक नियन्त्रण की प्रथम इकाई माना गया है। परिवार का मुखिया सदस्यों को नियमानुसार (प्रथा, परम्परा, रूढ़ियों, कानूनों के अनुरूप) आचरण हेतु प्ररित करता है। ऐसा नहीं करने पर उन्हें दण्ड का प्रावधान होता है। परिवार में प्रत्येक व्यक्ति अपने कर्त्तव्य एवं अधिकारों का निर्वाह नैसर्गिक रूप से करते है।

8. समाजीकरण एवं शिक्षासम्बन्धी प्रकार्य (Socialization and Educational Functions)– एक जैविकीय शिशु का परिवार में ही समाजीकरण प्रारम्भ हो जाता है और वह जैविकीय मानव (Biological Creature) से सामाजिक इकाई (Social Unit) के रूप में समाज में प्रतिस्थापित होता है। समाजीकरण की प्रारम्भिक अवस्था में परिवार सर्वोपरि भूमिका निभाता है। परिवार को बालक की प्रथम पाठशाला माना गया हे,जहाँ उसके व्यक्तित्व का निर्माण होता है। परिवार में ही एक बालक दया, स्नेह, प्रेम, त्याग, बलिदान आज्ञा पालन एवं कर्त्तव्य परायणता जैसी शिक्षाएँ सीखता है। इसके अतिरिक्त परिवार मान के संकलित ज्ञान एवं अनुभवों को एक गीढ़ी से दूसरी पीढ़ी से हस्तांतरण का प्रमुख अभिकरण है। परिवार में सभी सदस्यों का परस्पर मनोरंजन भी होता है। चूँकि पारिवारिक सदस्यों के सम्बन्ध अनौपचारिक होते हैं अत: विभिन्न क्रिया कलाप (त्यौहार, उत्सव, भजन कीर्तन) परिवार में मनोरंजन प्रदान करते है।

व्यक्तित्व और समाजीकरण

व्यक्ति सामाजिक इकाई के रूप में समाज का अपरिहार्य अंग है। व्यक्ति और समाज के मध्य अन्त:सम्बन्धों की व्याख्या करने के लिए व्यक्तित्व एवं समाजीकरण नामक महत्त्वपूर्ण अवधारणाएँ, समाज की संरचनात्मक एवं प्रकार्यवादी पूर्व आवश्यकताएँ (Structural and Functional Pre requistics) बन जाती है। किसी सामाजिक व्यवस्था में संस्कृति के आन्तरीकरण की प्रक्रिया व्यक्तित्व के माध्यम से समाजीकरण द्वारा पूर्ण होती है। अत: समाजशास्त्रीय दृष्टि से व्यक्तिव एवं समाजीकरण परस्पर सम्बद्ध एवं महत्त्वपूर्ण अवधारणाएँ है।

ब्रूम एवं सेल्जनिक (Brrom and Salznick ; Socialogy) समाजीकरण की प्रक्रिया के तीन पहलुओं का उल्लेख करते हैं– 1. सावयव (Organism), 2. व्यक्ति (Individual), एवं 3. समाज (Society)। मानव व्यवहारों को आत्मसात करने एवं भाषागत विकास हेतु मानव शरीर रचना महत्त्वपूर्ण भूमिका निभाती है। व्यक्ति में आत्म (Self) के विकास के परिणामस्वरूप ही समाजीकरण की प्रक्रिया संचालित होती है। समाज में ही व्यक्ति के समाजीकरण की प्रक्रिया सम्पन्न होती है।

व्यक्तित्व का अंग्रेजी शब्द "Personality" लैटिन भाषा के "Person" शब्द से व्युत्पन्न हुआ है। जिसका अर्थ है-नकाब (Mask) मेटिल एल्ड्रिज (Merrill and Eldredge) अपनी पुस्तक "Culture and Society" में लिखते हैं कि रोमन नाटकों में व्यक्ति विभिन्न पात्रों की भूमिकाएँ निभाने के लिए विभिन्न नकाब (Mask) पहन लेते थे, इस मास्क को Persona कहा जाता था, परसोना से ही पर्सनलिटी की उत्पत्ति हुई।

रूथ बेनेडिक्ट (1887-1848) अपनी सुप्रसिद्ध सांस्कृतिक कृति "Patterns of Culture, 1935" में लिखती है कि-संस्कृति और व्यक्तित्व का पारस्परिक सन्दर्भ समाज में समाजीकरण की प्रक्रिया के माध्यम से सदैव ही आदान प्रदान का रहा है और आगे भी रहेगा। टालकॉट पारसन्स (1902-79), चार्ल्स कूले (1864-1929) एवं जी.एच.मीड (1863-1931) ने अपने समाजीकरण के सिद्धान्तों को व्यक्तित्व विकास के साथ घनिष्ठ रूप से सम्बद्ध किया है।

किम्बाल यंग (Kimball Young ; Handbook of Social Psychology) लिखते हैं कि -व्यक्तित्व एक व्यक्ति की आदतों, मनोवृत्तियों, लक्षणों, विचारों का ऐसा संगठित योग है। जो बाहरी तौर पर विशिष्ट व सामान्य कार्यों एवं स्थिति के रूप में तथा आन्तरिक तौर पर आत्म-चेतन, स्व (Self) की धारणा, मूल्यों व उद्देश्यों के चारो ओर संगठित होता है। इस प्रकार व्यक्तित्व व्यक्ति के शारीरिक, मानसिक, सामाजिक एवं सांस्कृतिक गुणों का सम्पूर्ण योग है। समाजीकरण सीखने की एक प्रक्रिया है, जिसके द्वारा व्यक्ति समाज की सामाजिक सांस्कृतिक विशेषताओं को आत्मसात करता है, अपने व्यक्तित्व का सर्वांगीण विकास करताहै और समाज का एक क्रियाशील सदस्य बनता है। समाजीकरण द्वारा बालक सामाजिक प्रतिमानों एवं मूल्यों को सीखकर उनके अनुरूप आचरण करते है। इससे सामाजिक नियंत्रण बना रहता है। **जॉनसन** (H.M.Johnson) ने "Sociology ; A Systematic Introduction" में लिखा हैं कि-समाजीकरण सीखने की वह प्रक्रिया है जो व्यक्ति को सामाजिक भूमिकाओं का निर्वाह करने योग्य बनाती है।

स्टीवर्ट एवं गिलिन (Stewart and Glynn) ने आगनी पुरतक "Introduction to Sociology" में समाजीकरण के तीन आवश्यक तत्त्वों का उल्लेख किया है-अन्तःक्रिया, भावात्मक स्वीकृति एवं संचार या भाषा। अरस्तु (Aristotle, 384-322 BC) ने कहा है कि मनुष्य एक सामाजिक प्राणी है, और वह समाज से पृथक नहीं रह सकता। केवल देवता या पशु ही समाज से पृथक रह सकते है। समाजीकरण के अभाव में मनुष्य के व्यक्तित्व का विकास सम्भव नहीं है। समाज से पृथक किये गये या पृथक हो गये ऐसे अनेक बच्चों के उदाहरण इसकी पुष्टि करते हैं। इन बच्चों का समाज से पृथक रहने पर व्यक्तित्व विकास नहीं हो सका।

कास्पर होसर (Kasper Hauser), जिसे 1928 ई. में न्यूरेम्बर्ग से पकड़ा गया। सत्रह वर्ष की अवस्था में भी वह सीधा खड़े होने में असमर्थ था, कुछ निरर्थक शब्द ही बोल सकता था, उसका मस्तिष्क अविकसित रह गया था, क्योंकि वह राजनीतिक कारणो से समाज से पृथक कर दिया गया था। इसी प्रकार 1920 ई. में **कमला एवं अमला** नामक दो बहिनों को भेड़िये की मांद से पकड़ा गयाथा। ये मानवीय गुणों से वंचित था। भेड़िये की भाँति चलती, खाती पीती एवं गुर्राती थी। 1954 ई. में **रामू** एवं 1956 ई. में **परशुराम** नामक बच्चों को भेड़ियों के चंगुल से छुडया गया था। इन बच्चों में मानवोचित गुणों काअभाव था और ये जानवारों जैसा व्यवहार करते थे।

किंग्सले डेविस (Kingsley Davis ; Human Society) ने **अन्ना** एवं **इसाबेला** नामक वन्य बालकों (Feral Children) का उदाहरण देकर यह सिद्ध करने का प्रयास किया है कि समाज एवं समाजीकरण की प्रक्रिया के अभाव में व्यक्ति का विकास किस प्रकार अवरूद्ध हो जाता है। अन्ना एवं इसाबेला दोनो की लगभग समान परिस्थितियों में पृथक कमरे में बन्द करके रखा गया था, उन्हें केवल जीने के लिए खाना पीना दिया जाता था। समाज से पृथक्करण के कारण वे बोलने समझने, हाव भावों को समझने में सबसे वंचित थे। समाज से सम्पर्क में आने पर इन्होंने कुछ सीखा, लेकिन जल्दी ही इनकी मृत्यु हो गई।

समाजीकरण के स्तर

समाजीकरण की प्रक्रिया (Process) बालक के जन्म से प्रारम्भ होकर जीवन पर्यन्त चलती रहती है। **पारसन्स** (Talcott Parsons, 1902-79) ने लिखा है कि–बच्चा उस पत्थर के समान है जिसे जन्म के समय सामाजिक तालाब में फेंक दिया जाता है, जिसमें रहकर वह अपना समाजीकरण करता है और समाज का अंग बन जाता है। पारसन्स ने अपनी सामाजिक क्रिया प्रारूप (AGIL) में समाजशास्त्रीय दृष्टिकोण से व्यक्तित्व व्यवस्था को समाज व्यवस्था एवं संस्कृति व्यवस्था के बीच की स्थिति (अथवा समन्वय) माना है। समाजीकरण के स्तर अथवा प्रक्रिया की अवस्थाओं के बारे में जीन पिआजे (Jean Piaget, 1896-1980) ने छः, फ्रायड (1856–1939) ने सात एवं हैरी एम. जॉनसन ने चार सोपानों का उल्लेख किया है। समाजीकरण के विभिन्न स्तर इस प्रकार है–

1. मौखिक अवस्था (Oral Stage)–समाजीकरण के इस प्रथम चरण में, जो जन्म से लेकर करीब डेढ़ वर्ष की आयु तक रहता है, बच्चा मौखिक रूप से दूसरों पर निर्भर रहता है। शिशु अपना सुख दुख मुँह के माध्यम से तथा मुख के हाव भाव से ही

प्रकट कर सकता है। **सिगमंड फ्रायड** ने इस स्थिति को 'प्राथमिक परिचय' (Primary Identification) कहा है।

2. गुदीय अवस्था (Anal Stage)- इस स्तर पर बच्चे को शौच प्रशिक्षण दिया जाता है। औसत रूप से यह अवस्था डेढ़ वर्ष से प्रारम्भ होकर, तीन चार वर्ष तक रहती है। इस अवस्था में माँ की प्रभावकारी भूमिका बच्चे को प्रभावित करती है। माँ बच्चे के लिए एक यांत्रिक नेता (Instrumental Leader) का कार्य करती है। इस सोपान पर बच्चा कुछ बोलने, चलने फिरने लगता है, उसके सामाजिक सम्बन्थों का विकास होने लगता है।

3. तादात्मीकरण की अवस्था (Identification Stage) -यह अवस्था लगभग चार वर्ष से बारह वर्ष तक चलती है। **सिमंड फ्रायड** ने इसे **फैलिक** (Phalic) **अवस्था** कहा है। बच्चों का इस स्तर पर यौनिक भेद एवं शारीरिक भिन्नताओं का ज्ञान हो जाता है। यौनिक अन्तर के स्पष्ट करने में सांस्कृतिक तत्तवों का भी योगदान होता है। जैसे लडके लडकी को भिन्न भिन्न पौशाकें पहनाई जाती है। तादात्मकीकरण की प्रक्रिया दो रूपों में चलती है-व्रथम सामाजिक भूमिका को आन्तरीकृत करके तथा द्वितीय सामाजिक समूह से तादात्मीकरण करे।

तादात्मीकरण की इस अवस्था को **इडीपस-अवस्था** (Oedipus Stage) भी कहते है। क्योंकि इस अवस्था में बालकों में इडीपस कॉम्प्लेक्स (Oedipus Complex) विकसित होता है जिसमें वह अपनी माँ से प्यार करने लगता है वही अपने पिता के प्रति ईर्ष्या भाव रखता है। बालिकाओं में इलैक्ट्रा कॉम्प्लेक्स (Electra Complex) के अन्तर्गत वे अपने पिता की ओर आकर्षित रहती हैं जबकि माता से ईर्ष्या करने लगती है। इस प्रकार इस स्तर पर बालक बालिकाओं मेंअचेतन रूप से यौन भावना का विकास एक सीमा तक हो जाता है।

सिगमंड फ्रायड (1856-1939) ने उक्त नामकरण रोमन कथाओं के आधार पर किए हैं। एक इडीपस नामक राजकुमार ने अपने पिता की हत्या करके अपनी माता से विवाह कर लिया था। इसी प्रकार इलेक्ट्रा नामक एक कन्या अपने पिता से प्रेम करने लगती है।

4. किशोरावस्था (Adolescence)-व्यक्तित्व विकास एवं समाजीकरण के स्तरों में यह सर्वाधिक महत्त्वपूर्ण अवस्था है। किशोरावस्था भारी तनाव का काल होता है। इस समय उसका सम्पर्क पडौसियों, विद्यालय के मित्रों, खेल के साथियों के अतिरिक्त नवआगन्तुकों से होता है। इस सभी परिस्थितियों, विचारों एवं व्यवहारों से उसे समायोजन करना पड़ता है। बालक अपनी संस्कृति के अनेक निषेधों (Taboos) एवं यौन सम्बन्धी

निषेधों (Incest) का पालन करना सीखता है। इस अवस्था में बालक एवं बालिकाओं में शारिरीक परिवर्तन स्पष्ट दिखने लगते हैं, जैसे बालकों की आवाज भारी होना, दाढ़ी-मूँछ, गुप्तांगों में बाल आना एवं बालिकाओ का मासिक धर्म प्रारम्भ होना। इससे कई तनाव उत्पन्न होते हैं, बच्चे अधिक स्वतंत्रता की इच्छा रखते हैं और अभिभावक इस अवस्था में बच्चों पर अधिक नियन्त्रण लगाना चाहते हैं। यह अवस्था समाजीकरण द्वारा सांस्कृतिक मूल्यों एवं अनुभवों को सिखाकर आत्म नियंत्रण की क्षमता पैदा करती है।

पारसन्स द्वारा वर्णित उपर्युक्त चार समाजीकरण की अवस्थाओं के अतिरिक्त यह प्रक्रिया युवावस्था (Adult Stage), प्रौढ़ावस्था (Matuse Stage) एवं वृद्धावस्था (Old Stage) तक चलती रहती है। युवावस्था में जहाँ भूमिका अपेक्षाओं (Role Expectations) का उल्लेखनीय योगदान रहता हैं वहीं वृद्धावस्था में पीढ़ीगत अन्तराल (Generation Gap) कई समस्याओं को उत्पन्न करता है। जबकि प्रौढ़ावस्था में समाजीकरण की प्रक्रिया सहज रूप से सम्पन्न होती है। इस प्रकार समाजीकरण की प्रक्रिया विभिन्न स्तरों या सोपानों से गुजरते हुए जीवनपर्यन्त चलती रहती है।

समाजीकरण के सिद्धान्त

समाजीकरण तथा स्व द्वारा व्यक्तित्व विकास से सम्बन्धित सभी सिद्धान्तों को तीन श्रेणियों में विभाजित किया जा सकता है-

1. संरचनात्मक सिद्धान्त - इस विचारधारा के अनुसार व्यक्ति सामाजिक संरचना की देन मात्र है। व्यक्ति को सामाजिक संस्था अनुरूप आचरण करना पड़ता है। इस मत के प्रतिपादकों में कार्ल मार्क्स (1844) एवं इमाइल दुर्खाइम (1895) प्रमुख हैं।

2. समाज मनौवैज्ञानिक सिद्धान्त (Social Psychological Theories)- यह विचारधारा आत्म अर्थात स्व (Self) के विकास को सामाजिकरण के साथ जोड़ती है। इनमें चार्ल्स कूले (1902), सिगमंड फ्रायड (1814), जीन पिआजेट (1932), मीड (1934) एवं पारसंस प्रमुख है।

3. जैविकीय समाजशास्त्रीय सिद्धान्त - इस मत के अनुसार व्यक्ति को दो प्रमुख पक्ष होते हैं- जैविकीय एवं सामाजिक। इस विचारधारा का प्रवर्तन अर्नाल्ड जैसेल (1943) ने किया है। कुछ महत्त्वपूर्ण सिद्धान्त इस प्रकार है-

(1) दुर्खाइम का समाजीकरण सिद्धान्त (Durkheim's Theory of Socialization) - यह सिद्धान्त सामूहिक चेतना (Collective Consciousness) से उत्पन्न धारणाओं व विचारों, जिन्हें दुर्खाइम सामूहिक प्रतिनिधान (Collective Representation) कहते है। के आन्तरीकरण से सम्बन्धित है, नैतिक दबाव एवं बाध्यता

सामूहिक प्रतिनिधानों के दो विशेष गुण है। जैसे जैसे व्यक्ति सामाजिक प्रतिनिधानों को आत्मसात् करेगा उसका समाजीकरण होता जाएगा।

(2) कूले का सिद्धान्त (Cooley's Theory)- अमेरिकन समाजशास्त्री चार्ल्स कुले (Charles Cooley, 1864-1929) ने समाजीकरण सम्बन्धी अपने विचारों को आत्म (Self) और अन्त:क्रिया (Interaction) द्वारा स्पष्ट किया है। इसे **आत्मदर्पण का सिद्धान्त** (Theory of Looking Glass-self) भी कहा जाता है। कूले ने अपनी पुस्तक "Human Nature and The Social order, 1902"में व्यक्ति और समाज के सम्बन्धों को विवेचित किया है। उनका मत है कि समाज के सम्पर्क में आने पर व्यक्ति के आत्म (Self) का विकास होता है। समाज व्यक्ति केलिए एक दर्पन का कार्य करता है। "Looking Glass-self" शब्द कूले ने थाकेरे (Thackery) की कृति "Vanity Fair" से लिया है। थाकेरे लिखते हैं कि संसार एक दर्पन हे जो प्रत्येक व्यक्ति को उसका स्वयं का चेहरा प्रतिबिम्बित करता है। आप जेसा चेहरा बनायेंगे, दर्पन में आप वैसा ही प्रतिबिम्बित पायेंगे।

कूले ने आत्म-दर्पण अवधारणा के तीन चरणों का उल्लेख किया है-(A) व्यक्ति यह विचार करता है कि दूसरे लोग उसके बारे में क्या सोचते हैं। (B) दूसरों के निर्णयों के आधार पर वह स्वयं अपने बारे में क्या सोचता है। (C) मैं अपने बारे में सोचकर अपने को कैसा मानता हूँ अच्छा अथवा बुरा,अच्छे के लिए गर्व करता हूँ एवं बुरे के लिए ग्लानि।

अत: कुले का मत है कि व्यक्ति का दूसरों से सम्पर्क होने पर ही स्व (Self) का निर्माण होता है। स्व के निर्माण के आधार पर ही व्यक्ति अपना मूल्यांकन करता है। इस प्रकार स्व ही समाजीकरण का मूल आधार है। कूले ये प्रतिपादित करते हैं कि **व्यक्ति समाज का ही प्रतिबिम्ब है।**

कूले के अनुसार-आत्म (Self) के अधिक विकसित हो जाने से व्यक्ति श्रेष्ठता ग्रन्थि (Superiority Complex) का विकास होता है। और अपने बारे में दूसरों की प्रतिक्रिया से स्वयं के बारे में ग्लानि होने पर हीनता मनोग्रन्थि (Interiority Complex) विकसित हो जाती है। यह दोनों ही स्थितियाँ व्यक्ति के संतुलित विकास में बाधक सिद्ध होती है।

(3) मीड का 'मै' एवं 'मुझे' सिद्धान्त -अमरीका के प्रतीकात्मक अन्त:क्रियावादी समाजशास्त्री जी. एच. मीड (George H.Mead ; 1863-1931) कूले के विपरीत यह स्थापित करते हैं कि **व्यक्ति ही समाज का निर्माण है** जिसमें दिमाग एवं आत्म (Self) होता है। मीड के भाषणें के नोट्स जो उसकी मृत्युपरान्त प्रकाशित हुए;

"Mind, Self and Society, 1934" में समाजीकरण सम्बन्धी विचारों का उल्लेख किया गया है।

मीड का मत है कि स्व एक सामाजिक संरचना है, सामाजिक अनुभवों से ही स्व का विकास होता है। जन्म के बाद जैविकीय शिशु परिवार एवं अन्य समूहों के सम्पर्क में आकर उनके व्यवहारों से प्रभावित होने लगता है। वह यह समझने लगता है कि लोग उससे किसप्रकार के व्यवहार की अपेक्षा करते हैं और जो वह व्यवहार करता है उसका क्या अर्थ लगाया जाता है; मीड इसे सामान्यकृत अन्य (Generalization other) कहते हैं। आत्म चेतना के विकास को मीड में (I) तथा मुझे (Me) की अवधारणाओं के रूप में समझाते हैं। मैं (I) = दूसरों के प्रति दो मेरे व्यक्ति द्वारा किया गया व्यवहार मुझे (Me) = व्यक्ति द्वारा किए गए व्यवहार पर दूसरों की प्रतिक्रिया। मीड कहते हैं कि - समाजीकरण का अर्थ व्यक्ति के आत्म के समुचित विकास से है। *आत्म का विकास दूसरे लोगों के सामान्य व्यवहार को अपने व्यवहार से समाहित करने से होता है। *आत्म विकास के बाद व्यक्ति सामाजिक इकाइयों के रूप में परिवर्तित हो जाता है। *समाजीकरण की मात्रा उसके सामाजिक व्यवहार पर निर्भर करेगी, जिससे जैविकीय व संवेगात्मक प्रभाव कम होते जायेंगे। *स्वयं एवं अन्य व्यक्तियों में भेद करने की चेतना, आत्म का विकास है और इस प्रकार समाजीकरण एक सीखने की प्रक्रिया है, जिसे मीड ''सामान्यकृत अन्य'' का सिद्धान्त भी कहते है।

4. फ्रायड का सिद्धान्त

आस्ट्रेलिया मनोचिकित्सक सिगमंड फ्रायड (1856-1939) समाजीकरण की प्रक्रिया को व्यक्तित्व विकास के दौरान विकसित काम प्रवृत्तियों (लिबिडो) के आधार गर समझाते हैं। फ्रायड का मत है कि मानव व्यवहार का अधिकांश भाग हमारे अचेतन मन (Unconscious Mind) द्वारा संचालित होता है फ्रायड के अनुसार व्यक्तित्व संरचना इड (ID), ईगो (Ego) एवं सुपरईगो (Superego) नामक तत्त्वों से मिलकर बनी होती है। इड सुखवादी सिद्धान्तों पर आधारित हमारी समस्त प्रेरणाओं, इच्छाओं, स्वार्थों का मूल स्रोत है। इड येन केन प्रकारेण सन्तुष्टि चाहता है। सुपरईगो इड के विपरीत नैतिक सिद्धान्तों परआधारित है, जो सामाजिक मूल्यों एवं आदर्शों से मिलकर बनता है। ईगो (अहम) इड एवं सुपरईगो की मध्यवर्त्ती एवं संतुलन की स्थिति को दर्शाता है। यह आत्म का चेतन एवं तार्किक पक्ष है, जो व्यक्ति को सामाजिक परिस्थितियों से वास्तविक अनुकूलन का निर्देश देता है। फ्रायड अपने सिद्धान्त में यह स्थापित करने का प्रयत्न करते हैं कि व्यक्ति के आत्म का विकास सामाजिक अन्त:क्रियाओं की अपेक्षा मानसिक

अन्त:क्रियाओं के द्वारा होता है। फ्रॉयड के अनुसार इड एवं सुपरईगो के मध्य अन्तर्द्वन्द्व की प्रक्रिया समाजीकरण में सहायक होती है।

5. पिआजे का सिद्धान्त

जेनेवा के विकासवादी मनोविज्ञानी जीन पिआजे (Jean Piaget) ने संज्ञात्मक विकास (Cogritive Development) के आधार पर समाजीकरण को समझाने का प्रयास किया है। यह नैतिक विकास का सिद्धान्त भी कहलाता है। पिआजे ने पाँच से सात वर्ष की आयु को बालक के विकास में महत्त्वपूर्ण माना है।

अपनी पुस्तक "The Origins of Intelligene in Children, 1936" में पिआजे ने समाजीकरण एवं विकास की चार अवस्थाओं का उल्लेख किया है–1. संज्ञान क्रिया अवस्था (Sensorimotor Stage), 2. मूर्त क्रियात्मक (Pre-operational stage), 3. पूर्व क्रियात्मक (Concrete Operational), एवं 4. औपचारिक क्रियात्मक अवस्था (Formal Operational)। पिआजे का मत है कि बचपन में खेल की प्रक्रिया बालक के नैतिक विकास में सर्वाधिक महत्त्वपूर्ण भूमिका निभाती है।

समाजीकरण के अभिकरण

एक जैविकीय प्राणी से सामाजिक प्राणी (सामाजिक ईकाई) बनने की प्रक्रिया अर्थात् समाजीकरण मानव जीवन की अत्यन्त महत्त्वपूर्ण, जटिल एवं बड़ी लम्बी प्रक्रिया है। इसमें अनेक प्राथमिक एवं द्वितीयक समूहों, संस्थाओं कायोगदान होता है। जैसे परिवार, पडौस, मित्र समूह,विवाह, नातेदारी समूह, विद्यालय, धार्मिक, आर्थिक, सामाजिक, सांस्कृतिक राजनीतिक एवं व्यावसायिक संस्थाएँ एवं संगठन।

1. परिवार (Family)–समाजीकरण की प्रक्रिया में परिवार सबसे प्राथमिक एवं अहम भूमिका निभाता है। बालक सर्वप्रथम परिवार के सदस्यों के ही सम्पर्क में आता है। परिवार ही उसे समाज की संस्कृति का ज्ञान कराता है। परिवार में बच्चा पुरस्कार या दण्ड के आधार पर उचित-अनुचित में भेद करना सीखता है, उसमें नैतिकता केभाव पैदा होते है। परिवार को शिशु की प्रथम पाठशाला माना गया है। क्योंकि परिवार में ही बच्चा भाषा ज्ञान, अनुकूलन, आज्ञा पालन एवं अन्य सामाजिक आदर्श मूल्यों को सीखता है। **जेल्डिच** ने लगभग पचास से भी अधिक समाजों का समाज मानवशास्त्रीय अध्ययन कर समाजीकरण में माता पिता की भूमिका का पता लगाया है। सभी समाजों में पिता यंत्रवत् नेतृत्व (Instumental Leadership) तथा माता भावात्मक नेतृत्व (Expressive Leadership) के मॉडल के रूप में प्रस्तुत होते है। **टरमन** लिखते हैं कि केवल वे ही बच्चे विवाह को सुखपूर्ण बना सकते हैं जिनके माता पिता का पारिवारिक

जीवन सुखी था। अत: परिवार संसार के सभी समाजों में समाजीकरण की एक आधारभुत संस्था है।

2. खेल समूह (Play-Group or Peer Group)-परिवार के बाद मित्रों या खेल के साथियों कासमूह बच्चे का सबसे नजदीकी एवं प्राथमिकी समूह माना जाता है। खेलकुद के दौरान बच्चा नियमों, अनुशासन, नियंत्रण, अनुकूलन, सहयोग, प्रतिस्पर्धा, पुरस्कार एवं दण्ड जैसी प्रक्रियाओं से परिचित होता है। और परिणामस्वरूप समाजीकरण होने लगता है। चूँकि इस समूह के सदस्य हम उम्र और अनौपचारिक सम्बन्धों वाले होते है। अत: यहाँ समाजीकरण की प्रक्रिया नैसर्गिक रूप से सम्पन्न होते है।

रिजमैन लिखते हैं कि आज का व्यक्ति दूसरों के द्वारा अधिक निर्देशित होता है (Others Directed), जबकि ग्रामीण एवं सरल समाजों में लोग परम्परा एवं स्वनिर्देशित (Traditional or Piner-directed) होते है।

3. पडौस (Neighbourhood)- पडौस भी एक महत्त्वपूर्ण प्राथमिक समूह है जिसका बच्चे के साथ अधिक सम्पर्क रहता है। प्रशंसा एवं निन्दा के माध्यम से पडौसियों के द्वारा हम समाज सम्मत व्यवहार सीखते हैं। पडौसियों से हम अनजाने में ही अनेक बातों को सीख लेते हैं।

4. नातेदारी समूह (Kin-Group)- इसमें रक्त एवं विवाह से सम्बन्धित सभी नातेदार सम्मिलित होते है। अपने निकटतम प्राथमिक तथा द्वितीयक तृतीयक सम्बन्धियों से व्यक्ति कुछ न कुछ सीखता अवश्य है। विभिन्न प्रकार की प्रस्थितियों के अनुसार भाई, बहिन, पति, पत्नी, साला, साली, सास, श्वसुर, भाभी, देवर इत्यादि के साथ विभिन्न प्रकार की भूमिका निर्वाह करना सीखता है।

5. विवाह (Marriage)- विवाह के पश्चात व्यक्ति को महत्त्वपूर्ण उत्तरदायित्वों के निर्वहन की जिम्मेदारी निभानी पड़ती है। पति अथवा पत्नी की भूमिका में निष्ठा, प्रेम, त्याग तथा पिता या माता के रूप में नवीनतम भूमिकाओं को आत्मसात करने का मौका मिलता है।

6. शैक्षणिक संस्थाएँ (Eductional Institutions)- द्वितीयक समूहों या संस्थाओं के रूप में शैक्षणिक संस्थाओं का समाजीकरण की प्रक्रिया में महत्त्वपूर्ण स्थान है। विद्यालय या महाविद्यालय में बालक अपने साथी मित्रों के अतिरिक्त भूमिका मॉडल (Role Model) के रूप में गुरुजनों से अनेक भूमिका पैटर्नस सीखता है। पुस्तकों से नवीन ज्ञान का अर्जन समाजीकरण को आगे बढ़ाता है। शैक्षणिक वातावरण में विद्यार्थियों की मानसिक क्षमता विकसित होती है और व्यक्तित्व का चहुँमुखी विकास सम्भव हो पाता है।

7. राजनीतिक संस्थाएं (Political Institutions)- व्यक्ति का राजनीतिक समाजीकरण (Political Socialization) एक स्वस्थ लोकतांत्रिक राष्ट्र के लिए परम आवश्यक है। राजनीतिक संस्थाओं के माध्यम से व्यक्ति मतदान-व्यवहार, दलीय प्रणाली, विधान, विधायिका, संविधान एवं राजनीतिक-पार्टियों के बारे में सीखता है। एक देश का सुसंस्कृत कर्त्तव्यनिष्ठ नागरिक बनने के लिए उपर्युक्त शिक्षाएं प्रकार्यात्मक पूर्वावश्यकताएं (Functional Pre-requistics) हैं।

8. आर्थिक, धार्मिक, व्यावसायिक एवं सांस्कृतिक संस्थाएं समाजीकरण की प्रक्रिया में महत्त्वपूर्ण भूमिका निभाती हैं। आर्थिक संस्थाओं के माध्यम से बाजार, उत्पादन प्रणाली, मुद्रा एवं उपभोग सम्बन्धी ज्ञान अर्जन होता हैं। व्यक्ति के जीवन पर धर्म का प्रभाव भी अत्यन्त गहरा होता हैं। जहाँ धर्म से नैतिकता एवं व्यवहार-आचरण सम्बन्धी गुण आत्मसात होते हैं, वहीं सांस्कृतिक संस्थाएं व्यक्ति को उसकी संस्कृति से परिचित कराती हैं। इस प्रकार व्यक्ति का जैसे-जैसे सामाजिक दायरा बढ़ता जाता है, वैसे ही उसके समाजीकरण में विभिन्न संस्थाओं, समूहों, संगठनों का योगदान विस्तृत होता जाता है।

नकारात्मक समाजीकरण

जब व्यक्ति समाज द्वारा अस्वीकृत व्यवहारों को सीखता है (जैसे-चोरी करना, गाली गलौच, असामाजिक व्यवहार) तो इसे नकारात्मक समाजीकरण कहते हैं। समाज में अपराध एवं विपथगामी व्यवहार (Normaless Behaviour) नकारात्मक समाजीकरण के परिणाम हैं। डब्लू. व्हाइट (W.Whyte) ने अपनी पुस्तक "Street Corner Society, 1955" में नकारात्मक समाजीकरण से सम्बद्ध अनेक "Corner Boys" का उल्लेख किया है, जो जीविका चलाने के लिए समाज विरोधी व्यवहार सीखते हैं।

वि-समाजीकरण

समाजविरोधी व्यवहार अथवा नकारात्मक समाजीकरण को भुलाने या छोड़ने की प्रक्रिया वि-समाजीकरण कहलाती है। वि-समाजीकरण चेतन और अचेतन (Unconscious) दोनों ही प्रकार का हो सकता है। प्रयत्नपूर्वक किया गया वि-समाजीकरण (Deliberately De-Socialization) किसी विशिष्ट एकाकी शासन व्यवस्था (Oligarchy) का प्रतीक हो सकता है।

पुनर्समाजीकरण

सामान्य तौर पर पुनर्समाजीकरण की प्रक्रिया विसमाजीकरण के पश्चात ही सम्पन्न होती है। किसी व्यक्ति को पूर्व में सीखाए गए व्यवहार-प्रतिमानों को भुलाकर या

विस्मृत कराकर नवीन व्यवहार सिखाना पुनर्समाजीकरण कहलाता है। जब एक व्यक्ति अपने जीवनकाल में विचारों, अभिवृत्तियों, मूल्यों, व्यवहारों में नवीनता लाने के साथ-साथ परिवर्तन लाता जाता है, तो इसे सतत्-समाजीकरण (Continuing Socialization) कहते हैं। जब यह परिवर्तन एकाएक और तेज होता है तब यह प्रक्रिया पुनर्समाजीकरण कही जा सकती है।

ब्रूम एवं सेल्जनिक (Broom and Salznick) अपनी पुस्तक "Principles of Sociology" में लिखते हैं कि – पुनर्समाजीकरण में पहले वाली जीवन विधि के स्थान पर दूसरी जीवन विधि अपनाई जाती है, जो पहले वाली से भिन्न या विरोधी हो सकती है। इस प्रकार पुनर्समाजीकरण मौलिक एवं तीव्र परिवर्तन की ओर संकेत करता है। मत-आरोहण (Broin Washing) एवं अपराधियों का पुनर्वास (Re-habitation) इसके मुख्य उदाहरण हैं।

ब्रूम एवं सेल्जनिक पुनर्समाजीकरण की कुछ सीमाओं या कठिनाइयों का उल्लेख करते हैं – (I) दबावमूलक पुनर्समाजीकरण सफल नहीं होता है। (II) सुधारात्मक पुनर्समाजीकरण में पूर्व स्थिति के अनुरूप प्रस्थिति प्राप्त नहीं होने पर कठिनाई आती है। (III) पुनर्समाजीकरण को सुधार की भावना से किया जाना चाहिए अन्यथा हीनता की भावना एवं अपराधीपन का अनुभव होता है (IV) पुनर्समाजीरकण के साथ-साथ व्यक्ति को सामाजिक एवं मनोवैज्ञानिक समर्थन दिया जाना आवश्यक है।

पूर्वाभ्यासी समाजीकरण

भविष्य में आने वाली परिस्थितियों से मुकाबला करने अथवा उनका ध्यान रखकर उनके अनुरूप व्यवहारों को सीखना या अभ्यास (तैयारी) करना, पूर्वाभ्यासी समाजीकरण है। जैसे- किसी प्रशासनिक या पुलिस अधिकारी को नियुक्ति देने से पूर्व उनके पद से सम्बन्धित कार्यों का पूर्वाभ्यास या प्रशिक्षण कराया जाता है, जिससे वे अपनी निर्धारित भूमिका का कुशलतापूर्वक निर्वाह कर सकें।

सामाजिक नियन्त्रण

सामाजिक नियन्त्रण समाजशास्त्रीय अध्ययन की एक महत्त्वपूर्ण अवधारणा है। सम्पूर्ण समाज में एकता एवं व्यवस्था बनाए रखने के लिए लोगों के व्यवहार का नियगन करना ही सामाजिक-नियंत्रण है। सामाजिक नियन्त्रण का सर्वप्रथम व्यवस्थित विवेचन अमेरिकन समाजशास्त्री ई.ए.रॉस (E.A.Ross) ने अपनी कृति "Social control, A Survey of the foundation of order, 1901" में किया है।

किंग्सले डेविस (Kingsley Davis ; Human Society) ने लिखा है कि समाज का निर्माण ही सामाजिक सम्बन्धों एवं सामाजिक नियन्त्रण की व्यवस्था द्वारा होता है, एक की अनुपस्थिति में दूसरे का अस्तित्व कदापि सुरक्षित नहीं है। सामाजिक नियन्त्रण के द्वारा व्यक्तियों के व्यवहारों को समाज के स्थापित प्रतिमानों के अनुरूप ढालने का प्रयत्न किया जाता है। टालकॉट पारसन्स (Tolcott Parsons ; American Sociology) लिखते हैं कि विपथगामी प्रवृत्तियों की कली को फूल बनने से पहले ही कुचल देना सामाजिक नियन्त्रण है।

ई.ए.रॉस ने सामाजिक नियन्त्रण की समाज या समुदाय के साथ घनिष्ठता की चर्चा करते हुए लिखा है कि – नियन्त्रण का तात्पर्य उन सभी शक्तियों से है जिनके द्वारा समाज या समुदाय व्यक्ति को अपने अनुरूप बनाता है। इसी प्रकार **गुरविच एवं मूर** (Gurvitch and Moore) अपनी कृति "Twentieth Cantuary Sociology" में लिखते हैं कि – सामाजिक नियन्त्रण का सम्बन्ध उन सभी प्रक्रियाओं और प्रयत्नों से है जिनके द्वारा समूह अपने आन्तरिक तनावों व संघर्षों पर नियन्त्रण रखता है और इस प्रकार व्यवस्थित होकर रचनात्मक कार्यों की ओर प्रवृत्त होता है।

सामाजिक नियन्त्रण की प्रकृति संस्थापक होती है जिसमें व्यक्ति से सामाजिक प्रतिमानों के अनुरूप आचरण करने की अपेक्षा की जाती है। सामाजिक नियन्त्रण तीन स्तरों पर होता है – समूह का समूह पर नियन्त्रण, समूह का व्यक्तियों पर नियन्त्रण एवं व्यक्तियों का व्यक्तियों पर नियन्त्रण। सामाजिक नियन्त्रण सामाजिक सम्बन्धों में स्थिरता एवं एकरूपता पैदा करके समाज में संगठन की भावना जागृत करता है। प्रत्येक सामाजिक व्यवस्था में नियन्त्रण हेतु दण्ड एवं पुरस्कार दोनों विधियों को प्रयुक्त किया जाता है।

सामाजिक नियन्त्रण किसी भी समाज के लिए अपरिहार्य प्रक्रिया है। यह समाज में दृढता, स्थिरता रखने के साथ-साथ उसकी परम्पराओं की रक्षा करता है। सहयोगात्मक प्रक्रियाओं की निरन्तरता तथा सामाजिक सुरक्षा की दृष्टि से भी नियन्त्रण महत्त्वपूर्ण है। मानवीय समाज में सामाजिक नियन्त्रण के महत्त्व को रेखांकित करते हुए **पी.एच.लैण्डिस** (P.H.Landis) अपनी कृति "Social Control (1939)" में लिखते हैं कि – मानव नियन्त्रण के कारण ही मानव है।

सामाजिक नियन्त्रण के प्रकार

प्रत्येक समाज में सामाजिक सम्बन्धों की प्रकृति, सामाजिक दशाओं एवं वैयक्तिक व्यवहारों की विभिन्नता के कारण सामाजिक नियन्त्रण के अनेक स्वरूप अस्तित्व में रहते है। समाजों की भिन्न-भिन्न प्रकृति ग्रामीण, नगरीय, परम्परागत, जनजातीय, बन्द एवं मुक्त के अनुसार नियन्त्रण के स्वरूपों में भिन्नता स्वभाविक है।

अमेरिकन समाजशास्त्री सी.एच.कूले (C.H.Cooley, 1864-1929) तथा एल.एल.बर्नार्ड (L.L.Bernard) ने सामाजिक नियन्त्रण के दो स्वरूपों - चेतन (Conscious) एवं अचेतन (Unconscious) का उल्लेख किया है।अचेतन नियन्त्रण में हम स्वाभाविक रूप से आचरण करने लगते हैं। जबकि चेतन नियन्त्रण में खान-पान, छुआछूत, विवाह, प्रथा, कानून, लोकाचारों इत्यादि नियमों का पालन उनकी उपयोगिता व लाभों को ध्यान में रखकर किया जाता है। जहाँ परम्परागत समाजों में संस्कारों, परम्पराओं एवं धार्मिक विश्वासों द्वारा समाज में अचेतन नियन्त्रण रखा जाता था, वहीं आधुनिक समाजों में कानून के बढ़ते महत्त्व के कारण चेतन नियन्त्रण का महत्त्व बढ़ता जा रहा है।

कार्ल मानहीम (Kark Mannheim, 1887-1947) ने नियन्त्रण के प्रत्यक्ष (Direct) एवं अप्रत्यक्ष (Indirect) स्वरूपों का उल्लेख किया है। प्राथमिक सम्बन्धितयों द्वारा समीपस्थ नियन्त्रण प्रत्यक्ष नियन्त्रण कहलाता है, जैसे - माता-पिता, गुरूजनों, मित्रों-पड़ौसियों द्वारानियन्त्रण। यह गहरा एवं स्थायी प्रभाव करता है। जबकि अन्य सामाजिक व भौतिक पर्यावरण, विभिन्न समूहों एवं संस्थाओं द्वारा लागू किया गया नियन्त्रण जो दूरस्थ होता है, अप्रत्यक्ष नियन्त्रण कहलाता है।

किम्बाल यंग (Kimbal Young) सामाजिक नियन्त्रण को सकारात्मक (Positive) एवं नकारात्मक (Negative) नियन्त्रण में वर्गीकृत करते हैं। सकारात्मक नियन्त्रण में व्यक्तियों को प्रोत्साहन या पुरस्कार देकर उचित व्यवहार करने के लिए प्रेरित किया जाता है। जबकि नकारात्मक नियन्त्रण में समाज विरोधी व्यवहार करने वाले व्यक्तियों को दण्डित किया जाता है। आदिम एवं आधुनिक समाजों में नकारात्मक सामाजिक नियन्त्रण अधिक प्रभावकारी सिद्ध हुआ है।

गुरविच एवं मूर (Gurvitch and Moor, 1945) ने अपनी कृति "Twenthieth Centuary Sociology, 1945" में सामाजिक नियन्त्रण के तीन प्रकारों की चर्चा की है - 1. संगठित (Organized) सामाजिक नियन्त्रण, 2. असंगठित (Unorganized) सामाजिक नियन्त्रण, 3. सहज या स्वाभाविक (Automatic) सामाजिक नियन्त्रण। संगठित नियन्त्रण में व्यक्ति के अधिकारों एवं कर्त्तव्यों को स्पष्ट रूप से परिभाषित किया जाता है, जिससे अनेक छोटे-बड़े अधिकारों एवं नियमों द्वारा व्यक्ति के व्यवहारों को प्रभावित किया जाता है। राज्य, परिवार, संस्था, बैंक, विद्यालय द्वारा लागू नियन्त्रण संगठित प्रकार के होते हैं। संस्कारों, परम्पराओं, जनरीतियों, लोकाचारों द्वारा किया जाने वाला अनौपचारिक नियन्त्रण असंगठित नियन्त्रण कहलाता है। जबकि सहज नियन्त्रण में व्यक्ति अपने स्वयं को अनुभव व आवश्यकता की पूर्ति हेतु स्वत: ही कार्य करता है और कुछ व्यवहार को

सीखता है। धार्मिक नियन्त्रण को हम सहज नियन्त्रण कह सकते हैं। लेपियर (Lapiere) ने सामाजिक नियन्त्रण के दो स्वरूपों की चर्चा की है –(1) सत्तावादी (Autocracy) सामाजिक नियन्त्रण (2) लोकतान्त्रिक (Democratic) सामाजिक नियन्त्रण। सत्तावादी नियन्त्रण में समाज द्वारा स्वीकृत लक्ष्यों के अतिरिक्त अन्य लक्ष्यों की प्राप्ति के लिए उत्पीड़न या शक्ति का प्रयोग किया जाता है। यहाँ शक्ति का प्रयोग जनसामान्य की इच्छाओं के विरूद्ध होता है। लोकतांत्रिक नियन्त्रण में व्यक्तियों को पुरस्कार एवं भावात्मक प्रेरणाओं द्वारा नियन्त्रण में रखा जाता है। ऐच्छिक आज्ञाकारिता, अनुभव, वार्तालाप, सामाजिक प्रोत्साहन लोकतांत्रिक नियन्त्रण के प्रमुख साधन हैं। हिटलर एवं मुसोलिनी का नियन्त्रण (अधिनायकतंत्र में) सत्तावादी नियंत्रण का उदाहरण है, जबकि प्रजातान्त्रिक देशों में नियन्त्रण लोकतांत्रिक पद्धति से रखा जाता है।

औपचारिक (Formal) एवं अनौपचारिक (Unformal) प्रकार का सामाजिक नियन्त्रण गुरविच एवं मीर का क्रमशः संगठित एवं असंगठित नियन्त्रण के समान है। आधुनिक समाजों में कानून, न्यायालय, पुलिस, जेल आदि औपचारिक नियन्त्रण के माध्यम है। जबकि सरल ग्रामीण समाजों में प्रथाएं, परम्परा, विश्वास, व्यंग्य, हास्य, जनमत, संस्कार एवं धर्म के द्वारा अनौपचारिक नियन्त्रण रखा जाता है। अन्य स्वरूपों में गिडिंग्स (Giddings) द्वारा प्रस्तुत पुरस्कार एवं दण्ड, फिचर (Fitcher) द्वारा प्रस्तुत समूह नियन्त्रण एवं संस्थात्मक नियन्त्रण प्रमुख हैं।

सामाजिक नियन्त्रण केअभिकरण एवं साधन

अभिकरण के द्वारा सामाजिक नियन्त्रण के नियमों को समाज पर लागू किया जाता है। अत: अभिकरण का तात्पर्य उन समूहों, संगठनों एवं सत्ता से है जो नियन्त्रण का माध्यम बनती हैं। जैसे – परिवार, राज्य, शिक्षण संस्थाएं इत्यादि। जबकि साधन का अर्थ किसी विधि या तरीके से है जिसके द्वारा कोई अभिकरण सामाजिक नियन्त्रण को लागू करता है। जैसे – प्रथा, परम्परा, लोकाचार, कानून, पुरस्कार, दण्ड इत्यादि। किसी समाज में अभिकरण एवं साधन मिलकर सामाजिक नियन्त्रण की व्यवस्था करते हैं, जो निम्न प्रकार है–

1. **परिवार (Family)**–सामाजिक नियन्त्रण के प्राथमिक, अनौपचारिक एवं सर्वाधिक प्रभावशाली अभिकरण के रूप में परिवार महत्त्वपूर्ण भूमिका निभाता है। समाजीकरण द्वारा परिवार व्यक्ति को सामाजिक–प्रतिमानों से परिचित कराकर उन्हें आत्मसात कराता है।
2. **जनरीतियाँ (folkways)**–समाज में बिना सोचे–विचारे और अचेतन रूप से जनरीतियों का पालन किया जाता है। इनका उल्लंघन करने वाले को समाज में

निन्दा एवं आलोचना की जाती है। मैकाइवर (McIver ; Society) के अनुसार – समाज में व्यवहार करने की स्वीकृत व मान्यता प्राप्त विधियाँ जनरीतियाँ हैं। अतः सामाजिक नियन्त्रण में ये अधिक शक्तिशाली सिद्ध होती हैं।

3. **लोकाचार (Mores)** – लोकाचार या रूढ़ियों में उचित-अनुचित का भाव निहित होता है। जनरीतियों में जब समूह-कल्याण की भावना जुड़ जाती है तब वे लोकाचार बन जाती है। लोकाचार नियन्त्रण के महत्त्वपूर्ण साधन हैं क्योंकि इनके उल्लंघन पर कठोर दण्ड की व्यवस्था होती है। सदा सत्य बोलो, ईमानदार बनो, माता-पिता की सेवा करो इत्यादि सकारात्मक लोकाचार हैं। जबकि चोरी मत करो, झूठ मत बोलो, हिंसा मत करो इत्यादि नकारात्मक लोकाचारों की श्रेणी में आते हैं।

4. **प्रथाएं (Customs)**–पी.गिसबर्ट (P.Gisbert) अपनी पुस्तक "Fundamentals of Sociology" में लिखते हैं कि प्रथा व्यवहार का वह स्वरूप है, जो आदत का रूप ले लेता है और समाज के अधिकांश सदस्यों द्वारा उसका पालन किया जाता है। प्रथाएं आदर्शात्मक एवं बाध्यतामूलक होती है प्रथा में सामाजिकता पाई जाती है। बेकन लिखतें हैं कि –प्रथाएं मनुष्य के जीवन की प्रमुख न्यायाधीश हैं। बी.मैलिनोवस्की (B-Malinowski, 1884-1942) ने अपनी कृति "Crime and Customs in a Savage Society (1926)" में लिखते है कि – आधुनिक समाजों की भाँति आदिम समाजों में भी व्यक्ति अपने लाभ के कारण ही प्रथाओं का पालन करता है। अतः सभी प्रकार के समाजों में प्रथाएं सामाजिक नियन्त्रण का अनौपचारिक एवं सशक्त साधन है।

5. **जनमत (Public opinion)**– सरल एवं जटिल समाजों में जनमत सरकारी नीतियों, संघों, राज्य प्रशासन, सामाजिक व्यवहार एवं समूहों पर अंकुश लगाने की महत्त्वपूर्ण सामुदायिक शक्ति है। बोटोमोर (T.B.Bottomore ; Sociology ; 1962) ने लिखा है – जनमत व्यक्तियों के व्यवहारों को प्रतिबन्धित एवं निर्देशित करता है।

6. **प्रचार (Propaganda)** – आधुनिक समाज में पत्र-पत्रिकाएं, साहित्य, रेडियो, टेलीविजन, सिनेमा, प्रदर्शनी, इन्टरनेट इत्यादि प्रचार के साधन सामाजिक नियन्त्रण के माध्यम बनते जा रहे हैं। प्रचार के माध्यम से ही लाभ हम अनेक सामाजिक व्याधियों एवं कुप्रथाओं को नियन्त्रण करने में काफी हद तक सफल हो सके हैं।

7. **दण्ड एवं पुरस्कार (Punishment and Reward)**–समाज द्वारा मान्य व्यवहार करने पर पुरस्कार तथा समाज विरोधी व्यवहार करने के लिए दण्ड के प्रावधान औपचारिक सामाजिक नियन्त्रण के सर्वप्रचलित एवं प्रभावकारी साधन हैं।

8. **राज्य (State)** – औपचारिक अभिकरण के रूप में राज्य सामाजिक व्यवस्था बनाए रखता है। एच.पी.फेयरचाइल्ड (H.P.Fairchild) ने "Dictionary of Sociology" में लिखतें है कि – राज्य समाज की वह संस्था (अभिकरण) है जो शक्ति का उपयोग करने या दमनकारी नियन्त्रण का अधिकार रखती है। वह इस शक्ति का उपयोग सदस्यों पर नियन्त्रण रखने अथवा किसी अन्य समाज के विरूद्ध कर सकता है। राज्य अपनी यह भूमिका विभिन्न प्रकार से निभा सकता है – मौलिक अधिकारों का संरक्षण करके, आन्तरिक सुव्यवस्था द्वारा, बाह्य आक्रमणों से सुरक्षा, कल्याणकारी व्यवस्थाओं का निर्माण, कानून द्वारा नियन्त्रण, दण्ड द्वारा एवं शिक्षा के प्रसार द्वारा नियन्त्रण।

❑❑❑

7

वर्ण-आश्रम धर्म

वर्ण-आश्रम व्यवस्था भारतीय सामाजिक संगठन के मौलिक तत्व के रूप में पायी जाती है । ऋग्वेद में कई स्थानों पर उल्लेख किया गया है कि उस समय समाज का सम्पूर्ण कार्य व्यवस्थित ढंग से चलता था। व्यक्ति की प्रकृति एवं उसके पालन-पोषण की समस्याओं से सम्बन्धित वर्णाश्रम व्यसस्था हिन्दू सिद्धान्त की आधार-शिला के रूप में कार्य करती है। वर्ण-व्यवस्था में सामाजिक जीवन के कार्यात्मक विभाजन की दृष्टि से समाज को चार भागों में बांटा गया है। आश्रम व्यवस्था मैं व्यक्तिगत जीवन को समुन्नत बनाने एवं व्यक्तिगत विकास के पूर्ण अवसर प्रदान करने हेतु जीवन को चार भागों में विभाजित किया गया है। ये दोनों व्यवस्थाएँ परस्पर घनिष्ठ रूप से सम्बन्धित हैं।

ऋग्वेद के प्ररूष सूक्त में वर्णो की उत्पत्ति के सम्बन्ध में बतलाया गया है कि ब्राह्मण पुरूष अर्थात् विराट स्वरूप परमात्मा के मुख रूप हैं, क्षत्रिय उनकी भुजायें हैं, वैश्य जंघाएं अथवा उदर हैं और शूद्र उनके पाँव हैं। के. एम. पणिक्कर (Hindu socety at cross Road) लिखते हैं कि-विभिन्न वर्णों का आधार कर्म है न कि जन्म । विभिन्न ग्रन्थों में अलग-अलग वर्णों के वर्ण-धर्मों का उल्लेख किया गया है। ब्राह्मणों के प्रमुखत: छ: कर्म बताये गये हैं जिनमें अध्ययन और अध्यापन यज्ञ करना-दान देना एवं लेना इत्यादि शामिल हैं। सात्विक गुण की प्रधानका के कारण ही ब्राह्मण को सर्वोच्च स्थिति प्रदान की गई है। मनुस्मृति के अनुसार-पुजा की रक्षा करना, दान दनो,यज्ञ करना,

अध्ययन करना तथा विसयों में आसक्ति न रखना क्षत्रियों के प्रमुख धर्म हैं। महाभारत के अनुसार वेदों के अध्ययन से सम्पन्न होकर व्यापार, पुशपालन तथा कृषि कार्य से अन्न का संग्रह करने में रूचि रखने वालों को वैश्य माना गया है। शूद्रों का केवल एक ही धर्म माना गया है- अन्य तीन वर्णों की बिना ईर्श्या भाव के सेवा करना। महाभारता में बताया गया है कि वर्णो का विभाजन उपर्युक्त धर्मों के आधार पर ही किया गया है न कि वर्ण के आधार पर उनके धर्म का निर्धारण।

आश्रम व्यवस्था के अन्तर्गत व्यक्ति की सम्पूर्ण जीवन अवधि (सौ वर्ष) को चार बराबर भागों में बाँटा गया है, प्रत्येक आश्रम की अवधि पच्चीस वर्ष मानी गई है। 1. ब्रह्मचर्य आश्रम-विद्यार्थी के रूप में जीवन व्यतीत करने का स्तर 2. गृहस्थ आश्रम-वैवाहिक एवं पारिवारिक दायित्वों का निर्वाह 3. वानप्रस्थ आश्रम-सांसारिक सम्बन्धों से मुक्त होकर तपस्यामय जीवन 4. संन्यास आश्रम- सांसारिक सम्बन्धों एवं बन्धनों के पूर्ण त्याग तथा मोक्ष प्राप्ति के प्रयास का स्तर।

डॉ. पी. एन. प्रभु (Hindu social Organisation) लिखते हैं कि हिन्दुओं द्वारा सोची और नियोजित की गई आश्रम व्यवस्था विश्व के सामाजिक विचारों के सम्पूर्ण इतिहास में एक अपूर्य देन हैं। आश्रम की अवधारणा मूलरूप से पाँच सिद्धान्तों या धर्मों से सम्बद्ध है- ऋणों की धारणा, यज्ञों की धारणा, पंच महायज्ञ, संस्कार एवं पुरूषार्थ। मानव जीवन में पाँच प्रकार के ऋणों , देव ऋण, ऋषि ऋण, पितृ ऋण, अतिथि ऋण एवं भूत ऋण, की धारणा हिन्दू शास्त्रों में निहित है। इसी प्रकार चारों आश्रमों में पंच महायज्ञों ब्रह्म यज्ञ,देव यज्ञ, पितृ यज्ञ, भूत यज्ञ एवं अतिथि यज्ञ, का महत्व बताया गया है। ऋषि दयानन्द ने जैविकीय इकाई के समाजीकरण की प्रक्रिया में कुल सोलह संस्कारों का विधान किया है। डॉ प्रभु ने लक्ष्य के रूप में चार पुरूषार्थों (धर्म, अर्थ, काम एवं मोक्ष) को आरम व्यवस्था का मानसिक नैतिक आधार माना है।

वर्तमान जीवन भौतिकवाद में निरंतर उत्क्रर्ष का जीवन है। मनुष्य की आवश्यकताएं बराबर बढ़ती जा रही हैं और वह दिन-रात उनकी पुर्ति में लगा रहता है। मनुष्य जीवन में दया, ममता, त्याग, समर्पण, परोपकार जैसे मानव मूल्यों का अनवरत ह्रा हो रहा है। इस स्थिति में मनुष्य वास्तविक सुख से वंचित हो रहा है। उसके लिए पैसे ने ही परमेश्वर का रूप धारण कर लिया है। उपभोक्ता संस्कृति जीवन के हर क्षेत्र में हावी हो रहा है। इस स्थिति का परिणाम है चिंता, तनाव, हताशा।

प्राचीन भरतीय चिंतकों ने भौतिकवाद की इन बुराइयों को पहचाना था। इसलिए उन्होंने आश्रम-व्यवस्था जीवन में भौतिकवाद तथा अध्यात्मवाद के समन्वय का तथा जीवन के प्रति एक समग्र दृष्टिकोण विकसित करने का प्रयत्न किया।

आश्रम व्यवस्था का अर्थ है 100 वर्ष की आयु को 25-25 वर्ष के चार भागों में बांट देना। एक वर्ष की आयु से पच्चीस वर्ष की आयु का समय ब्रह्मचर्य जीवन है। इस काल में व्यक्ति का लक्ष्य सिर्फ अध्ययन करना और अपने आपको इस योग्य बनाना है कि वह नियत समने आने पर संसार की जिम्मेदारियां निभा सके। जीवन का दूसरा चरण गृहस्थाश्रम है। यह समय 25 वर्ष से 50 तका का है। इस काल में व्यक्ति विवाह करता है धनोपार्जन करता है परिवार का भरण पोषण करता है। पचास वर्ष की आयु होने पर व्यक्ति से आशा की जाती है कि वह घर गृहस्थी त्याग कर जंगल में जा कर रहे। वह यह समय स्वाध्याय तथा परोपकार में व्यतीत करता है। पत्नी उसके साथ रह सकती है लेकिन वह विषय चेष्टा से अलग रहता है। 75 वर्ष की आयु होने पर जीवन की अंतिम अवस्था आरंभ होती है औरव वह है संन्यास। भारतीय चिंतन में मानव जीवन के चार चरम लक्ष्य माने गए हैं धर्म, अर्थ, काम, और गोक्ष। मोक्ष सर्वोपरि लक्ष्य है। मोक्ष का अर्थ है जन्म मरण के बंधन से मुक्ति। सामान्यत: मोक्ष का अधिकारी वही व्यक्ति है जो जीवन की सभी अवस्थाओं मे से होकर गुजरता है।

बौद्ध और जैन धर्मों में जीवन के चार चरणों की यह व्यवस्था स्वकीर नहीं की गई। इन धर्मों में कच्ची उम्र के बालक-बालिकाएं तक संसार त्याग कर संन्यास ग्रहण कर लेते हैं। इस रिवाज के कारण आश्रम-व्यवस्था को चोट पहुंची तथा समाज में भौतिकवाद तथा अध्यात्मक का समन्वय कायम न रह सका।

ब्रह्मचर्य

स्वामी दयानंद ने मनुष्य के जन्म से लेकर उसकी मृत्यु पर्यंत समूची जीवन रेखा प्रस्तुत की है। उन्होंने विधान किया है कि बच्चा आठ वर्ष की आयु होने तक माता-पिता के पास रहे। माता को चाहिए कि वह बालकों को सदा उत्तम शिक्षा दे जिससे संतान सभ्य हो और किसी अंग से कुचेष्टा नह करने पाए। माता-पिता के लिए बालक को ऐसी शिक्षा देना उचित है जिससे उसका उच्चारण शुद्ध रहे। बालक को बड़ों के प्रति कैसा व्यवहार करना चाहिए इसकी उचित शिक्षा मिलना जरूरी है जिससे कहीं उसका अयोग्य व्यवहार न हो और वह सर्वत्र प्रतिष्ठा प्राप्त करे। बालकों की आयु पांच वर्ष की होने पर उन्हें देवनगरी अक्षरों का अभ्यास कराना चाहिए। इसके साथ ही उन्हें अन्य देशों की भाषाओं का ज्ञान भी कराया जा सकता है। बालाकों के मन में आरंभ से ही ऐसे संस्कार डाल देने चाहिए जिससे वे भूत-प्रेत आदि अंधविश्वासों के जाल में न फंसे।

स्वामी दयानंद का मत है कि बालकों से पांचवे वर्ष तक माता और छठे वर्ष से आठवें वर्ष तक पिता शिक्षा दे। जब बालक नौ वर्ष का हो तब उसे आचार्यकुल अथवा गुरुकुल में भेज देना चाहिए। गुरुकुल में पूर्ण विद्वान और पूर्ण विदुषी स्त्रियां शिक्षा का दान करती हैं। स्वामी दयानंद का मंतव्य है कि जो माता पिता और आचार्य संतान और शिष्यों का ताड़न करते है वे अपनी संतान और शिष्यों को अपने हाथ से अमृत पिलाते हैं। जो माता पिता और आचार्य संतानों तथा शिष्यों को लाड़ प्यार करते हैं वे अपनी संतानों और शिष्यों को विष पिलाते है और नष्ट भ्रष्ट कर देते हैं। जो माता पिता अपनी संतान को उचित शिक्षा नहीं देते वे अपने बच्चों के शत्रु होते हैं। अशिक्षित बच्चे विद्वानों की सभा में उसी प्रकार तिरस्कृत होते हैं हंसों के बीच में बगुला। स्वामी दयानंद की मान्यता है कि जब बच्चे आठ वर्ष के हों तब लड़कों को लड़कों की और लड़कियों की पाठशाला में भेज देना चाहिए। शिक्षकों का सदाचारी होना आवश्यक है।

स्वामी जी सह शिक्षा के समर्थक नहीं है। उनके विचार से लड़कों और लड़कियों की शिक्षा अलग-अलग पाठशालाओं में होनी चाहिए और उनके बीच चार पाँच किलोमीटर की दूरी होनी चाहिए। कन्याओं की पाठशाला के सभी अध्यापक और कर्मचारी स्त्रियां होनी चाहिए। तथा बालकों की पाठशालाओं का प्रबंध पूरी तरह पुरुष अध्यापकों के हाथ में होनी चाहिए। तथा बालकों और बालिकाओं की अलग-अलग शिक्षा के बारे में स्वामी दयानंद कठोर हैं। उनका कहना है स्त्रियों की पाठशाला में पाँच वर्ष का लड़का और पुरुषों की पाठशाला में पाँच वर्ष की लड़की भी न जाने पावे। अर्थात् जब तक वे ब्राह्मचारी और ब्रह्मचारिणी रहें तब तक स्त्री व पुरुष का दर्शन स्पर्शन एकांतसेवन भाषण विषय कथा परस्पर क्रीड़ा विषय का ध्यान और संग इन आठ प्रकार के मैथुनों से अलग रहें और अध्यापक लोग उनको इन बातों से बचावें जिससे उत्तम विद्या शिक्षा शील स्वभाव शरीर और आत्मा से बलयुक्त होकर आंनद को नित्य बढ़ा सकें।

स्वामी दयानंद ने गुरुकुलों में राजाओं और गरीबों सबसे लड़कों के साथ समान व्यवहार की सिफारिश की है। सबको तुल्य वस्त्र खान पान आसन दिए जाएं चाहे वह राजकुमार व राजकुमारी हो चाहे दरिद्र की संतान हो। सबको तपस्वी होना चाहिए। उनके माता पिता अपनी संतानों से व संतान अपने माता पिताओं से न मिलें सकें और न किसी प्रकार का पत्र व्यवहार एक दूसरे से कर सकें जिससे संसार चिंता से रहित होकर केवल विद्या बढ़ाने की चिंता रखें। जब भ्रमण करने को जाएं तब उनके साथ अध्यापक रहें जिससे किसी प्रकार की कुचेष्टा न कर सकें और न आलस्य प्रमाद करें।

स्वामी दयानंद का मत हैं कि राजा को नियम बना देना चाहिए कि पाँचवे अथवा आठवें वर्ष के आगे कोई अपने लड़कों और लड़कियों को घर में न रखे। बच्चों का पाठशाला में भेजा जाना अनिवार्य है। जो माता पिता अपने बच्चों को पाठशाला ने भेजें उन्हें राज्य की और से दंड दिया जा सकता है। माता पिता तथा अध्यापकों को चाहिए कि वे लड़के लड़कियों को गायत्री मंत्र का उपदेश करें। गायत्री मंत्र में कहा गया है ओऽम हम भगवान सविता के उस दिव्य तेज का ध्यान करें। जो पृथ्वी अंतरिक्ष और स्वर्ग तीनों लोकों को अलोकित कर रहा है। उनका स्वर्णिम प्रकाश हमारी विवेक बुद्धि का संवर्धन करे तथा उसके पावन सिंहासन तह पहुचंने में हमारा मार्ग दर्शन करें। ओऽम।

स्वामी दयानंद ने बच्चों को संध्योपान, स्नान, आचमन और प्राणायाम की शिक्षा देने पर भी जोर दिया है। जल से शरीर बाहर के अवयव शुद्ध होते हैं। प्राणायाम से अशुद्धि का नाश तथा ज्ञान का प्रकाश होता है। स्वामी जी के शब्दों में जैसे अग्नि में तपाने से सुवर्णादि धातुओं का मल नष्ट होकर शुद्ध होते हैं वैसे प्राणायाम करके मन आदि इंद्रियों के दोष क्षीण होकर निर्मल हो जाते हैं। स्वामी दयानंद ने तैत्तियोपनिषद के आधार पर पढ़ने-पढ़ाने के कुछ नियम निर्धारित किए हैं। उनका कहना है कि विद्यार्थि यथार्थ आचरण करते हुए पढ़ें और पढ़ावें वे सत्य का पालन करते हुए पढ़े और पढ़ावें वे तप करते हुए पढ़े और पढ़ावे वे मन तथा इंद्रियों पर नियंत्रण रखते हुए पढ़ें और पढ़ावें वे अग्निहोत्र करते हुए पढ़े और पढ़ावें वे अतिथियों की सेवा करते हुए पढ़े और पढ़ावें वे मनुष्यों की सेवा करते हुए पढ़े और पढ़ावें वे संतान और राज्य का पालन करते हुए पढ़े और पढ़ावें वे वीर्य की रक्षा करते हुए पढ़े और पढ़ावें जाति की रक्षा करते हुए पढ़े और पढ़ावें।

स्वामी दयानंद का आग्रह है कि विद्यार्थियों को पाँच नियमों का सदा पालन करना चाहिए। पाँच नियम हैं- अहिंसा, सत्य, अस्तेय, ब्रह्मचर्य। इसी प्रकार पाँच नियम हैं। शौच, संतोष, तप, स्वाध्याय और ईश्वर प्राणिधान। विद्या की समाप्ति पर आचार्य शिष्यों को उपदेश देता है। तू सदा सत्य बोल धर्माचरण कर प्रमादरहित होकर पढ़-पढ़ा पूर्ण ब्रह्मचर्य से समस्त विद्याओं को ग्रहण और आचार्य के लिए प्रिय धन देकर विवाह कर के संतोनोत्पत्ति कर प्रमाद से सत्य को कभी मत छोड प्रमाद से धन का त्याग मत कर प्रमाद से आरोग्य और चतुराई को मत छोड़ प्रमाद से उत्तम ऐश्वर्य की वृद्धि को मत छोड़ प्रमाद से पढ़ने और पढ़ाने को कभी मत छोड़। विद्वान और माता पिता की सेवा में प्रमाद मत कर। जैसे विद्वान का सत्कार करे उसी प्रकार माता पिता आचार्य और अतिथि की सेवा सदा किया कर। जो अनिन्दित धर्मयुक्त कर्म है उन सत्यभाषणादि को किया कर उनमें भिन्न मिथ्याभाषणादि कभी मत कर जो हमारे

सुचरित्र अर्थात् धर्मयुक्त कर्म हों उनको ग्रहण कर और जो हमारे पापाचरण हों उनको कभी मत कर। जो कोई हमारे मध्य में उत्तम विद्वान धर्मात्मा ब्राह्मण हैं उन्हीं के समीप बैठ और उन्हीं का विश्वास किया कर। श्रद्धा से देना अश्रद्धा से देना शोभा से देना लज्जा से देना भय से देना और प्रतिज्ञा से भी देना चाहिए। जब कभी तुझकों कर्म व शील तथा उपासना ज्ञान में किसी प्रकार का संशय उत्पन्न हो तो पक्षपातरहित योगियों तथा विचारशील धर्मात्माओं का अनुसरण करना चाहिए। जैसा वे करें वैसा ही तू कर। यही आदेश यही उपेदश यही वेद और उपनिषद् कि शिक्षा की है। इसी प्रकार बरतना और अपना चाल-चलन सुधारना चाहिए।

गृहस्थाश्रम

स्वामी दयानंद द्वारा प्रतिपादित जीवन-विन्यास ने ब्रह्मचर्य अथवा विद्यमान के बाद गृहस्थाश्रम आंरभ होता है। गृहस्थाश्रम की आयु 25 से 50 वर्ष तक है। स्वामी जी ने गृहस्थाश्रम को सबसे महत्त्वपूर्ण आश्रम माना है। संसार में जो कभी व्यवहार है उसका आधार गृहस्थाश्रम है। यदि गृहस्थाश्रम न होता तो संतानोत्पति के न होने से ब्रह्मचर्य वानप्रस्थ और संन्यासश्रम नहीं हो सकते थे। जो कोई गृहस्थाश्रम की निंदा करता है वह निंदनीय है। परंतु गृहस्थाश्रम में तभी सुख होता है जब स्त्री और पुरुष दोनों परस्पर प्रसन्न विद्वान पुरुषार्थि और सब प्रकार के व्यवहारों के ज्ञाता हों। स्वामी जी के मत से गृहस्थाश्रम के सुख का मुख्य कारण ब्रह्मचर्य और स्वयंवर विवाह है। गृहस्थाश्रम के अंतर्गत स्वामी दयानंद ने मुख्य रूप से विवाह गर्भ स्थिति सुखी परिवार पंच महायज्ञ तथा नियोग पर विचार किया है।

विवाह

स्वामी दयानंद का मत है कि पुरुष को उसी कन्या से विवाह करना चाहिए जो अपने गोत्र की न हो और जिसका माता के कुल से भी निकट संबंध न हो। स्वामी जी के अनुसार कन्या का नाम दुहिता इस कारण से है कि इसका विवाह दूर देश में होने से हितकारी होता है निकट रहने में नहीं। स्वामी जी मानते है कि चाहे लड़का मरणर्पंत अविवाहित बने रहें परंतु असदृश अर्थात् परस्पर विरूद्ध गुण कर्म स्वभाव वालों का विवाह कभी न होना चाहिए। उनकी यह भी राय है कि विवाह लड़का और लड़की की सहमति से होना चाहिए। इसका कारण यह है कि लड़का और लड़की की सहमति से विवाह होता है तब विवाह के बाद मतभेद की कम संभावना होती है और उनके संतान भी उत्तम होती है। विवाह में मुख्य प्रयोजन वर और कन्या का है माता-पिता का नहीं। स्वामी जी ने मनुस्मृति के आधार पर कहा हे

कि जिस कुल में स्त्री से पुरुष और पुरुष से स्त्री प्रसन्न रहती हैं उसी कुल में आंनद लक्ष्मी और कीर्ति निवास करती हैं। जहाँ विरोध और कलह होता है वहाँ दुख दरिद्रता और निंदा निवास करती है। स्वामी दयानंद ने स्वयवंर की रीति से विवाह की पैरवी की है। जत तक भारत में स्वयंवर की रीति से विवाह होते रहे देश की सदा उन्नति होती रही। जब से विवाह बाल्यवस्था में माता पिता के आधीन होने लगे तब से देश की अवनति शुरू हो गई। स्वामी दयानंद ने अपनी पुस्तक संस्कार विधि में विवाह विधि प्रकरण के अंतर्गत आठ प्रकार के विवाहों की चर्चा की है। वे आठ प्रकार हैं ब्राह्म, दैव, आर्ष, प्राजापत्य, आसुर, गांधर्व राक्षस और पैशाच। इनमें से पहले चार विवाह उत्तम है और बाद के चार विवाह अवांछनीय। पहले चार विवाहों से उत्तम संतान उत्पन्न होती है और बाद के चार विवाहों से दुष्ट संतान का जन्म होता है। स्वामी दयानंद ने विवाह के समय पति और पत्नी द्वारा एक दुसरे से की गई प्रतिज्ञा का स्मरण किया है। उदाहरण के लिए पति पत्नी से कहता है मैं ऐश्वर्य और संतान आदि सौभाग्य की वृद्धि के लिए तेरे हाथ को ग्रहण करता हूँ। तू मुझ पति के साथ वृद्धावस्था तक सुर्खपूर्वक रह इसी प्रकार पत्नी पति को उत्तर देती है मैं सौभाग्य की वृद्धि के लिए आपके हाथ को ग्रहण करती हूँ। आप मुझ पत्नी के साथ वृद्धावस्था पर्यंत प्रसन्न और अनुकूल रहिए। आज से मैं और आप पति-पत्नी है। सकल ऐश्वर्ययुक्त न्यायकारी संसार का सृष्टा ओर सभा मंडप में बैठे हुए विद्वान लोग गृहाश्रम के लिए मुझे आपकी सेवा में समर्पित कर रहे हैं। आज से मैं आपके हाथ और आप मेरे हाथ बिक चुके हैं। हम एक दूसरे के प्रति कभी अप्रिय नहीं करेंगे स्वामी दयानंद ने विवाह में सप्तदी विधि का भी विवरण दिया हैं जिसमें वर और वधू द्वारा मंत्रोच्चारण के साथ अग्नि की सात बार परिक्रमा की जाती है।

गर्भ स्थिति

विदुषी स्त्री को गर्भस्थिति का ज्ञान ऋतुदान के समय ही हो जाता है। एक मास के भीतर उसके रजस्वला न होने पर इसकी जानकारी सबको हो जाती है। स्वामी जी की सम्मति है कि गर्भस्थिति का निश्चय होने पर एक वर्षपर्यंत स्त्री पुरुष का समागम कभी नहीं होना चाहिए। समागम न होने से भावी संतान श्रेष्ठ होती है। स्वामी जी ने गर्भकाल में दो संस्कारों का समर्थन किया है। चौथे महीने में पुंसवन और और आठवें महीने में सीमंतोन्नयन।

सुखी परिवार

स्वामी दयानंद ने सुखी परिवार के लक्षण गिनाएं हैं। सुखी परिवार का आधार है स्त्री और पुरुष में परस्पर प्रेम तथा समझ। जो पुरुष अपनी ही स्त्री से प्रसन्न और ऋतुगामी होता है वह गृहस्थ होते हुए भी ब्रह्मचारी के सदृश है। जिस कुल में पत्नी से पति और पति से पत्नी प्रसन्न रहती है। उस कुल में सौभाग्य और ऐश्वर्य का निवास होता है जहाँ कलह होता है वहाँ दुर्भाग्य तथा दरिद्रता वास करते हैं। गृहिणी के लिए उचित है कि वह परिवार के सभी सदस्यों को प्रसन्न रखे। जिस घर में स्त्रियां दुख पाती हैं वह घर नष्ट हो जाता है।

पंच महायज्ञ

स्वामी दयानंद ने गृहस्थों के लिए पाँच महायज्ञों की संस्तुति की है ऋषि यज्ञ, देवयज्ञ, पितृयज्ञ, भूतयज्ञ और अतिथि यज्ञ। ऋषि यज्ञ का अर्थ है वेदादि शास्त्रों का स्वाध्याय, संध्योपासना और योगाभ्यास। देवता विद्वानों का सत्संग है। स्वामी जी के अनुसार पितृयज्ञ का अर्थ है कि माता पिता तथा गुरुजानों की सेवा। वैश्वदेव यज्ञ दुखी तथा भूखे व्यक्तियों को भोजन कराना है। अतिथि यज्ञ का अर्थ अतिथि की सेवा करना है। अतिथि उसको कहते हैं जिसके आने की कोई तिथि निश्चित नहीं होती। धर्मात्मा सत्योपदेशक और पूर्ण विद्वान यदि बिना पूर्व सूचना के घर पर आ जाएं तब उनका आदरपूर्वक स्वागत सत्कार होना चाहिए।

नियोग

नियोग एक प्राचीन प्रथा थी जिसके निस्संतान स्त्री पति के रोगी नपुंसक या मृत होने की दशा में देवर या किसी अन्य गोत्र के व्यक्ति द्वारा संतान उत्पन्न करा सकती थी।

स्वामी जी ने नियोग और पुनर्विवाह में पाँच भेद बताए हैं।

(1) विवाह में कन्या अपने पिता का घर छोड़ अपने पति के घर चली जाती है उसका पिता के घर से विशेष संबंध नहीं रहता। विधवा स्त्री विवाहित पति के घर में रहती है।

(2) विवाहिता स्त्री के लड़के विवाहित पति के दयाभागी होते हैं। विधवा पति के लड़के वीर्यदाता के पुत्र नहीं कहलाते है। वीर्यदाता का लड़कों पर कोई स्वत्व नहीं रहता। वे मृत पति के पुत्र कहलाते हैं और उसकी संपत्ति के स्वामी होते हैं।

(3) विवाहित स्त्री पुरुष को परस्पर सेवा और पालन करना आवश्यक है। नियुक्त स्त्री पुरुष का कुछ भी संबंध नहीं रहता।

(4) विवाहित स्त्री पुरुष का संबंध मरणपर्यंत रहता है। नियुक्ति स्त्री पुरुष का संबंध कार्य के पश्चात छूट जाता है।

(5) विवाहिता स्त्री पुरुष घर की जिम्मेदारियाँ मिल के उठाते हैं। नियुक्त स्त्री पुरुष अपने-अपने घर में काम करते हैं।

विवाह और नियोग के नियमों में भेद है। विवाहित स्त्री पुरुष एक पति और एक पत्नी मिल कर दस संतान तक उत्पन्न कर सकते हैं। नियुक्त स्त्री और पुरुष दो या चार से अधिक संतानों को जन्म नहीं दे सकते। कुमार कुमारी का नियोग नहीं होता। नियोग उन्हीं का होता है जिसकी स्त्री और पुरुष मर जाता है। विवाहित स्त्री-पुरुष सदा साथ रहते हैं। नियुक्ति स्त्री पुरुष ऋतुदान के समय ही आपस में मिलते है। स्वामी जी मानते हैं कि जिस प्रकार विवाह में भद्र पुरुषों की अनुमति और कन्या वर की प्रसन्नता अभीष्ट होती है वैसा ही नियोग में होना चाहिए।

स्वामी दयानंद ने नियोग के समर्थन में ऋग्वेद, अथर्ववेद, मनुस्मृति, तथा महाभारत से प्रमाण दिए हैं। महाभारत में पांडु राजा की स्त्री कुंती और माद्री ने पांडवों को जन्म दिया था और इस प्रकार व्यास ने चित्रांगद और विचित्रवीर्य के मर जाने के पश्चात् अपने सौतेले भाइयों की स्त्रियों से नियोग करके अम्बिका से धृतराष्ट्र, अम्बालिका से पांडु और दासी से विदुर की उत्पत्ति की।

वानप्रस्थ आश्रम

स्वामी दयानंद ने गृहस्थाश्रम के बाद वानप्रस्थ आश्रम का विधान किया है। वानप्रस्थ आश्रम की आयु 50 से 75 वर्ष है। इस आश्रम में व्यक्ति से अपेक्षा की जाती है कि वह वन में जाकर बसे। वह अपनी पत्नी को पुत्रों के पास भी छोड़ सकता है और अपने साथ भी ले जा सकता है। वानप्रस्थ को अपना अधिकांश समय स्वाध्याय में व्यतीत करना चाहिए उसे शरीर सुख के लिए विशेष प्रयत्न नहीं करना चाहिए।

संन्यास आश्रम

स्वामी दयानंद ने पक्षपात रहित न्याय आचरण सत्य का ग्रहण असत्य का परित्याग वेदोक्त ईश्वर की आज्ञा की पालन परापेकार ओर सत्य भाषण आदि लक्षण आदि लक्षण सभी आश्रमियों के लिए समान रूप में अनावश्यक बताए हैं लेकिन

संन्यासी के कुछ विशिष्ट लक्षण निर्दिष्ट किए है। संन्यासी का कार्य बिना किसी भेदभाव के सारे जगत का कल्याण करना हैं। संन्यासी में धर्म के निम्नलिखित दस लक्षण पाए जाते हैं।

(1) सदा धैर्य रखना।

(2) क्षमा।

(3) मन को सदा धार्मिक कर्यों में लगाना।

(4) चोरी-त्याग।

(5) भीतर बाहर की पवित्रता।ज

(6) इंद्रिय निग्रह।

(7) बुद्धिनाशक पदार्थों का त्याग और श्रेष्ठ पदार्थों का सेवन।

(8) विद्या।

(9) सत्य।

(10) अक्रोध।

स्वामी दयानंद प्रमुख रूप से समाज सुधारक थे। उन्होंने भारत की सामाजिक अधोगति के कारणों की खोज की उन्हें दूर करने के उपाय सुझाए। स्वामी जी वेदों को भारतीय संस्कृति और समाज का मूल मानते हैं। उन्होंने वैदिक मान्यताओं के आधार पर ही भारतीय समाज के पुर्नगठन का प्रयास किया। स्वामी जी के अनुसार महाभारत के पश्चात् भारत की अवनति प्रारंभ हो गई। उनके विचार से वेदोत्तरकालीन समाज धर्मशास्त्रों गृह्य सूत्रों और स्मृतियों का काल है। स्वामी जी इस काल को भारतीय समाज की विकृति का काल मानते हैं।

स्वामी दयानंद ने समाज में चार वर्णों का अस्तित्व स्वीकार किया हैं। वे वर्ण व्यवस्था को जन्म पर नहीं कर्मों पर आधारित मानते हैं। स्वामी जी का मानना है कि जन्म से सभी व्यक्ति शूद्र होते हैं। शिक्षा और संस्कार द्वारा ही कोई व्यक्ति द्विज बनता है। यदि किसी व्यक्ति ने शूद्र कुल में जन्म लिया हो तब यह अच्छी शिक्षा प्राप्त कर उच्च वर्ण का बन सकता है। इसी प्रकार यदि कोई व्यक्ति उँचे का है लेकिन उचित शिक्षा अर्जित नहीं करता तो वह शूद्र का माना जाएगा। सामाजिक और आर्थिक न्याय के संबंध में स्वामी दयानंद के विचार यूनानी विचारक प्लेटो से मिलते हैं। प्लेटो ने आत्मा के तीन गुण माने हैं- विवेक, उत्साह और बुभुक्षा। इन्हीं गुणों के अनुसार उसने राज्य में तीन वर्गों की कल्पना की है शासक योद्धा और किसान। इनमें

से प्रत्येक वर्ग एक नियत कार्य है और वह उसकी कार्य को पूरी तत्परता से करता है। प्लेटो के मत से राज्य के तीन आवश्यक कार्य हैं। शासन, रक्षा और निर्वाह। प्लेटो ने इन कार्यों को व्यवसायों का रूप दे दिया है और उन्हें क्रमशः शासकों,योद्धओं तथा किसानों को सौंप दिया है। प्लेटो ने शासक तथा योद्धा वर्गों की समुचित शिक्षा का भी प्रावधान किया है प्लेटो की आदर्श शासन व्यवस्था में शिखर पर दार्शनिक नरेश हैं। प्लेटोकृत रिपब्लिक के पूरे विवेचन का सार यह है कि हर व्यक्ति को अपना निर्दिष्ट कार्य करना चाहिए। यही न्याय है और है सामाजिक जीवन का सच्चा सिद्धान्त। समाजवादी विचारधारा के अनुसार सामाजिक और आर्थिक न्याय की स्थापना के लिए यह आवश्यक है कि उत्पादन के साधनों पर समूचे समाज का नियंत्रण रहे और सभी व्यक्तियों को उनकी योग्यता के अनुसार काम तथा वेतन मिले।

स्वामी दयानंद चातुर्वण्य चार वर्णों की व्यवस्था द्वारा समाज में न्याय की स्थापना करना चाहते हैं। इस व्यवस्था में हर आदमी को अपनी योग्यता के अनुसार काम करना पड़ता है। समाज संगठन का मुख्य आधार जन्म नहीं योग्यता है। योग्यता के अनुसार व्यक्ति सामाजिक सीढ़ी पर उँचे-नीचे उतर सकता हैं। आश्रम व्यवस्था का अर्थ है 100 वर्ष की आयु को 25-25 वर्ष के चार भागों में बांट देना। एक वर्ष की आयु से पच्चीस वर्ष की आयु का समय ब्रह्मचर्य जीवन है। इस काल में व्यक्ति का लक्ष्य सिर्फ अध्ययन करना और अपने आपको इस योग्य बनाना है कि वह नियत समने आने पर संसार की जिम्मेदारियां निभा सके। जीवन का दूसरा चरण गृहस्थाश्रम है। यह समय 25 वर्ष से 50 तका का है। इस काल में व्यक्ति विवाह करता है धनोपार्जन करता है परिवार का भरण पोषण करता है। पचास वर्ष की आयु होने पर व्यक्ति से आशा की जाती है कि वह पर गृहस्थी त्याग कर जंगल में जा कर रहे। वह यह समय स्वाध्याय तथा परोपकार में व्यतीत करता है। पत्नी उसके साथ रह सकती है लेकिन वह विषय चेष्टा से अलग रहता है। 75 वर्ष की आयु होने पर जीवन की अंतिम अवस्था आरंभ होती है औरव वह है संन्यास। स्वामी दयानंद ने वेदों तथा मनुस्मृति आदि शास्त्रीय ग्रंथों के आधार पर जीवन की इन चार महत्त्वपूर्ण अवस्थाओं का उनके कर्त्तव्यों का विस्तार से विवेचन किया है।

❑❑❑

8

हिन्दू संस्कार

'संस्कार' शब्द की निष्पत्ति 'सम्' उपसर्गपूर्वक 'कृ' धातु से 'धञ्' प्रत्यय करने से होती है। संस्कार शब्द का दूसरी भाषाओं में यथातथ्य अनुवाद करना असम्भव है। अंग्रेजी के 'सिरीमॅनी' और लैटिन के 'सिरीमोनिया' शब्दों में संस्कार शब्द का अर्थ व्यक्त करने की क्षमता नहीं है। इसकी अपेक्षा 'सिरीमॅनी' शब्द का प्रयोग संस्कृत 'कर्म' अथवा सामान्य रूप से धार्मिक क्रियाओं के लिए अधिक उपयुक्त है। संस्कार का अभिप्राय निरी बाह्य धार्मिक क्रियाओं, अनुशासित अनुष्ठान, अर्थ आडम्बर, कोरा कर्मकाण्ड, राज्य द्वारा निर्दिष्ट चलनों, औपचारिकताओं तथा अनुशासित व्यवहार से नहीं है, जैसा कि साधारणत:समझा जाता है; और न उसका अभिप्राय उन विधि विधानों तथा कर्मकाण्ड से ही है, जिनसे हम विधि का स्वरूप, धार्मिक कृत्य अथवा अनुष्ठान के लिए आवश्यक अथवा सामान्य क्रिया अथवा किसी चर्च के विशिष्ट चलनों के अर्थ लेते हैं। संस्कार शब्द का अधिक उपयुक्त पर्याय अंग्रेजी का 'सेक्रामेण्ट शब्द है, जिसका अर्थ है 'धार्मिक विधि विधान अथवा कृत्य जो आन्तरिक तथा आत्मिक सौन्दर्य का बाह्य तथा दृश्य प्रतीक माना जाता है' और जिसका व्यवहार प्राच्य,प्राक्-सुधार-कालीन पाश्चात्य तथा रोमन कैथॉलिक चर्च बपतिस्मा, सम्पुष्टि (कन्फर्मेशन), यूखारिस्त, व्रत (पीनान्स), अभ्यञ्जन (एकस्ट्रीम अंक्शन), आदेश तथा विवाह के सात कृत्य के लिए करते थे। किसी वचन अथवा प्रतिमा की पुष्टि, रहस्यपूर्ण महत्त्व की वस्तु, पवित्र प्रभाव तथा प्रतीक भी 'सेक्रामेण्ट' शब्द का

अर्थ हैं। इस प्रकार यह अनेक अन्य धार्मिक क्षेत्रों को भी व्याप्त कर लेता है, जो संस्कृत-साहित्य में शुद्धि , प्रायश्चित , व्रत आदि शब्दों के अन्तर्गत आते हैं।

संस्कार शब्द का प्रयोग अनेक अर्थों में किया जाता है। मीमांसक यज्ञाङ्गभूत पुरोडाश आदि की विधिवत् शुद्धि से इसका आशय समझते हैं। अद्वैतवेदान्ती जीव पर शारीरिक क्रियाओं के मिथ्या आरोप को संस्कार मानते हैं। नैयायिक भावों को व्यक्त करने की आत्मा-व्यञ्जक शक्ति को संस्कार समझते हैं, जिसका परिगणन वैशेषिक दर्शन में चौबीस गुणों के अन्तर्गत किया गया है। संस्कृत-साहित्य में इसका प्रयोग शिक्षा, संस्कृति, प्रशिक्षण, सौजन्य , पूर्णता, व्याकरण-सम्बन्धी शुद्धि , संस्करण, परिष्करण, शोभा, आभूषण, प्रभाव, स्वरुप, स्वभाव क्रिया, छाप, स्मरणशक्ति, स्मरणशक्ति पर पड़ने वाला प्रभाव, शुद्धि क्रिया, धार्मिक विधि-विधान, अभिषेक, विचार, भावना, धारणा, कार्य का परिणाम, क्रिया की विशेषता आदि अर्थों में हुआ है।

इस प्रकार यह स्पष्ट है कि संस्कार शब्द के साथ विलक्षण अर्थों का योग हो गया है, जो इसके दीर्घ इतिहास-क्रम में इसके साथ संयुक्त हो गये हैं। इसका अभिप्राय शुद्धि की धार्मिक क्रियाओं तथा व्यक्ति के दैहिक, मानसिक और बौद्धिक परिष्कार के लिए किया जानेवाले अनुष्ठानों में से है, जिनसे वह समाज का पूर्ण विकसित सदस्य हो सके। किन्तु हिन्दु-संस्कारों में अनेक आरम्भिक विचार, धार्मिक विधि-विधान, उनके सहवर्ती नियम तथा अनुष्ठान भी समाविष्ट हैं, जिनका उद्देश्य केवल औपचारिक दैहिक संस्कार ही न होकर व्यक्ति के सम्पूर्ण व्यक्तित्व का परिष्कार, शुद्धि और पूर्णता भी है। साधारणतः यह समझा जाता था कि सविधि संस्कारों के अनुष्ठान से संस्कृत व्यक्ति में विलक्षण तथा अवर्णनीय गुणों का प्रादुर्भाव हो जाता है। संस्कार शब्द का प्रयोग इसी सामूहिक अर्थ में होता था। संस्कारों का उदय वैदिककाल या उससे पूर्व हो चुका था, जैसा कि वेदों के विशेष कर्मकाण्ड मन्त्रों से विदित होता है। किन्तु वैदिक-साहित्य में संस्कार शब्द का प्रयोग उपलब्ध नहीं होता। ब्राह्मण साहित्य में भी इस शब्द का उल्लेख नहीं है, यद्यपि इसके विशेष प्रकरणों में उपनयन , अन्त्येष्टि आदि कतिपय संस्कारों के अङ्गो का वर्णन किया गया है। मीमांसक इस शब्द का व्यवहार वैयक्तिक शुद्धि के लिए किये जानेवाले अनुष्ठानों के लिए न कर अग्नि में आहुति देने के पूर्व यज्ञीय सामग्री के परिष्कार के लिए करते हैं।अतः संस्कार का आधार धर्म है जिसके माध्यम से मनुष्य अपने जीवन को उन्नत बनाता है संस्कारों की यह महत्ता धर्म के कारण ही है आन्तरिक और बाह्य शुद्धता नैतिकता ओर आध्यत्मिकता तथा जीवन की परिशुद्धता और पवित्रता संस्कारों के माध्यम से ही मानी गई है संस्कारों के विभिन्न क्रमिक रूप मनुष्य के जन्म के पहले ही प्रारम्भ होकर उसकी मृत्यु के पश्चात तक निरन्तर बने रहे । वह अपने सामाजिक और धार्मिक कार्यो को इन्हीं के माध्यम से कर सकने में समर्थ होता है इस

प्रकार संस्कारों के माध्यम से मनुष्य का सामाजिक करण हेाता है और वह दायित्वों के प्रति जागरूक होता है इससे उसका नैतिक सामाजिक और धार्मिक विकास होता है यहीं नहीं संस्कारों के माध्यम से व्यक्ति पर प्रभाव डालकार उसे उस योग्य बनाने की स्थिति प्रदान की गई । हिन्दू दर्शन के आधार पर मनुष्य पर अनेक ऋण हैं उन ऋणों से तब तक मुक्ति नहीं हो सकती जब तक उनसे सम्बधित यज्ञों को सम्पन्न नहीं किया जा सकता। यज्ञों की सम्पन्नता आन्तरिक पवित्रता और धार्मिक अनुष्ठान से मानी गई हैं। वस्तुत: संस्कार में अनेक देवी-देवताओं का स्मरण और पूजन किया जाता है संस्कारों का विधान अलौकिक पृष्ठभूमि में किया जाता है तथा इसकी उत्पत्ति में मानवीय पवृत्तियों का विशेष हाथ माना गया है इस प्रकार से संस्कार का साधारण रूप से अर्थ शुद्धि परिष्कार अथवा स्वच्छता से है मनुष्य का जीवन संस्कार से ही परिशुद्ध होता है जन्म से मनुष्य पूर्णत: असंस्कृत होता है किन्तु संस्कारों की सम्पन्नता से वह मणि की तरह दैदीप्यमान और धवल हो जाता है उसका बौद्धिक और आध्यात्मिक जीवन निखर उठता है संस्कार के अनुपालन से मनुष्य का शारीरिक मानसिक बौद्धिक उत्कर्ष ही नहीं होता बल्कि उसका सामाजिक और धार्मिक जीवन भी उत्कर्ष होता है।

मानव-जीवन की सबसे बड़ी साधना या तपस्या 'संस्कारों की साधना' है। संस्कारों को 'साधना' या '' (कायम) रखना ही संस्कारों की तपस्या कहलाती है। शुभ या संस्कारों की प्राप्ति हमें अपने जन्म के पहले ही माता के गर्भ में धारण करने से प्रारम्भ हो जाती है। बच्चा ज्यों-ज्यों बड़ा होता है, त्यों-त्यों उस पर अपनी माता के संस्कारों का असर होने लगता है। बाद में पिता और परिवार के अन्य सदस्यों के संस्कारों का उस पर असर पड़ता है। उसके बाद आस-पड़ौस के वातावरण और अपने बालमित्रों के जीवन का भी उस पर प्रभाव पड़ता है। शुरू से अंत तक शिक्षक की और विद्या की छाप भी उस पर छा जाती है। मनुष्य के आचार, विचार, व्यवहार और कर्म से मानवता की जड़ मजबूत होती है। आचार या आचरण की उत्पत्ति चरित्र से होती है। व्यवहार की उत्पत्ति संगति से होती है।

यद्यपि हमारे शुभ संस्कार पूर्वजन्म के कर्मों तथा वर्तमान जीवन की संगति से जुड़े हुए हैं, फिर भी उन्हें पाने के लिए हमें अपना जीवन नि: स्वार्थ रूप से बिताना पड़ता है। शुभ कर्म से मानवता के संस्कार दृढ़ होते हैं। हमें दूसरों की तरफ कम लेकिन अपने अंदर ज्यादा देखना चाहिए और अपने कर्त्तव्य पर दृष्टि रखते हुए अपनी मन:स्थिति को संतुलित रखना चाहिए। सद्भावना के अभाव में किया गया धर्म कभी सफल नहीं होता। नवीन संस्कारों द्वारा पुराने संस्कारों को प्रभावित किया जा सकता है; उनमें परिवर्तन, परिवर्धन तथा उनका उन्मूलन भी किया जा सकता है। प्रतिकूल संस्कारों का विनाश करना अनूकुल संस्कारों का निर्माण करना ही साधक का श्रेष्ठ पुरुषार्थ या प्रयास माना

जाता है। संस्कारों की सहायता से मानव के चरित्र निर्माण तथा उसके व्यक्तित्व के विकास का प्रयत्न किया जाता है। संस्कार समस्त जीवन को और मृत्यु के उपरान्त अपर लोकों को भी संस्कृत करते हैं। संस्कार व्यक्ति के विकास के अनुसार उसका पथ-प्रदर्शन करते हैं।

संस्कारमय जीवन आध्यात्मिक साधना की दृढ़ भूमिका है। संस्कारों के द्वारा आध्यात्मिक जीवन का क्रमशः विकास होता है। संस्कारित मनुष्य शारीरिक तथा मानसिक स्थिति के द्योतक हैं। संस्कारों के कारण मानव को योग्य एवं उचित प्रतिष्ठा प्राप्त होती है। संस्कार व्यक्ति के सम्पूर्ण व्यक्तित्व का परिष्कार कर उसे शुद्ध और पूर्ण बनाता है। संस्कार वे तत्त्व हैं, जो जीवन को गतिशील बनाते हैं। महर्षि आश्वलायन के अनुसार -

'संस्काररहिताः ये तु तेषां जन्मनिरर्थकम्।'

(अर्थात् जिसे संस्कार प्राप्त नहीं हो सके, उसका जन्म निरर्थक है।)

संस्कार मानव के मन में प्रस्थापित वे आदर्श हैं, जो जीवन-व्यवहार के नियामक और प्रेरक होते हैं। संस्कार मन का उदात्तीकरण करते हैं। इनमें कर्मों,भावों और विचारों की शुद्धि होती है। संस्कारों का एक महत्त्वपूर्ण स्रोत अनुवांशिकता भी है। दूसरा स्रोत बालक की माता होती है, तीसरा स्रोत बालक का प्राकृतिक एवं सामाजिक परिवेश होता है, जिसमें बालक जन्म लेता है, पलता है और बढ़ता है। प्राकृतिक परिवेश बालक के आहार-व्यवहार और शरीर के रूप-रंग का निर्माण करता है। बालक आदतें भी वहीं बनाता है। सामाजिक परिवेश में बालक का परिवार, मुहल्ला,गाँव, विद्यालय के साथी, सहपाठी, मित्र, पड़ौसी तथा अध्यापकगण आते हैं। बालक समाज में जैसे आचरण और स्वभाव का संग करता है, वैसे ही संस्कार उसके मन पर छा जाते हैं।

संस्कार आरोपित नहीं होते नही बलपूर्वक या तर्क-वितर्क से बनाए जाते हैं। संस्कार मनुष्य और मनुष्य के बीच तथा मनुष्य और प्रकृति के बीच भाव सम्बन्ध की रचना करते हैं। अपने स्वजन, परिवार, समाज और राष्ट्र पर न्यौछावर होने का भाव संस्कारों से प्राप्त होता है। संस्कार समाज को अपराध से बचाते हैं। दया, करुणा, शान्ति, अहिंसा, सत्य, धर्म, पापबोध, सहिष्णुता, समानता, साहस, साधन, श्रम, संतोष, विनय, स्वाध्याय, अभय, आत्मसम्मान, अतिथि संस्कार, इन्द्रियविग्रह, वैराग्य, धैर्य, क्षमा, अस्तेय, क्रोध, परदुःखकातरता, वीरता और प्रेम आदि गुण संस्कार से ही पैदा होते हैं। इसी प्रकार विद्या, काव्य, कला, कौशल की योग्यता संस्कारों से ही व्यक्ति में आती है। मनोविज्ञान की दृष्टि में संस्कार तीन प्रकार के माने जाते हैं-

(1)इदम् के संस्कार (ब) अहम् के संस्कार तथा (स) परम अहम् के संस्कार-

इदम् के संस्कार निकृष्टतम असमाजोपयोगी, अनैतिक, अनियंत्रित, पाश्विक, मनोरोगात्मक तथा विकृति पैदा करने वाले होते हैं। जब कि अहम् के संस्कार मध्यम वर्ग वाले समाजोपयोगी, मिश्रित, सामंजस्यवादी तथा समायोजनपरक संस्कार होते हैं। परम अहम् के संस्कार नैतिक, सामाजिक, विश्व का हित करने वाले, आदर्श, नियंत्रित, मर्यादानुशासित, सद्गुणात्मक, उच्चविचारों से ओत-प्रोत, धर्म, नैतिकता, सामाजिकता, दान-पुण्य तथा न्याय-अन्याय में पूर्ण आस्था रखने वाले होते हैं। योगाशास्त्र के अनुसार चित्त वृत्तियों से संस्कार का निर्माण होता है। संस्काररूपी बीज से चित्त का पौधा अंकुरित, पल्लवित, पुष्पित, सुरभित तथा फलदाई बनता है। संस्कार के चार बीज माने जाते हैं-1. संवेदन (विषयोपभोग) 2. भावना (विषयों के नष्ट होने पर उनका बार-बाद चिन्तन), 3. वासना (विषय के स्मरण से विषयों की दृढ़ स्थिति के संस्कार), 4. कलना (मृत्युकाल में वासना के वश भावी शरीर की स्मृति।) 'मनुस्मृति' में संस्कार विषयक उल्लेख विचारणीय है; यथा—

वैदिकैः कर्मभिः पुण्यैर्निषेकादिर्द्विजन्मनाम्।
कार्यः शरीरसंस्कारः पावनः प्रेत्य चेह च॥

संस्कार से शारीरिक शुद्धि होती है, आत्मिक बल मिलता है तथा मानसिक शांति की प्राप्ति होती है। सद्गुणों के विकास में संस्कारों की प्रमुख भूमिका होती है। जैसा कि 'संस्कारतत्त्वमीमांसा' में बताया गया है—

सत् उत्कर्षाधानं गुणाधानं वा मुख्योऽर्थः संस्कार शब्दस्य।

महाकवि कालिदास ने भी बताया है—

स जातकर्मण्यखिले तपस्विना तपोवनादेत्य पुरोधसा कृते।
दिलीपसूनुर्मणिराकरोद्भवः प्रयुक्तसंस्कार इवाधिकं बभौ॥

—रघुवंशमहाकाव्यम्

तथ्यतः मानवता के मंगल के उद्देश्य से संस्कार विषयक विशद विवेचनाएँ शास्त्रों में की गई हैं। विभिन्न चिंतकों, ऋषि-महर्षियों, विचारकों, मनीषियों ने गहन-गंभीर मनन कर, विचार-मंथन कर संस्कारों के भेद एवं व्याख्याएँ की हैं; किंतु हिंदू समाज में प्रचलित जो प्रायः सोलह संस्कार हैं, उनका संक्षिप्त विवरण प्रस्तुत है, जो महर्षि व्यास द्वारा बताए गए हैं—

गर्भाधानं पुंसवनं सीमन्तो जातकर्म च।
नामक्रिया निष्क्रमणोऽन्नप्राशनं वपनक्रिया॥
कर्णवेधो व्रतादेशो वेदारम्भ क्रियाविधिः।
केशान्त स्नानमुद्वाहो विवाहाग्नि परिग्रह।
त्रेताग्नि संग्रहश्चेति संस्काराः षोडशस्मृताः॥

संस्कार के उद्देश्य व प्रयोजन

हिन्दू संस्कार में प्राचीन काल से आज तक विश्वास और कर्मकांड जुड़ते रहे हैं जो उसके स्वरूप और कार्यविधि को समयानुसार आन्दोलित करते रहे हैं। इससे इसके प्रयोजन और उद्देश्य भी समय-समय पर प्रभावित होते रहे हैं। ये प्रयोजन और उद्देश्य इसके सामाजिक और धार्मिक पक्षों से सम्बद्ध हैं।

(1) प्रतीकात्मक उद्देश्य-मनुष्य के जीवन से सम्बन्धित जो विशिष्ट भावनाएँ और उद्वेग उद्घाटित होते हैं, वे संस्कारों के प्रतीकात्मक उद्देश्य हैं। अनुराग, स्नेह, प्रेम, शोक, दु:ख, घृणा आदि व्यक्ति के मन की ऐसी अभिव्यक्तियाँ हैं जो हर्ष और विषाद को प्रतीकात्मक रूप में अभिव्यक्त करती हैं। नामकरण संस्कार पुत्र जन्म के आनन्द को व्यक्त करता है तथा अन्त्येष्टि संस्कार किसी के निधन पर उसके प्रति व्यक्त की गई विषाद-भावना को व्यक्त करता है।

(2) विघ्न-बाधाओं और अशुभ शक्तियों से जीवन की रक्षा - व्यक्ति के जीवन में विघ्न बाधाएँ आती हैं जिनसे उसका विकास -क्रम अवरुद्ध होता है। ऐसी अशुभ शक्तियों और विघ्न बाधाओं से जीवन की रक्षा करने के लिए संस्कारों की नियोजना की गई , जिनके सम्पन्न करने से ऐसी समस्त तामसी बाधाएँ समाप्त हो जाती रहीं। संस्कारों की सम्पन्नता में अग्नि,जल,फल, फूल आदि विभिन्न उपकरण इकट्ठे किये जाते रहे तथा मंत्रों के उच्चारण से विभिन्न संस्कार सम्पन्न किए जाते रहे। हवन-पूजन का समस्त कार्यक्रम पूरा किया जाता रहा और देवताओं की अराधना की जाती रही ताकि अदृश्य बाधाएँ और अशुभ शक्तियाँ निष्क्रिय हो जायँ और व्यक्ति के जीवन का विकास निर्बाध रूप से हो सके। संस्कारों के माध्यम से अशुभ शक्तियों के विनाश की कामना की जाती रही तथा शुभ शक्तियों के आगमन की कामना। इस सम्बन्ध में अनेक रीति रिवाज और आचार-विचार भी अनुगमित किये जाते रहे।

(3) लौकिक समृद्धि की कामना- संस्कारों को सम्पन्न करते समय व्यक्ति विभिन्न सांसारिक वस्तुओं की कामना करता है। दीर्घजीवन, सुख-समृद्धि, सम्पत्ति, शक्ति, बुद्धि, वैभव, सन्तान आदि की प्राप्ति की इच्छा व्यक्ति देवताओं से करता है और

उन्हें प्रसन्न करने के लिए आराधना-पूजन में संलग्न होता है। इस प्रकार भौतिक और लौकिक समृद्धि - प्राप्ति के लिए संस्कारों को सम्पन्न किया जाता रहा है, जो इसका तीसरा उद्देश्य है।

(4) वांछित वस्तुओं की प्राप्ति-संस्कारों के आयोजन के माध्यम से व्यक्ति अपनी वांछित वस्तुओं को प्राप्त करने की कामना करता है जो उसका चौथा उद्देश्य था। अदृश्य शक्तियों को प्रसन्न करके व्यक्ति अभीष्ट वस्तुओं को प्राप्त करने का प्रयास करता रहा है। संस्कारों को सम्पन्न करते समय देवताओं की आराधना और उनसे मनोवांछित वस्तु को प्राप्त करने की कामना व्यक्त किया करता रहा है। विष्णु, शिव, सप्तमातृका आदि का पूजन इसी सन्दर्भ में किया जाता रहा।

(5) मनुष्य का सामाजिकरण-संस्कारों का पाँचवा उद्देश्य व्यक्ति को सामाजिक बनाना था तथा इसके माध्यम से उसका सामाजीकरण किया जाता रहा। संस्कारों के माध्यम से व्यक्ति सामाजिक प्रतिमानों , मूल्यों ,आदर्शों आदि का ज्ञान प्राप्त करता है तथा तदनुरूप अपने कार्यों को करता है। नामकरण, जातकर्म, उपनयन, विवाह आदि ऐसे ही संस्कार जिनसे व्यक्ति समाज में प्रतिष्ठा प्राप्त करता है और सामाजिक बनता है।

(6) नैतिकता का संवर्द्धन-संस्कार के माध्यम से व्यक्ति अपने जीवन में नैतिकता का विकास करता है तथा ऐसे जीवन मूल्यों और प्रतिमानों का संवर्द्धन करता है जिनसे नैतिक उत्थान होता है। इस प्रकार संस्कार व्यक्ति को नैतिक दायित्वों के प्रति जागरूक करता है और इसी आधार पर अन्य कार्यों को करने के लिए उत्प्रेरित करता है। उपनयन और विवाह जैसे संस्कारों में नैतिक अभिव्यक्तियों का निवेशन है जिनसे व्यक्ति प्रभावित होता रहता है। फलतः वह अपने दायित्वों को नैतिकता के आधार पर करता रहता है।

(7) व्यक्तित्व का उत्कर्ष-संस्कारों की निष्पन्नता से मनुष्य के व्यक्तित्व का विकास होता है और वह अपना आचरण और चरित्र सुदृढ़ करता है सामाजिक परिप्रेक्ष्य में वह अपने विभिन्न उत्तरदायित्वों को सम्पन्न करता है तथा धार्मिक प्रभाव में वह विभिन्न देवी-देवताओं के पूजनोपरान्त एकनिष्ठ होकर सद्धर्भ का अनुसरण करता है। इस बीच वह अपने व्यक्तित्व का निर्माण करता है जिसमें सामाजिक और धार्मिक प्रेरणा निहित होती है। अतः अधिकांश संस्कार व्यक्ति को बहुमुखी जीवन विकसित करने में और मार्ग-दर्शन करने में सहयोग प्रदान करते हैं।

(8) आध्यात्मिक विकास-संस्कारों के संयोजन और अनुगमन से आध्यात्मिक विकास भी होता है, क्योंकि समस्त संस्कारों का प्रधान आधार धर्म है। धर्म आध्यात्म का जीवन है। अतः भारतीय समाज अध्यात्मवाद से अनुप्रमाणित है और सभी संस्कार

धर्मसमन्वित हैं। ये संस्कार व्यक्ति की आध्यात्मिकता के क्रमिक विकास-क्रम हैं जिनसे व्यक्ति अनुप्राणित और अनुप्रेरित होकर सामाजिक क्रियाशील जीवन को आध्यात्मिक आधार पर विकसित करता है। संस्कारों में की जानेवाली सभी धार्मिक क्रियाएँ विभिन्न देवी-देवताओं के अनुष्ठान से सम्बद्ध हैं तथा उनका दार्शनिक पक्ष भी अध्यात्म से प्रभावित है। ऐसी स्थिति में व्यक्ति का आध्यात्मिक विकास भी होता है।

हिन्दू संस्कार प्रयोजन की प्राचीन धरा का वह स्वरूप है जिसमें नैतिक और मांगलिक विचारधारा का स्वरूप समाया हुआ है इन संस्कारों में वर्तमान में कुछ कठिनाईयाँ भी आ रही हैं सर्वप्रथम वे परिस्थितियाँ जिनमें उनका प्रादुर्भाव हुआ था वे युगों के गर्भ में जा छुपी हैं और उनके चारों ओर लोकप्रचलित अन्धविश्वासों का जाल सा बिछ गया है अत: उनसे सुदूर वर्तमान में इस समस्या पर दष्टिपात करने के लिए तथ्यों के गभीर ज्ञान से संयुक्त सुनियोजित कल्पना अपेक्षित है दूसरा रूप जो सामने उभर कर आ रहा है वह पूर्वाग्रही धारणा इससे ग्रसित होकर वह यह समझता है कि प्राचीन काल की प्रत्येक बात अंधविश वास पूर्ण है इस प्रकार से आवश्यक यह है कि प्राचीन संस्कृति के विद्यार्थी को एक ओर तो निरी श्रद्धा से ओर दूसरी ओर अतिसंदेहवादी मनोवृत्ति से अपने आपको बचाना आवश्यक है उसे अतीत के प्रति समुचित आदर और विकास के विभिन्न स्तरों से चलते हुए मानव स्वभाव के प्रति पूर्ण सहानुभुति रखकर संस्कारों का अध्ययन करना होगा। मोटे तौर से हम संस्कार के प्रयोजन को दो वर्गों में विभक्त कर सकते हैं। पहला वर्ग सरल विश्वास तथा अकृत्रिम मन की सहज सादगी से उद्दिष्ट है द्वितीय वर्ग कर्मकाण्डी व सांस्कृतिक है इसका उद्‌भव सामाजिक विकास और उन्नति के नियामक चेतन शक्तियों के कारण होता है जबकी मनुष्य प्राकृतिक आधारों के ऊपर ही विकास का प्रयत्न करता है संस्कार का अगला प्रयोजन लोकप्रिय प्रयोजन के नाम से जाना जाता है इसके अन्तर्गत यह ध्यान रखा जाता है कि संसार के अन्य देशों की भाँति हिन्दुओं का भी यह विश्वास था कि वे चारों ओर से ऐसे अति मानुष प्रभावों से घिरे हुए हैं जो बुरा और भला करने की शक्ति रखते थे उनकी धारणा थी कि वह उक्त प्रभाव जीवन के किसी भी महत्वपूर्ण अवसर पर व्यक्ति के जीवन को प्रभावित कर सकते है अत: वह आगंगल जनक प्रभावों के निराकरण तथा हितकर प्रभावों की प्राप्ति के लिए प्रयत्न किया करते थे जिससे मनुष्य बिना किसी विघ्न के अपना विकास कर सके मांगलिक प्रयोजन के लिए संस्कारों का विधान अतिआवश्यक माना गया इस प्रयोजन की सिद्धि के लिए अन्य उपाय भी काम में लिए जाते थे जैसे जल का उपयोग साधारण रूप से प्रत्येक संस्कारों में किया जाता था जल को **शतपथ ब्राह्मण** में राक्षसों का नाशक कहा गया है। संस्कारों के लोकप्रिय प्रयोजन को पूर्णत: स्वीकार करते हुए महान् लेखकों और विधि निर्माताओं ने उनमें उच्चतर धर्म और पवित्रता का समावेश करने का प्रयास किया इस प्रकार से कालक्रम

से संस्कारों के भौतिक स्वरूप से उनका नैतिक पार्श्व प्रतीत हुआ मनुष्य का सम्पूर्ण जीवन इन्हीं संस्कारों से आवृत्त रहा है, जो समय-समय पर क्रियान्वित किये जाते रहे हैं। जन्म से लेकर मृत्यु तक सारा जीवन विभिन्न संस्कारों से शुद्ध और पवित्र होता रहा है। संस्कारों को सम्पन्न किये बिना व्यक्ति का जीवन अपवित्र, अपूर्ण और अव्यवस्थित था। शरीर और आत्मा की शुद्धि और पवित्रता संस्कारों के सम्पादन से ही सम्भव थी। जीवन को विविध बाधाओं और विघ्नों नों से दूर रखना संस्कारों का मूल रहा है। इन संस्कारों के करने से हवन और अग्नि की सर्वाधिक अपेक्षा की जाती रही है। संस्कार के अन्तर्गत देवताओं की स्तुति, प्रार्थना, आशी:कामना और उनके निमित्त यज्ञ किया जाता था। जल से अभिषिंचन करते हुए पूर्वाभिमुख होकर प्रतीक रूप में शुभ की प्रप्ति और अशुभ के निवारणार्थ मंगलमय घड़ी में अपने को पूर्णरूपेण पूजन में संलग्न करते हुए संस्कार क्रियान्वित किये जाते थे। पुरोहित द्वारा मत्रोच्चरण के साथ संस्कारों के द्वारा विधिपूर्वक क्रियान्वयन करके देवताओं को प्रसन्न करना और व्यक्ति के लिए शुभाशंसा प्राप्त करना था। अप्रत्यक्ष रूप से मनुष्य के साथ जो बाधाएँ लगी होती थीं। उन्हें दूर करना तथा आगे के लिए जीवन को निर्विघ्न करना संस्कारों का प्रधान उद्देश्य था। इस प्रकार वैयक्तिक जीवन को योग्य , गुणाढ्य , परिष्कृत और व्यवस्थित रूप प्रदान करने में संस्कारों का महत्वपूर्ण योग रहा है तथा जीवन के क्षेत्र से अशुभ का विनाश और उसमें शुभ का निवास इसका मन्तव्य यह माना जाता है कि मनुष्य का जीवन अनेक बाधाओं और विघ्नों के कारण सुव्यवस्थित ढंग से नहीं चल पाता उसे विभिन्न प्रकार के सांसरिक कष्ट उठाने पड़ते हैं अत: इनसे मुक्ति पाने के लिए और जीवन को मंगलकारी बनाने के लिए संस्कारों का विधान किया गया। जिस प्रकार स्नान, तेल, कंघी, सुगन्धित द्रव्य के लेपन तथा माला आदि को धारण करने से शरीर सुसंस्कृत बनता है उसी प्रकार स्वविचार और सदाचार से मानव के अंदर सुसंस्कार निर्मित होते हैं। इन्हीं से व्यक्ति 'मानव' कहलाने का अधिकारी बनता है। सभ्य समाज ऐसे व्यक्ति का आदर करता है, तथा संस्कारवान व्यक्ति ही अपने उत्थान को प्राप्त करता है।

मानव-जीवन के सर्वांगीण विकास में संस्कारों का महत्वपूर्ण स्थान है। मानव जीवन में आज संस्कारों की आवश्यकता महसूस की जा रही है। सुसंस्कार धारण करके व्यक्ति परमात्मा की प्राप्ति कर सकता है। संस्कारों के जरिये मानव के दोषों का अपसारण तथा उसकी न्यूनताओं की पूर्ति होती है। संस्कारों से मानव में अनेक अच्छे गुण आते हैं। संस्कारों के द्वारा मानव को दोषरहित, गुणसम्पन्न तथा सभी प्रकार की कमियों से रहित एक पूर्ण मानव बनाया जाता है। शुभ संस्कारों से धर्म, अर्थ, काम, मोक्ष, सद्विचार, सद्व्यवहार, का प्रादुर्भाव होता है। शास्त्रों में भक्ति, मुक्ति, शक्ति, शान्ति, सदाचार, सद्व्यवहार, समता, मानवता, रति और विरति-इन सबके स्फुरण और जागरण का मूल

कारण शुभ संस्कारों को माना गया है। मानव जीवन को उच्च, उदात्त, श्रेष्ठ बनाने वाले शुभ संस्कारों के धारण, पोषण और परिपालन से फलाकांक्षारहित निष्काम कर्मयोग की भावना सुदृढ़ होती है। सुसंस्कारों से मानव की साधना, आराधना और उपासना को बल मिलता है तथा ज्ञान के श्रवण, मनन तथा योगाभ्यास आदि में प्रतिदिन उन्नति और प्रगति होती है। भारत देश मानव की संस्कार भूमि है। भारत में धर्म को धन से ज्यादा, योग को भोग से ज्यादा तथा सद्विचार के आधार पर शुभ संस्कारों को ज्यादा महत्त्व दिया जाता है। यदि मानव के जीवन से सद्विचार और सदव्यवहार के आधारभूत संस्कार निकल जाते हैं, तो मानव जीवन में हताशा, निराशा, ओजहीनता, तेजहीनता तथा किंकर्त्तव्यविमूढ़ता आ जाती है। संस्कारों की आवश्यकता के सम्बन्ध में स्वामी बजरंगबली ब्रह्मचारी कहते हैं :-'स्वस्थ, सशक्त, जागरूक, उन्नतिशील, सामाजिक या आध्यात्मिक जीवन-यापन के लिए सद्विचार और संस्कार-ये दोनों रथ के दो चक्रों की भाँति अत्यंत आवश्यक और परम उपयोगी माने जाते हैं।' 'संस्कारों की सुदृढ़ता से ही मानव के सशक्त व्यक्तित्व का निर्माण होता है; तथा देश राष्ट्र, समाज का सर्वांगीण कल्याण किया जा सकता है। प्राचीन भारतीय गुरुकुल प्रणाली में गुरुजन अपने शिष्यों को वही शिक्षा देते थे, जो संस्कारों के माध्यम से उनके रग-रग, रोम-रोम, अणु-परमाणु में समाहित हो जाएँ।' 'शिष्यगण जिसके संस्कारयुक्त चरित्र से प्रभावित होकर अपने रहन-सहन, अचार-विचार, संयम-साधना, भाषा-भाव और सभ्यता-संस्कृति को संस्कारित कर सकें, संस्कार समन्वित चरित्रवान विद्वान को आचार्य कहा जाता है।'

'संस्कारों का प्रभाव जन्म-जन्मान्तर तक रहता है।'

एक व्यक्ति 90 साल की उम्र का था। संस्कृत भाषा नहीं जानता था, लेकिन संस्कृत के शुद्ध श्लोक पढ़ने की इच्छा उसमें थी। एक व्यक्ति ने उसकी जिज्ञासा जान उसे संस्कृत व्याकरण पढ़ाना शुरू किया। लोगों ने आश्चर्य से उस व्यक्ति से पूछा-'आप इनको इस उम्र में व्याकरण क्यों पढ़ा रहे हैं?' वह व्यक्ति बोला-'मैं इनको पढ़ा नहीं रहा हूँ बल्कि इनमें संस्कृत भाषा पढ़ने के संस्कार डाल रहा हूँ, ताकि इस संस्कार के प्रभाव से ये अगले जन्म में संस्कृत भाषा की विद्वत्ता प्राप्त कर सकें।'

गीता के अनुसार-

'यं यं वाणि स्मरन्भावं त्यजत्यन्ते कलेवरम्।
तं तमेवैति कौन्तेय सदा तद्भावभावितः।।'

(अन्त समय में व्यक्ति जिस संस्कार गें संस्कारित होकर शरीर त्याग करता है, उस संस्कार के आधार पर ही अगला जन्म होता है।)

शुभ संस्कारों की आवृत्ति जीवन भर करनी चाहिए।

शुभ संस्कारों के प्रभाव से वाल्मीकि मारकाट, लूटपाट छोड़कर महर्षि बन गए और विभीषण राक्षस से रामभक्त हो गए। शुभ संस्कारों के संयम से अष्ट सिद्धियाँ और नौ निधियाँ साधक की दासी बन जाती हैं। इसके कारण धर्म आदि पुरुषार्थचतुष्ट्य को साधक आसानी से प्राप्त कर लेता है। जब कोई मूर्तिकार पत्थर से तराशकर मूर्ति बनाता है, तो वह पत्थर का संस्कार ही करता है। संस्कारों से मानव का जीवन सुसंस्कृत एवं श्रेष्ठ बन जाता है। संस्कार यह निश्चित करते हैं कि मनुष्य सक्रियतापूर्वक अपने दायित्वों का निर्वाह करता रहे तथा नैतिकता से उन दायित्वों को व्यावहाकि जीवन में इस्तेमाल करे। संस्कार दैनिक जीवन की वह प्रक्रिया है, जिसे अपनाकर मनुष्य अपने लक्ष्य की प्राप्ति में सफल हो जाता है। शिक्षा में संस्कारों का बड़ा महत्व है। बिना संस्कारों के शिक्षा अधूरी मानी जाती है। संस्कारित शिक्षा मनुष्य के जीवन का निर्माण करती है। शिक्षा मनुष्य के जीवन का निर्माण करती है यह किसी भी उम्र में प्राप्त की जा सकती है। बाल्यवस्था में संस्कार भली प्रकार धारण हो जाते हैं।

बच्चे को संस्कार देने वाले सर्वप्रथम माता-पिता होते हैं। इसके बाद विद्यालय में शिक्षक अनुशासन के जरिए बालक में संस्कार डालते हैं। इसके पश्चात् मनुष्य स्वाध्याय प्रक्रिया के द्वारा आजीवन संस्कार पाता रहता है। विद्या से बालक में विनय के संस्कार आते हैं। सत्संग संस्कार निर्माण का सशक्त माध्यम है। अच्छे व्यक्तियों, साधु-संतों तथा सत्पुरुषों की संगति जीवन को ऊँचा उठाती है। संस्कारित व्यक्ति ही जीवन में सफलता पाता है। वह पारिवारिक जीवन को सौहार्दमय बनाता है और राष्ट्र के विकास में सहायक बनता है। व्यक्ति का प्रत्येक विचार, कथन और कार्य उसके मन मस्तिष्क पर एक प्रभाव छोड़ता है, जिसे संस्कार कहा जाता है। इन संस्कारों का समष्टिरूप चरित्र कहलाता है।

व्यक्तित्व निर्माण की प्रक्रिया में सकारात्मक चिन्तन और नैतिक, आध्यात्मिक मूल्यों का संयोजन ही संस्कार कहलाता है। संस्कारों की जड़ें अतीत में जमती हैं, वर्तमान में विकास पाती हैं और भविष्य में पुष्पित-पल्लवित होती हैं। जीवन केवल शिक्षा पाने के लिए नहीं, बल्कि विवेकपूर्वक आत्मा के गुणों का विकास करने के लिए होता है। साधक यदि सिद्ध होने के बाद 'सुजान' या संस्कारित नहीं है तो वह अपनी सिद्धियों का दुरुपयोग कर सकता है। पुत्र को केवल धन देने का महत्व नहीं, बल्कि संस्कार देने का महत्व है। पुत्र यदि संस्कारित नहीं हैं तो वह पिता के दिये धन को नष्ट कर देगा और यदि पुत्र संस्कारित है तो पिता से धन न मिलने पर भी वह अपने श्रेष्ठ कर्मों से धन पैदा कर लेगा। संस्कारित और सदाचारी व्यक्ति वह है जिसकी क्रियाएँ विकार के अधीन न होकर

विचार के अधीन होती हैं। सदाचारी व्यक्ति स्वत: ही दूसरों के हित के लिए उपाय करते रहते हैं। मनुष्य की सच्चरित्रता कठिनाइयों की दीवारें तोड़कर अपना सुगम रास्ता बना लेती है। आचरण रहित विचार खोटे मोती की तरह हैं। सच्चरित्रता हमें आलस्य और अपव्यय के दुर्गुणों से बचाती है। संस्कारित व्यक्ति समय और साधन का सदुपयोग करता है, दुरुपयोग नहीं। संस्कारों के द्वारा शारीरिक व मानसिक मल नष्ट होते हैं और मानव में विशिष्ट गुण आते हैं।

समाज में संस्कारों का योगदान

संस्कारों की सम्पन्नता और अनुपालन से मनुष्य के जीवन का सर्वांगीण विकास होता है तथा उसका सामाजिक और सांस्कृतिक कार्य व्यवस्थित और सुगठित रूप में अग्रसर होता है। मूलत: सभी संस्कार व्यक्ति के जीवन को क्रमिक रूप में विकसित करने में सहयोग प्रदान करते हैं तथा जीवन को सामाजिक और धार्मिक बनाते हैं।

(1) व्यक्तित्व के विकास में योगदान-सभी संस्कारों से मनुष्य के व्यक्तित्व का विकास होता है। उसके जीवन के विभिन्न स्तर संस्कारों के सहयोग से सम्पृक्त होते हैं जो उसके जीवन को परिपूर्ण करते हैं तथा सामाजिक और धार्मिक बनाते हैं। मनुष्य का चरित्र और आचरण संस्कारों के प्रभाव से आवद्ध होकर सन्मार्ग पर अग्रसर होता है। वस्तुत: संस्कारों के योग से मनुष्य का व्यक्तित्व शुद्ध और परिष्कृत होता है तथा वह लौकिक और पारलौकिक अभिव्यक्तियों को समुन्नत करता है।

(2) व्यक्ति के समाजीकरण में योगदान- समाज का आधार व्यक्ति होता है। व्यक्ति से परिवार बनता है, परिवार से समुदाय और समुदाय से समाज। संस्कार से व्यक्ति परिष्कृत और धार्मिक होता है और परिष्कृत व्यक्ति से समाज भी परिष्कृत होता है। ज्ञान, अध्यात्म आदि विभिन्न गुण व्यक्ति में उद्‌भूत होते हैं, जिनसे व्यक्ति ही नहीं समाज भी परिपुष्ट होता है। विवाह जैसे संस्कार के अनुसरण से सन्तान उत्पन्न होती है और इससे समाजीकरण की प्रक्रिया प्रारम्भ होता है। यही नहीं, सभी संस्कारों से व्यक्ति का परिवार और समाज से सम्पर्क अत्यधिक घनिष्ठ होता है, जो उसके समाजीकरण का परिचायक है। स्पष्ट है कि व्यक्ति और समाज के पारस्परिक सम्बन्ध संस्कारों के माध्यम से प्रशस्त और उन्नत होते हैं।

(3) जैविकीय योगदान- संस्कारों का योगदान मनुष्य के आध्यात्मिक जीवन के अतिरिक्त लौकिक, जीवन के भी साथ रहा है। मनुष्य की जैविकीय समस्याओं का भी समाधान संस्कारों से होता है। जिस समय प्रजनन विज्ञान और स्वास्थ्य विज्ञान का विकास नहीं हुआ था उस समय संस्कार ही व्यक्ति के जैविकीय ज्ञान के आधार थे।

गर्भाधान, पुंसवन आदि ऐसे ही संस्कार थे जिनसे गर्भिणी स्त्री को शिक्षा मिलती थी और अपनी आवश्यकताओं की तदनुरूप पूर्ति करती थी। ब्रह्मचर्य आश्रम से व्यक्ति ज्ञान और शिक्षा के क्षेत्र में कार्य करता है तथा अपने जीवन को पवित्र और शुद्ध बनाता है।

(4) शैक्षणिक योगदान– संस्कारों के माध्यम से व्यक्ति अनेक क्षेत्रों में ज्ञान प्राप्त करता है तथा वह व्यवहारिक आधार पर अपना उन्नयन करता है। लौकिक और पारलौकिक दोनों प्रकार की शिक्षाएँ संस्कारों से प्राप्त होती हैं। सामाजिक और धार्मिक पक्ष संस्कार की सम्पन्नता से अभिव्यक्त ही नहीं होते बल्कि परिपुष्ट भी होते हैं। व्यक्ति के प्रत्येक स्तर से संस्कारों की निबद्धता होने के कारण व्यक्ति को स्वयं शिक्षा प्राप्त होती है। विद्यारम्भ संस्कार के अतिरिक्त अन्य सभी संस्कार व्यक्ति को सामाजिक, धार्मिक, नैतिक, आध्यात्मिक आदि विभिन्न प्रकार की शिक्षाएँ प्रदान करते हैं जिससे व्यक्ति अनुशासित ढ़ग से अपने जीवन का विकास करता है। अत: व्यक्ति का लौकिक ज्ञान अधिक प्रशस्त और उदात्त होता है, चाहे उसका सैद्धान्तिक ज्ञान भले ही सीमित हो।

(5) सांस्कृतिक और नैतिक योगदान– संस्कारों के योगदान से हिन्दू संस्कृति और नैतिकता का स्तर पुष्ट और स्वस्थ होता है। सामाजिक परम्पराएँ और आचार-विचार भी विस्तृत होते हैं। व्यक्ति संस्कारों के माध्यम से ही सामाजिक,धार्मिक और नैतिक प्रतिमानों से परिचित होता है तथा क्षमा, दया, दान, पवित्रता, सच्चरित्रता, निर्लिप्तता, आस्तेय, अहिंसा आदि गुणों से परिचित होता है। वह अपना और समाज का भी नैतिक और सांस्कृतिक उत्थान करता है। इनसे समाज का भी नैतिक और सांस्कृतिक स्तर उत्कृष्ट होता है।

(6) आध्यात्मिक योगदान– संस्कारों के योग से मनुष्य की आध्यत्मिक दिशा भी निर्दिष्ट·होती है तथा उसका आध्यात्मिक पक्ष भी सबल होता है। प्रत्येक संस्कार की कार्यविधि और सम्पन्नता व्यक्ति के अध्यात्म पक्ष को उन्नत करती है। अदृश्य और अशुभ शक्तियों से व्यक्ति का संघर्ष अध्यात्म के आधार पर होता है और वह आध्यात्मिक आधार पर अपना जीवन उन्नत करता है। उसके आध्यात्मिक ज्ञान की क्रमिक सीढियाँ विभिन्न संस्कारों से जुड़ती हैं तथा उसकी दैहिक क्रियाएँ संस्कारों से ही उत्प्रेरित होती हैं। ऐसी स्थिति में सुसंस्कृत व्यक्ति जीवन को आध्यात्मिक आधार पर अभिव्यक्त करता है। इस प्रकार व्यक्ति के क्रियायुक्त लौकिक जीवन का आध्यात्मिक लोक से सम्बंध स्थापित होता है और व्यक्ति का पारलौकिक पक्ष समुन्नत होता है।

(7) आत्माभिव्यक्ति में योगदान– संस्कारों के माध्यम से मनुष्य की आत्माभिव्यक्ति होती है तथा उसके अन्तस् के विभिन्न उद्वेग प्रस्फुटित होते हैं। हर्ष, शोक, दया, क्रोध, सहानुभूति आदि विभिन्न उद्वेग संस्कारों के व्यवहार से संतुष्ट होते हैं।

माता-पिता के वात्सल्य और दया जैसे गर्भाधान से कर्णवेध तक के संस्कारों से अपरिमित सहयोग मिलता है। ब्रह्मचर्य से आत्मज्ञान की तुष्टि मिलती है, जिससे ज्ञान-प्राप्ति का हर्ष सम्मिलित होता है। विवाह आनन्द और हर्ष को अभिव्यक्त करनेवाला संस्कार है, जिसमें सामूहिक प्रसन्नता अभिव्यक्त होती है। अन्त्येष्टि संस्कार से मनुष्य की शोक, विषाद और करूणा की वृत्तियाँ जागृत होती हैं। मनुष्य की ये मनोभिव्यक्तियाँ संस्कारों से प्रभावित होकर मनोवैज्ञानिक विश्लेषण का कारण बनाती हैं। मानव-जीवन में संस्कारों का बड़ा ही महत्त्व है। संस्कारों के कारण ही व्यक्ति का जीवन अमूल्य तथा महत्त्वपूर्ण बन जाता है। जिस प्रकार हीरे की कीमत उसकी चमक से आँकी जाती है, उसी प्रकार मनुष्य के जीवन का मूल्य उसके संस्कारों से लगाया जाता है। जिस व्यक्ति के अंदर अच्छे गुणों, अच्छे व्यवहार के संस्कार नहीं होते या जो व्यक्ति कुसंस्कारी, उसे समाज के लोग अच्छी नजरों से नहीं देखते, सर्वत्र लोग उसके गुणों की निंदा किया करते हैं। संस्कार मनुष्य के जीवन की सुगंध है। संस्कृति क्या है? किसी भी देश का आचार-विचार उसकी संस्कृति कहलाती है। आचार-विचार संस्कृति का बाहरी रूप है। संस्कृति का आन्तरिक रूप मानव का शेष प्रकृति के साथ तादात्म्य होना है। 'आजकल विद्वान जिसे संस्कृति कहते हैं, वह तो सभ्यता का ही परिष्कृत रूप है। हमारे देश में संस्कृति और संस्कार में कोई भेद नहीं है। जिस प्रकार संस्कार शारीरिक, मानसिक और आध्यत्मिक शुद्धि के साधन हैं, उसी प्रकार संस्कृति भी शरीर और मन की शुद्धि द्वारा मनुष्य को अध्यात्म में प्रतिष्ठित करती है। अत: धर्मानुकूल जीवनचर्या के लिए जब संस्कारों का उदय हो, तब मनुष्य को सच्चा भाग्योदय समझना चाहिए। आचार-व्यवहार, संस्कार और संस्कृति में गहरा तादात्म्य है।' संस्कारित होने पर ही मनुष्य ओज, तेज और यश और धैर्यवान:पूत बनाता है।

'संस्कारशौचेन परमपुनीते।
शुद्धा हि बुद्धिः किल कामधेनुः॥'

मानव को सही मानव या शान्त, सुशिक्षित, शीलवान, एवं सभ्य बनाने में संस्कारों की प्रमुख भूमिका होती है। शारीरिक एवं आध्यात्मिक दृष्टि से पुष्ट एवं परिपूर्ण बनाने तथा मानवता सिखाने के सशक्त, सार्थक एवं समर्थ माध्यम संस्कार ही होते हैं। महर्षि अंगिरा कहते हैं:-

'चित्रकर्म यथाऽनेकैरङ्गरुन्मीयते शनैः।

ब्राह्मण्यपि तद्वत्स्यात्संस्कारैर्विधिपूर्वकैः॥'

(विधिपूर्वक सम्पन्न किए गए संस्कारों से व्यक्ति परमतत्व को या परमानंद को प्राप्त करता है, जैसे अनेक रंगों से विधिपूर्वक सुसज्जित चित्र आनंद देने में समर्थ होता है।) संस्कार मानव जीवन में किस प्रकार जरूरी है, इसके बारे में डॉ. रामेश्वर प्रसाद गुप्त

का कहना है-'संस्कार' दोष परिमार्जन हेतु एवं व्यक्ति के गुणों के आधान के लिए अपरिहार्य हैं। जिस प्रकार मिट्टी को घड़े का सौन्दर्य और स्वर्ण को नाना प्रकार के आभूषणों का रूप सौन्दर्य तत्सम्बन्धित संस्कार प्रदान करते हैं, उसी प्रकार मानव को उसकी वाणी, व्यवहार, बोलचाल, उठने-बैठने, अनुशासन में रहने एवं शील आदि का सौन्दर्य 'मानवीय संस्कार' प्रदान करते हैं। 'मानव का संस्कारित होना अत्यंत आवश्यक है। शिक्षा या साक्षरता और संस्कार में संस्कार ही अपरिहार्य एवं महत्त्वपूर्ण होते हैं। संस्कारों से मनुष्य में मानवता का आधान होता है एवं समस्त गुणों में परमश्रेष्ठ शील नामक गुण का संचार होता है।' संस्कार, सद्विचार और सदाचार से ही मानव वास्तव में मानव कहने का अधिकारी बनता है। सभ्य समाज ऐसे ही व्यक्ति को आदर देता है तथा ऐसा ही व्यक्ति उत्थान पाता है। दूसरी ओर असंस्कृत, असद्विचारी और कदाचारी व्यक्ति किसी भी समाज में सम्मान नहीं पाता। ऐसा व्यक्ति समाज में 'संस्कारहीन' कहलाता है। जब संस्कारहीन व्यक्ति को समुचित संस्कार प्राप्त हो जाते हैं, तो उसका आचार और व्यवहार सभ्य और संस्कृत समाज के अनुरूप होता है। डॉ. वेदप्रकाश शास्त्री संस्कारों की उपयोगिता को इन शब्दों में प्रकट करते हैं-

'मानव जीवन के सर्वांगीण विकास में संस्कारों का महत्त्वपूर्ण स्थान है। संस्कारों के जरिये इंसान अपने आप में पूर्ण मानव बनता है। संस्कार द्वारा मानव दोषरहित, गुणसम्पन्न और सभी प्रकार की कमियों से शून्य एक पूर्ण मानव बन जाता है।'

मनुष्य-जीवन में संस्कारों के महत्त्व पर प्रकाश डालते हुए श्री शिवरतन जी मोरोलिया 'शास्त्री' लिखते हैं:-

'मनुष्य में मानवीय शक्ति एवं देवत्व भावना का आधान करने के लिए उन्हें सुसंस्कृत किया जाना आवश्यक होता है। विधिपूर्वक संस्कार साधन से बच्चों में दिव्य ज्ञान एवं देवत्वभाव का विकास होता है। इससे वे आत्मा-परमात्मा के सम्बंधों का यथार्थ ज्ञान प्राप्त करके अपने मानव जीवन को सार्थक बनाने में सफल होते हैं।'

सुसंस्कार मनुष्य को पाप, अज्ञान और अधर्म से दूर रखकर उन्हें आचार विचार, कर्त्तव्यनिष्ठा और ज्ञान-विज्ञान से संयुक्त करते हैं। इससे मनुष्य में सद्बुद्धि बनी रहती है और उसके हृदय में त्याग, संयम, प्रेम, उदारता, धर्मनिष्ठता, कर्त्तव्यपरायणता आदि उच्च भावनाएँ आती हैं। इसी दैवी सम्पत्ति के फलस्वरूप वह जीवन में सच्चे सुख और शांति को पाता है।' किसी पदार्थ में दोष-निराकरणपूर्वक गुणों को उत्पन्न करना ही संस्कार कहलाता है। जब तक किसी पदार्थ का संस्कार नहीं होता, तब तक वह सदोष और गुणहीन ही रहता है। संस्कारों द्वारा ही सब पदार्थ व्यवहारोपयोगी होते हैं। मनुष्य का स्वरूप संस्कार से ही प्रकाशवान होता है। संस्कार से मनुष्य का दृष्ट तथा अदृष्ट मल

प्रक्षालित होता है। संस्कार को स्नेहयुक्त दीपक की उपमा देते हुए शिवरतन शास्त्री कहते हैं–'संस्कार वह स्नेहयुक्त दीपक है, जो मानव को अंधकार से निकालकर, असभ्यता के पंक से खींचकर संतों की कोटि में ला बिठाता है। यह मनुष्य को ऊँचा उठाता है। संस्कार जीवन के विभिन्न अवसरों को महत्त्व और पवित्रता प्रदान करते हैं। वे इस विचार पर बल देते हैं कि जीवन के विकास का प्रत्येक चरण केवल शारीरिक क्रिया नहीं है, अपितु उनका सम्बन्ध मनुष्य की बौद्धिक, भावात्मक और आत्मिक अभिव्यक्ति से है, जिनके प्रति मनुष्य को सदैव जागृत रहना चाहिए। संस्कारों के महत्त्व के सम्बन्ध में शिवरतन शास्त्रीजी के निम्न विचार उल्लेखनीय हैं–

1. संस्कार सदाचार की नींव हैं।
2. संस्कार जीवन के प्रत्येक भाग को व्याप्त कर लेते हैं। जन्म से पूर्व तथा मृत्यु के बाद भी संस्कार साथ रहते हैं।
3. संस्कार मानवता का मेरूदण्ड हैं।
4. संस्कार शिष्टता, सौजन्यता एवं शील की आधारशिला है।
5. सुसंस्कारी, चरित्रवान तथा शीलवान व्यक्ति मरकर भी अमर हो जाते हैं।
6. लोभ, वासनात्मक दृष्टि, विवेकहीनता, असंयम, उच्छृंखलता, धैर्य तथा संकल्प शक्ति की कमी का कारण मानव में संस्कारों का अभाव होना है।
7. संस्कारों के अभाव के कारण युवा पीढ़ी भटकाव के रास्ते पर जा रही है।
8. कुसंस्कारी लोगों को चार चीजें मिलती हैं–1.अपार अशान्ति 2.अनवरत दु:ख, 3.मरणोत्तर नरक 4.आसुरी योनि (जन्म) की प्राप्ति।
9. संस्कारी व्यक्ति का प्रत्येक आचरण धर्ममय होता है। उसका प्रत्येक कर्म प्रकाश की ओर ले जाने वाला होता हैं।
10. यदि हम संस्कार सम्पन्न बनना चाहते हैं तो यह जरूरी है कि हम अपने दोषों को दूर करें।
11. संस्कार सम्पन्नता के लिए स्वयं को शुभ, सात्विक और ऊँचे चरित्रवाला या चरित्रवान बनाने की आवश्यकता है।
12. अच्छे संस्कारों के कारण ही व्यक्ति शुभ कर्म करता है या शुभ कर्म करने के लिए प्रेरित होता है।
13. शुभकर्मों से मनुष्य का अन्त:करण पवित्र होता है, उसके मन की भावना उन्नत और विशुद्ध बनती है।

14. संस्कार सम्पन्न बनने के लिए मनुष्य को चाहिए कि वह अपने को जन्मदोष, संगदोष, असदाचरण तथा ईश्वर से विमुख होने से बचायें।

15. सुसंस्कारी व्यक्ति वही कहलाता है, जिसका जीवन शान्त, संतुष्ट, आनंदमय, संयमपूर्ण, सादगीसम्पन्न एवं आदर्शपूर्ण होता है तथा उसमें अनुशासन और विनयशील जैसे श्रेष्ठ गुण भी होते हैं।

16. स्वभाव, व्यवहार, आचरण अथवा जीवन का वह कार्य, जिसमें मानव की योग्यता, मानवता, कर्त्तव्यपरायणता आदि का बोध होता है।

17. संस्कारों के लिए मन, वचन, कर्म की पवित्रता तथा एकरूपता अपेक्षित है।

18. संस्कारी व्यक्ति में स्वधर्म पालन, परोपकारिता, साहिष्णुता, नम्रता आदि महान गुण होते हैं।

19. सुसंस्कृत व्यक्ति को चाहिए कि वह जितेन्द्रिय, पवित्र, चंचलता रहित, सबल, धैर्यशील, लोभहीन, सदाचार परायण और सर्वभूत हितैषी बनकर अपने भीतर के काम, क्रोध, लोभ, मोह, आदि शत्रुओं को अवश्य जीतें।

20. संस्कारों से बालक सद्‌गुणी, सुविचार सम्पन्न, सत्कर्मी, सेवा परायण, साहसी, आदर्शभूत, अनुशासन प्रिय एवं संयमी बनता है।

21. बालकों के संस्कारी बनने से देश तथा समाज भी अच्छा हो जाता है।

22. संसुस्कृत व्यक्ति में छः प्रकार की शुद्धियाँ स्वयं प्रविष्ट हो जाती हैं–1. मन की शुद्धि 2. वाणी की शुद्धि 3. अन्न शुद्धि 4. हस्त शुद्धि (प्रतिग्रह न लेना, हाथों से शुभ कर्म करना), 5. कच्छ शुद्धि 6. क्रिया शुद्धि

23. आचार-विचार और क्रिया संस्कार का अन्योन्याश्रित सम्बन्ध है।

24. सुसंस्कार आत्मोस्थान का मूल कारण है।

25. सुसंस्कारों के सम्पादन तथा सहवृत्त एवं सदाचार सेवन से इस लोक में उन्नति, यश, प्रतिष्ठा एवं ऐश्वर्य की प्राप्ति होती है तथा पारलौकिक कल्याण का मार्ग भी प्रशस्त होता है।

संसार की सब मनुष्यताएँ एक ही सर्वशक्तिमान परमपिता परमात्मा की संताने हैं इस कारण परमात्मा ने सभी आत्माओं के भीतर सद्‌गुणों के संस्कार भरे हैं। ये संस्कार हमारे अंदर भी बीज रूप में मौजूद रहते हैं, लेकिन कभी-कभी कुसंग और दुर्व्यसनों के वश मानव के अच्छे संस्कारों के ऊपर अज्ञान का पर्दा पड़ जाता है। सुषुप्त संस्कारों की जागृति पर बल देते हुए डॉ. रामचन्द्र महेन्द्र कहते हैं– 'अगर अपने छिपे हुए या सोए हुए

संस्कारों पर विश्वास करके उन्हें निरन्तर पहचान कर हम उनका विकास करें, तो हम प्रसिद्धि के चरम शिखर पर पहुँच सकते हैं। अपने आपको आगे बढ़ाकर हम स्वयं ऊँचे उठ सकते हैं। इन संस्कारों को विकसित करने पर ही विकास और अन्नति की असीमित संभावनाएँ हमारे शरीर, मस्तिष्क और आत्मा में निहित हैं।'

'प्रत्येक सद्‌गुणी की जड़ हमारे गुप्त मन में जमायी गई हैं। ये जड़े अत्यंत गहरी हैं और उन्हें ही''संस्कार' कहा जाता है। संस्कारों के बीज कई पीढ़ियों, माता-पिता तथा उनके परिवार के पूर्वजों से हमारे गुप्त मन में आते हैं। ये संस्कार ही हमारे विकास के चिन्ह है।' संस्कारों का मानव जीवन में क्या महत्त्व है

1. संस्कार उच्च गुण एवं कर्म की प्रेरणा देने वाला बीज है।
2. संस्कार के केन्द्रबिन्दु से ही मानव की उन्नति होती है।
3. ईश्वरीय शुभसंस्कारों के कारण स्वस्थ मन, शान्त मन, स्वस्थ शरीर और जागृत बुद्धि हमें आत्मा की ओर चलाते हैं।
4. हमारे उच्च संस्कार केवल इस जन्म की कमाई नहीं हैं, वे पूर्वजन्म के शुभ कार्यों के फल भी हैं।
5. अभ्यास से संस्कारों को निखारा जा सकता है।
6. ज्ञानवान वह है जो अपने शुभ संस्कारों से परिचित है। दिव्य, पवित्र लक्ष्य को जानता है।
7. पूर्व संचित शुभाशुभ कर्मों का नाम दैव है।
8. पशु सोच-समझकर नहीं चलता, जब कि मनुष्य अपने संस्कारों को पहचान कर अपना विकास करता है।
9. पवित्र संस्कार भगवान् के दिए हुए दिव्य संकेत हैं, जो बताते हैं कि हम मौजूदा स्थिति से ऊँचा उठें, आगे बढ़ें।
10. प्रत्येक श्रेष्ठ कर्म के मूल में शुभ संस्कार ही जड़ रूप से विद्यमान रहते हैं, लेकिन इनको पहचानने के अभाव के कारण ये सुप्त रूप में हमारे भीतर पड़े रहते हैं।
11. आत्मोन्नति तभी संभव है जब हम अपने शुभ संस्कारों को समझें और निरंतर अभ्यास तथा संयम द्वारा अपने गुणों को विकसित करें
12. हम अपने अंदर कितने सात्त्विक संस्कारों को जागृत कर सके हैं- यह हमें स्वयं परखना चाहिए।

13. दैवी संस्कारों लक्षण–

(i) अभय

(ii) सात्त्विक वृत्ति

(iii) ज्ञानयोग में स्थिति

(iv) दान

(v) मन और शरीर पर पूर्ण नियंत्रण

(vi) यज्ञ अर्थात् समाज हित के लिए किए गए नि.स्वार्थ कर्म

(vii) स्वाध्याय अर्थात् उत्तमोत्तम धर्मग्रंथों का अध्ययन

(viii) तप अर्थात् कर्त्तव्य मार्ग में आवश्यक कष्ट सहना

(ix) अनुशासन में रहना,

(x) कष्ट सहकर भी परोपकार करना

(xi) सरलता

(xii) अहिंसा

(xiii) सत्य

(xiv) क्रोध का अभाव

(xv) त्याग

(xvi) शान्ति

(xvii) उदारता एवं दया

(xviii) तृष्णा का अभाव

(xix) मृदुता

(xx) बुरा कर्म करने में लाज

(xxi) अचपलता

(xxii) तेज

(xxiii) क्षमा

(xxiv) धैर्य

(xxv) शुद्धि

(xxvi) शत्रुता का अभाव

(xxvii) अपने पूज्यता के अभिमान का अभाव

14. भाग्यवान् वे हैं जो आसुरी संस्कारों से मुक्त हैं।

15. जिनका विवेक जागृत होने पर आसुरी संस्कारों का जिन्हें ज्ञान हो गया है और जो नीर-क्षीर-विवेक कर सकते हैं, उन्हें दूषित संस्कारों को दूर करने का सतत प्रयत्न करना चाहिए।

16. अंधविश्वास, पूर्वाग्रह, दम्भ, पाखण्ड, अभिमान, क्रोध, कठोरता और मूढ़ता- ये सब दूषित संस्कार हैं।

17. हमें सात्त्विक संस्कारों का अभ्यास करना चाहिए, दृढंतापूर्वक अपने मन को सात्त्विक प्रकार के संस्कारों में लगाना चाहिए, बार-बार कठोरता और संयमपूर्वक शुभ संस्कारों को अपने दैनिक व्यवहार और क्रियाओं में स्पष्ट करना चाहिए।

18. शुरू में शुभ संस्कारों का विकास धीमी गति से होता है लेकिन लम्बे समय के अभ्यास द्वारा वे शुभ संस्कार हमारे व्यक्तित्व के अंग बन जाते हैं।

19. आसुरी संस्कारों वाले लोग कभी न पूरी होने वाली कामनाओं को मन में बसाए रखते हैं। एक के बाद दूसरी कामना मनुष्य को जीवन भर व्यर्थ दौड़ाती है और मनुष्य को उसके ध्येय से दूर करती जाती है।

20. दृढ़तापूर्वक अपनी इच्छाओं को विवेक बुद्धि से जाँचना चाहिए और अभ्यास द्वारा अच्छे संस्कारोंवाला रास्ता अपनाना चाहिए।

संस्कारों की प्रक्रिया से मानव का जीवन उसी तरह सुसंस्कृत एवं श्रेष्ठ बन जाता है, जिस प्रकार एक साधारण पत्थर या हीरा कुशल जौहरी द्वारा तराशे जाने पर सुन्दर , दिव्य और बेशकीमती बन जाता है। व्यक्ति के संस्कार यह बताते हैं कि वह अपने दायित्वों का निर्वाह प्रत्येक क्षेत्र में सक्रियता से करता रहे और नैतिकता के आधार पर उन्हें व्यवहारिक जीवन में इस्तेमाल करता रहे।

'संस्कार दैनिक जीवन की प्रक्रिया है, जिसे अपनाकर मनुष्य अपने लक्ष्य की प्राप्ति में सफल होता है।'

'धैर्य, क्षमा, दुष्प्रवृत्तियों का दमन, अचौर्य, शुद्धता, इन्द्रियसंयम, विद्या, बुद्धि, सत्य तथा अक्रोध आदि धर्म के दस लक्षण हैं। यदि मनुष्य इन गुणों को जीवन में अपना ले तो वह सुसंस्कृत और दैवी सम्पदा से युक्त हो जाता है।'

संस्कारों से सम्बन्धित अवधारणाएँ मानव जीवन की उन्नति के लिए निम्न रूप से शिक्षाशास्त्रीओं ने प्रस्तुत की हैं।

1. आज बालकों का जीवन निर्माण करने वाली संस्कारित शिक्षा की आवश्यता है।
2. संस्कार प्राप्त करने की कोई उम्र निर्धारित नहीं है। संस्कार किसी भी आयु में प्राप्त किए जा सकते हैं।
3. बाल, युवा और वृद्ध आदि सभी संस्कार पाने के अधिकारी हैं।
4. संस्कार पाने की सर्वोत्कृष्ट उम्र बाल्यावस्था है। बाल्यावस्था भावी जीवन का आधार है।
5. संस्कार प्रक्रिया का आरंभ गर्भावस्था से 5 वर्ष तक माता-पिता द्वारा घर पर ही लालन-पालन द्वारा, फिर विद्यालय में शिक्षक द्वारा, अनुशासन के द्वारा और फिर आजीवन स्वाध्याय प्रक्रिया के साथ अध्ययन, चिन्तन तथा अनुसंधान के द्वारा होता है।
6. बालक के माता-पिता ही उसके गुरु हैं। परिवार संस्कार तीर्थ है।
7. जीवन के प्रारंम्भिक दिनों में बच्चे को जो संस्कार दिए जाते हैं, वे आजीवन उसका मार्गदर्शन करते हैं।
8. माँ कौशल्या के दिए संस्कारों ने श्रीराम को मार्यादा पुरुषोत्तम श्रीराम बना दिया।
9. जीजाबाई के दिये संस्कारों ने शिवाजी को राष्ट्रनायक बनाया।
10. मार्कण्डेयपुराण में मदालसा अपने पुत्र को संस्कारों का पाठ पढ़ाती है-'बेटा! तू अपने मन में सदा भगवान का चिन्तन करना, उनके ध्यान से अन्त:करण में काम-क्रोध आदि छहों शत्रुओं को जीतना, ज्ञान के द्वारा माया का निवारण करना और जगत् की अनित्यता पर विचार करते रहना।'
11. संस्कार देने के चार उपाय हैं-i पारिवारिक परिवेश, ii शिक्षा, iii स्वाध्याय तथा iv सत्संग।
12. सच्चरित्रवान और संस्कारित व्यक्ति समय और साधन का सदुपयोग करते हैं और दुश्चरित्र व्यक्ति इनका दुरुपयोग करते हैं।
13. समय और साधनों का सदुपयोग करने हेतु हमें चरित्रवान और संस्कारसम्पन्न बनना चाहिए।

संस्कारों के द्वारा शारीरिक और मानसिक मलों का अपाकरण होता है। प्राकृतिक जड़ पदार्थों की तरह संस्कारों से मनुष्य के भी दोषों का अपाकरण होता है तथा मनुष्य में विशिष्ट गुणों का अतिशयाधान होता है।

'संस्कारों का प्रभाव अन्तःकरण पर पड़ता है अतः उत्तम संस्कारों से अतंकरण को उत्कृष्ट बनाना चाहिए और निकृष्ट संस्कारों से उसे बचाना चाहिए। सत्कर्मानुष्ठान रूपी संस्कारों से अज्ञानादि दोषों का अपनयन होता है और कुछ विशिष्ट संस्कार कर्मों से पवित्रता, सद्‌विद्या आती है।'

संस्कारों में पूर्वजन्म का महत्त्व

संस्कारों के निर्माण में पूर्वजन्म की भी बड़ी महत्वपूर्ण भूमिका होती है। मनुष्य सारे जीवन में अच्छे या बुरे जैसे भी कर्म करता है, वैसे ही उसके (अच्छे या बुरे, पुण्य के या पाप के)संस्कार बन जाते हैं। मानव के कर्मों की छाप उसकी आत्मा पर पड़ती है, जिसे संस्कार कहते हैं। मृत्यु के बाद केवल संस्कार ही सूक्ष्म रूप में मनुष्य के साथ जाते हैं और उसका शरीर , धन, मकान आदि पृथ्वी पर छूट जाता है। वर्तमान जीवन में मिलने वाले सुख या दुःख पूर्व जन्म के पाप या पुण्य कर्मों के परिणाम हैं। मृत्यु के समय मनुष्य के मन में शुभ या अशुभ जैसी कर्मवासना होती है, उसी से उसे अगले जन्म में दुःख और सुख की प्राप्ति होती है। पूर्व जन्म का संस्कारों से सीधा सम्बन्ध है। जन्मान्तरीय संस्कार अवान्तर जन्म में भी फलीभूत होते हैं।

'संस्कारसाक्षात्करणात् पूर्वजातिज्ञानम्।।'

(संस्कार के साक्षात् होने से पूर्वजन्म का ज्ञान होता है।)

संस्कार चित्त का धर्म है। इसे प्रारब्ध, भवितव्यता, दैव और कर्मविपाक कहा जाता है। संस्कार का अर्थ पूर्वजन्म के कृत्यों की वासना है।

'कर्मजरोग' पूर्वजन्म के किए गए पापकर्मों के फलस्वरूप होते हैं।

गरुड़ पुराण में कहा गया है:-

'सुकृतं दुष्कृतं वाऽपि भुक्त्वा पूर्वं यथार्जितम्।
कर्मयोगात्तदा तस्य कश्चिद् व्याधिः प्रजायते।।'

(पूर्वजन्म में या वर्तमान जन्म में अच्छे और बुरे कर्म भोग्यरूप होकर ही व्याधि के रूप में उत्पन्न होते हैं।)

पूर्वजन्म के संस्कार स्मरण में रहने के कारण जन्म से ही किसी किसी को पिछले जन्म की घटनाएँ याद रहती हैं। मनुष्य में सैकड़ों वासनाएँ पूर्वजन्म की ही होती

हैं। कोई कर्म किसी जन्म में किया जाता है और कोई कर्म किसी दूसरे जन्म में। यह कर्मों के जन्म का प्रभाव है। जन्म, देश तथा काल का प्रभाव होते हुए भी जिस कर्म का फल प्राप्त होने वाला है, उसी के अनुरूप भोग वासना उत्पन्न होती है। पूर्वजन्म के संस्कार दो प्रकार के होते हैं– 1. स्थायी 2. अस्थायी। स्थायी संस्कारों का परिणाम भोगना ही पड़ता है। अस्थायी संस्कारों को दान-पुण्य, यज्ञ, तप, ईश्वर स्मरण को जरिये मिटाया जा सकता है।

❑❑❑

९

भारत में हिन्दू संस्कारों की परम्परा

पुराणों के अनुसार महर्षि गौतम ब्रह्माजी की मानसी-दृष्टि से पैदा हुए थे। इनकी पत्नी का नाम अहिल्या था। इनका चरित्र अत्यन्त दिव्य तथा तप:पूत साधना से परिपूर्ण था। सर्वभूतहितचिन्तन ही इनकी साधना का उद्देश्य था। महर्षि गौतम जैसा त्याग, वैराग्य, तप, धर्माचरण तथा संस्कारित जीवन अन्यत्र देखने को नहीं मिलता। ये न्याय दर्शन के आचार्य थे। इन्होंने धर्मतत्त्व का निरूपण करने के लिए अनेक सूत्रों की रचना की है, जिसमें जीवन कैसे आचारनिष्ठ तथा संस्कार सम्पन्न हो और कैसे उसे ईश्वरीय प्रेम से भरपूर किया जा सके- इन तथ्यों का बड़ी ही सूक्ष्मता से निरूपण किया गया है। ये सूत्र 'गौतम धर्मसूत्र' के नाम से जाने जाते हैं। महर्षि गौतम ने अपने धर्मसूत्र के प्रारम्भ में ही आचार निरूपण किया है। गृहस्थधर्म सम्बन्धी मुख्य संस्कार-कर्मों का निरूपण करते हुए महर्षि गौतम बताते हैं कि गृहस्थ को नित्य देव, पितृ, मनुष्य आदि पञ्च महायज्ञों को करना चाहिए और अतिथि, बालक, रोगी, गर्भिणी स्त्री, सौभाग्यवती स्त्री, वृद्ध तथा बच्चों को भोजन कराने के बाद ही भोजन करना चाहिए। यथा-

'भोजयेत् पूर्वमतिथिकुमारव्याधितगर्भिणी सुवासिनीस्थविरान् जघन्यांश्च।'

कर्म किस प्रकार के किए जाएँ-इसके सम्बन्ध में महर्षि गौतम बताते हैं किस जिस कर्म को आत्माज्ञानी, वृद्धजन, विनयसम्पन्न, दम्भ, लोभ, मोह से रहित तथा वेद के जानने वाले विद्वान करने योग्य कर्त्तव्य बतावें-उसी कर्म को व्यक्ति करे, अन्य को नहीं।

इसका मतलब यह कि मनमाना कर्म न किया जाए। इस सम्बन्ध में देखिये निम्न श्लोक:-

'यच्चात्मवन्तो वृद्धाः सम्यग्विनीता दम्भलोभ मोहवियुक्ता वेदविद् आचक्षते तत्समाचरत्।'

महर्षि गौतम बताते हैं कि व्यक्ति को चाहिए कि वह सत्य के संस्कार से अनुप्राणित रहे, श्रेष्ठजनों के आचार का परिपालन करे, अहिंसाव्रत परायण रहे, मृदु व्यवहार रखे, सत्संकल्प की पूर्णता में दृढ़ता से लगा रहे, इन्द्रियों पर निग्रह रखे, दान-धर्म का पालन करे तथा शील और विनय से सम्पन्न रहे।

'सत्यधर्मा आर्यवृत्तः .... अहिंस्तो मृदुदृढ़कारी दमदानशीलं।'

महर्षि गौतम ने संस्कारों का विस्तार से निरूपण किया है। इनकी संस्कारों पर विशेष निष्ठा दिखाई देती है। इन्होंने 48 संस्कारों की गणना की है। महर्षि गौतम ने स्थूल करणों के साथ ही सूक्ष्म करणों के संस्कार को भी आवश्यक बताया है। इसलिए उन्होंने आत्मगुण नाम के आठ संस्कार और गिनाए हैं। ये आठ आत्मगुण इस प्रकार हैं:-

'दया सर्वभूतेषु क्षान्तिरनसूया शौचमनयासो मङ्गलमकार्पण्यमस्पृहेति .।'

अर्थात् दया, शान्ति, अनसूया, शौच, अनायास, मङ्गल, अकार्पण्य तथा अस्पृहा-ये आठ आत्मगुण संस्कार हैं।

महर्षि गौतम बताते हैं कि गर्भाधान आदि 40 संस्कारों से स्थूल शरीर का संस्कार हो जाता है, किन्तु सूक्ष्म शरीर तथा कारण शरीर के संस्कारों के लिए सात्विक भावों की प्रतिष्ठा, अन्तःकरण के मल का अपसारण तथा पञ्चम पुरुषार्थरूप भगवत्सम्बन्ध होना आवश्यक है। तभी जीव अर्थात् मानव की वास्तविक प्रयोजन सिद्ध होता है। स्थूल संस्कारों से जीव में योग्यता प्राप्त होती है और वह धीरे-धीरे अन्तःकरण को पवित्र करता हुआ भगवान से अपना नित्य सम्बंध बना लेता है।-

महर्षि गौतम ने निम्न आठ संस्कारों को विशेष रूप से बताया है-

1. दया 2. क्षमा 3. अनसूया 4. शौच 5. अनायास 6. मङ्गल 7. अकार्पण्य तथा 8. अस्पृहा

'आत्मवत्सर्वभूतेषु यद्धिताय शिवाय च।
वर्त्तते सततं हृष्टः कृत्स्ना ह्येषा दया स्मृता।। '

(सम्पूर्ण चराचर जगत में तथा सभी प्राणियों में अपने समान ही सुख-दुःख की प्रतीत करते हुए सबमें आत्मभाव-परमात्मभाव रखकर दूसरे के श्रेय तथा कल्याण के

लिए प्रसन्नतापूर्वक जो व्यवहार निरन्तर किया जाता है-इस प्रकार के समग्र वर्तन को 'दया' कहा जाता है।)

'बाह्यो चाभ्यन्तरे चैन दुःख उत्पादिते परैः।
न कुप्यति न वा हन्ति सा क्षमा परिकीर्तिता।।'

(दूसरों के द्वारा बाह्य शरीर में तथा अन्तःशरीर में दुखःपहुँचाने पर भी प्रतिकार स्वरूप न तो कोप करना और न मारने की चेष्टा करना ऐसा क्षमा कहा गया है अर्थात् किसी भी प्रकार से न तो स्वयं उद्विग्न होना और दूसरे को उद्वेलित करना-इस प्रकार समता में स्थित रहने का भाव 'क्षमा' है)

'न दुर्गुणान गुणैर्हन्ति स्तौति मन्दगुणानपि।
नान्यदोषेषु रमते साऽनसूया प्रकीर्तिता।।'

वेदज्ञान आदि सद्‌गुणों में महिमा बुद्धि के कारण घूत और चौर्य आदि दुर्गुणों से युक्त व्यक्ति को पीड़ित न करना, अल्पगुणों की भी बहुत अधिक प्रशंसा करना तथा दूसरे के दोष-दर्शन में प्रीति न रखना-इस प्रकार के भाव को 'अनुसूया' कहा जाता है।

'अभक्ष्यपरिहारश्च संसर्गश्चाप्यनिन्दितैः।
स्वधर्मेषु व्यवस्थानं शौच मेतत्प्रकीर्तितम्।।'

(अभक्ष्य भक्षण का परित्याग, निन्दित व्यक्तियों का संसर्ग न करना तथा स्वधर्म मे स्थित रहना-इस प्रकार का भाव संस्कार शौच कहलाता है।)

'शरीर पीड्यते येन शुभेनापि च कर्मणा।
अत्यन्तं वर्ज्जयेत्तत्तु सोऽनायासः प्रकीर्त्तितः॥'

(जिस विहित कर्म के द्वारा भी शरीर को अत्यंत कष्ट प्राप्त होता हो, ऐसे कर्म को अधिक न करना अथवा उसका वर्जन करना या सहज भाव से जो आसानीपूर्वक किया जा सके, उसे करने का भाव 'अनायास' कहलाता है।)

'प्रशस्ताचरणं नित्यमप्रशस्तविवर्ज्जनम्।
एतद्धि मङ्गलं प्रोक्तमृषिभिस्तत्त्वदर्शिभिः॥'

(श्रेष्ठ व्यक्तियों का तथा शास्त्र मर्यादित आचरण का नित्य व्यवहार और निंदनीय आचरण का परित्याग-इसे तत्त्वज्ञानी ऋषियों के द्वारा 'मङ्गल' कहा गया है।)

'स्तोकादपि हि दातव्यमदीनेनान्तरात्मना।

अहन्यहनि यत्किंचित्तदकार्पण्यमुच्यते॥'

(प्रत्येक दिन दान देना कर्त्तव्य है-यह समझकर अपने संकल्प में से भी अन्तरात्मा से प्रसन्न होकर प्रयत्नपूर्वक यत्किंचित् भी देना-यह भाव संस्कार 'अकार्पण्य' कहलाता है।)

'विवर्ज्जयेदसंतोषं विषयेषु सदा नरः।

परद्रव्याभिलाषं च सास्पृहा कथ्यते बुधैः॥'

(व्यक्ति को चाहिए कि वह विषयों के सेवन से सदा ही असंतोष का वर्जन करे अर्थात् विषयों के सेवन न करने में संतुष्ट रहे। बिना यत्न किए जो प्राप्त है, उसी में संतोष रखे और परद्रव्य की अभिलाषा न रखे-इस प्रकार की भावना को विद्वानों न 'अस्पृहा' कहा है।)

ब्रह्मर्षि वशिष्ठ द्वारा प्रतिपादित संस्कार-

ब्रह्मर्षि वशिष्ठ ब्रह्माजी के मानस पुत्र हैं और ये सदाचार, धर्माचरण, ज्ञान, वैराग्य, तप, क्षमा और सहिष्णुता की प्रतिमूर्ति माने जाते हैं। ये गृहस्थ-धर्म के आदर्श हैं। देवी अरुंधती इनकी धर्मपत्नी हैं। सबका हितचिन्तन, सबका कल्याण तथा सबका पारमार्थिक कल्याण करना ही महर्षि वशिष्ठ का मूल उद्देश्य रहा है। इन्होंने सदाचार, शौचाचार तथा संस्कार सम्पन्नता को धर्म का मूल बताया है। आचार्य वशिष्ठजी ने जिस प्रकार संस्कारों द्वारा शरीर शुद्धि का विधान बताया है, ऐसे ही द्रव्यशुद्धि तथा भावशुद्धि पर भी उन्होंने बहुत जोर दिया है। वे अन्तःकरण की शुद्धि को मुख्य शुद्धि मानते हैं तथा आध्यात्मिक संस्कारों को परमार्थिक कल्याण का मुख्य हेतु बताते हैं। योग वशिष्ठ में महर्षि वशिष्ठ श्रीराम से कहते हैं-'शम, विचार, संतोष और सत्संगति-ये चारों मनुष्यों के लिए भवसागर से तरने के साधन हैं। इनमें संतोष परमलाभ है, सत्संगति परमगति है, विचार उत्तम ज्ञान है और शम परमोत्कृष्ट सुख है जिन्होंने इनका भलीभाँति सेवन किया, समझना चाहिए कि वे मोहजाल से परिपूर्ण भवसागर से पार हो गए। महर्षि वशिष्ठ सत्य और धर्म का आचरण करने पर जोर देते हुए कहते हैं-'

'धर्मं चरत माऽधर्मं सत्यं वदत नानृतम्।

दीर्घं पश्यत मा ह्रस्वं परं पश्यत माऽपरम्॥'

(धर्म का ही आचरण करो, अधर्म का नहीं। सदा सत्य ही बोलो, असत्य मत बोलो। दूरदर्शी बनो अर्थात् सोच-विचार कर विवेकपूर्वक धर्माधर्म का निर्णय करो। ह्रस्व

अर्थात् संकीर्ण न बनो, उदार बनो। जो पर से भी परात्पर तत्व है, उसी तत्त्व पर सदा दृष्टि रखो। परमात्मा से भिन्न मायामय किसी भी वस्तु पर दृष्टि मत रखो।) महर्षि वशिष्ठजी ने गो-सेवा के संस्कार को बहुत ही महत्वपूर्ण बताया है।

महर्षि वेदव्यास द्वारा प्रतिपादित संस्कार-

महर्षि वेदव्यासजी की समस्त जीवनचर्या धर्म, सदाचार, ज्ञान, वैराग्य, तप, संतोष, अपरिग्रह आदि पर प्रतिष्ठित रही है। वेदों तथा ब्रह्मसूत्र में उन्होंने शुद्ध परमात्मतत्त्व का निरूपण कर ज्ञान मार्ग तथा कर्ममार्ग का उपदेश दिया है, वहीं पुराणों में रागपूर्ण आचारधर्म का निरूपण किया है। वेदव्यास की मान्यता है कि भगवान की प्राप्ति के लिए अन्त:करण की शुद्धि परमावश्यक है और इस शुद्धि में मुख्य हेतु है-व्यक्ति का अन्तर्ब्राह्म सभी प्रकार से शुद्ध, पवित्र एवं संस्कार सम्पन्न होना। इसी कारण वेदव्यासजी ने अन्त:तथा ब्राह्मा की शुद्धि के लिए संस्कारों से संस्कृत होने का विशेष परामर्श दिया है। महर्षि वेदव्यासी का समस्त जीवन संस्कारों से पोषित हुआ था। सम्पूर्ण व्यास स्मृति में मुख्य रूप से धर्माचरण, सदाचार, संस्कार तत्त्व, पातिव्रत्यधर्म, नित्य कर्मों की महिमा, गृहस्थ कर्म तथा दानधर्म की प्रतिपादन हुआ है। वेदव्यासजी कहते हैं कि संस्कारों से सम्पन्न होना तो उत्तमपक्ष है ही, किन्तु इसके साथ ही दैनिक आचारण का पालन परम आवश्यक है। दैनिक नित्य कर्मों से सम्पन्न होने पर व्यक्ति सुसंस्कृत और सदाचारवान् होता है। वेदव्यासजी ने पुराणों में पद-पद पर संस्कारों के अनुपालन तथा सदाचार के सेवन पर बल दिया है। पुराणों में न केवल शरीर के संस्कार अपितु मन, बुद्धि चित्त, अहंकार की शक्ति के लिए भी विशेष संस्कार प्रतिपादित हैं। वेदव्यासजी ने भावशुद्धि पर बहुत बल दिया हैं कि भाव शुद्ध हुए बिना स्थूल संस्कारों का कोई तात्पर्य नहीं रहता।

वेदव्यासजी द्वारा बताए हुए कुछ संस्कार निम्नलिखित हैं-

1. पृथ्वी हमारी माता है, माता को पैर से स्पर्श करना निषिद्ध है, किन्तु प्रात: शय्या से उठने के अनन्तर हमें विवशतावश भूमि या पृथ्वीमाता पर पैर रखना पड़ता है। इसके लिए हमें भूदेवी से क्षमा याचना करनी चाहिए।

2. संस्कारों के विधि विधान बिना पवित्र जल के नहीं हो सकते । अत: स्नान, आचमन, संकल्प आदि के लिए गंगा आदि नदियों के पवित्र जल का यथाशक्ति उपयोग करना चाहिए।

3. 'सर्वाणि येषां गङ्गायास्तोषैः कृत्यानि सर्वदा।
देहं त्यक्त्वा नरास्ते तु मोदन्ते शिवसंनिधौ ॥'

(जिनके सम्पूर्ण कृत्य सदा गंगाजल से ही सम्पन्न होते हैं, वे मनुष्य शरीर त्यागकर भगवान् शिव के समीप आनन्द का अनुभव करते हैं।)

4. 'सर्वतीर्थमयी माता सर्वदेवमयः पिता।
मातरं पितरं तस्मात् सर्वयत्नेन पूजयेत्।'

(माता में सभी तीर्थों का अधिष्ठान है अथवा सभी तीर्थों का जो पावनत्व है, उससे भी अधिक पवित्र माता है। इसी प्रकार पिता में भी सभी देवता प्रतिष्ठित हैं। अतः सभी प्रकार के प्रयत्न से माता-पिता की सेवा-पूजा करनी चाहिए।)

5. 'यो दान्तो विगुणैर्मुक्तो नीतिशास्त्रर्थतत्त्वगः।
एतैश्च विविधैः पूतः स भवेत्सुरलक्षणः॥
पुराणागमकर्माणि नाकेष्वत्र च वै द्विजः।
स्वयमाचरेत पुण्यं से धरोद्धरणक्षमः॥'

(ऐसा सदाचारसम्पन्न, संस्कारवान, धर्मात्मा पुरुष ही देव स्वरूप हैं, जो जितेन्द्रिय, दुर्गणों से मुक्त, नीतिशास्त्र के तत्त्व को जानने वाला तथा ऐसे ही उत्तम गुणों से पवित्र होता है। वह चाहे स्वर्ग लोग का निवासी हों, चाहे मनुष्य लोक का। यदि पुराणों तथा आगमों में निर्दिष्ट सदाचरणरूप पुण्यकर्मों का पालन करता है तो पृथ्वी का उद्वार करने में समर्थ हो जाता है।)

निम्बार्क सम्प्रदाय के पञ्च संस्कार-

निम्बर्काचार्यजी के अनुसार सदाचारसम्पन्न व्यक्ति ही ईश्वर के समान महान गुणों वाला हो सकता है। यदि मनुष्य को अपने में दैवी गुणों का एकत्र करना है तो उसे आध्यात्मिक भक्ति योग की साधना करनी चाहिए। संयम और साधना जीवन की कुंजी है, इसलिए निम्बार्क सम्प्रदाय में आचार को प्रमुख माना गया है।

श्री निम्बर्काचार्य द्वारा प्रतिपादित पञ्चसंस्कार जीवन का परिमार्जन करने वाले हैं। ये पाँच संस्कार निम्नलिखित हैं-

1. ताप संस्कार 2. पुण्ड्र संस्कार 3. नाम संस्कार 4. मंत्र संस्कार तथा 5. योग संस्कार।

'तप' अनेक प्रकार के होते हैं। भारतीय संस्कृति के मूल में तप है। सृष्टि के आदिकाल से ही तप की विशेषता रही है। आचार्य निम्बार्क ने एकादशी व्रत का महत्व विशेष से रूप कहा है। इसका तात्पर्य होता है कि 11 इन्द्रियों के साथ अहंकार का भी संयमन करना चाहिए। तैजस अंहकार दस इन्द्रियों की वृत्ति का कारण है। अहंकार का स्थान हृदय में माना गया है। हृदय में प्रभु का चिंतन करने के लिए हृदय को शुद्ध किया जाए, यह अति आवश्यक है। गोपीचन्दन का तिलक मस्तक आदि शरीर के 12 अवयवों गें लगाना 'पुण्ड्र संस्कार ' कहलाता है।

'नाम' से व्यक्ति समुदाय की प्रकृति तथा संस्कृति का ज्ञान होता है। 'मंत्र संस्कार' का सम्बन्ध मन से है। मन की अविच्छिन अभ्यास को 'जप' कहा जाता है। मंत्र के प्रभाव से मन की शक्ति अपार ही जाती है। मन का समाधान हो जाने से सारी इन्द्रियों का समाधान हो जाता है। परमात्मा को जाना जा सकता है। मंत्र के द्वारा मन को संयमित किया जाता है। सम्पूर्ण वस्तुओं को जानने की शक्ति, आज्ञा देने की शक्ति, सब पदार्थों को विभिन्न रूप से जानने की शक्ति, तत्काल ज्ञान की शक्ति, वेग, स्मारण शक्ति, धारण करने की शक्ति, देखने की शक्ति, धैर्य, बुद्धि, मननशक्ति, संकल्पशक्ति, मनोरथशक्ति, प्राणशक्ति तथा कामनाशक्ति-ये सब शक्तियाँ मन से उत्पन्न होती हैं।

इस कारण मन को मंत्र के अभ्यास द्वारा वशीभूत कर लेने से मन की सम्पूर्ण शक्ति प्रबल हो जाती है। श्री निम्बर्काचार्यजी के अनुसार निष्काम मंत्रानुष्ठान से परमात्मा के समान महान शक्ति प्राप्त होती है। सर्व सामर्थ्य प्राप्त हो जाता है, मन स्वच्छतम हो जाता है और मन की अपार शक्ति में इच्छा आदि शक्तियाँ डूबकर विलीन हो जाती है। ऐसा कहते हैं कि मंत्र द्वारा उपास्य का ध्यान करने से मन स्थिर हो जाता है।

'योग संस्कार' का तात्पर्य है-भगवच्चर्या अर्थात् इन्द्रियों की सम्पूर्ण भोगपृति को भगवान् में समर्पित कर देना। श्री निम्बर्काचार्यजी ने इन्द्रियों की सूक्ष्म अणुरूप वृत्तियों को संगठित रूप से मन में संयोग कर जीवात्मा में संयुक्त कर देने को मोक्ष या मुक्ति की प्रथम अवस्था कहा हैं। सम्पूर्ण वृत्तियों से संगठित उपासक की मनोवृत्ति का ईश्वर में तन्मय हो जाना ही भक्ति योग है। योग के अभ्यान्तर अभ्यास में मन को प्रतिमा मानकर पूजन किया जाता है। उपर्युक्त प्रकार के संस्कारों से चित्त की वृत्तियाँ एकरस होकर प्रवाहित होती हैं।

मन सहित इन्द्रियों की 5 प्रकार की वृत्तियाँ मानी जाती हैं-

1. विषयों की ओर झुकाव से ग्रहण वृत्ति।

2. इन्द्रियों के अपने स्वाभाविक गुणों से स्वरूप वृत्ति।

3. सारी इन्द्रियों के अहंकार से सम्बन्धित हो जाने से अस्मिता वृत्ति।

4. सत्त्व, रज, तम- इन तीन गुणों के संयोग के प्रकट होने से अन्मयवृत्ति।

5. भोग की कामनाओं से अर्थवत्त्वृत्ति होती है।

उपर्युक्त पाँच प्रकार की वृत्तियों का संयमन ही इन्द्रिय विजय है। 'तप संस्कार' से इन्द्रियाँ विषयों की ओर से हट जाती हैं। यही ग्रहण वृत्ति का संयम है। 'पुण्ड्र-संस्कार' से इन्द्रियों की जो देखना, सुनना, आस्वाद आदि स्वाभाविक वृत्तियाँ हैं-ये निर्विकार हो जाती हैं। यही स्वरूप वृत्ति का संयम है।

'नाम संस्कार' से व्यक्ति का अभिमान समाप्त हो जाता है और 'मैं' का प्रयोग भगवान् के नाम में होता है। अहंकार का ईश्वरमय हो जाना ही अस्मिता वृत्ति का संयम है। मंत्रजप से सत्त्व, रज, तम- इन तीनों गुणों के संस्कार का निराकार हो जाता है। मन निर्मल हो जाता है। यही अन्मय वृत्ति का संयम है। इन्द्रियों के भोग की कामनाओं को पूर्ण रूप से भगवान को अर्पण कर देना ही योग 'संस्कार' है। इससे अर्थत्त्ववृत्ति का संयम होता है।

गर्भाधान संस्कार

पृथक स्वरूपों पर विवेचन अगले अध्याय से क्रमबद्धता पूर्वक दिया जा रहा है। भारतीय संस्कार वैचारिक और मौलिक रूप से वैचारिक और अनुकूलीय हैं। संस्कारों की प्रवलता से ही जीवन आदर्शोन्नत होता है। स्त्री का गर्भधारण करना प्रत्येक परिवार के लिए आहलादक तथा सुखद होता है[जबकि स्त्री का मातृत्व ही उसकी महत्ता का द्योतक है। अत: गर्भधारण संस्कार अत्यधिक गौरवशाली संस्कार माना गया है। जैसा कि शास्त्रों में इस संस्कार के विषय में बताया गया है—

गर्भः सन्धार्यते येन कर्मणा तत् गर्भाधानम्।

गृहस्थ जीवन की सार्थकता संतानोत्पत्ति में ही मानी गई है; क्योंकि इसी से तो सृष्टि का विकास होता है। अत: गर्भाधान संस्कार में सात्त्विकता एवं तामसिकता का ध्यान रखना चाहिए। माता-पिता की प्रवृत्ति का प्रभाव ही उनकी भावी पीढ़ी पर पड़ेगा। इस परिप्रेक्ष्य में अत्यधिक सतर्कता अपेक्षित होती है। शास्त्रों में कहा गया है—

ऋतुकाले दाराभिगमनं कार्यम्। ऋतुकालश्च षोडश रात्रय एव॥

भारतीय समाज में किया जाने यह पहला संस्कार है इस संस्कार के माध्यम से विवाहोपरान्त पुरुष स्त्री में अपना बीज स्थापित करता और सन्तान की कामना करता है। पुरुष और स्त्री का शारीरिक सम्बन्ध स्थापन करना गर्भाधान से सम्बंधित है दूसरे अर्थो

में स्त्री का गर्भवती होना ही गर्भाधन है इस संस्कार का प्रचलन वैदिक काल में हुआ। शौनक ऋषि ने इस सम्बंध में परिभाषित करते हुए कहा है कि 'जिस कर्म की पूर्ति में स्त्री पति द्वारा प्रदत्त शुक्र धारण करती है उसे गर्भालम्भन या गर्भाधान कहते हैं।' इस प्रकार यह स्पष्ट है कि यह कर्म कोई काल्पनिक नहीं था अपितु यह यथार्थ था हाँ यह अवश्य है कि इस संस्कार का विकास होने में अवश्य ही लम्बा समय लगा होगा आदिम युग में तो प्रसव एक प्राकृतिक कर्म था शारीरिक आवश्यकता प्रतीत होने पर मानव-युगल सन्तान प्राप्ति की पूर्व कल्पना के बिना सहवास कर लेता था यह उसका स्वभाविक परिणाम था परन्तु गर्भाधान संस्कार से पूर्व एक सुव्यवस्थित पर की भावना विवाह और सन्तान होने की अभिलाषा और यह विश्वास की देवता मानव को सन्तान प्राप्त करने में सहायता प्रदान करते हैं। इस प्रकार के अस्तित्व में आ चुके थे इस प्रकार से इस संसार की प्रक्रिया उस काल से सम्बन्धित है जब की आर्य अपनी आदिम अवस्था से बहुत आगे बढ़ चुके थे। गर्भाधान संस्कार की अवस्था जिन प्रारूपों से आगे बढ़ी वे प्रारूप क्रिया विधि और काल के अनुसार अलग-अलग रूपों से विभक्त होते चले गए। मानव का सम्पूर्ण जीवन संस्कारों का क्षेत्र है इसलिए प्रजनन भी इसके अन्तर्गत आता है धर्मशास्त्र के अनुसार इसके साथ कोई अशुचिता का भाव नहीं लगा है इसलिए अधिकांश ग्रह्य सूत्र गर्भाधान के साथ ही संस्कारों का प्रारम्भ करते हैं। शारीरिक आवश्कता प्रतीत होने पर मानव युगल संतान प्राप्ति की किसी पूर्वकल्पना के बिना जो सहवास कर लेता था यद्यपि वह स्वभाविक प्रमाण था किन्तु गर्भाधान संस्कार से पूर्व एक सुव्यवस्थित घर की भावना विवाह अथव संतान होने की अभिलाषा और यह विश्वास की देवता मनुष्य को संतति प्राप्त करने में सहायता करते हैं यह अस्तित्व में आ चुका था। इस प्रकार इस संस्कार की प्रक्रिया उस काल से सम्बन्धित है कि जब कि आर्य अपनी आदिम अवस्था से बहुत आगे बढ़ चुके थे वैदिक काल में हम सतति के लिए प्रार्थना आदि के वचनों में पितृ-मातृक की प्रवृत्ति देखते हैं। वीर पुत्र देवताओं द्वारा मनुष्य को दिये गये वरदान के रूप में माने जाते थे । तीन ऋणों का सिद्धांत वैदिक काल में विकास की स्थिति में था गर्भाधान के विधिविधान गृह्य सूत्रों के लेखबंद्ध होने से पूर्व ही विकसित हो चुका था किन्तु गृह्य सूत्र में पर्याप्त जानकारी नहीं मिलती परन्तु वैदिक काल में गर्भधारण की ओर इंगित करने वाली अनेकों प्रार्थनाएँ मिलती हैं जैसे- ऋग्वेद के दशम मण्डल का 184 का मंत्र इसी का सूचक है यथा-

प्रजां च धत्त् द्रविणं च धत्तम्।

पुत्रासो यत्र पितरो भवन्ति।

वैदों में यह स्पष्ट रूप से मिलता है कि विष्णु गर्भाशय का निर्माण करें, त्वष्टा तुम्हारा रूप सुशोभित करें प्रजापति बीज वपन करें धाता भ्रूण स्थापन करें। हे सरस्वति !

भ्रूण को स्थापित करो, नील कमल की माला से सुशोभित दोनों अश्विनीकुमार तुम्हारे भ्रूण को प्रतिष्ठित करें। जैसे अश्वत्थ शमी पर आरूढ़ होता है, उसी प्रकार सन्तति का प्रसव किया जाता है, यही सन्तति की प्राप्ति है, उसी को हम स्त्री में आधान करते हैं। वस्तुत: मनुष्य बीज से उत्पन्न होता है। उसी का स्त्री में वपन कर दिया जाता है यही यथार्थ में सन्तति का प्राप्त करना है, यही प्रजापति का कथन हैं। संस्कारों की प्रथम अवस्था जिसे गर्भाधान के नाम से जानते है इसकी प्रारम्भिक अवस्था वैदिक काल है इस काल मे संतति के लिए प्रार्थना आदि के वचनों में पितृ और मातृक प्रवृत्ति की अभिव्यक्ति देखने को मिलती है ऋग्वेद के आठवें मण्डल यह मन्त्र इसका प्रमाण है।

पुंसवन

गर्भस्थ शिशु पर माता-पिता, परिवार एवं वातावरण का प्रभाव अवश्य पड़ता है। महाभारत का अभिमन्यु तो गर्भावस्था में ही अपने पिता अर्जुन द्वारा बताए चक्रव्यूह-भेदन की क्रिया को सीख गया था। अत: गर्भस्थ शिशु के कल्याण के लिए गर्भवती माँ को पौष्टिक व सात्त्विक आहार के साथ सुसंस्कारक साहित्य, शास्त्रोक्त सदुपदेश, चरित्र, आचरण के निखार विषयक कथाएँ सुनानी चाहिए। यह संस्कार गर्भाधान के तीसरे या चौथे महीने में किया जाना चाहिए; जैसा कि शास्त्रों में बताया गया है—

'व्यक्ते गर्भे तृतीये तु मासिक पुंसवनं भवेत्'।

गर्भ के तीसरे महीने 'पुंसवन संस्कार' का आरोपण किया जाता था। यह संस्कार पुत्र-सन्तनोत्पत्ति के निमित्त निष्पन्न होता था। इस संस्कार के माध्यम से पुत्र प्रदान करने वाले देवताओं को प्रसन्न किया जाता था। कभी-कभी यह दो मास से लेकर आठ मास तक के बीच किसी समय सम्पन्न होता था। जब चन्द्रमा पुष्य नक्षत्र में होता था तब यह संस्कार निष्पन्न किया जाता था। पुत्र-सन्तान के लिए यह नक्षत्र मंगलकारी था। इसलिए रात्रि में बरगद की छाल का रस स्त्री की नाक के दाहिने छिद्र में डाला जाता था ताकि उसे गर्भपात न हो। वह व्रत रखती थी तथा देवताओं का पूजन-अर्चन करती थी। पुराणों में उल्लिखित है कि तेजस्वी पुत्र की प्राप्ति के लिए यह संस्कार होता था। वस्तुत: हिन्दू परिवार में पुत्र की स्थिति अत्यन्त महत्त्वपूर्ण थी। श्राद्ध, पिण्डदान आदि का अधिकार केवल पुत्र को ही था तथा पुत्र से ही वंश और कुल की निरन्तरता रहती थी। इस संस्कार द्वारा पुत्र उत्पन्न होने मे बाधा उपस्थित करने वाली स्थितियों का देव-पूजन के माध्यम से निवारण होता था।

सीमन्तोन्नयन

हिन्दू शास्त्रकारों के अनुसार यह संस्कार गर्भ के चौथे महीने में आयोजित किया जाता था। गर्भस्थ शिशु को किसी प्रकार की क्षति न हो। बाह्य आपदाएँ, पैशाचिक प्रकोप अथवा इसी प्रकार की अन्य आकस्मिक शिशु द्योतक घटनाओं से बचाने के प्रयास के क्रम में इस संस्कार की महत्ता है। प्रायः असामयिक गर्भपात की घटनाएँ सुनने में आती हैं। अतः इन सबसे शिशु को बचाने का प्रयास करना चाहिए। वैसे भी गर्भावस्था में स्त्रियाँ कहीं दूर आना-जाना पसंद नहीं करतीं; जबकि भूत-प्रेत बाधा का डर भी रहता है। अतः गर्भस्थ शिशु की सुरक्षा को सर्वोच्च प्राथमिकता इस संस्कार में दिए जाने का संकेत लक्षित होता है। गर्भस्थ शिशु की दीर्घायु एवं सुरक्षा के विषय में तभी तो बताया गया है कि—

सीमन्तोन्नयनं कार्यं तत्स्त्री संस्कार इष्यते।

यह संस्कार चौथे, छठे व आठवें महीने में किए जाने का प्रावधान है; क्योंकि तब तक शिशु उदर में रेंगने लगता है। इस संस्कार में गर्भवती स्त्री के केश सँवारने के भाव से यही प्रतीत होता है कि उसकी देखरेख बड़ी सावधानी से की जानी चाहिए। अधिक श्रम, रात्रि-जागरण, दिवा-शयन आदि न करें। इस संस्कार को 'सीमन्तोन्नयन' इसलिए कहा गया कि इसकी सम्पन्नता में गर्भिणी स्त्री के केशों (सीमन्त) के ऊपर (उन्नयन) उठाया जाता था। ऐसा विश्वास था कि जब स्त्री गर्भिणी होती है तब उस पर अनेक विघ्न-बाधाएँ आती हैं, जो उसे डराकर गर्भ का विनाश कर देती हैं। अतः इन दुष्ट शक्तियों और बाधाओं से गर्भिणी स्त्री की रक्षा का उपाय सीमन्तोन्नयन संस्कार से किया गया। गृह्य सूत्रों में यह उल्लिखित है कि स्त्री के गर्भ का भक्षण करने के लिए कुछ राक्षसियाँ आती हैं,जो उसे अनेक प्रकार की पीड़ा और कष्ट पहुँचाती हैं। इसके निवारणार्थ पति को 'श्री' का आवाहन करना चाहिए जिससे राक्षसियाँ भाग जाएँ। इस संस्कार को सम्पन्न करते समय पुरुष मातृ-पूजा करता था और प्रजापत्य आहुति प्रदान करता था। पूजन-विधि में वह प्रतीक के रूप में तीन गुच्छों और सफेद चिह्नवाले शाही के तीन काँटे भी रखता था जिससे दुष्ट शक्तियाँ गर्भिणी स्त्री से दूर रह सकें। पत्नी के केशों को सँवाकर और उसमें सुगन्धित तेल डालकर उसे यज्ञ-मण्डप में प्रविष्ट कराया जाता था। वेद-मन्त्रों के उच्चारण के साथ संस्कार सम्पन्न कराया जाता था। ऐसे समय गर्भिणी स्त्री खिचड़ी की आहुति देती थी और उसी को खाती थी। उपस्थित वृद्धाएँ और श्रेष्ठ स्त्रियाँ उसे वीर पुत्र जन्म देनेवाली कहकर आशीर्वचन देती थीं। पुराणों में कहा गया है कि गृहस्थ को प्रयत्नशील होकर यह संस्कार करते समय नान्दीमुख नामक पितरों की पूजा करनी चाहिए । नान्दीमुख के अन्तर्गत पितामह के पूर्ववर्ती तीन-पितर सम्मिलित किये जाते हैं।

जातकर्म

पुत्र-जन्म के समय जातकर्म संस्कार सम्पादित किया जाता है। मनु के अनुसार नाभिछेदन (नार काटने) के पहले 'जातकर्म' संस्कार सम्पन्न किया जाना चाहिए। निर्विघ्न प्रसव होने के साथ शिशु यशस्वी एवं वर्चस्वी बने, अत: इस संस्कार में शिशु के प्रति अपनी-अपनी परंपरा के अनुसार अनेक क्रियाएँ की जाती हैं। प्राय: लोग नवजात शिशु के मुख से घी-मधु का स्पर्श कराते हैं। इसी के साथ यह मंत्र-वाचन भी किया जाता है—

मन्त्रवत्प्राशनं चास्य हिरण्यमधुसर्पिषाम्।
हिरण्यमधुसर्पिषां प्राशनमेव मुख कृत्यम्।

शिशु के कान में भी दीर्घायु-यशस्वी होने के लिए मंत्र पढ़े जाते हैं। नवजात शिशु के नाल-छेदन की (नाल काटने की) क्रिया की जाती है, जिसके विषय में कहा गया है—

यावन्न छिन्द्यते नालं तावन्नाप्नोति सूतकम्।

इन सब संस्कारों में जच्चा-बच्चा की सुरक्षा का विशेष ध्यान रखा जाता है। अनिष्टकारी शक्तियों का बच्चे पर कोई कुप्रभाव न पड़े, इसके लिए यह संस्कार सम्पन्न होता था। सोना, घी तथा मधु का गृहोक्त मन्त्रों से नवोत्पन्न बच्चे का प्राशन कराया जाता था। पिता सविधि स्नानादि करके नान्दीमुख-श्राद्ध और पूजन करता था। पिता आशी:मन्त्रों के उच्चारण के साथ पुत्र को स्पर्श करता और सूंघता था। इस सम्बन्ध में आश्वलायन का विचार है कि जब पुत्र जन्म लेता है तब सर्वप्रथम पिता उसे स्वर्ण की शलाका से शहद तथा घृत चटाता है। इन समस्त क्रियाओं में अग्नि प्रज्वलित रहती थी। होम के साथ इस संस्कार पर सम्पादन सविधि किया जाता था। मध्यकालीन लेखकों ने भी जातकर्म संस्कार पर प्रकाश डाला है। स्मृतिचन्द्रिका के अनुसार जातकर्म संस्कार करने के पहले स्नान अवश्य करना चाहिए। जातकर्म के अभिलेखीय प्रमाण भी मिलते हैं। गहड़वाल नरेश जयचन्द्र ने अपने पुत्र हरिशचन्द्र के 'जातकर्म' के शुभ अवसर पर पुरोहित प्रहराज शर्मन को वदेसर ग्राम दान में दे दिया था। हिन्दू समाज में सन्तान को नाम प्रदान करना भी एक संस्कार माना गया। परिवार में नाम का अत्यधिक महत्त्व रहा है, जो शुभ कर्मों और भाग्य का आधार माना गया है। व्यक्तिगत नाम से ही मनुष्य की ख्याति होती है और वह अपने नाम से ही समाज में जाना जाता है। अत: नामकरण के माध्यम से सन्तान का नाम निर्धारित होता है जिससे वह अपने व्यक्तितत्व का निर्माण करता है। इसके निमित्त किसी शुभ और मंगल घड़ी में देवपूजन और यज्ञाहुति का आयोजन होता था। ब्राह्मण

ग्रन्थों , गृह्यसूत्रों, स्मृतियों आदि में नामकरण संस्कार का सविस्तार वर्णन किया गया है। शिशु के नाम का चुनाव धार्मिक क्रियाओं के साथ निश्चित तिथि को सम्पन्न किया जाता था। नामधेय के लिए नामकरण का काल और नामार्थक शब्दों का विचार भी इसका आवश्यक अंग था। मनु के अनुसार दशवें या बारहवें दिन शुभ तिथि,नक्षत्र और मुहर्त्त में नामकरण संस्कार का आयोजन करना चाहिए। भाष्यकार विश्वरूप श्रौर कुल्लूक के अनुसार इसे 11वें दिन सम्पन्न करना चाहिए। मेधातिथि ने इसे 10वें दिन सम्पादित करने का निर्देश दिया है। बृहस्पति ने यह व्यवस्था दी है कि शिशु का नामकरण जन्म से दसवें , बारहवें , तेरहवें , सोलहवें ,उन्नीसवें अथवा बत्तीसवें दिन सम्पन्न करना चाहिए । साधारणतः प्रसूति की समाप्ति के बाद किसी अच्छे समय और दिन में नामकरण का आयोजन किया जाता था। वृद्धि कम-से-कम 10 दिन और अधिक-से-अधिक एक मास की मानी जाती थी। इसकी समाप्ति के बाद नामकरण संस्कार की संयोजना की जाती थी। इस समय माता अपने बच्चे को वस्त्र से ढँककर तथा उसके सिरों को जल से पवित्र करके उसके पिता की गोद में रख देती थी और तत्पश्चात् विभिन्न देवताओं का पूजन करके देवताओं, अग्नि, सोम आदि को आहुतियाँ दी जाती थीं। प्रारम्भ में तीन संस्कार जन्मावस्था के पूर्व के संस्कार हैं, किन्तु जातकर्म संस्कार जन्म लेने के बाद सम्पादित किया जाता है। जातकर्म नाम से ही यह स्पष्ट होता है कि जिसका जनन हुआ हो, उससे सम्बन्ध कर्मों का किया जाना। इस कार्य में जातक के पिता एवं माता के द्वारा श्रुति एवं स्मृति सम्मत विधियों का निष्पादन किया जाता है। जिनमें उल्लेखनीय है कि पुत्रोत्पादन के बाद बारह विभिन्न पात्रों में पाचित रोटी को बलि के रूप में बाँटकर फिर वैश्वानर को समर्पित किया जाता है। जिसका फल शास्त्रों में बताया गया है कि जातकर्म संस्कार करने से जातक पवित्र, गौरवर्ण,धन-धान्य से पूर्ण एवं पशु से युक्त होता है। इन बातों पर ध्यान देने से कुछ वैज्ञानिक तत्त्व सामने आते हैं, कि वह बलि वैश्वानर को बारह पात्रों में ही क्यों अर्पित की जाती है? उस बलि में और तरह के पकवान भी दिये जा सकते थे, किन्तु रोटी को ही बलि के स्वरूप में क्यों स्वीकार किया जाता हैं? और फिर इस क्रिया के द्वारा शिशु की पवित्रता से, गौरवपूर्णता से, धन-धान्य की प्रचुरता से एवं पशु की युक्तता से कैसा नाता है? तात्पर्य यह है कि बारहों बर्तन बारहों मास के द्योतक हैं, जिनमें दी जाने वाली बलि के रूप में पकी रोटियाँ खाद्यान्न का प्रतिनिधित्व करती हैं। यहाँ यह धातव्य है कि आदमी जब पैदा होता है तो सर्वप्रथम उसे हवा की आवश्यकता प्रतीत होती है। फिर पानी की आवश्यकता होती है, और फिर रोटी की आवश्यकता प्रतीत होती है। इस परिप्रेक्ष्य में पुराण का पद स्मृति पथ में आता है कि-**कलावन्तगताः प्राणाः** (सत्यनारायणकथा) इसका आशय है कि कलिकाल मे जीवन धारण तब तक ही सम्भव है जब तक की खाने को दाने मिलते रहें। माना कि दाने से ज्यादा जल का महत्व एवं जल

से भी ज्यादा महत्व हवा का होता है, परन्तु हवा व जल के लिए आदमी को कोई खास किश्म का प्रयत्न नहीं करना पड़ता। ये दोनों सृष्टि के रचयिता के द्वारा पर्याप्त मात्रा में प्रदत्त हुए मिल जाते हैं। परन्तु रोटी के लिए व्यक्ति को जीवन भर जूझना होता है। अपनी भुजा की ताकत से उसका उपार्जन करना होता है। तभी व्यक्ति की क्षुधापूर्ति, प्रकारान्तर से जीवन धारण सम्भव हो पाता है। अन्य तरह के पकवान भी बलि के रूप में दिये जा सकते थे, किन्तु उनको छोड़कर रोटी को ही स्वीकार किया जाना किसी वर्ग-विशेष को छोड़कर सर्वसाधारण जनता की धरती पर उतरकर ऐसा विचार करने की भावना से मण्डित होना परिलक्षित होता है। रोटी ही एक ऐसी वस्तु है जिसका सेवन राजा से रंक तक के द्वारा किया जाना अपने आप में एक बहुत ही उदात्त भावना तथा संयम की धारण से अनुप्राणित है। वैश्वानर को वैदिक साहित्यों में धनधान्य की देवता, गौरव की देवता के रूप में स्वीकारा जाता है। अत: उनको बलि के रूप में बारह पात्रों में रोटी को देकर प्रसन्न करके उनकी कृपा से बारहों महीने बच्चे के लिए अन्नादि की प्राप्ति हेतु जो प्रयास किया जाता है वह एक कोमल एवं सहृदयतापूर्ण भावना तथा संतोष से भरा कदम है। आदमी और पशु में सम्बन्ध युगों-युगों से बिल्कुल अन्योन्याश्रित है, जिसका प्रमाण हमारे दैनिक जीवन में पग-पग पर पशु की आवश्यकता, पूजा एवं सेवा को अंगीकृत कर लेना है। अत: पशु से युक्त होना व्यक्ति के लिए जीवन के योग क्षेम वास्ते बहुत ही अनिवार्य है। इसलिए पशु से युक्त होना धनिकत्व का भी परिचायक है। इसलिए पशु-युक्तता की कामना करना अत्यन्त ही तर्क संगत प्रतीत होता है। इन सब कामनाओं की पूर्ति केवल व्यक्ति यदि पुरुषार्थ से करना चाहे तो आधुनिक वैज्ञानिक जगत में भी सर्वथा संभव नही है, क्यों कि हम नित्य प्रति देखते हैं कि कृषक अपने खून पसीने को एककर खेत में बीज लगाते हैं, उनकी सेवा करते हैं। फिर बालियाँ आती हैं पौधे लहलहाते हैं, परन्तु काटने के समय अतिवृष्टि, अनावृष्टि, जलाप्लावन, भूकम्प इत्यादि सशक्त बाधकों के द्वारा वो नष्ट हो जाते हैं, मानों पौधे नष्ट नहीं हुए अपितु कृषक का अरमान नष्ट हो गया, उस की आशा-अभिलाषा चूर-चूर हो गयी। अत: किसी भी कार्य हेतु पुरुषार्थ के साथ परोक्ष सत्ता को भी अंगीकार करना नितान्त वैज्ञानिक है और ऐसा कर लेने से बुझदिली के स्थान पर उत्साह एवं उमंग का भाव जनमानस को आप्लानित करता है। जातकर्म संस्कार के द्वारा वैश्वानर को बलि समर्पित किये जाने के पीछे पुत्र के माता-पिता की भावना में यही तत्त्व पूर्णत: निहित होते हैं। बृहदारण्यकोपनिषद् में जातकर्म संस्कार के लिए निम्नलिखित क्रियाएँ प्रस्तावित की गयी हैं-

(क) दही एवं घी का मंत्रों के साथ होम (दही एवं घी को मिलाकर होम करने से हव्य कुण्ड के गर्भ से जो धुँआ उठता है। वह घर के आस-पास के पर्यावरण के लिए अत्यन्त ही लाभदायक है।)

(ख) बालक के दाहिने कान में वाक् शब्द को तीन बार कहना-(वाक् वाणी का पर्याय है, जिसे कर्ण पथ में तीन बार तत्काल पहँचाने के पीछे वाणी से अत्यन्त ही शिशु की युक्तता की कल्पना है।) ब्राह्मण ग्रन्थों में वाक् शब्द सरस्वती के लिये प्रयुक्त हुआ है। अतः बालक को सारस्वत बनाने के लिए यह एक प्रयास है।

(ग) सोने के चम्मच से बालक को दही, मधु चटाना (इस क्रिया के द्वारा दही एवं मधु में निहित प्रभावकारी संस्कार के द्वारा बच्चे के शरीर एवं स्वभाव को सुसंस्कृत किया जाता है।) मधु, घृत एवं सुवर्ण इन तीनों का योग 'ट्रिप्लान' इन्जेक्शन का प्रतिनिधित्व करता है जो आधुनिक चिकित्सा विज्ञान के निकट है।

(घ) बच्चे को गुप्त नाम देना। (गुप्त नाम देने के प्रयास के द्वारा बच्चे को सुरक्षा व्यवस्था-हेतु एक अभिनव कदम उठाना है।)

(ङ) माता को मन्त्रों द्वारा सम्बोधित करना। (इस विधि से जातक के प्रति माता के पुनीत कर्त्तव्यों को निर्देशित किया जाता है।)

सुन्दर, शोभन और कर्णप्रिय नाम अच्छे माने जाते रहे हैं। शिशु को नाम प्रायः देवताओं नक्षत्रों आदि के नाम पर प्रदान किये जाने का निर्देश दिया गया है। देवता-नाम, मास-नाम, नक्षत्र, और व्यावहारिक नाम सन्तान को प्रदान किये जाते थे। अतः नामकरण करने के ये चार आधार हिन्दू धर्मशास्त्रकारों ने निर्धारित किए। मनु के अनुसार स्त्रियों का नाम सुखपूर्वक उच्चारण करने योग्य , अक्रूर तथा स्पष्ट अर्थवाला, मनोहर, मंगल-सूचक, अन्त में दीर्घ अक्षरवाला और आशीर्वाद से युक्त अर्थवाला होना चाहिए । इस प्रकार पुत्रियों के नाम के अन्त में , 'आ,' 'दा' लगता था, जैसे, वसुदा, यशोदा, नर्मदा, पुष्पा आदि। नदियों और नक्षत्रों के नाम पर भी पुत्रियों के नाम रखे जाते थे।

नामकरण संस्कार

शिशु के नामकरण संस्कार के विषय में शास्त्रोक्त कथन है कि—

एकादशे अहनि पिता नाम कुर्यादिति।

जन्म के ग्यारहवें दिन नवजात शिशु का नामकरण होना चाहिए। नामकरण संस्कार की महत्ता भी शास्त्रों में इस प्रकार बताई गई है —

नामाखिलस्य व्यवहारहेतुः शुभावहं कर्मसु भाग्यहेतुः।
नाम्नेव कीर्तिं लभते मनुष्यस्ततः प्रशस्तं खलु नामकर्म॥

तात्पर्य यह है कि नाम का मनुष्य के काम पर तथा व्यक्तित्व पर प्रभाव पड़ता है, अतः शिशु के शुभाशुभ के परिप्रेक्ष्य में नामकरण संस्कार किया जाना चाहिए।

'शतपथब्राह्मण' में भी बताया गया है—

तस्मात्पुत्रस्य जातस्य नाम कुर्यात्।

नारद ने अपने कुल के अनुरूप नामकरण करने को महत्त्व दिया है। यथा—

सूतकान्ते नामकर्म विधेयं स्वकुलोचितम्।

नामकरण संस्कार अपनी-अपनी परंपराओं, गोत्रों आदि के अनुसार विविध पारंपरिक तिथियों पर किए जाते हैं।

'भविष्यपुराण' में तो कहा गया है—

नामधेयं दशम्यान्तु केचिदिच्छन्ति सूरयः।

द्वादश्यामपरे प्राहुर्मासे पूर्णे तथा परे।

अष्टादशेऽहनि तथा वदन्त्यन्ये मनीषिणः॥

नामकरण संस्कार बाहर दिन के बाद, अठारह दिन के बाद अपनी-अपनी रीति एवं परंपरा के अनुसार किए जाते हैं। आदिवासी तो प्रायः सप्ताह के दिनों के नाम के अनुसार जिस दिन बच्चा जन्म लेता है, उसका नाम रखते हैं। नामकरण संस्कार पर विशेष ध्यान देना चाहिए।

नामकरण संस्कार एक ऐसा संस्कार है जिसका सम्बन्ध व्यक्ति की जीवन्तावस्था से ही नहीं, अपितु मरणोत्तरकालिक अवस्था से भी है। एक बार जो नामकरण कर लिया गया वही नाम उस व्यक्ति का अटूट हिस्सा बन जाता है, जिसे पुरुषार्थ के बल पर भी सर्वथा अलग नहीं किया जा सकता। व्यवहारिक दुनिया में नाम का महत्त्व हमें पग-पग पर देखने को मिलता है, चाहे वह कोई प्राणी हो, या कोई पदार्थ; नाम के बिना उसका अस्तित्व बोधगम्य नहीं हो पाता। नामकरण के इसी इतिहास में व्यक्तियों के लिए एक अलग अध्याय निर्मित है, जिसे नामकरण संस्कार के रूप में हम जानते हैं। श्रुतियों में कहा गया है-

"द्वादशेऽह्नि पिता नाम कुर्यात्"

इसका अर्थ है कि बारहवें दिन पिता के द्वारा पुत्र का नामकरण किया जाना चाहिए। इसकी वैज्ञानिकता पर हम बाद में विचार करेंगे, लेकिन अभी प्रसंगतया नाम किस तरह का रखा जाये, से सम्बन्धित बातों पर दृष्टि प्रक्षेप करना आवश्यक है। आचार्यों के द्वारा प्रतिपादित नियमानुसार उक्त संस्कार में शिशु के चार नाम रखे जाते हैं-

(क) नाक्षत्र नाम (ख) गुप्त नाम (ग) सर्वसाधारण नाम (घ) यज्ञप्रयुक्त नाम। संस्कार प्रकाश में चार प्रकार के नामों का उल्लेख मिलता है, यथा

(क) देवता नाम (ख) मास नाम (ग) व्यावहारिक नाम और (घ) नक्षत्र नाम।

महाभाष्यकार पतजंलि ने पस्पशाह्निक में कहा है-

''दशम्युत्तरकालं पुत्रस्य जातस्य नाम विद्ध्याद् घोषवदाद्यन्तरन्तः स्थमवृद्धं त्रिपुरुषानुकमनरिप्रतिष्ठितम्। तद्धि प्रतिष्ठिततमं भवति। द्वयक्षरं चतुरक्षरं वा नाम कृतं कुर्यान्न तद्धितम्'' इति।

अभिप्राय यह है कि जातक का नाम दो अक्षरों वाला या चार अक्षरों वाला होना चाहिए, जो कि कृदन्त शब्द हो, तद्धितान्त नहीं। साथ-साथ वह शब्द किसी दुश्मन से सम्बन्ध नाम वाला नहीं हो और प्रारम्भ के तीन पीढ़ियों के नाम का स्मारक हो। तभी वह नाम सुप्रतिष्ठित होता है। भगवान् मनु के द्वारा भी नाम के सम्बन्ध में कुछ इसी तरह की बातों का उल्लेख किया गया है यथा-

(क) सभी वर्णों के व्यक्तियों का नाम शुभचिन्तक, शक्तिरोधक तथा शान्तिदायक होना चाहिए।

(ख) नाम के साथ एक उपपद भी होना चाहिए जिससे प्रसन्नता रक्षा तथा पुष्टि का संकेत मिल रहा हो।

उपर्युक्त बातों पर गम्भीरतया ध्यान देने से कुछ रहस्य सामने आते हैं। यथा ग्यारहवें और बारहवें दिन ही पुत्र का नाम रखने के लिए क्यों कहा गया है? इसका कारण यह है कि नवजात शिशु के प्रारमभिक दस दिन बहुत ही नाजुक एवं आशंकाओं से भरे हुए दिन होते हैं। इसी अन्तराल में यदि शिशु का नामकरण कर लिया जाये और आपाततः उसकी मृत्यु हो जाये, तो अत्यंत कोमल एवं संवेदनशील जनमानस को उस शब्द के प्रति बहुत ही घृणा आ जायेगी, तथा रोने के लिए वह शब्द जीवन के किसी क्षण में स्मृत होने पर कारण तत्व को प्राप्त कर सकता है। पिता के द्वारा ही नामकरण किया जाये, इस बाध्यता से यह स्पष्ट होता है, कि तत्कालीन समय में स्त्रियाँ अपेक्षाकृत अनपढ़ हुआ करती थीं, जिनको कि शब्दों का समुचित ज्ञान नहीं होता था। इसलिए स्त्रियाँ नामकरण के अधिकार से वंचित कर दी गयीं-ऐसा साक्ष्य ऐतिहासिक परिप्रेक्ष्य में हम उक्त पंक्ति के द्वारा ग्रहण कर सकते हैं। चार प्रकार के नाम किसी जातक के रखे जायँ, ऐसी अवधारणा हमें व्यक्ति की चार अनिवार्य अवस्थाओं के प्रति इंगित करती है। बाल्यावस्था, किशोरावस्था, युवावस्था एवं वृद्धावस्था की चार पगडंडियों से व्यक्ति मात्र को गुजरना होता है। प्रत्येक पगडंडी बहुत ही संकीर्ण एवं सम्भावनाओं से भरी होती है। अतः किसी एक प्रकार का नाम चिरस्थायी अथवा अवस्थानुकूल नहीं हो सकता। उदाहरणस्वरूप किसी व्यक्ति का नाम यदि ज्ञानानन्द रख दिया जाये तो यह ज्ञानात्मक अवस्था प्रौढावस्था

के लिए तो नितान्त संगत है, किन्तु बाल्यावस्था एवं जर्जरावस्था के लिए उतना ही अप्रासंगिक होगा। इस प्रकार अवस्था के धर्म एवं गुणानुरूप अथवा सम्भवत: व्यक्ति के भविष्य में होने वाले आचारणानुरूप चार नाम रखे जाने समुचित प्रतीत होते हैं। आचरण या तो अधम होगा या मध्यम या उत्तम या फिर उत्तमोत्तम। इस तरह चार नाम, चार अवस्थाओं के तथा चार आचरणों के प्रतीक के रूप में सम्भावनाओं एवं भावनाओं के रूप में देखे जा सकते हैं। बच्चे के माता-पिता अपनी सन्तान के लिए हमेशा शुभ एवं मंगल कामनाओं से आलोडित रहते हैं, संसार की सारी खुशियाँ अपने बच्चे की झोली में उड़ेले देना चाहते हैं। अत: भरतीय दर्शन के जो परमार्थ चतुष्टय-धर्म, अर्थ, काम और मोक्ष आदर्श के रूप में प्रतिपादित हैं, को चार नामों की पुत्तलिकाओं में बाँधकर वो अपने निरीह शिशु को सौंप देना चाहते हैं- ऐसी भी व्याख्या नामकरण संस्कार के अन्तर्गत ढूँढी जा सकती है।

निष्क्रमण

नवजात शिशु को अच्छे मुहूर्त में अनुष्ठानों के साथ घर से प्रथम बार निकालने को 'निष्क्रमण संस्कार' कहते हैं। जैसाकि कहा गया है—

प्रसूतिगृहात् प्रथमनिर्गमनात्मक: निष्क्रमणमिति कथ्यते।

निष्क्रमण संस्कार प्राय: गाँवों में संपन्न किए जाने पर गाय के गोबर से आँगन को लीपकर, चौका पूरकर, विविध अनुष्ठानों के साथ नवजात शिशु को प्रसूतिका-गृह से बाहर लाकर चौक में रखे अनाज का स्पर्श कराया जाता है तथा सूर्य और चंद्रमा के दर्शन शुभ तिथियों पर कराए जाते हैं। जैसाकि कहा गया है—

चतुर्थेमासि निष्क्रमणिका सूर्यमूदीक्षयति तच्चक्षुरेति।
बहि निष्क्रमणञ्चैव तस्य कुर्याच्छिशो: शुभम्॥

इस संस्कार में प्राय: तृतीय मास में सूर्य दर्शन और चतुर्थ मास में चंद्र दर्शन कराए जाने को प्राथमिकता दी जाती है। यह कार्य प्राय: पिता द्वारा किया जाता है। इस अवसार पर कुलदेवता, सूर्य, चन्द्रमा आदि की पूजा-अर्चना की जाती है। जन्म से एक निश्चित अवधि के बाद जब संतान को पहली बार घर के बाहर निकाला जाता था, तब वह 'निष्क्रमण' कहा जाता था। इस संस्कार के पहले मां और शिशु को एक प्रकोष्ठ में रखा जाता था तथा वहां से कहीं और जाने की अनुमति नहीं होती थी निष्क्रमण संस्कार सम्पन्न करने के बाद ही शिशु अपनी माता के साथ बाहर लाया जाता था। यह संस्कार प्राय: जन्म के बारहवें दिन से चौथे मास तक सम्पन्न हो जाता था। एक निश्चित मंगलमय तिथि को पूजन-पाठ के बाद सन्तान को घर के बाहर प्राकृतिक वातावरण में लाया जाता

था। इस संस्कार को सम्पन्न करने की निर्धारित तिथि के दिन गृह के किसी ऐसे हिस्से को गोबर और जल से पवित्र किया जाता था, जहाँ से सूर्य का दर्शन सम्भव था। स्वास्तिक का चिह्न बनाकर उस पर धान डाले जाते थे। शिशु को स्नान कराकर, नवीन वस्त्र धारण कराकर, यज्ञ के सम्मुख लाकर वेद-मन्त्रों का पाठ होता था। तत्पश्चात् शिशु को माँ की गोद में देकर सर्वप्रथम उसे सूर्य का दर्शन कराया जाता था। पिता उसे लेकर सूर्य की ओर अभिमुख होता था। कभी-कभी तीसरे महीने सूर्य का दर्शन और चौथे महीने चन्द्र का दर्शन कराने की व्यवस्था थी। मनु के अनुसार बालकों को जन्म से चौथे महीने गृह के बाहर लाना चाहिए। वस्तुतः इस संस्कार के मूल में यह विचार था कि एक निश्चित और निर्धारित तिथि पर शिशु को सर्वप्रथम उन्मुक्त वातावरण और प्राकृतिक जीवन में लाकर तथा सूर्य और चन्द्र जैसे नक्षत्रों के प्रकाश में लाकर उसके स्वच्छन्द विकास पर बल दिया जाय।

निष्क्रमण का अर्थ होता है बहिर्गमन, जिसका तात्पर्य दुनिया की सैर कराने से नहीं, वरन् बच्चे को घर से बाहर ले जाने से है। इस संस्कार के संदर्भ में वैदिक साहित्यों में अन्यतम् गोभिल, खादिर, बौधायन, मानव तथा काठक ब्रह्मसूत्रों में विविध प्रकार के विवरण प्राप्त होते हैं। उनके अनुसार जन्म के चौथे मास में बच्चे का निष्क्रमण संस्कार होना चाहिए। समय के सम्बन्ध में कुछ विवाद भी देखने को मिलते हैं यथा-पुराण के अनुसार निष्क्रमण संस्कार बारहवें दिन में सम्पादित किया जाना चाहिए, जिसके लिए इच्छा ही प्रमाण होती है। इस संस्कार की विधियाँ निम्नलिखित हैं-

(क) बच्चे को घर से बाहर निकाला जाना,

(ख) उसे सर्वप्रथम सूर्य का दर्शन कराया जाना,

(ग) वैदिक मंत्रों का उच्चारण किया जाना,

(घ) ब्राह्मणों के भोजन का आयोजन किया जाना ये चारों बातें निष्क्रमण संस्कार के लिए अनिवार्य हैं। जिनमें प्रत्येक के पीछे सूक्ष्म दृष्टि से विचार करने पर कुछ निगूढ़तम तत्त्व सामने आते हैं। शुभमुहूर्त में एक निश्चित समय पर पिता के द्वारा सूर्य के सामने पुत्र को लाया जाना इस बात को स्पष्ट करता है कि बच्चे का जीवन "**तमसो मा ज्योतिर्गमय**" के आदर्श से मण्डित हो। इसमें सूर्य की सी प्रतिभा,पराक्रम तथा अनवरत गतिमत्ता की शक्ति का शुभागमन हो। शरीर की वृद्धि शरीर के लिए एक अनिवार्य शर्त है। पौधे का स्वाभाविक रूप में बढ़ना, उसमें पत्ते, फूल एवं फल का लगना सूर्य के प्रभाव से वंचित रहने पर असंभव है। सूर्य की ऊर्जा किसी भी सजीव पदार्थ के लिए बहुत ही आवश्यक होती है। यहाँ तक कि वह प्राण के स्त्रोत के रूप में काम करती है। बच्चा भी तो एक पौधा ही है जिसे भी अनेकों प्रकार के विटामिनों, ऊर्जाओं तथा

प्राकृतिक तत्त्वों की परमावश्यकता होती है। इन सबों की अजस्र धाराएँ सूर्य से प्रसृत होती हैं। अत: बच्चे का घर से बाहर निकलते ही सूर्य के सम्पर्क में लाना वैज्ञानिक दृष्टि से अत्यंत ही सुनिश्चित प्रक्रिया है। चौथे मास में ही यह संस्कार किया जाता है। उसकी तात्कालिक त्वचा में इतनी ग्राह्यता एवं सहनशीलता नहीं होती है। इसके पीछे बच्चे की असहिष्णु त्वचा को कारण माना जा सकता है। उसकी तात्कालिक त्वचा में इतनी ग्राहयता एवं सहनशीलता नहीं होती है, जो कि ब्राह्य प्राकृतिक प्रभाव को बर्दाश्त कर सके। त्वरित आरोपित पौधे का सूर्य के प्रभाव से मृतप्राय दीखना बिल्कुल आम बात है। इसलिए चौथे मास से पूर्व सूर्य के सम्पर्क में लाने से बच्चे की शारीरिक स्वस्थता पर कुप्रभाव हो सकता है। निष्क्रमण संस्कार से पूर्व वाले संस्कार घर के अन्दर में अपेक्षित व्यक्तियों के द्वारा सम्पादित किये जाते हैं, किन्तु इस संस्कार में बच्चे का अपने लौकिक जीवन के नाना क्रिया-कलापों के अन्तर्गत सर्वप्रथम बहिर्गमन होता है जो कि घर से बाहर आ करके कुछ प्रभावशाली एवं लोकोपकारी काम की ओर प्रवृत्ति कराने में देखा जा सकता है। प्राचीनकाल में आज के वैज्ञानिक युग के अनुरूप लोगों की सुरक्षा व्यवस्था पर्याप्त नहीं थी आस-पास जंगल से भरा क्षेत्र होता था, जिसमें हिंसक वन्य जीव जन्तु रहा करते थे। इनके द्वारा इस असहाय एवं अज्ञानी शिशु की रक्षा खास कर घर से बाहर अपेक्षा के अनुरूप सम्भव नहीं हो पाती थी। अत: जन्म के बहुत दिनों बाद तक उसे घर की चार दीवरी के अन्दर ही रखा जाता था और उसकी सुरक्षा के अनेकानेक प्रबन्ध किये जाते थे, जो कि इस संस्कार पर दृष्टि देने से ज्ञात होता है। निष्क्रमण संस्कार के अनिवार्य चार अंगों में से तीसरा अंग मंत्रों का पढ़ा जाना है। फलत: किसी भी मांगलिक अवसर पर मन्त्रोच्चारण के पीछे केवल संस्कृति की परम्परा के लिए के लिए प्रयोग आ रहे आधुनिक शब्दावली में अंधविश्वास शब्द को ही एकमात्र कारण के रूप में स्वीकारा नहीं जा सकता। इसमें और भी तथ्य दृष्टिगोचर होते हैं। मंत्रों का वर्ण संयोजन, उसका क्रम निर्धारण उसकी ध्वनियाँ एवं उसकी अभिव्यंजनाएँ सामान्य लौकिक वाक्य से भिन्न हुआ करती हैं। जिन सबों का सम्बन्ध मनोवैज्ञानिक, चिकित्साशास्त्रीय एवं दर्शनशास्त्रीय महिमाओं से है।

आज के विकसित समय में हम देखते हैं कि मनोवैज्ञानिक चिकित्सा का क्षेत्र मानसिक एवं शारीरिक रोगाकुल जगत् में व्यापक होता जा रहा है। दु:साध्य रोगों का इलाज भी इस पद्धति के द्वारा आसानी से सम्भव हो जाता है। जहाँ तक कि और औषधियाँ जहाँ अपने को अशक्त मान बैठती हैं, वहाँ मनोवैज्ञानिक चिकित्सा पद्धति के द्वारा ही रोग विनिर्मुक्ति होती है। ध्वनि भी एक ऐसा पदार्थ है, जो कर्णेन्द्रिय के द्वारा शरीर के अन्दर प्रवेशकर शारीरिक एवं मानसिक एवं बौद्धिक प्रतिक्रियाओं के हेतु भूत अवयवों को अपने संस्पर्श से प्रभावित करता है तथा उनकी क्रियाओं में गति प्रदान करता है।

किसी भी व्यक्ति को निद्रितवस्था में ऊंची आवाज के द्वारा प्रबोधित करने से उसके मन-मस्तिष्क पर गलत प्रभाव पड़ता है, जिससे वह पागल भी हो सकता है। इसी तरह मंत्रोच्चारण का दार्शनिक स्वरूप बहुत ही रहस्यमय है, जिसके अन्तर्गत एक निश्चित शब्दों के द्वारा निश्चित समय में एवं निश्चित शैली में प्रयोग करने से बुद्धि एवं आत्मा में स्वाभाविक रूप से कुछ-कुछ परिणाम अवश्य होता है। इन्हीं सब कारणों को दृष्टि में रखते हुए भारतीय दार्शनिकों तत्ववेत्ताओं एवं महर्षियों के द्वारा प्रत्येक संस्कार के समय वेद का मंत्रोच्चारण किया जाना सुनिश्चित किया गया है। इस संस्कार के अन्तर्गत चौथी विधि ब्राह्मणों को भोजन एवं उनकी पूजा के द्वारा पूरी की जाती है। यह बात समाज की संरचना में समतामूलक सिद्धान्त, जो पश्चात्य एवं प्राच्य चिन्तकों द्वारा साम्यवाद के रूप में अवस्थापित किया गया है, की झलक मिलती है। वह नन्हा-सा बालक सर्वप्रथम अपने घर की चौखट के बाहर ज्यों ही बाहरी दुनियाँ के सम्पर्क में आता है, त्यों ही अपने पारिवारिक संरक्षित धन को लोगों के बीच बाँटता आता है। मानों चार मास के बच्चे में सम्पूर्ण संसार की कौटुम्बिक भावना को दर्शाया जाता है तथा एक समतामूलक समाज की संरचना की कल्पना तत्काल शिशु के माध्यम से की जाती हो।

अन्नप्राशन

शिशु के मुख में सर्वप्रथम अन्न का स्पर्श कराने को 'अन्नप्राशन संस्कार' कहा जाता है। यथा—

अन्नस्य प्राशनं यस्मिन् कर्मणि।

यह संस्कार प्राय: छह महीने के पश्चात् किया जाता है; क्योंकि तब तक बच्चा कुछ बड़ा हो जाता है और उसकी तृप्ति माँ के दूध से नहीं हो पाती। 'चरकसंहिता' में भी छ: महीने के पश्चात् बच्चे को पथ्य भोजन दिए जाने को श्रेयस्कर बताया गया है। इस अवधि में बच्चे को दाँत भी आने लगते हैं तथा पाचन-प्रक्रिया भी प्रभावित होती है। अत: 'अन्नप्राशन संस्कार' का प्रावधान किया गया है—

'षष्ठे अन्नप्राशनमजातेषु दन्तेषु जातेषु वा'।

पाचवें महीने के बाद शिशु अन्न खाने लायक हो जाता है और वह धीरे-धीरे अन्न की ओर आकृष्ट होने लगता है। इस संस्कार के पूर्व तक शिशु माँ के दूध और गाय के दूध पर पलता है। पाँच-छह महीने बाद माँ का दूध कम होने लगता है तथा बच्चे को अधिक पौष्टिक आहार की आवश्यकता पड़ती है जिससे उसके शरीर का विकास ठीक से हो सके। अत: अन्नप्राशन संस्कार द्वारा बच्चे को सर्वप्रथम अन्न ग्रहण कराया जाता था। शिशु के दाँत निकलने पर प्रथम बार अन्न खिलाने को 'प्राशित्र' कहा जाता था। छठे

मास में अथवा जैसा कुलाचार होता था उसके अनुसार शिशु को अन्नप्राशन कराया जाता था। इस संस्कार में दूध, मधु, घी, दही और पका हुआ चावल (भात) बच्चे के मुख से स्पर्श कराया जाता था। कभी-कभी बच्चे को मांस का भी आहार कराया जाता था।

छठवें महीने से पहले नवजात शिशु का केवल जल एवं दूध का पान करने से जीवन रक्षण होता है तब जाकर एक शुभ मुहुर्त्त में चन्द्रबल एवं ताराबल को ध्यान में रखते हुए शिशु के पिता के द्वारा यह संस्कार सम्पादित किया जाता है। अन्न प्राशन करवाने से पूर्व माता पिता स्नानादि से निवृत्त होकर धुले हुए वस्त्र को पहनकर बड़ी सावधानी से संकल्प लेते हैं और फिर अन्न को दही, मधु, घृत में मिलाकर अनुष्ठान करते हैं। अन्न प्राशन संस्कार के द्वारा बच्चे को जिन्दगी का मूलमंत्र बताया जाता है कि अन्न के बिना यह जीवन चल नहीं सकता। साथ-साथ इसी के लिए सांसारिक प्रत्येक जीव एक-दूसरे से सम्बद्ध होते हैं। यदि अन्न की समस्या नहीं होती, अर्थात् पेट का सवाल नहीं होता, तो पिता पुत्र तक का नाता देखने को नहीं मिलता, यह एक शाश्वत सत्य सिद्धांत है। छ: मास के बाद बच्चे का पाचन तंत्र कुछ मजबूत होकर अधिक क्रियाशील होने लगता है, जिसमें सुपाच्य अन्न को पचा लेने की क्षमता हो जाती है। अत: उपयुक्त समय एवं अवस्था को जानकर यह संस्कार छठवें मास में ही सम्पादित किया जाता है। लेकिन, यहाँ एक चिन्तनीय बात है कि अन्नप्राशन के लिए शुभ मुहूर्त का होना क्यों महत्त्वपूर्ण होता है अन्नप्राशन से शुभ मुहूर्त का क्या सम्बन्ध हो सकता है? यह ज्योतिशशास्त्र से सम्बन्धित एक विलक्षण तथ्य है। चन्द्र की शक्ति एवं तारों का प्रभाव हमेशा समान नही होता, प्रत्युत उसमें बदलाव आता रहता है। जिस बात को आधुनिक विज्ञान भी सघर्ष स्वीकारता है। उपजने वाला अन्न निश्चित रूप से ग्रहों, उपग्रहों से प्रभावित होता है। और उसकी प्रतिक्रिया भी अलग-अलग ढ़ग की अलग-अलग समय में हुआ करती है। कफ रोगाक्रान्त के लिए भात को रात में खाया जाना स्वास्थ्य की दृष्टि से अनुचित है, किन्तु उदर व्यथा से पीड़ित व्यक्ति के द्वारा यदि उसे दिन में खाया जाता है, तो वह दोषावह न होकर गुणावह होता है। यह तो एक उदाहरण मात्र है। कहने का तात्पर्य तो यह है, कि प्रत्येक अन्न प्रत्येक समय में शारीरिक अवश्य भाविनी क्रियाओं को बलात् प्रभावित करता है। अत: मुहूर्त का विचार करना अन्नप्राशन के समय वैद्यक शास्त्र के अनुकुल बात है। बच्चे की कमजोर एवं पूर्व में अनुभूत की सी स्थिति में अन्न के साथ पाचन तंत्रिका का सघर्ष किया जाना इस समय कठिन होता है, इसलिए भी उपयुक्त समय की खोज आवश्यक प्रतीत हाती है। अन्नप्राशन कराने के समय से पूर्व माता-पिता को अत्यंत पवित्र रहने की जो शर्त शास्त्रों में निरूपित है, उसको हम आधुनिक सूक्ष्म रूप में अवस्थित हानिकारक जीवाणु कीटाणु से बचने वाले उपायों के परिप्रेक्ष्य में देख सकते हैं। माता को शुचि सम्पन्न होने के लिए इसलिए कहा जाता है कि वह अन्नों को पक्व्

करती है, और उसे खाने लायक रूप प्रदान करती हैं। बच्चे को चूँकि पिता अपने हाथों से पुत्र को भोजन कराता है। अतः उसका भी निर्मल होना आवश्यक होता है। इस संस्कार के अन्तर्गत खिलाये जाने वाले अन्न में दधि, मधु, एवं घृत का संतुलित योग दिया जाता है, जिससे कि भोजन के बाद उत्पन्न होने वाली नाना दु:शंकाओं को दूर किया जा सके। क्योंकि आयुर्वेद शास्त्रानुसार दही, मधु, एवं घृत दशाधिक बीमारियों को दूर करने की सामर्थ्य अपने में संजोये रखते हैं। इस प्रकार हम पाते हैं कि अन्न प्राशन संस्कार के समय जो भी विधियाँ शास्त्रों में प्रतिपादित हैं, वे सारी की सारी किसी न किसी रूप में स्वस्थ चिकित्सा पद्धति पर आधारित हैं।

चौल या चूड़ाकरण

बच्चे के जन्म के प्रथम वर्ष के अंत में अथवा तृतीय वर्ष के अंत में मुंडन संस्कार कराया जाता है, जिसमें विविध अनुष्ठानों के साथ बच्चे के सिर के बाल उतारे जाते हैं। प्रायः यह संस्कार किसी देवस्थान पर कराने की परंपरा है। गर्भावस्था के समय में ही श्रद्धालु अपनी इष्टदेवी या देवता की मनौती मान लेते हैं तथा वांछित उपलब्धि से संतुष्ट हो बच्चे का मुंडन संस्कार संबंधित पावन स्थल पर कराया जाता है। इसे ही 'चूडाकर्म संस्कार' कहा जाता है। इस विषय में बताया गया है—

चूडाकर्म द्विजातीनां सर्वेषामेव धर्मतः।
प्रथमेऽब्दे तृतीये वा कर्त्तव्यं श्रुतिनोदनात्॥

यह संस्कार चैत्र एवं पौष मास के शुक्लपक्ष में शुभ तिथि देखकर प्रायः संपन्न कराया जाता है। मुंडन के बाद शिखा रखने की प्रथा पूर्व में प्रचलित थी और अब भी बहुत से लोग शिखा (चोटी) रखते हैं। इसका स्वास्थ्य की दृष्टि से भी विशेष महत्त्व है; क्योंकि जहाँ शिखा रखी जाती है, सिर का वह स्थान कोमल होता है। शिखा से सुरक्षा एवं अन्य लाभ भी बताए गए हैं।

शिशु के बाल जब सर्वप्रथम काटने का आयोजन किया जाता था तब यह संस्कार 'चूड़ाकरण' या 'चूड़ाकर्म' कहा जाता था। इसे 'मुंडन' भी कहा गया है। 'चूड़ा' कर अर्थ 'चूड़ी' अथवा 'शिखा' है। इसमें शिखा को छोड़कर गर्भकाल के सिर के सभी बाल और नख कटवा दिए जाते थे। ऐसी मान्यता रही है कि चूड़ाकरण से दीर्घायु और कल्याण प्राप्त होता है और इसे सम्पन्न न करने से व्यक्ति की आयु क्षीण होती है। मनु के अनुसार सभी द्विजाति बालकों का 'चूड़ाकरण' (मुंडन) संस्करण वेद और धर्मसम्पमत रूप में पहले या तीसरे वर्ष में कराया जाता था। पुराणों में उल्लिखित है कि यह संस्कार सम्पन्न करते समय नन्दीमुख और पितरों की अर्चना-पूजा करनी चाहिए। पारस्कर ने

व्यवस्था दी है कि यह संस्कार जन्म के प्रथम वर्ष के अन्त में अथवा तीसरे, पाँचवे या सातवें वर्ष में करना चाहिए। अधिकांश शास्त्रकारों ने यह संस्कार तीसरे साल सम्पन्न करने की सलाह दी है। कुछ धर्म-विचारकों के अनुसार अपने कुल और परिवार की रीति-रिवाज को दृष्टि में रखकर यह संस्कार सम्पादित करना चाहिए। प्राय: यह संस्कार देवालयों में एक शुभ दिन पर सम्पन्न किया जाता था, जहाँ विधिपूर्वक हवन पूजन के साथ मातृकाओं और देवों की स्तुति एवं अर्चना सम्पन्न की जाती थी। देव-पूजन और हवन के पश्चात् ब्राह्मण-भोजन और निर्धनों को अन्न-वस्त्र बाँटकर यह संस्कार सम्पन्न किया जाता था। सिर से बाल उतर जाने के बाद मुंडित सिर पर मक्खन या दही का लेपन किया जाता था। कि सन्तान के बालों को पहली बार काटने का आयोजन तीन साल बाद किया जाता है। हिन्दू समाज में आज भी मुंडन संस्कार का आयोजन बड़े ही आह्लाद और प्रसन्नतापूर्वक किया जाता है तथा ब्राह्मणों और निर्धनों को भोजन कराया तथा दान दिया जाता है। इस संस्कार को आयोजित करने के मूल में सम्भवत: शरीर की स्वच्छता और पवित्रता से बालक का परिचय कराना था ताकि वह भविष्य में अपने शरीर को स्वच्छ रख सके। किसी तत्त्व के वास्तविक निर्धारण में यद्यपि बाह्य घटकों की अपेक्षा अन्त: घटक ही ज्यादा प्रामाणित होते हैं; पर त्वरित बोध हेतु बाह्य तत्त्व का आश्रयण किसी के परिचय के लिए अवश्य किया जाता है। किसी के परिधान एवम् मुखाकृति को देखकर तुरन्त पता चल जाता है कि यह साधु है, यह असाधु है। सबके अपने -अपने कुछ संकेत हुआ करते हैं। कोई पगड़ी बाँधते हैं, तो कोई टोपी लगाते हैं, तो कोई पाग पहनते हैं। इस तरह हम हिन्दू, मुस्लिम, सिक्ख, इसाई को दूर से ही देखकर भॉप जाते हैं। किन्तु अगर कोई हमें राष्ट्रीय स्तर के नागरिक की पहिचान पूछे तो भारतीयता की पहिचान मस्तक की शिखा, धोती या साड़ी, ललाट की तिलक के रूप में ही बताते हैं। क्योकि असल पहिचान वही है जो इच्छित लक्ष्य में लागू हो और अलक्ष्य में उसका अभाव हो। चूँकि चूडाकर्म के द्वारा हमें एक विशिष्ट पहिचान मिलती है, अत: कहा जा सकता है कि इस संस्कार के द्वारा हम भारतीय बनते हैं।

यह संस्कार धर्म शास्त्र के अनुसार तीसरे वर्ष में सम्पन्न होता है, जिसे प्रकारान्तर में मुण्डन कर्म भी कहा जा सकता है। इसके अन्तर्गत बच्चे को माता अपनी गोद में लेकर बैठती है और उसके बगल में बच्चे के पिता एवं पुरोहित भी बैठते हैं। इसी समय नाई के द्वारा शिशु का पहली बार केशकर्त्तन होता है। जिसमें कि केशों का कुछ अंश एक सुनिश्चित स्थान पर छोड़ दिया जाता है। नाई माथे के सारे केशों को काटता है, किन्तु उनके कुछ अंश को शिखा के रूप में छोड़ देता है। जिसका सम्बन्ध मस्तिष्क में विद्यमान ज्ञानस्थल से है। ऐसा समझा जाता है कि मस्तिष्क में ज्ञान के लिए अत्यन्त संवेदनशील स्थल है, वह ठीक शिखा के नीचे का भाग ही है। स्मृतियों में शिखा की आकृति के

सम्बन्ध में बताया जाता है कि गाय की खुर जितनी चौड़ी होती है, उतनी चौड़ी शिखा का होना आवश्यक है। उसी संवेदनशील स्थल की सुरक्षा के वास्ते शिखा का छोड़ा जाना ऋषियों के द्वारा अभिप्रेत रहा होगा। यहाँ यह भी ध्यातव्य तथ्य है कि गर्भस्थ शिशु के केश जो उनकी गर्भावस्था में ही पनपे होते हैं, की संलग्नता तब तक बर्करार रहती है, जब तक कि चूडाकर्म संस्कार का होना होता है। अध्यात्मिक एवं भौतिक दृष्टि से वह केश समूह नितान्त ही त्याज्य होता है। जिसके फलस्वरूप उक्त संस्कार षोडश संस्कारों में अपना अनन्यतम स्थान रखता है। हमने पूर्व में देखा है कि केश कर्तन के समय बच्चा माता की गोद में लेटा रहता है और पिता एवं पुरोहित बगल में अत्यन्त ही सावधानी से उस दृश्य को देखते रहते हैं। जिसके पीछे केवल माता-पिता एवं पुरोहित का निश्छल वात्सल्य, स्नेह ही कारण नहीं होता, वरन् बच्चे की चञ्चलता सुलभ क्रियाओं प्रतिक्रियाओं के द्वारा कर्त्तली से क्षतविक्षत, हो जाने की सम्भावनाओं को रोकने के लिए उन लोगों की उपस्थिति अभिमत होती है। बच्चे की प्रत्येक हरकत वहाँ बैठे हुए व्यक्तियों की समझ में आ जाये, इसलिए वहाँ जल एवं दर्पण दोनों ही छाया की प्रतिच्छाया को अपने में बिम्बित कर देने की शक्ति रखते हैं। अत: बाल्यसुलभ हर एक चेष्टाओं का अध्ययन इन उपकरणों के द्वारा आसानी से सम्पन्न होता है। याज्ञवल्क्य की भूमि मिथिला में जब तक उपनयन संस्कार न हो, तब तक नाई बच्चे के बाल कैंची से ही काटते हैं। उस्तरे का प्रयोग नहीं होता। सम्भव है कि यह पद्धति राष्ट्र के अन्य भागों में भी विद्यमान हो। इसमें एक बहुत बड़ा वैज्ञानिक कारण है। तीसरे साल के बच्चे का मस्तिष्क-चर्म अत्यन्त ही नाजुक होता है। छुरी से बाल छिलने में चमड़े की ऊपरी सतह भी छिल जायेगी। वह व्रणित हो जायेगा। इसलिये यज्ञोपवीत संस्कार को एक अवधि के रूप में रखा गया है। तब तक बालक के माथे का वह भाग सख्त हो जाता है। फिर हम जिस तरह से चाहें, उसकी केशसज्जा कर सकते हैं। प्रारम्भ में तो ''जब तक उपनयन नहीं हो, तब तक उस्तरे नहीं लगे'' सुनकर हास्यास्पद-सा लगता है, किन्तु जब हम इसमें निहित चिन्तन को देखते हैं, तो पाते हैं कि यह एक वैज्ञानिक तथ्य है। शिखा के सम्बन्ध में यद्यपि कुछ विवाद सामने आते हैं कि शिखा नहीं भी रखी जा सकती है। अथवा एक बार सम्पूर्ण का कर्तन हो जाये और फिर नये बाल के उगने पर यह रखी जाये-इस तरह का भी विसंवाद ग्रन्थों में प्राप्त होता है, जिसमें दूसरा पक्ष कुछ अधिक ही वैज्ञानिक प्रतीत होता है।

कर्णवेध या कर्णछेदन

इस संस्कार में कानों को छेदने की प्रथा है। कर्ण-छेदन का संस्कार प्राय: छठे, सातवें, आठवें या ग्यारहवें वर्ष में संपन्न कराया जाता है। लड़के के दाहिने कान को छेदने तथा लड़कियों के दोनों कानों को छेदने की प्रथा प्रचलित है। कर्णवेध संस्कार शिशु

के शोभन और अलंकरण के निमित्त किया जानेवाला धार्मिक संस्कार था, जो सन्तान के जन्म के सातवें महीने आयोजित किया जाता था। कभी-कभी तीसरे या पाँचवें वर्ष भी इसे सम्पन्न करने के लिए परामर्श दिया गया था। हिन्दू संस्कार में यह व्यवस्था वैदिककालीन है। यह संस्कार कब और किस समय किया जाय, इस पर मत वैभिन्य है। गर्ग के अनुसार कर्णवेध के लिए छठा,सातवाँ , आठवाँ या बारहवाँ मास उपयुक्त था।

इस संस्कार के अन्तर्गत शिशु के कोमल कानों को एक सूचिका विशेष के द्वारा छिद्र युक्त किया जाता है, जिसके द्वारा आम जनता अपने शिशु की सुरक्षा एवं आभूषण स्थल का निर्माण होना मानती है। यह संस्कार जितना व्यावहारिक है, उतना ही दार्शनिक एवं वैज्ञानिक भी है। सर्वप्रथम व्यावहारिक दृष्टि से कर्णवेध संस्कार का महत्त्व अत्यंत ही मान्य है। गरीबों के परिवारों से लेकर अमीरों के परिवारों तक इस संस्कार का महत्त्व समान ही देखा जाता है। इस संस्कार की मुख्य विशेषता यह है, कि इसका सम्बन्ध केवल साक्षात् सौन्दर्य के साथ अनुस्यूत होता है और अन्य सभी किये जाने वाले संस्कार या तो स्वयं बच्चे एवं उनके माता-पिता से सम्बन्धित होते हैं या फिर बच्चे के भविष्य एवं समाज से जुड़े होते हैं। शरीर के प्रत्येक अंगों में कर्ण की अपनी एक अलग महिमा है। ये दो होते हैं, और अपने बीच में मुख को गिरफ्त में रखकर अपने सौन्दर्य से मण्डित करते हैं। आदमी स्वभाव से ही सौन्दर्य का प्रेमी माना गया है। जलीय पौधे एवं कच्चरों से युक्त सरोवर, अपनी ओर किसी को आकृष्ट होता ही दीखता है। अतः इस विशिष्ट अंग में कर्णवेध के फलस्वरुप विशिष्ट प्रकार का आभूषण नहीं पहिनाया जाये, तो सौन्दर्य का सुनहला अध्याय एक मनोरम पृष्ठ से विहीन हो जायेगा।

चिकित्सा विज्ञान की दृष्टि से भी कर्णवेध संस्कार का अपना एक अलग वैशिष्ट्य है। हाइड्रोसील नामक रोग से विमुक्ति भी इसके द्वारा सम्भव है। यदि कोई विशेषज्ञ कान की नश को पहिचान कर ठीक से छिद्र कर दे तो उक्त रोग नहीं होता। संसार में जितनी भी धातुएं उत्खननादि के द्वारा हमें प्राप्त होती हैं, उन सभी में गहने के लिए काँस्य धातुएँ असाधारण गुणों से युक्त होती हैं, जिनकी प्रतिक्रिया मात्र सौन्दर्य को ही प्रभावित नहीं करती, अपितु शरीर के अन्दर विविध रोगों के गुण को भी [illegible] प्रभावित करती हैं। यही कारण है कि प्रायः सभी धातुएं अग्नि के संस्पर्श से जल जाती हैं, या फिर विकृति को प्राप्त करती हैं, किन्तु स्वर्ण एक ऐसी धातु है, जिसे चाहे अग्नि में लाख तपायें, विकृति की जगह उसमें और निखार ही आता है। ज्योतिष शास्त्रियों के द्वारा नाना प्रकार के अमंगल ग्रहों की शान्ति के वास्ते अनेक प्रकार के रत्न धारण करने के लिए बताया जाता है। उनके धारण करने के स्थान भी शास्त्रों में नियमित किये गये हैं। जहाँ पर रत्न के संस्पर्श से उन व्याधियों की शान्ति में पर्याप्त सहायता मिलती है, जो आए दिन हमें देखने को मिलते हैं। इस दृष्टि से भी कर्णवेध संस्कार के द्वारा जो बच्चे के कान

छिदते हैं, और उनमें उत्तमोत्तम धातुएँ सम्बद्ध की जाती हैं, का महत्त्व विद्वानों के द्वारा चिन्त्य है। दार्शनिक परिप्रेक्ष्य में प्राय: सभी दार्शनिक एकमत हैं कि यह संसार एक शून्य है, शून्य के अलावा इसमें कुछ भी नहीं है। प्रकृति के द्वारा सर्जित शरीर में अनेकों रिक्तियाँ बनायी होती हैं, किन्तु व्यक्ति के द्वारा एक रिक्ति कृत्रिमता से भर दी जाती है, जिसका संकेत संसार की अटल सत्यता एवं उसके परिचय की ओर रहता है। व्यक्ति शून्य में कुछ भी करने को स्वतंत्र है। जभी वह बाल्यावस्था की दहलीज पर अपना कदम रखता है, तभी उनके आगे सघनता का सघन दृश्य आ जाता है, और वह अपने को कुछ करने के लिए शेष नहीं रागझता है। सर्वप्रथम उनकी अज्ञानावस्था में ही कृत्रिमता से अरिक्ति में रिक्ति को उत्पन्न कर और फिर उस बीच के संकीर्ण मार्ग में भी सम्भव बना देता है। शून्य, शाश्वत शून्य नहीं है, अर्थात् शून्य को पुरुषार्थ के द्वारा पाटा जा सकता है। आग के शोलों में जल के कण ढूंढे जा सकते हैं, पाषाण में रस के फव्वारे फूट सकते हैं, का दर्शन हमें हंसते-खेलते हुए करा देने वाले कर्णवेध संस्कार में प्राप्त होता है, जो भारतीय संस्कृति की अनुपम विशेषताओं में से एक है।

बच्चा जब पैदा होता है, तो उसकी प्रत्येक क्रिया नैसर्गिक होती है। उसे भूख लगना, रोना, हंसना, लेटना भी स्वाभाविक ही होता रहता है। हम देखते हैं कि नवजात शिशु पीठ के बल दिन-रात लेटा रहता है। वह कभी करवटें नहीं लेता। ज्ञातव्य है कि करवट के समय में कर्णस्थल पर मुखमण्डल का भार पड़ा होता है। अवस्था अधिक होने के बाद यदि व्यक्ति का सौन्दर्य हेतु कर्णबेधन किया जाय तो सुषुप्तावस्था जो कि विशुद्ध अज्ञानता की अवस्था है, के समय करवट लेने से उस नव छिद्र पर भार पड़े और वह रिसता हुआ व्रण का रूप धारण करले । ऐसी सम्भावना अवश्य ही की जा सकती है। परन्तु वह बच्चा जो कि बिल्कुल अपनी स्वाभाविक मुद्रा में पीठ के बल अवस्थित होता है को इस प्रकार का भय कर्णवेधन में नहीं रहता, साथ-साथ बच्चे का मांस सुकोमल और परस्पर आकर्षण से युक्त होता है जो कि कर्णवेधन हेतु अपेक्षाकृत अधिक उपयुक्त रहता है। फलस्वरूप घाव का जल्दी ठीक हो जाना एवं छेदन के समय सौविध्य होना कमनीय अवस्था में निश्चित होता है। इन्हीं बातों में भरी वैज्ञानिक दृष्टि से प्राचीन महर्षियों के द्वारा नवजात शिशु की परम शैशवकालीन अवस्था में ही कर्णवेध किये जाने का प्रस्ताव किया गया है।

सुश्रुत ने छठा या सातवाँ वर्ष इसके लिए श्रेयस्कर माना है। अलबीरूनी ने लिखा है कि सातवें या आठवें मास में कर्णवेध संस्कर होता है। उसका यह कथन बौधायन के इस कथन से मिलता है कि कर्णवेध सातवें या आठवें मास में करना चाहिए। बृहस्पति के उद्धरण के साथ संस्कार प्रकाश में उल्लिखित है कि कर्णछेद जन्म से दसवें,बारहवें या सोलहवें दिन करना चाहिए या जन्म के सातवें अथवा दसवें महीने में।

विभिन्न धार्मिक क्रियाओं के साथ इस संस्कार का सम्पादन किया जाता था। क्षत्रिय बालक का कान स्वर्ण की सूई से, ब्राह्मण और वैश्य बालक का कान चाँदी की सूई से तथा शूद्र बालक का कान लौह सूई से छेदा जाता था । प्राय: स्वर्ण अथवा ताम्र सूई की नोक से कानों का छेदन होता था। सबसे पहले दायाँ कान छेदा जाता था और फिर बायाँ । तत्पश्चात् कानों में सुवर्ण की बाली या कुण्डल पहनाया जाता था। आधुनिक युग में यह संस्कार मुण्डन के साथ सम्पादित किया जाता है। वैसे, अब, धीरे-धीरे कनछेदन संस्कार हिन्दू-समाज से उठना जा रहा है।

विद्यारम्भ

बालको के लिए का विद्याध्ययन के लिए प्रारंभ किए जाने वाले इस संस्कार को 'अक्षरारंभ संस्कार' भी कहते हैं। अच्छे मुहूर्त के साथ इस संस्कार का शुभारंभ विधि-विधान के साथ कराया जाता है, जिससे बच्चा पढ़-लिखकर यशस्वी बने। इस संस्कार के शुभारंभ का माता-पिता विशेष ध्यान रखते हैं; क्योंकि बच्चे के भविष्य के लिए यह अत्यधिक महत्त्वपूर्ण संस्कार है। प्राचीन काल में सन्तान की अवस्था जब पाँच वर्ष की होती थी तब उसे शिक्षा प्रदान करने की व्यवस्था की जाती थी। पहले बच्चे द्वारा वर्णाक्षर सीखा और पढ़ा जाना विद्यारम्भ संस्कार कहा जाता था। यह संस्कार प्राय: चौल संस्कार के बाद ही किया जाता था। सन्तान के जन्म के पाँचवें वर्ष अथवा उपनयन के पहले यह संस्कार सम्पादित होता था। शुभ मुहूर्त में शिक्षक द्वारा पट्टी पर 'ओम्' और 'स्वास्तिक' के साथ वर्णवाला लिखकर बालक को अक्षरारम्भ कराया जाता था। इसमें गणपति-पूजन , गृह-देवता एवं सरस्वती पूजन का भी आयोजन किया जाता था। इसके साथ होम भी किया जाता था। बालक को पूर्वाभिमुख करके अक्षर का आरम्भ कराया जाता था। तत्पश्चात् गुरु को वस्त्र , धन , आभूषण आदि भेंट में प्रदान किये जाते थे। वस्तुत: यह संस्कार बुद्धि और ज्ञान से अधिक सम्बद्ध था। सामाजिक और सांस्कृतिक उत्थान के साथ-साथ ज्ञान और बुद्धि का भी उत्थान होता था। बालक का मानसिक और बौद्धिक गुण इस संस्कार से सबल और सशक्त होकर सामने आता था।

सृष्टि के समस्त प्राणियों में मानव जाति का स्थान सर्वोपरि है, जिसका केवल एक ही कारण विद्या है। यदि विद्या मनुष्य के पास न होती तो अन्य जीव ही उनसे अधिक सम्मान के भागीदार होते। चूँकि इस संस्कार के द्वारा क्षणभंगुर संसार में व्यक्ति के पदार्पण के बाद विद्या रूपी परम लक्ष्य की प्राप्ति के हेतु श्रीगणेश किया जाता है जो कि एक महत्त्वपूर्ण एवं दूरदृष्टि तथा दूरगामी परिणम का कारण होता है। अत: भारतीय संस्कृति में विद्यारम्भ संस्कार का महत्त्व सभी संस्कारों में प्रमुख है, जिसके पीछे मनुष्य में मनुष्यत्व का उपपादन करना परम के पाँच वर्षों तक शिशु का जीवन लाड़-प्यार से

भरा होता है। इस अवधि में उसकी चपलता, अज्ञानता एवं चित्त की अस्थिरता पराकाष्ठा पर होती है, अत: इस समय को अध्ययन हेतु उपयुक्त नहीं माना जाता। सामान्यत: 5 वर्ष के बाद बच्चे की बुद्धि परिपक्व होने लगती है। उसमें ग्राह्य शक्ति का अधिक आविर्भाव होने लगता है। जैसे इसीलिए भारतीय परम्परा के अनुसार विद्यारम्भ के लिए समुपयुक्त समय पाँचवाँ अथवा पाँचवें वर्ष के बाद ही स्वीकार किया गया है और इस परम्परा में जीने वाले लोग इसी समय अध्ययन जगत में अपना पहला कदम बढाते हैं। हमारी संस्कृति प्रत्येक वस्तु को परोक्ष की सत्ता से जोड़ती है। पुरुषार्थ के अलावा परमार्थ का भी अस्तित्व स्वीकार किया जाता है। अत: विद्यारम्भ संस्कार में अक्षरारम्भ से पूर्व कुछ देवी-देवताओं की अर्चना भी की जाती है। अक्षरारम्भ संस्कार में विष्णु, लक्ष्मी एवं सरस्वती की पूजा प्रमुखत: मानी गयी है। चौसठ करोड़ देवी-देवताओं में इन्हीं तीनों की पूजा प्राथमिकतया क्यों होती हैं, सरस्वती श्रेयस मार्ग की अधिष्ठात्री हैं एवं विष्णु दोनों के मध्य एक विलक्षण समन्वय स्थापित करने वाले समन्वयक के रूप में अवस्थित हैं। इस प्रकार इन तीनों तत्त्वों के प्रति पूजा के द्वारा सम्मान प्रदर्शित कर अक्षरारम्भ के माध्यम से व्यक्ति श्रेयो मार्ग की समन्वयात्मक स्थिति में पहुँचने की मनसा बनाकर प्रयत्नशील होता है। किसी भी कार्य में देवी-देवताओं को जोड़ने की विलक्षण प्रथा अन्धविश्वास की उपज नहीं कही जा सकती। इसमें महज वैज्ञानिकता निहित होती है। ऐसा तो लौकिक व्यवहार में नित्य प्रति अनुभव किया जाता है कि किसी भी कार्य के समय व्यक्ति को यदि विश्वास हो कि मेरे पीछे एक अत्यन्त ही वरिष्ठ सहायक सहायता करने के लिये तैयार है, तो वह व्यक्ति द्विगुण उत्साह एवं विश्वास के साथ अपने लक्ष्य साधन में प्रवृत्त होता है। ठीक इसके विपरीत कोई विशिष्ट आदमी भी किसी सामान्य कार्य करने के समय यदि अकेलापन महसूस करता है, तो उसकी हिम्मत या तो स्वाभाविक स्थिति में होती है, अथवा उससे भी निम्न स्तर की हो जाती है, ऐसा अनुभव हमें कार्य जगत् के प्रत्येक क्षेत्र में होता है और अनुभूत पदार्थ का अपलाप कथमपि नहीं किया जा सकता। यही तथ्य भारतीय संस्कृति की प्रत्येक विधा में निहित है। इसीलिए व्यक्ति के द्वारा किये जाने वाले प्रत्येक काम पारलौकिक शक्ति से जुड़े होते हैं, जिससे उत्साह एवं विकास में असाधारण वृद्धि होती है।

इस संस्कार के सम्बन्ध में एक उल्लेखनीय बात है कि किसी सम्भ्रान्त व्यक्ति के द्वारा बालक का अक्षरारम्भ धरती पर कराया जाता है। बच्चे का हाथ पकड़ कर अक्षरारम्भ कराने वाले व्यक्ति मिट्टी पर लिखवाने से प्रारम्भ करके विद्यादान की शुरूआत करते हैं। यदि उस शिशु को आधुनिकतम कागज एवं कलम देकर, कृत्रिमता के रंग में रंगकर अक्षरारम्भ कराया जाये, तो उसमें बच्चे के सहज स्वभाव से अन्तर्द्वन्द्व हो सकता है। मिट्टी के साथ खेलने में बच्चा एक अपूर्व आनन्द की अनुभूति करता है। वह मिट्टी

पर ही जन्म लेता है, चलना सीखता है, दौड़ पाता है, और हमेशा धूल धूसरित रहने की मनसा रखता है, जो बच्चे के मनोविज्ञान का सहज सिद्धान्त है। अत: सहजतापूर्वक अपने सुपरिचित उपकरणों के द्वारा यदि बालक का अक्षरारम्भ करवाया जाये तो उसके मन का खिंचाव स्वाभाविक रूप से अक्षरारम्भ में हो जाता है। इसके लिए विशेष प्रयत्न नहीं करना होता, साथ-साथ बच्चा उस पढ़ने की क्रिया को एक क्रीड़ा समझकर ही मनोगम्य कर लेता है, जो तरीका आधुनिक शिक्षा पद्धति से कहीं ज्यादा वैज्ञानिक, सहज तथा सरल है। साधारणत: पाँच वर्ष की आयु से शिक्षा का प्रारम्भ किया जाता था। सन्तान के विद्या आरम्भ करने की आयु पाँच वर्ष थी। बच्चे को लिखने के लिए पट्टी और खड़िया दी जाती थी। बच्चों के लिए विद्यालय में काली तख्ती प्रयोग में लाते हैं। उस पर वे लम्बाई की ओर से बाएँ से दाएँ सफेद वस्तु (खड़िया) से लिखते हैं।

उपनयन

इस संस्कार को यज्ञोपवीत अथवा 'जनेऊ संस्कार' भी कहते हैं। अथर्ववेद में इसे 'ब्रह्मचारी' शब्द से समलंकृत किया गया है; जबकि सामान्य अर्थ में इसे प्राचीनकाल के 'दीक्षादान' से जाना जाता है। प्रमुखत: इस संस्कार में लड़के को जनेऊ पहनाया जाता है, जिसका अनुष्ठान एवं विधि-विधान गौरवपूर्ण होता है। आज भी लोग यज्ञोपवीत संस्कार हर्षोल्लास के साथ संपन्न कराते हैं। 'उपनयन' का अभिप्राय स्वाध्याय अथवा वेद के अध्ययन से है, 'उपनयन' के लिए 'यज्ञोपवीत' शब्द का भी प्रचलन हुआ, जिसका अर्थ है यज्ञ का उपवीत। हिन्दू समाज में उपनयन संस्कार का सर्वाधिक महत्व है, जिसका सम्बन्ध व्यक्ति के बौद्धिक उत्कर्ष से है। इस संस्कार की सम्पन्नता से बालक वर्ण अथवा जाति का सदस्य बनता था और 'द्विज' कहा जाता था। यह संस्कार केवल शूद्र को छोड़कर अन्य तीनों वर्णों के लिए विहित था। यह संस्कार इस बात का प्रमाण था कि अनियमित और अनुत्तरदायी जीवन समाप्त होकर नियमित , गम्भीर और अनुशासित जीवन प्रारम्भ हुआ। शैक्षणिक और सांस्कृतिक दृष्टि से इस संस्कार की उल्लेखनीय महत्ता थी। इसके माध्यम से व्यक्ति गुरु, वेद, यम, नियम और देवता के निकट पहुँचता था, ताकि वह ज्ञान प्राप्त कर सके। वस्तुत: उपनयन संस्कार का प्रधान उद्देश्य था वेदों का अध्ययन। ब्राह्मण , क्षात्रिय, और वैश्य तीनों वर्णों के लिए यह विधान था कि जन्म से वे समाज के सदस्य नहीं माने जाते थे, बल्कि जब उनका उपनयन संस्कार सम्पन्न हो जाता था, तब वे समाज के सदस्य माने जाते थे उपनयन संस्कार हो जाने के बाद ही बालक 'द्विज' अर्थात् दुबारा जन्म लिया हुआ कहा जाता था।

यह संस्कार सम्पन्न हुए बिना कोई भी बालक अपने वर्ण का सदस्य नहीं माना जाता था। वह शूद्र समझा जाता था और समाज के बाहर का माना जाता था। परन्तु यह

संस्कार सम्पादित होने से वह 'द्विज' नाम से अभिहित होता था। दूसरे अर्थ में, यह संस्कार केवल द्विजों के लिए ही था, शूद्रों के लिए नहीं। आगे चलकर जब कि उपनयन संस्कार के शिक्षा सम्बन्धी महत्त्व का अन्त हो गया तो संस्कार का मूल प्रयोजन भी नष्ट हो गया तथा न्यूनाधिक रूप में यह एक शारीरिक संस्कार अथवा विवाह के लिए एक प्रकार का अनुमति पत्र समझा जाने लगा। बालविवाहों के प्रचलित होने पर देश में इसके लिए उपयुक्त वातावरण प्रस्तुत हो गया क्यों कि समावर्तन के पूर्व विवाह नहीं हो सकता था अत: विवाह से पूर्व किसी समय इसका सम्पन्न करना आवश्यक था। इसके लिए प्रथम सुविधाजनक अवसर था केशान्त संस्कार जो क्षौर तथा स्नान आदि अनेक विषयों में इससे मिलता जुलता था। किन्तु परवर्ती काल में केशान्त भी एक महत्त्वहीन संस्कार रह गया, अत: समावर्तन उपनयन के साथ किया जाने लगा। आजकल अधिकांशत: दोनों संस्कार साथ-साथ किये जाते हैं। संस्कार की कैसी विडम्बना है! बालक की शिक्षा आरम्भ होने के पूर्व ही समाप्त समझी जाने लगी। समावर्तन संस्कार की यथार्थ प्रकृति के अज्ञान का एक अन्य घातक परिणाम भी हुआ। आरम्भ में यह उस समय किया जाता था जब युवक की शिक्षा समाप्त हो चुकती थी। इसके पश्चात सामान्यत: विवाह होता था, तत्काल नहीं। परवर्ती काल में यह मत प्रचलित हो गया कि क्षणभर भी बिना आश्रम के नहीं रहना चाहिए। यदि स्नातक का विवाह न किया जाता तो कुछ दिन किसी विशिष्ट आश्रम के बिना व्यतीत करने के परिणामस्वरूप वह पापी माना जाता। मध्यकाल में यह तर्क प्रस्तुत किया जाने लगा कि विवाह का निश्चय करने के पश्चात ही समावर्तन संस्कार करना चाहिए। अत: यह विवाह के एक दिन पूर्व सम्भवत: हरद्रा-विधि के साथ सम्पन्न होता है। उपनयन के पश्चात किस समय समावर्तन किया जाना चाहिए, यह एक विचारणीय समस्या थी। ब्रह्मचर्य की दीर्घतम अवधि 48 वर्ष की थी, जिसमें प्रत्येक वेद के अध्ययन के लिए 12 वर्ष का समय नियत था। अपेक्षाकृत अल्पतर अवधि विद्यार्थी तथा उसके माता-पिता की परिस्थिति के अनुसार 36 24 या 18 वर्ष में समाप्त हो जाती थी। द्वितीय अवधि सर्वाधिक सामान्य थी तथा अधिकांश में शिक्षा 24 वर्ष थी की आयु में समाप्त हो जाती थी, किन्तु मध्ययुगीन लेखक बालक को शीघ्र ही विवाह करने की अनुमति देने के उद्देश्य से ही अन्तिम अवधि का समर्थन करने लगे। परन्तु आजकल समय का कोई बन्धन नहीं है। समावर्तन संस्कार महत्त्वहीन तथा उपनयन अथवा विवाह संस्कार में समाविष्ट हो चुका है।

गुरु की अनुमति

स्नान के पूर्व विद्यार्थी को एक अत्यन्त महत्त्वपूर्ण कर्तव्य का पालन करना होता था। वह विद्यार्थी-जीवन की समाप्ति के लिए गुरु से अनुमति की प्रार्थना तथा दक्षिण द्वारा उसे सन्तुष्ट करता था। अनुज्ञा आवश्यक समझी जाती थी क्योंकि उससे यह प्रमाणित

होता था कि स्नातक गृहस्थ जीवन के लिए विद्या अभ्यास तथा चारित्रिक दृष्टि से योग्य है।'गुरु की अनुमति प्राप्त कर समावर्तन संस्कार करना चाहिए तथा उसके पश्चात् सवर्ण तथा लक्षणान्वित कन्या से विवाह करना चाहिए। अब तक विद्यार्थी गुरु को कुछ भी नहीं देता था अतः गुरु से विदा लेते समय प्रत्येक दशा में उससे गुरुदक्षिणा के रूप में अपने सामर्थ्य के अनुसार गुरु को कुछ-न-कुछ देने की आशा की जाती थी। गुरु को पृथ्वी, स्वर्ण, गाय, अश्व, छत्र, उपानह, वस्त्र, फल तथा वनस्पतियाँ भेंट करनी चाहिए। व्यास के अनुसार दक्षिणा में केवल गौ ही देनी चाहिए। गुरु विद्यार्थी के प्रति किया हुआ उपकार अत्यन्त उच्च समझा जाता था तथा कोई भी उसका पूर्ण मूल्य नहीं चुका सकता था।'सात द्वीपों से युक्त भूमि भी गुरुदक्षिणा के लिए पर्याप्त नहीं है।' जिसे गुरु को देकर उसके ऋण से मुक्ति प्राप्त की जा सके। यदि कोई विद्यार्थी गुरु को धन या भूमि के रूप में कुछ भी न दे सकता तो भी उसे गुरु के समीप जाकर औपचारिक रूप से उनकी अनुमति प्राप्त करनी पड़ती थी। ऐसे अवसरों पर गुरु प्रायः कहा करते थेः मेरे वत्स, धन की मुझे अपेक्षा नहीं है। मैं तुम्हारे गुणों से ही सन्तुष्ट हूँ।

उक्त आरम्भिक विचारों के पश्चात् संस्कार के लिए कोई शुभ दिन चुन लिया जाता था। विधि-विधान एक अत्यन्त विलक्षण कृत्य के साथ आरम्भ होते थे। ब्रह्मचारी को अपने को प्रातः काल एक कमरे में बन्द रखना पड़ता था। भारद्वाज-गृह्यसूत्र के अनुसार ऐसा इसलिए किया जाता था कि जिससे सूर्य स्नातक के उच्चतर तेज से अपमानित न हो, क्यों कि वह स्नातक के ही तेज से प्रकाशित होता है। मध्याह्न में ब्रह्मचारी कमरे के बारह आकर गुरु के चरणों में प्रणाम करता तथा कुछ समिधाओं द्वारा वैदिक अग्नि को अन्तिम आहुति प्रदान करता था वहाँ जलपूर्ण आठ कलश रखे जाते थे। यह संख्या आठ दिग्भागों की सूचक थी और इससे यह प्रतीत होता था कि समस्त दिशाओं से ब्रह्मचारी पर सम्मान तथा कीर्ति की वर्षा हो रही है। तब ब्रह्मचारी इन शब्दों के साथ एक पात्र से जल निकालता थाः 'जलों में रहनेवाले तथा प्रच्छन्न, आवृत्त, प्रकाश की किरण, मनोनाशक, असहिष्णु, कष्टदायी, शरीर को ध्वंस करने वाले तथा अङ्गों को नष्ट करने वाले अग्नि का मैं त्याग करता हूँ। वह दीप्तीमान अग्नि जिस अङ्गों को नष्ट अग्नि का मैं त्याग करता हूँ वह दीप्तीमान अग्नि जिसे मैं ग्रहण करता हूँ। उसके द्वारा समृद्धि, ऐश्वर्य, पवित्रता तथा पवित्र तेज की प्राप्ति के लिए अभिषिक्त होता हूँ अन्य उपयुक्त ऋचाओं के साथ वह अन्य कलशों से स्नान करता था। ब्रह्मचारी का शरीर तपस्या और व्रत की अग्नि में तप्त हो चुकता था अतः गृहस्थ से सुखी जीवन के लिए उसे शीतलता की अपेक्षा थी, जिसका प्रतीक स्नान था जिसकी सूचना सहवर्ती ऋचाओं से मिलती थीं। इस गौरवमय स्नान के पश्चात् ब्रह्मचारी मेखला, मृगचर्म तथा दण्ड आदि ब्रह्मचारी के समस्त बाह्य चिह्नों को जल में फेंक देता तथा एक नवीन कौपीन धारण करता

था। कुछ दधि और तिल का भोजन कर वह अपनी दाढ़ी, केश तथा नखों को कटवाता और निम्नलिखित ऋचा के साथ उदुम्बर वृक्ष की टहनी से दन्तधावन करता था: 'अपने को भोजन के लिए प्रस्तुत कर। यहाँ राजा सोम आया है। वह ऐश्वर्य तथा भोग्य के द्वारा मेरे मुख को शुद्ध करेगा।' ब्रह्मचारी भोजन तथा वाणी में संयम के लिए अभ्यस्त था। अब वह संसार के अपेक्षाकृत अधिक पूर्ण तथा क्रियाशील जीवन के लिए उद्यत हो रहा था। समावर्तन के साथ ही विद्यार्थी का तपस्यापूर्ण जीवन समाप्त हो जाता था। तथा जीवन के अनेक सुख और विलास जो ब्रह्मचर्य-जीवन में उसके लिए वर्जित थे, गुरु द्वारा उसे दिये जाते थे। सर्वप्रथम वह उसे सुगन्धित जल से स्नान करता था। उसके विभिन्न अंगों पर उबटन किया जाता था तथा इन्द्रियों की तृप्ति की इच्छा व्यक्त की जाती थी: 'मेरे श्वास नि:श्वास को तृप्त कर, मेरे नेत्रों को तृप्त कर, मेरे कानों को तृप्त कर। ब्रह्मचारी अभी तक प्रक्षालित तथा अरंजित वस्त्रों को धारण करता था और पुष्प तथा माला धारण करना उसके लिए निषिद्ध था। आभूषण, अंजन, कर्णपूर, उष्णीष, छत्र, उपानह और दर्पण, जिनका प्रयोग विद्यार्थी के लिए वर्जित था, अब उसे विधिवत दिये जाते थे। जीवन में सुरक्षा के लिए उसे बाँस की छड़ी दी जाती थी। सम्पन्न संरक्षकों से उपर्युक्त सभी वस्तुओं के जोड़ देने की आशा की जाती थी- एक गुरु को, दूसरा विद्यार्थी को।

कतिपय लेखकों के अनुसार ब्राह्मण विद्यार्थी के लिए एक होम किया जाता तथा यह आशा व्यक्त की जाती थी कि स्नातक को अध्ययन के लिए बहुसंख्यक विद्यार्थी प्राप्त होगें। तब गुरु विद्यार्थी को उच्च सम्मान का सूचक मधुपर्क प्रदान करता था जो राजा, आचार्य, जमाता, ऋत्विज तथा प्रियजनों के लिए विहित था। अपनी नवीन वेषभूषा से अलंकृत होकर स्नातक विद्वानों के निकटतम समाज की ओर रथ अथवा हाथी पर आरूढ़ होकर जाता था। किन्तु कतिपय लेखकों के अनुसार संस्कार समाप्त होने पर स्नातक दिन भर सूर्य के प्रकाश से दूर तथा मौन रहता था। जब तक कि तारे न निकल आते। यह कृत्य इस बात का प्रतीक था कि संभवत: वह अपने प्रकाश से सूर्य को लज्जित नहीं करना चाहता था। तब वह पूर्व तथा उत्तर की ओर जाता तथा दिशाओं, नक्षत्रों तथा चन्द्र के प्रति सम्मान व्यक्त करता, मित्रों से वार्तालाप करता तथा उस स्थान की ओर जाता था जहाँ उसे स्नातकोपयुक्त आदर प्राप्त होता।

समावर्तन संस्कार के सर्वेक्षण से सूचित होता है कि प्राचीन भारत में उन विद्वानों का कितना उच्च सम्मान था, जो अपनी शिक्षा समाप्त कर चुकते थे। गृह्यसूत्रों में उदधृत ब्राह्मण के एक वचन से विदित होता है कि स्नातक को एक महद्भुत अथवा शक्तिशाली व्यक्ति समझा जाता था।

उपनयन संस्कार का प्रयोजन

इस संस्कार के प्रयोजन में भी अनेक परिवर्तन हुए। मूलतः शिक्षा ही इसका प्रमुख प्रयोजन था और छात्र को आचार्य के समीप ले जाने का कर्मकाण्ड गौण। उपनयन केवल पहले-पहल छात्र के गुरु के निकट जाने पर ही नहीं सम्पन्न होता था, अपितु वेद की किसी भी शाखा का अध्ययन आरम्भ करते समय बार-बार इसका अनुष्ठान करना पड़ता था। इस तथ्य की पुष्टि में प्रमाण उपलब्ध हैं। उपनिषदों में अनेक ऐसे स्थल हैं जहाँ दर्शन की किसी नवीन शाखा के अध्ययन के लिए गुरु के समीप जाने पर उपनयन किये जाने का वर्णन किया गया है। याज्ञवल्क्य के अनुसार उपनयन का सर्वोच्च प्रयोजन वेदों का अध्ययन करना है। 'महाव्याहृतियों से शिष्य का उपनयन कर गुरु को उसे वेद, आचार और शील (शौच)की शिक्षा देनी चाहिए।' आपस्तम्ब और भारद्वाज विद्या की प्राप्ति को उपनयन का उद्देश्य मानते हैं: 'उपनयन विद्याध्ययन के लिए इच्छुक व्यक्ति के श्रुति के अनुसार संस्कार' को कहते हैं। किन्तु आगे चलकर संस्कार के कर्मकाण्ड का अनुष्ठान और व्रतादेश संस्कार के प्रधान प्रयोजन हो गये और शिक्षा गौण। इस मत के प्रथम प्रतिपादक गौतम थे: 'अडतालीस संस्कारों से संस्कृत व्यक्ति ब्रह्मा और ऋषियों का सान्निध्य प्राप्त करता है। मनु के अनुसार भी संस्कार से मनुष्य का ऐहिक व पारलौकिक जीवन पवित्र होता है। जब उपनयन एक विद्या संस्कार था उस समय आचार्य द्वारा प्रदत्त व्रतादेश का स्थान गौण था, किन्तु जब इसे दैहिक संस्कार रूप प्राप्त हुआ, तो संस्कार का कर्मकाण्ड ही सर्वाधिक महत्वपूर्ण बन बैठा। अपने अन्तिम विकास में उपनयन एक प्रकार का पुरुषार्थ माना जाने लगा, जिसमें विद्याप्राप्ति की भावना का कोई विशेष महत्त्व नहीं रहा। अन्धे, बहरे और गूंगे व्यक्तियों के लिए भी, जिनके लिए मूलतः यह संस्कार वर्जित था, उपनयन संस्कार आवश्यक मान जाने लगा।

उपनयन संस्कार के सम्बन्ध में विचारणीय प्रथम समस्या थी: किस आयु में बालक का उपनयन किया जाए? गृह्यसूत्रों में प्रतिपादित तथा परवर्ती आचार्यों द्वारा अनुमोदित साधारण नियम यह था कि ब्राह्मण का उपनयन आयु के आठवें वर्ष, क्षत्रिय का ग्यारहवें और वैश्य का बारहवें वर्ष करना चाहिए। जहाँ तक इस भेद के आधार का प्रश्न है, विभिन्न ग्रन्थों में विभिन्न तर्क दिये गये हैं। कतिपय लेखक इसे केवल ब्राह्मणों की कपोलकल्पना और दम्भ का परिणाम समझते हैं। क्यों कि ब्राह्मणों, क्षत्रियों और वैश्यों की सावित्री क्रमशः आठ, ग्यारह और बारह अक्षरों की होती है, अतः ब्राह्मणों ने उन्हीं के आधार पर तीन उच्चतर वर्णों के उपनयन की आयु क्रमशः आठ, ग्यारह और बारह वर्ष निश्चित कर दी। वे अपने मत की पुष्टि के लिए मेधातिथि और वीरमित्रोदय को उद्धृत करते हैं। कतिपय अन्य विद्वानों के अनुसार यह भेद ब्राह्मणों की बौद्धिक उच्चता पर आधारित था। क्यों कि ब्राह्मण बालक क्षत्रिय और वैश्य बालक की अपेक्षा अधिक

प्रतिभाशाली था अतः कम वय में उपनयन के योग्य हो जाता था। प्रथम मत के सम्बन्ध में यह स्मरणीय है कि सूत्रकाल की अपेक्षा अत्यन्त परवर्ती मेधातिथि और वीरमित्रोदय के कथन निरी कल्पना पर आधारित प्रतीत होते हैं, क्यों कि गृह्यसूत्रों और धर्मसूत्रों में सावित्री मन्त्र के अक्षरों की संख्या में साम्य आकस्मिक है, किन्तु इसने में धातिथि और वीरमित्रोदय की कल्पना को प्रश्रय दिया, जिनके समय में उपनयन संस्कार जीवन की यथार्थ आवश्यकता के स्थान पर जटिल कर्मकाण्ड मात्र बनकर बनकर रह बनकर रह गया था। इसके अतिरिक्त हिन्दूधर्म में इन संख्याओं के सम्बन्ध में किसी प्रकार की पवित्रता की धारणा भी नहीं है। दूसरी धारणा का समर्थन धर्मशास्त्रों से नहीं होता। बोधायन के अनुसार आठ और सोलह के बीच किसी भी वर्ष में बाह्मण का उपनयन किया जा सकता हैं। अतः यह पूर्णतः असम्भव प्रतीत होता है कि ब्राह्मण बालकों के उपनयन की छोटी अवस्था उनकी बोद्धिक उच्चता या ब्राह्मणों की उच्चता की मानसिक ग्रन्थि पर आधारित थी।

इस भेद का अधिक उपयुक्त आधार यह प्रतीत होता है कि अति प्राचीन काल में ब्राह्मण पिता ब्राह्मण ब्रह्मचारियों का आचार्य भी होता था। अतः छोटी आयु में उनका उपनयन किया जाना असुविधाजनक नहीं था, क्यों कि उन्हें शिक्षा प्राप्ति केलिए घर नहीं त्यागना पड़ता था। क्षत्रिय और वैश्यों की स्थिति इससे भिन्न थी। उन्हें शिक्षा के लिए अपने माता-पिता से अलग होना पड़ता था। अतः बहुत छोटी आयु में माता-पिता से पृथक होने पर बालकों को कष्ट होना स्वाभाविक था। अतः संस्कार की उच्चतर आयु के लिए बहुत कुछ माता पिता की वात्सल्य की अनुभूति ही उत्तरदायी थी। क्षत्रियों और वैश्यों की उच्चतर आयु के निर्धारित में एक अन्य कारण का भी सक्रिय हाथ रहा है। उपनयन के साथ आरम्भ होने वाली ब्राह्मणों की शिक्षा मुख्यतः धार्मिक एवं पौरोहित्य की शिक्षा थी, जिसके पाठयक्रम में केवल वेद व उससे सम्बद्ध अन्य विषयों का समावेश था। ब्राह्मण छात्र छोटी अवस्था में ही इन विषयों का अध्ययन आरम्भ कर देता था क्यों कि उसका भविष्य वैदिक ज्ञान पर ही निर्भर था। किन्तु क्षत्रियों और वैश्यों के व्यवसाय इससे भिन्न थे। निस्संदेह, साहित्यिक शिक्षा के माध्यम से जातीय संस्कृति व सभ्यता की रक्षा करना उनका भी कर्तव्य था, किन्तु उन्हें क्रमशः युद्धकला, प्रशासन, वाणिज्य और कृषि में विशेष कौशल अर्जन करना पड़ता था। अतः उक्त दोनों वर्ण अपनी साहित्यिक शिक्षा कुछ विलम्ब से आरम्भ करते थे, क्योंकि उन्हें ब्राह्मण विद्यार्थियों के लिए निर्दिष्ट पाठ्यक्रम का अध्ययन अपेक्षित न था। इस प्रकार, संस्कारों में जाति-भेद की व्यावहारिक आवश्यकताओं ने जन्म दिया, ब्राहाणों की कल्पना अथवा उच्चताग्रन्थि ने नहीं। कुछ विशिष्ट गुणों की प्राप्ति के लिए वैकल्पितक अवस्थाओं का विधान किया गया है। बौधायन के अनुसार ब्रह्मवर्चस की प्राप्ति के लिए सातवें, दीर्घायुष्य के लिए आठवें, ऐश्वर्य

के लिए नवें, भोजन के लिए दसवें, पशुओं के लिए बारहवें, शिल्प-कौशल के लिए तेरहवें, तेजस्विता के लिए चौदहवें, बन्धु-बान्धवों के लिए पन्द्रहवें और सभी गुणों की प्राप्ति के लिए सोलहवें वर्ष में उपनयन करना चाहिए। मनु कहते हैं, 'ब्रह्मवर्चस की प्राप्ति के लिए इच्छुक ब्राह्मण का पाँचवें, बल के लिए इच्छुक क्षत्रिय का छठे और ऐश्वर्य के इच्छुक वैश्य का उपनयन संस्कार आठवें वर्ष करना चाहिए।

विभिन्न गुणों की प्राप्ति के लिए उक्त, व्यापक विकल्प आपातत: काल्पनिक प्रतीत होते हैं। किन्तु सुदीर्घ काल में उपनयन सम्बन्धी धारणा में हुए परिवर्तन पर ध्यान देने पर उनकी युक्तियक्तता स्पष्ट हो जाती है। आरम्भ में उपनयन प्राथमिक शिक्षा के आरम्भ का सूचक था। अत: उपनयन के लिए छोटी आयु को प्राथमिकता दी जाती थी और इसके लिए लघुतम सम्भव अवस्था पाँच वर्ष निश्चित की गई थी। किन्तु जब वह प्राथमिक शिक्षा का सूचक न रह गया और माध्यमिक शिक्षा आरम्भ करते समय उपनयन संस्कार किया जाने लगा, तब इसके लिए उच्चतर अवस्था निर्धारित कर दी गई, यद्यपि सदैव विद्यार्जन के लिए उपयुक्त अवस्था का ध्यान रखा गया। अवस्था ऐसी होनी चाहिए कि विद्यार्थी का मस्तिष्क ग्रहणशील हो तथा अध्ययन के लिए पर्याप्त समय मिल सके। किन्तु प्रत्येक बालक के लिए एक ही अवस्था उपादेय होना सम्भव नहीं है। अत: प्रत्येक प्रकार के बालक की आवश्यकता की पूर्ति को ध्यान में रखते हुए अनेक विकल्प स्वीकृत किये गये। किन्तु, चाहे जब भी यह संस्कार किया जाता, इसे सदैव उपादेय समझा गया, क्यों कि यह धार्मिक दृष्टि से पूर्ण मूल्यवान माना जाता था। उपनयन संस्कार की अन्तिम सीमा ब्राह्मण के लिए सोलह, क्षत्रिय के बाईस और वैश्य के लिए चौबीस वर्ष की आयु थी। जब उपनयन को शारीरिक संस्कार का स्वरूप प्राप्त हो गया, तो चाहे जितने विलम्भ से क्यों न हो, संस्कार का अनुष्ठान करना अनिवार्य माना गया, इसके मूल में निहित प्रयोजन समाज के समस्त युवकों को शिक्षित व जातीय संस्कृति से परिचित और परिष्कृत करना था। ब्राह्मण के लिए उपनयन की अवस्था अपेक्षाकृत अल्प थी। क्योंकि वह आर्य धर्म और संस्कृति का संरक्षक तथा आर्य जाति का विद्यागुरु था। क्षत्रियों और वैश्यों का उपनयन इससे उच्चतर अवस्था में किया जा सकता था, क्योंकि वे धार्मिक शिक्षा की प्राप्ति में उतने उत्साही नहीं थे, चौबीस वर्ष की अवस्था अन्तिम सीमा थी।

उपनिषद् काल के अन्त में किसी समय उपनयन संस्कार अनिवार्य हो गया। इसके मूल में अनेक कारण निहित थे। सर्वप्रथम इसकी पृष्ठभूमि में सांस्कृतिक कारण था। किसी भी प्रगतिशील सभ्यता के लिये शिक्षा आवश्यक है। शिक्षा को व्यापक करने के उद्देश्य से उपनयन अनिवार्य कर दिया गया था। इसके द्वारा प्रत्येक आर्य अपने जीवन का कुछ काल गुरुकुल अथवा किसी शिक्षासंस्था में व्यतीत करने के लिये बाध्य कर दिया गया था। द्वितीय किन्तु उससे सम्बन्द्ध कारण यह था कि साहित्य तथा विद्या के

कोष की निरन्तर वृद्धि हो रही थी। विद्या की विविध शाखाएँ विकसित हो चुकी थीं। अत: पवित्र साहित्य की रक्षा के लिये उपनयन संस्कार को अनिवार्य कर सम्पूर्ण समाज का सहयोग प्राप्त करने का प्रयास किया गया। तृतीय कारण विशुद्ध रूप से धार्मिक था। यह विश्वास बद्धमूल हो चुका था कि उपनयन में पवित्र करने की शक्ति निहित है। कोई शिक्षा प्राप्त करे अथवा नहीं, उसे स्वयं को अभिषिक्त अवश्य ही करना चाहिए। संस्कार की पवित्रता को प्रदत्त यह अत्यधिक महत्व भी सभी के लिये उपनयन को अनिवार्य बनाने में सहायक हुआ। अन्तिम कारण अभिजात्य था। अभिजात वर्ग के समक्ष अपने चारों ओर विद्यमान सामान्य जनों रो स्वंग को विशिष्ट तथा भिन्न रखने का प्रश्न भी विद्यमान था। जनसाधारण के साथ अपने प्रथम सम्पर्क में अभिजात वर्ग अपेक्षाकृत उच्चतर और वर्ण तथा संस्कृति दोनों ही विषयों में उनसे भिन्न था। किन्तु कालक्रम से उक्त भेद लुप्त होने लगे तथा उनके साथ सङ्कर और इस प्रकार उसकी अपनी सभ्यता के स्तर के निम्नतर होने का सङ्कट उत्पन्न हो गया। उपनयन ने, जो कि समाज में पहले ही प्रचलित था, पार्थक्य के एक उत्तम माध्यम का कार्य किया। वे अभिजात, जो अपना यौवन-काल शिक्षा की साधना में तो व्यतीत न कर सकते, किन्तु यज्ञोपवीत धारण कर लेते थे, द्विज कहलाते थे और इस प्रकार वे जनसाधारण से भिन्न हो जाते थे। उपनयन को द्वितीय जन्म इस अर्थ में कहा जाता था कि इससे उपनीत व्यक्ति की समाजिक स्थिति उच्चतर हो जाती थी। सम्पूर्ण अभिजात वर्ग द्विज कहलाने लगा। साधारण व्यक्ति, जिसका केवल एक शारीरिक जन्म होता था, निश्चय ही एक अभिजात की उपेक्षा निम्नतर समझा जाता था।

जब उपनयन एक अनिवार्य संस्कार हो गया, तो लोग इसका यथार्थ प्रयोजन भूल गगे तशा इसके अनेक घातक परिणाम हुए। प्राचीनकाल में जब कि यह एक विशुद्ध शिक्षा-संस्कार था, शिक्षा के लिये जन्म से अयोग्य व्यक्तियों को उपनयन का विशेषाधिकार प्राप्त नहीं था। किन्तु जब यह दैहिक संस्कार के रूप में परिणत हो गया, तो इस मत का प्रतिपादन किया जाने लगा कि मूक बधिर तथा अन्धे आदि का भी उपनयन करना चाहिये। कतिपय स्मृतिकार इस विचार से सहमत नहीं थे। किन्तु अयोग्य व्यक्तियों को भी उच्चतर वर्ण का चिह्न देकर विवाह की अनुमति प्रदान करने के उद्देश्य से बहुसंख्यक जनता ने इसे स्वीकार कर लिया। उपनयन के दैहिक संस्कार में परिणत हो जाने का एक अन्य परिणाम यह भी हुआ कि मद्यपान, पलाण्डुभक्षण आदि के द्वारा अशुद्ध हो जाने पर व्यक्ति के लिए पुन: नये सिरे से उपनयन ग्रहण करने का विधान किया गया। यह आवृत्ति इस तथ्य के बिल्कुल विरुद्ध है कि वैदिककाल में दो वेदों की किसी नवीन शाखा का अध्ययन आरम्भ करते रामग विद्यार्थी नवीन यज्ञोपवीत ग्रहण करता था। अपने मूल प्रयोजन से उपनयन के ह्रास का सर्वाधिक घातक परिणाम यह हुआ कि वृक्षों का भी

उपनयन किया जाने लगा। चौदहवीं शती के एक कन्नड अभिलेख से ज्ञात होता है कि एक ब्राह्मण ने पीपल के चार वृक्षों का उपनयन संस्कार किया था।

जब तक कि हिन्दुओं पर वैदिक संस्कृति का कठोर नियन्त्रण था, उस समय तक उपनयन की अनिवार्यता का नियमित रूप से पालन किया जाता रहा। किन्तु भारतीय इतिहास के मुस्लिम काल में हिन्दूधर्म को गम्भीर आघात लगा। उनका धार्मिक जीवन सङ्कटपूर्ण हो गया और अनेक उच्च तथा समृद्ध क्षत्रिय और वैश्य परिवार साधारण कृषकों की स्थिति को प्राप्त हो गये। यह मत प्रचलित हो गया कि कलियुग में क्षत्रिय और वैश्य हैं ही नहीं। यद्यपि यह विचार व्यापक रूप से मान्य न हो सका, किन्तु अनेक प्रदशों के अधिकांश क्षत्रियों तथा वैश्यों ने उपनयन संस्कार का त्याग कर दिया। किन्तु उन्नीसवीं शती से परम्परावादी तत्त्वों के सांस्कृतिक पुनर्जागरण के परिणामस्वरूप वे पुनः उपनयन संस्कार सम्पन्न करने के विषय में विशेष ध्यान देने लगे हैं। एक अन्य विचारणीय प्रश्न था कि बालक को आचार्य के समीप कौन ले जाए। प्राचीन काल में ब्राह्मण-परिवारों में पिता पुत्र को पढ़ाता था। अतः इस समस्या पर विचार करने की आवश्यकता नहीं थी। किन्तु ब्राह्मणेतर बालक ब्राह्मण आचार्यों के समीप ले जाये जाते थे। इसके अतिरिक्त, जब शिक्षा विकसित हुई तथा अध्यापन-कला का विशेषीकरण हो गया तो ब्राह्मण बालक भी अध्ययन के लिए योग्य आचार्यों के निकट विद्यार्थी के ले जाये जाने के प्रश्न पर विचार किया जाने लगा। पितामह के मतानुसार पिता, पितामह, पितृव्य तथा ज्येष्ठ भ्राता ही बालक के वैध संरक्षक थे, तथा पूर्व पूर्व के अभाव में उत्तरोत्तर विद्यार्थी को आचार्य के निकट ले जाता था। उपर्युक्त सहज संरक्षक के अभाव में समान वर्ण के किसी ज्येष्ठ सदस्य को भी बालक को आचार्य के निकट ले जाने का अधिकार था। किन्तु जब उसे ले जाने के लिए कोई भी न होता अथवा कोई भी उसे आचार्य के समीप ले जाने के लिए कोई भी न होता अथवा कोई भी उसे आचार्य के समीप ले जाने की चिन्ता न करता तो बालक स्वयं उपनयन के आचार्य के समीप जाता था। आचार्य का चुनाव कुछ निश्चित सिद्धांतों द्वारा प्रेरित होता था। यथा- सम्भव श्रेष्ठतग् आचार्य प्राप्त करने का यत्न किया जाता था, क्यों कि उपनयन का उद्देश्य ज्ञान की प्राप्ति तथा चरित्र निर्माण था। यदि आचार्य स्वयं ही ज्ञान सम्पन्न तथा उच्च चरित्र का व्यक्ति न होता, तो वह विद्यार्थी के जीवन का निर्माण नहीं कर सकता था। 'जिसको अविद्वान् आचार्य उपनीत करता है, वह अन्धकार से अन्धकार में पुनः प्रवेश करता है। विद्वान् तथा आत्मसंयमी आचार्य की कामना करनी चाहिए। श्रुतवान्, अभिजात्, चरित्रवान् तथा तपःपूत ब्राह्मण को बालक का उपनयन करना चाहिए। उपनेय व्यक्ति से यह अपेक्षा की जाती थी कि वह चरित्रहीन गुरु से अध्ययन न करे, क्यों कि मज्जा से सने हुए रुधिर से शुद्ध नहीं हो सकते। व्यास ऐसे व्यक्ति को गुरु पद के योग्य समझते हैं जो ब्राह्मण, वेदैदिकनिष्ठ, कुलीन, क्षोत्रिय, शुचि

तथा अपनी शाखा के अध्ययन में आलस्यहीन हो। आचार्य की कतिपय अन्य विशेषताओं का वर्णन यम ने इस प्रकार किया है: 'आचार्य को सत्यवाक्, धृतिमान, दक्ष, प्राणिमात्र के प्रतिदयालू आस्तिक, वैदिक स्वाध्याय में रत, शुचि, वेदाध्ययन से सम्पन्न, चरित्रवान् जितेन्द्रय, उत्साही होना चाहिए। 'जब उपनयन शिक्षा-संस्कार था, तो ये गुण अनिवार्य थे अथवा इनका आदर था। किन्तु जब उपनयन के स्वरूप में परिवर्तन हुआ तो उक्त गुणों की उपेक्षा भी की जा सकती थी। परवर्ती काल में उपनयन का प्रयोजन शिक्षा नहीं, उपचारमात्र रह गया था। आचार्य से उपनीत व्यक्ति के अध्ययन करने की आशा नहीं की जाती थी। उसका कार्य केवल वैदिक मन्त्रों के उच्चारण के साथ संस्कार सम्पन्न करना था। अत: ऐसा करने में समर्थ किसी भी व्यक्ति से उपनयन सम्पन्न करने की प्रार्थना की जा सकती थी। आजकल अनेक विषयों में आचार्य की पूर्णत: उपेक्षा कर दी जाती है। व्यय तथा झंझटों से बचने के लिए लोग किसी पवित्र स्थान पर चले जाते हैं तथा यज्ञोपवीत को हरिद्रा से रँगे हुए जल में आर्द्र करके बालक के गले में डाल देते हैं। इसका कारण एक ओर तो संस्कार के वास्तविक प्रयोजन का घोर अज्ञान तथा दूसरी ओर आधुनिक जीवन की धर्म निरपेक्ष प्रवृत्ति है। आरम्भ में उपनयान संस्कार अत्यन्त साधारण था। प्राचीन काल में, जब कि ब्राह्मण-कुलों में वेद का अध्ययन एक पीढी से दूसरी पीढ़ी तक क्रमबद्ध चलता था, पिता स्वयं ही गुरु का कार्य करता था। अत: निश्चय ही उसके साथ बरती जानेवाली औपचारिकताएँ स्वभावत: सीमित रहती थीं। पिता का अति प्राचीन आचार्यत्व उस पुराणकथा से भी सिद्ध होता है, जिसमें देवता, मनुष्य तथा दैत्यों द्वारा अपने सामान्य पिता प्रजापति के निर्देशन में ब्रह्मचर्य जीवन व्यतीत करने का उल्लेख है। उपनिषदों के युग में विद्यार्थियों के द्वारा अपने पिता से अध्ययन करने के उदाहरण उपलब्ध होते हैं। उपनिषदों में प्राप्त उपनयन के अनेक उदाहरणों से उसकी मौलिक सादगी प्रकट होती है। विद्यार्थी अपने हाथों में समिधा लेकर,जो इस तथ्य की सूचक थी कि वह उसका शिष्य बनने तथा उसकी सेवा करने के लिए प्रस्तुत है, आचार्य के निकट जाता था। उपनयन के कतिपय अन्य उदाहरण भी प्राप्त होते हैं जिनमें ब्रह्मचारी की मौखिक प्रार्थना तथा आचार्य द्वारा उसकी स्वीकृति मात्र पर्याप्त थी। किन्तु ये सादगी के इतस्तत: विकीर्ण उदाहरण हैं। वैदिककाल के अन्त के पूर्व ही उपनयन संस्कार जटिल स्वरूप धारण करता जा रहा था। अथर्ववेद-कालीन उपनयन में परवर्ती कर्मकाण्ड के अनेक अङ्ग विकसित हो गये थे। यज्ञीय विस्तार के लिए प्रसिद्ध ब्राह्मण-काल में उपनयन संस्कार विस्तृत हो चुका था और उसमें प्राप्त विवरण से उसका सांस्कारिक स्वरूप स्पष्ट है। गृह्यसूत्र पूर्णत: विकसित विधि-विधानों का विशद वर्णन करते हैं। विकास-क्रम में अनेक अवैदिक तथा लौकिक तत्त्व भी इसमें समाविष्ट हो गये। संस्कार सम्पन्न करने के लिए कोई शुभ समय नियत कर लिया जाता था। साधारणत: उपनयन

उस समय होता था, जब सूर्य उत्तरायण में रहता था। किन्तु वैश्य बालकों के लिए दक्षिणायन भी विहित था। विभिन्न वर्णों के लिए विभिन्न ऋतुएँ निश्चित थीं। ब्राह्मण का उपनयन बसन्त में, क्षत्रिय का ग्रीष्म में, वैश्य का शरदऋतु में तथा रथकार का उपनयन वर्षाऋतु में होता था। ये विभिन्न ऋतुएं विभिन्न वर्णों के स्वभाव तथा व्यवसाय की प्रतीक थीं, वसन्त की समशीतोष्णता ब्राह्मण के संतुलित जीवन का प्रतीक थी। ग्रीष्म की उष्णता, क्षत्रिय की वीरता तथा उत्साह की प्रतिनिधि थी, जब कि प्राचीन भारत का व्यापारिक जीवन वर्षाऋतु के पश्चात् पुन: गतिशील होता था, जो वैश्य की समृद्धि तथा ऐश्वर्य का सूचक था और वर्षा का शान्तकाल रथकार की सुविधा का द्योतक था। परवर्ती ज्योतिष-विषयक रचनाओं ने माघ से आषाढपर्यन्त विभिन्न मासों के साथ भिन्न-भिन्न गुणों का योग कर दिया: जिस बालक का उपनयन माघ मास में किया जाता है वह समृद्ध होता है, जिसका उपनयन फाल्गुन मास में होता है वह बुद्धिमान् होता है, चैत्र में उपनीत होने पर वेदों में निष्णात तथा पारङ्गत होता है, वैशाख में उपनयन करने से समस्त सुख-भोगों से सम्पन्न ज्येष्ठ में प्राज्ञ तथा श्रेष्ठ और आषाढ़ में शत्रुओं का महान् विजयी तथा विख्यात महापण्डित होता है। संस्कार के लिए शुक्ल पक्ष को प्राथमिकता दी जाती थी, क्यों कि वह किसी भी सामूहिक समारोह के लिए आनन्दमयी अवसर था तथा प्रकाश, ज्ञान और विद्या का प्रतीक माना जाता था। संस्कार सम्पन्न होने के पूर्व उपनयन के लिए एक मण्डप का निर्माण किया जाता था। संस्कार के एक दिन पूर्व अनेक पौराणिक विधि-विधान किये जाते थे। सर्वाधिक शुभ देवता गणेश का आराधन तथा श्री, लक्ष्मी, धात्री, मेधा, पुष्टि, श्रद्धा और सरस्वती आदि देवियों का पूजन किया जाता था। उपनयन के पूर्व रात्रि को बालक के शरीर पर हल्दी के द्रव का लेप किया जाता और उसकी शिखा से एक चाँदी की अँगूठी बाँध दी जाती थी। इसके पश्चात् उस सम्पूर्ण रात्रि पूर्ण मौन रहकर व्यतीत करनी होती थी। यह एक रहस्यपूर्ण विधि थी जो बालक को द्वितीय जन्म के लिए प्रस्तुत करती थी। पीत लेप गर्भ के वातावरण का दृश्य उपस्थित करता तथा पूर्ण मौन अवाक् भ्रूण का सूचक था।

दूसरे दिन प्रात: काल अन्तिम बार माता और पुत्र साथ-साथ भोजन करते थे। यह हिन्दू संस्कार में एक असाधारण विधि थी। डॉ० अल्तेकर के अनुसार यह बालक के अनियमित जीवन के अन्त का सूचक था तथा बालक को यह स्मरण कराता था कि अब वह दायित्व-हीन शिशु नहीं रहा और अब से उसे व्यवस्थित जीवन व्यतीत करना है। किन्तु यह माता और पुत्र की विदाई का भोज भी हो सकता है। यह एक दु:खकर तथा हृदयस्पर्शी कृत्य था। यह पुत्र के प्रति माता के गम्भीर स्नेह का प्रतीक था। उपनयन के पश्चात् नियमत: माता उसके साथ भोजन नहीं कर सकती थी। इसकी कल्पना ने ही माता को अपनी अन्तिम स्नेहपूर्ण भावना व्यक्त करने के लिए प्रेरित किया। उक्त कृत्य के मूल

में दोनों कारणों का योगदान रहा होगा। किन्तु कुछ अन्य कारण भी प्रतीत होते हैं, जिन्होंने इसे जन्म दिया। बालक अपनी माता के साथ केवल भोजन ही न कर सकता हो, ऐसी बात नहीं थी, वह दीर्घकाल के लिए उससे पृथक होने भी जा रहा था। अतः माता का हृदय इस अवसर पर स्वभावतः ही भारी हो जाता था तथा बालक के प्रति अपने स्नेह की सर्वाधिक प्रभावकर व उच्चतम अभिव्यक्ति वह उसके साथ भोजन करके ही कर सकती थी। सम्भवतः बालक को प्रातःकाल भोजन कराने की एक व्यवहारिक आवश्यकता भी थी। संस्कार अत्यंत दीर्घ था। अतः वह संस्कार के समय क्षुधा से पीड़ित न हो, इसलिए उसे संस्कार आरम्भ होने के पूर्व ही भोजन करा दिया जाता था। माता के भोजन के पश्चात् अनेक बालकों को भोजन कराया जाता था। यह गुरुकुल के लिए बालक की विदाई के अवसर पर उसके बाल मित्रों तथा खेल के साथियों को दिया हुआ भोज था।

भोजन के पश्चात् माता पिता बालक के उस मण्डप में ले जाते थे जहाँ आहवनीय अग्नि प्रदीप्त रहता था। संस्कार का धर्मशास्त्रों में विहित प्रथम कृत्य ब्राह्मण भोजन था, जो सदैव पुण्यकर माना जाता था तथा इस अवसर पर विशेष रूप से वह ब्रह्मचर्य का प्रतीक था, जो उपनयन के पश्चात् विद्यार्थी का जीवन होने को था। तब बालक का मुण्डन होता था। यदि उसका चूड़ाकरण हो चुकता था तो साधारण रूप से ही नापित द्वारा उसका मुण्डन करा दिया जाता था। किन्तु कभी कभी व्यय को बचाने के लिए धर्मशास्त्रों के अनुकुल न होने पर भी चूड़ाकरण संस्कार इस समय तक स्थगित कर दिया जाता था तथा उपनयन होने के पूर्व सम्पन्न किया जाता था। मुण्डन के पश्चात् बालक को स्नान कराया जाता था। यह क्रिया प्रत्येक संस्कार के लिए अनिवार्य थी।

स्नान समाप्त होने पर बालक को अपने गुह्य अंङ्गों को ढँकने के लिए कौपीन दिया जाता था। बालक के मन में सामाजिक चेतना का उदय पहले ही हो चुका रहता था, किन्तु अब से उसे विशेष रूप से सामाजिक शिष्टाचार का पालन और अपनी शालीनता तथा आत्म-सम्मान का निर्वाह करना था। तब बालक आचार्य के निकट जाता और ब्रह्मचारी होने की इच्छा व्यक्त करता था: 'मैं यहाँ ब्रह्मचर्य के लिए आया हूँ। मैं ब्रहाचारी बनूँगा।' उसकी प्रार्थना स्वीकार कर आचार्य उसे इस मन्त्र के साथ वस्त्र देता था: 'जिस प्रकार बृहस्पति ने इन्द्र को अमरत्व का वस्त्र दिया, उसी प्रकार दीर्घायुष्य, दीर्घजीवन, शक्ति तथा तेज और ऐश्वर्य के लिए यह वस्त्र तुझे दता हूँ।' हिन्दूओं की शिष्टाचार-विषयक धारणा के अनुसार धार्मिक कृत्यों में समवेत होने पर शरीर का ऊपरी भाग वस्त्र से आवृत रहना चाहिये अतः उपनयन के अवसर पर विद्यार्थी को उत्तरीय दिया जाता था, क्यों कि इस समय से उसका वास्तविक धार्मिक जीवन आरम्भ होता था। प्राचीन साहित्य से ज्ञात होता है कि मूलतः इस अवसर पर दिया जाने वाला उत्तरीय मृगचर्म होता था। गोपथब्राह्मण से विदित होता है कि मृगचर्म आध्यात्मिक तथा बौद्धिक सर्वोच्चता का

प्रतीक था। इसके धारण के माध्यम से ब्रह्मचारी को अनवरत रूप से यह स्मरण कराया जाता था कि उसे आदर्श चरित्रवान् तथा गम्भीर विद्वान बनना है। आर्यों के प्राचीन पशु पालक जीवन में मृगचर्म एक आवश्यकता थी। इसकी अज्ञात प्राचीनता ने इसे पवित्रता प्रदान की तथा कालक्रम से यह धार्मिक विकास के रूपमें परिणत हो गया। किन्तु इसका व्यवहार बिस्तर तक ही सीमित था। जब आर्य कृषक हो गये तथा कातने और बुनने की कला अस्तित्व में आई, तो विद्यार्थी को कपास का वस्त्र दिया जाने लगा। आपस्तम्ब तथा बौधायन गृह्यसूत्रों के अनुसार वस्त्रखण्ड ब्रह्मचारी के घर पर संस्कार के ठीक पूर्व कातकर बुना जाता था। गृह्यसूत्र विभिन्न वर्णों के लिए विभिन्न पदार्थों से निर्मित वस्त्रों का विधान करते हैं। ब्राह्मण का वस्त्र शण से निर्मित, क्षत्रिय का क्षौम तथा वैश्य का कुतप अथवा कुशनिर्मित होना चाहिए। किन्तु वैकल्पिक रूप से अधिकृत कार्पास- वस्त्र सभी वर्णों के लिए विहित था। प्राचीन काल में विशुद्ध धार्मिक कारणों से श्वेत तथा अप्रक्षालित वस्त्र दिये जाते थे, जो निस्सन्देह जीवन की पवित्रता तथा शुचिता के प्रतीक थे। किन्तु आगे चलकर धार्मिक उद्देश्य पर व्यवहारिक भाव ने विजय प्राप्त कर लिया, यद्यपि अभी भी यह प्रतीकात्माकता से संयुक्त रहा। ब्राह्मण के वस्त्र काषाय, क्षत्रिय के माञ्जिष्ठ तथा वैश्य के हारिद्र होने चाहिए। वस्त्र रंग दिये जाते थे जिससे वे अतिशीघ्र ही मलिन न हो जाएँ। किन्तु शुभ्र वस्त्रों के प्रति गहरी रुचि पूर्णतः नष्ट न हो सकी और अनेक स्मृतियों का मत है कि ब्रह्मचारी के वस्त्रों का रंग श्वेत होना चाहिए।

इसके पश्चात् आचार्य बालक की कटि के चारो ओर इस मन्त्र के साथ मेखला बाँध देता था: 'दुरित (पाप) को दूर रखती हुई, शोधक की भाँति मनुष्यों को शुद्ध करती हुई, श्वास तथा प्रश्वास की शक्ति से स्वयं को आवृत करती हुई, शक्ति के साथ, भगिनी मेखला मेरे निकट आई है।' अथवा 'सुसज्जित, सुन्दर वेश-भूषा से अलंकृत युवक यहाँ आता है। वह उत्पन्न होने पर गौरवशाली होता है। मेधावी ऋषि उसकी प्रशंसा करते हैं; धार्मिक महात्मा, जिनका मन ईश्वर की आराधना में तत्पर रहता है, उसकी सराहना करते हैं।' यदा कदा बिना किसी मन्त्र का उच्चारण किये भी मेखला पहना दी जाती थी। मेखला का निर्माण मूलतः कौपीन की सहायता के लिए हुआ था। किन्तु आगे चलकर इसके साथ भी धार्मिक प्रतीकात्मकता का योग हो गया। यह तिहरे सूत्र से बनाई जाती थी, जो इसका प्रतीक था कि ब्रह्मचारी सर्वदा तीन वेदों से आवृत है मेखला ब्रह्मचारी को यह भी सूचित करती थी कि 'वह श्रद्धा की तप से उत्पन्न दुहिता, ऋषियों की भगिनी तथा भूतकृता (जीवों का कल्याण करनेवाली) है। वह उसके ऋत (व्रत) के गोपन में समर्थ है तथा दुष्प्रभावों से वह उसकी रक्षा करेगी।' उत्तरीय के समान ही मेखला भी भिन्न-भिन्न वर्णों के लिए भिन्न पदार्थों से निर्मित होती थी। ब्राह्मण की मेखला मूँज की, क्षत्रिय की धनुष के प्रत्यञ्चा की तथा वैश्य की ऊन की होनी चाहिए। यह समान,

चिकनी तथा देखने मे सुन्दर होनी चाहिए। आजकल इसका व्यवहार बहुत थोड़े काल के लिए होता है तथा उपनयन के तत्काल पश्चात् इसका स्थान कपास की मेखला ग्रहण कर लेती है। मेखला धारण करने के पश्चात् ब्रह्मचारी को उपवीत सूत्र दिया जाता था, जो परवर्ती लेखकों को अनुसार उपनयन संस्कार का सबसे महत्त्वपूर्ण अङ्ग है। यह विदित है कि कर्मकण्ड साहित्य के अति प्राचीन लेखकों को यह अज्ञात था किसी भी गृह्यसूत्र में उपवीत सूत्र धारण करने का विधान नहीं है। प्रतीत होता है कि बालक को दिये जानेवाले उत्तरीय का ही पूर्वरूप था, जिससे उपवीत सूत्र का जन्म हुआ, यद्यपि परवर्ती आचार्यों की रचनाओं में पूर्वरूप (यज्ञीय प्रयोजन के लिए नहीं)तथा उसकी अनुकृति दोनों ही सुरक्षित है। उपवीत सूत्र का नाम 'यज्ञोपवीत' स्वयं ही अपने मौलिक स्वरूप की ओर संकेत करता है। धर्मशास्त्रों के नियमानुसार ब्राह्मण को कपास का, क्षत्रिय को सन का तथा वैश्य को भेड़ के ऊन का उपवीत धारण करना चाहिए। किन्तु समस्त वर्णों के लिए कपास का यज्ञोपवीत विकल्प के रूप में विहित है। प्रतीत होता है कि इसका कारण कपास का सूत्र प्राप्त करने में सरलता ही थी। उपवीत विभिन्न वर्णों के अनुसार भिन्न-भिन्न रंग का होता था। ब्राह्मण श्वेत उपवीत धारण करता था, क्षत्रिय लाल तथा वैश्य पीला। यह कहा जाता है कि रंग का यह भेद उपर्युक्त वर्णों के मन के रंग का द्योतक था। किन्तु कुछ समय पश्चात इस भेद को दूर कर दिया गया और आधुनिक काल में वैश्य वर्ण का पीला रंग ही व्यापक रूप से ग्रहण कर लिया गया है।

वेदारम्भ

प्राचीनकाल में उपनयन संस्कार के साथ ही वेदारंभ अर्थात् वेदों के अध्ययन का संस्कार कराया जाता था; किंतु परवर्ती काल में जब संस्कृत बोलचाल की भाषा नहीं रही तो इसका प्रचलन बहुत कम हो गया। आंशिक रूप से कहीं-कहीं यह संस्कार आज भी संपन्न कराया जाता है।

गुरु के सान्निध्य में पहुँचकर शिष्य का वेदाध्ययन प्रारम्भ करना भी एक संस्कार माना जाता था जिससे उसका बौद्धिक और आध्यात्मिक उत्कर्ष होता था। वैदिक युग में वेद का अध्ययन करना शिक्षा का प्रधान अंग था। उस युग में वेद और वेदागों की शिक्षा ग्रहण करना छात्र का प्रमुख कर्त्तव्य था। कालान्तर में वेदों का अध्ययन कुछ मंद पड़ गया तथा अन्यान्य विषयों की शिक्षा प्रारम्भ हो गई। मनु का कथन हैं कि वेदाध्ययन करनेवाला शास्त्रोक्त विधि से आचमन किया हुआ, ब्रह्मांजलि बाँधकर, हल्के वस्त्र को धारण करता हुआ जितेन्द्रिय होना चाहिए। शिष्य को वेदारम्भ में और अंत में 'ऊँ' शब्द का उच्चारण करना चाहिए। प्रारम्भ में 'ऊँ' शब्द का उच्चारण न करने से धीरे-धीरे अध्ययन नष्ट हो जाता है तथा अंत में 'ऊँ' शब्द का उच्चारण न करने से वह नहीं ठहरता।

धर्मशास्त्रों के द्वारा प्रतिपादित उपनयन संस्कार से संस्कृत बालक अपने माता-पिता, परिवार एवं समाज को कुछ दिनों के लिए छोड़कर गुरु के आश्रम में प्रवेश करता है, और फिर ज्ञान के सागर वेद को पढ़ना प्रारम्भ करता है। इसे पढ़ने के क्रम में गुरुकुल के नियमानुसार आचरण करना पड़ता है, तथा एक सुनिश्चित दिनचर्या में वह बँध जाता है। सम्पूर्ण धरती पर एकमात्र यह भारतीय संस्कृति ही ऐसी है, जिसमें पलने वाला बच्चा अपने शैशवकाल में ही विद्या की प्राप्ति के लिए अपनों का त्याग कर पराये में अपनत्व की परछाई देखता है,उनके बताये हुए रास्ते पर चलता है, और ऐसा इसलिए करता है कि ज्ञान की प्राप्ति लाड़-प्यार की दुनियाँ में नहीं हो सकती, अपितु एक शान्त एवं स्वस्थ वातावरण में ही वह मिल पाती है। इस तरह का वातावरण गुरु के आश्रम में ही सम्पन्न किया जाता है। इस संस्कार से तात्पर्य ज्ञान की उपासना से है। इसे वेदमात्र पढ़ने का संस्कार मानना अज्ञानता नहीं, तो ज्ञान की भी बात नहीं मानी जा सकती, क्यों कि वेद तो एक उपलक्षण है, जो ज्ञान की प्रत्येक विधाओं को अभिव्यक्त करता है। वैसे वेद की व्यापकता पर यदि हम नजर दें तो हम पायेंगे कि ज्ञान का कोई भी ऐसा संकीर्ण से संकीर्ण क्षेत्र नहीं है, जो कि वेद में नहीं मिलता हो। इस प्रकार वेदारम्भ से यद्यपि ज्ञानारम्भ का आशय ही ग्राह्य है, ज्ञान ही एक ऐसा तत्त्व है जो व्यक्ति को दूसरे जीवों से अलग पहिचान प्रदान करता है, जिसके आगम स्थल के लिए रास्ते की शुरुआत वेदारम्भ संस्कार अपने आप में बहुत ही आदरणीय संस्कार है, जिसके द्वारा व्यक्ति को व्यक्तित्व प्रदान किया जाता है।

केशान्त अथवा गोदान

विद्यार्थी के सोलहवें वर्ष में यह संस्कार संपन्न किया जाता था, जब उसके दाढ़ी आदि का पहली बार क्षौर कर्म होता था। मनु विचारानुसार गर्भ से सोलहवें वर्ष ब्राह्मण का, बाईसवें वर्ष क्षत्रिय का और चौबीसवें वर्ष में वैश्य का केशांत संस्कार सम्पन्न करना चाहिए। दाढ़ी-मूछों का उगना तरूणाई के लक्षण हैं। अत: इनकी क्षौर क्रिया के साथ युवा व्यक्ति को ब्रह्मचर्य और सदाचरण का स्मरण दिलाया जाता था। 'केशांत' को 'गोदान' भी कहा जाता था, क्यों कि इस संस्कार के मंगलमय अवसर पर ब्राहाण आचार्य को गोदान दिया जाता था। कभी-कभी यह संस्कार विवाह के पूर्व सम्पन्न किया जाता था। संस्कारों के सुदीर्घ इतिहास में समय-समय पर संस्कारों की संख्या, उनके स्वरूप एवं उनकी व्यवहार्यता में परिवर्तन होता रहा है। अत: गृह्यसूत्रों-स्मृतियों में इनमें अन्तर दिखाई पड़ना स्वाभाविक है। यद्यपि केशान्त संस्कार की आज अन्य संस्कारों की तरह प्रसिद्धि प्राप्त नहीं है, फिर भी जनमानस में व्याप्त षोडश संस्कारों में से यह संस्कार अन्यतम है तथा इसकी कतिपय विशेषता हमें बरवश अपनी ओर खींच लेती है। मैं

केशान्त संस्कार के निम्नलिखित पाँच बिन्दुओं को अपनी विवेचना के अन्तर्गत रेखाकिंत करना चाहूँगा। वे हैं-

(क) सोहलवें वर्ष में इस संस्कार का होना,

(ख) दाढ़ी-मूँछ का कर्त्तन,

(ग) बाल और नाखून का जल में समर्पण,

(घ) गुरु को शिष्य के द्वारा गोदान दिया जाना और

(ङ) संस्कारान्त में एक वर्ष तक कठोर अनुशासित जीवन।

सामान्य स्थिति में किशोरावस्था की समाप्ति एवं युवावस्था का आरम्भ सोलहवें वर्ष में होता है। इस समय गुरुकुल में अध्ययनरत छात्र अपने अन्दर कुछ मूक संवेदनाओं का अनुभव करने लगता है। शारीरिक विकास के साथ शरीर की आकांक्षाएँ एवं अपेक्षाएँ बढ़ने लगती हैं। बाहर का वातावरण पहले की अपेक्षा उसे ज्यादा आकर्षण लगता है। प्रकृतिनटी का नयनाभिराम चित्र तथा कोकिल कुल की काकली उसके हृदय में गुदगुदी पैदा करती है। इस स्थिति में भारतीय संस्कृति, जो कि व्यक्ति की प्रत्येक अवस्था एवं उसकी समुचित व्यवस्था के प्रति बड़ी ही जागरूक है, पुनः एक संस्कार की आवश्यकता महसूस करती है। आपने पहले भी देखा है, और आगे भी देखेंगे कि जब-जब मानवीय अस्तित्व किसी बड़े परिवर्तन की ओर पहला कदम बढ़ाता है, तब-तब उसे संस्कार के द्वारा संस्कृत, नियन्त्रित तथा एक स्वस्थ भाव-भूमि से युक्त किया जाता है। अतः केशान्त संस्कार सोलहवें वर्ष में ही शास्त्रकारों के द्वारा अभिप्रेत है।

इस संस्कार के अन्तर्गत दाढ़ी-मूँछ का विशेष रूप से कटाने का विधान है, इसलिए इसका नाम केशान्त पड़ा। उल्लेखनीय है कि इससे पहले मुंह में दाढ़ी-मूँछ उग आती हैं और यह कर्त्तन उसका प्रथम कर्त्तन होता है। सुश्रुत, चिकित्सा स्थान एवं चरक में केश एवं श्मश्रु-कर्त्तन को हर्ष, लाघव, सौभाग्य, उत्साह, पौष्टिकता एवं आयुष्य का साधन माना है। शतपथब्राह्मण में कहा गया है कि चूँकि जल पवित्र करने वाला है, और वह दाढ़ी-मूँछ के रहने के कारण ठीक से अन्दर जाकर पवित्र नहीं कर पाता, अतः श्मश्रुकर्त्तन कराना चाहिए । यह तो श्मश्रुकर्त्तन का चिकित्साशास्त्रीय पक्ष है, किन्तु सूक्ष्म -दृष्टि से देखने पर यह एक सुचिन्तित वैज्ञानिक प्रयोग मालूम पड़ता है। इस संस्कार के उद्देश्य सम्बंध में मैंने थोड़ा इशारा पहले किया है। इसका मुख्य प्रयोजन यौवन प्रयुक्त विषय भोग की लिप्सा का प्रतिषेध है। श्मश्रु कर्त्तन के ब्याज से श्रृङ्गार व श्रृंङार प्रसाधन से खबरदार किया गया है। काम एक ऐसा पदार्थ है, जिसे उपयुक्त समय तथा समुचित परिस्थिति में सेवन करना चाहिए। वरना थोड़ी सी असावधानी से वर्त्तमान एवं भविष्य का

पूरा समीकरण बिगड़ जाता है। यह अवस्था उसके सम्पूर्ण ब्रह्मचर्य की अवस्था है। अभी बहुत कुछ तपस्या एवं विद्यागम अवशिष्ट रहता है। इस अवधि में उसे श्रृङ्गार के साथ तनिक भी मेल नहीं होता। यह सामान्य तथ्य है कि केशों एवं केशसज्जाओं में मोहक शक्ति होती है। इसका निषेध एक विशिष्ट प्रतीक के रूप में है। जिसके द्वारा आगामी दु:सम्भावना के प्रति सतर्क किया जाता है, और श्मश्रुकर्त्तन के द्वारा मोहन शक्ति पर अंकुश लगाने का एक आयुध प्रदान किया जाता है। बाल और नाखून बनाने के बाद विधि का ग्रन्थों में स्पष्टत: उल्लेख है कि उनको कहीं घर या प्रांगण के आस-पास नहीं अपितु तालाब में फेकना चाहिये। ज्ञातव्य है कि नाखून के रिक्त हिस्से में गन्दगी रहती है। यह अगर यत्र-तत्र प्रक्षिप्त हों, तो प्रदूषण फैलेगा। बाल के सम्बन्ध में चाहे वह चूडाकरण हो, अथवा केशान्त; सरोवर में ही प्रक्षेप करने का विधान है। बाल एक बहुत ही हल्का पदार्थ है वह तनिक हवा के संस्पर्श से भोज्य-पदार्थ व पेयपदार्थ में जाकर मिल सकता है, तथा मुख के मार्ग से जाकर उदर-तन्त्रिकाओं को कुप्रभावित कर सकता है। ऐसे बड़े-बुजुर्ग कहते सुने जाते हैं कि अगर पेट में केश चला जाय तो बिना शल्यक्रिया का वह बाहर नहीं होता है। अर्थात् पाचन-शक्ति की इतनी सामर्थ्य नहीं होती कि जठरानल में पाचन हो जाय। इसलिये नाखून और बाल को जो तडाग में अर्पित करने का विधान किया गया है, वह वैज्ञानिक प्रतीत होता है।

किसी भी काम के तीन फल हो सकते हैं- दृष्ट, अदृष्ट अथवा दृष्टादृष्ट । दृष्ट फल वह है जो प्रत्यक्ष होता है। जैसे भोजन करने से सद्यः बुभुक्षा की निवृत्ति होती है। अदृष्ट वह है, जो प्रत्यक्ष तो नहीं होता, किन्तु परोक्ष रूप से उस काम का फल मिलता है, जैसे "**स्वर्गकामयोजेत्**"। स्वर्ग की कामना से यज्ञ करना चाहिये- इस विधि वाक्य के परिप्रेक्ष्य में जब यजमान यज्ञ करता है, तो स्वर्गप्राप्तिरूप फल तत्क्षण नहीं मिलता,तथा वह प्रत्यक्ष भी नहीं होता। हाँ, उस यज्ञ से अदृष्ट या अपूर्व की उत्पत्ति होती है और वह मरणोत्तरकाल में स्वर्गप्राप्ति का कारण बनता है। कुछ फल दृष्टादृष्ट होता है, जैसे यदि आम के पेड़ की जड़ में पितरों को पानी दिया जाय, तो पेड़ भी सिचिंत होता है और पितर भी तृप्त होते हैं। गोदान करने के लिए सनातन धर्म में बार बार प्रेरित किया जाता हैं। वह दृष्टादृष्टफल से युक्त होता है। गोदान का दृष्टफल तो पंचगव्य (दूध, दही, घी, गोबर और मूत्र)की प्राप्ति है। और अदृष्ट फल पुण्य-प्राप्ति के रूप में होता है। इस गोदान की प्रक्रिया के एक निगूढ़तम रहस्य का यहाँ खुलासा करना चाहूँगा। ब्राह्मण ग्रन्थ में स्पष्टाक्षर के द्वारा बताया गया है कि गोचर्म जो आज है, वह पहले मनुष्य चर्म था। शरीर के ऐसे तो बहुत अंग हैं, लेकिन उनके स्थान कहीं एक देश में ही निर्धारित हैं। परन्तु चर्म सम्पूर्ण शरीर में व्याप्त है। वह शरीर का सौन्दर्य तथा आवरण है। ज्ञानेन्द्रियों में प्रमुख है। अगर गोदान किया जाता है, तो प्रकारान्तर से वह एक विशिष्ट अंग का दान है। जो कि भक्ति,

अनुरक्ति एवं त्यागमय चित्तवृत्ति का अप्रतिम परिचायक है। व्यवहार में भारतीय संस्कृति गाय को माता से अभिन्न मानती है। माँ का आचल छाया प्रदान करता है। शरीर का सृजन एवं उसकी संरचना माता के आगोश में ही होता है अगर गाय को माता कहा जाता हैतो इतना सुनिश्चित करना होगा कि माता के तमाम गुण धर्म उसमें मौजूद हों। दूध, दही, घृत आदि के द्वारा व्यवित के सृजन में गाय का वही विनियोग है, जो एक माता का है, जो कि सर्वजनसंवेद्य है। इसके अतिरिक्त चूँकि उसका चर्म मानवीय है, तथा चर्म में उपर्युक्त गुण-तत्त्व हैं; इसलिए भी गाय में मानव के मातृत्व का व्यपदेश अगर होता है, तो यह एक स्वाभाविक तथ्य है।

केशान्त संस्कार में जो विधियाँ हैं, उनमें से एक इस संस्कार के बाद एक वर्ष तक कठोर अनुशासित जीवन व्यतीत करना है। परन्तु यह विचारणीय है कि ऐसा कठोर अनुशासन क्यों ? मानसिक विद्रूपता यकायक नहीं होती है, प्रत्युत वह चरणबद्ध तरीके से आती है। यदि प्रारम्भ के क्षण में ही हम सचेत हो जायँ, तो उसके आने का मार्ग अवरुद्ध हो जाता है। जब कोई भी चीज परिपक्व हो जाती है, तो उसका दमन या शमन कठिन हो जाता है। अत; दु:सम्भावनाओं का प्रारम्भिक काल का किया गया प्रतीकार ज्यादा प्रभावकारी होता है अत: यौवन के द्वार पर पहला कदम रखते समय ही यौवन जनित दोषों से बचने के लिए यह कठोर अनुशासन-मय जीवन प्रकल्पित है। गृह्यसूत्रों के अनुसार यह संस्कार अपनयन के तुरन्त बाद अथवा उपनयन के तीन वर्ष के बाद तक की अवधि में किसी समय सम्पन्न करना चाहिए। मनु के अनुसार ब्राह्मण के लिए सोलहवाँ वर्ष बीतने के पहले, क्षत्रिय के बाईसवें वर्ष और वैश्य के लिए चौबीसवें वर्ष के पहले इस संस्कार का सम्पादन करना चाहिए। यह कार्य ब्रह्मचर्य आश्रम के रूप में नियोजित माना गया है।

समावर्तन

प्राचीनकाल में वेदाध्ययन के पश्चात् गुरुकुल से अपने घर प्रत्यावर्तन (लौटने) को 'समावर्तन संस्कार' कहा जाता था। इसे 'दीक्षांत संस्कार' भी कहा जाता था। उच्च अध्ययन के पश्चात् आज भी दीक्षांत समारोह आयोजित किए जाते हैं, जो उसी परंपरा का रूप कहा जा सकता है।

शिक्षा-समाप्ति के बाद जब ब्रह्मचारी अपने गृह की ओर प्रस्थान करता था तब यह संस्कार सम्पादित किया जाता था। इस संस्कार को सम्पन्न करने के लिए कोई निंश्चित आयु निर्धारित नहीं थी। इसकी अवधि तभी मानी जाती थी जब ब्रह्मचारी वेद का अध्ययन पूर्ण कर लेता था। ब्रह्मचर्य आश्रम शिक्षा ग्रहण करने की अवधि थी जिसके अन्तर्गत व्यक्ति को वेद-वेदांगों के अतिरिक्त अनेक प्रकार की शिक्षा प्रदान की जाती थी।

शिक्षा पूरी होने के बाद समावर्तन अथवा स्नान संस्कार किया जाता था। समावर्तन का शाब्दिक अर्थ है गुरुकुल से 'शिक्षा ग्रहण करने के बाद घर की ओर लौटना'। प्राचीन काल में जब विद्यार्थी गुरू के निकट रहकर अपनी शिक्षा पूर्ण कर लेता था तब उसका समावर्तन संस्कार होता था। समावर्तन संस्कार विद्यार्थी की शिक्षा की पूर्णता और गृह की ओर प्रत्यावर्तित होने की भावना का प्रतीक था।

भारतीय परम्परा के अनुसार मनुष्य की चारों अवस्थाओं के लिए चार आश्रमों की परिकल्पना की गयी है ब्रह्मचर्याश्रम, गृहस्थाश्रम, वानप्रस्थाश्रम एवं संन्यासाश्रम। जिसका स्पष्ट स्वरूप संस्कृत साहित्य के मूर्धन्य महाकवि कालिदास के द्वारा रघुवंश महाकाव्य में लिखित श्लोक के अनुशीलन से प्राप्त होता है, जो निम्नलिखित है-

शैशवेऽभ्यस्तविद्यानाम् यौवने विषयैषिणाम्।
वार्धके मुनिवृत्तीनाम् योगेनान्ते तनुत्यजाम्।।

इस पद्य में रघुवंशीय राजाओं की जीवनशैली का ही विवरण नहीं मिलता, वरन् भारतीय संस्कृति की आत्मा का सच्चा स्वरूप दिग्दर्शित होता है। बाल्यावस्था में ब्रह्मचारी वेश को अपनाकर पूर्ण ब्रह्मचार्य का पालन करते हुए व्यक्ति विद्यारभ्यास करता है। उसके बाद वह गार्हस्थ्य में प्रवेश कर मानवीय जीवन के स्वाभाविक व्यवहारों का अनुपालन करता है। पुन: जीवन के योगक्षेम का निर्वहण करते हुए वानप्रस्थ की ओर प्रवृत्त होता है, और अन्त में वह बिलकुल संन्यासी बनकर माया-मोह, ममता एवं जगत् के भौतिक नाते को त्यागकर ब्रह्माण्ड के चरम सत्य को स्वीकार कर लेता है। ये चारों आश्रम मानव-मात्र की चारो अवस्थाओं की स्वाभाविक परिणति है। प्रत्येक समय प्रत्येक काम के लिए समुपयुक्त नहीं होता, वरन् एक सुनिश्चित अन्तराल में सुनियोजित ढंग से किये जाने वाले काम सरलतया सफल हाते हैं। इसके विपरीत आचरण करना प्रकृति के विरुद्ध माना जाता है, और उसकी अनेक गलत प्रतिक्रियाएँ भी होती हैं। इन्हीं तथ्यों के आधार पर प्राचीन भारतीय मनीषियों के द्वारा इस प्रकार की व्यवस्था बनायी गयी जो कि अत्यंत ही मनोवैज्ञानिक मानव की सहज प्रवृत्ति के अनुकुल, सत्य के प्रति सकारात्मक रुझान एवं सहज मानव विज्ञान के धरातल पर अवस्थित है। भारतीय संस्कृति की अनेकानेक विशेषताओं में आश्रम व्यवस्था एक ऐसी विशेषता है, जिसकी जोड़ी दुनिया की तमाम संस्कृतियों में नहीं मिल सकती। भले ही यह मानव जीवन की सहज एवं स्वाभाविक प्रवृत्ति है, अत: इस प्रकार का जीवन चरित्र अन्य संस्कृतियों में पलने वाले प्रौढ़ व्यक्तियों में पाया जा सकता है, किन्तु इस तरह की एक श्रृंखलाबद्ध तारीखें अन्य संस्कृतियों में बिलकुल नहीं मिलती हैं। इन्हीं वैज्ञानिक परम्पराओं से गुजरने वाले व्यक्ति के लिए समावर्तन संस्कार का प्रावधान किया गया है, जिसके तहत अपनी

अत्यन्त शैशवावस्था में मातृ-पितृ गृह को त्याग कर विद्याभ्यास के लिए ब्रह्मचर्याश्रम के कठोर नियमों का अनुपालन करने वाला मानव आचार्य की आज्ञा से ब्रह्मचर्य व्रत का समापन करता है और जीवन के द्वितीय आश्रम, गृहस्थाश्रम में प्रविष्टि की अर्हता प्राप्त करता है। यह क्षण दो आश्रमों के मध्य का क्षण है। एक ओर तो वह व्यक्ति ब्रह्मचर्याश्रम के अभौतिक वातावरण में पालित होकर अन्तिम सोपान पर खड़ा रहता है, और दूसरी ओर वह गृहस्थाश्रम के नवीन लक्ष्य तक पहुँचने के लिए सीढ़ियों की कतारों में प्रथम सीढ़ी पर कदम रखने वाला ही होता है। यहाँ एक मीमांसा योग्य बात है कि तथाकथित ब्रह्मचारी जब तक अपने गुरु की आज्ञा का संकेत नहीं पाता,तब तक वह स्वगृह के लिए दिल में घुमड़ रही अनेकों कल्पनाओं के बावजूद प्रस्थान नहीं करता। ऐसा केवल भारतीय संस्कृति में ही मिल सकता है। इतना त्याग, इतनी तपस्या, इतनी गुरु भक्ति अन्य संस्कृतियों में बिल्कुल दुर्लभ-सी है, जो कि समावर्त्तन संस्कार के अन्तर्गत हमें सर्वत्र देखने को मिलती है।

समावर्तन संस्कार में अध्यापक अपने शिष्य से वैदिक परम्पराओं के अनुसार मातृ देवों भव, पितृ देवो भव, अतिथि देवो भव इत्यादि आदर्श नियमों के अनुपालन हेतु शपथ ग्रहण करवाते हैं। सत्य की राह पर गमन, त्याग, तपस्या एवं लोक हित हेतु बलिदान के लिए शिष्य की मनसा जब दृढ़ हो जाती है, और अनेक परीक्षाओं के बाद जब गुरु को विश्वास हो जाता है, कि वह गार्हस्थ्य में प्रवेश करने के बाद अनुचित मार्ग का गामी नहीं बनेगा, समाज राष्ट्र तथा संसार के लिए हित की बात करेगा और "**वसुधैव कुटुम्बकम्**" की भारतीय शाश्वत भावना से अभिभूत रहेगा, तभी व्यक्ति का ऐहिक लौकिक दुनिया में आगमन हो पाता है, और फिर वह अपने अनुष्ठेय कर्मों को सम्पादित करता है। इस प्रकार मानवीय जीवन, दानवीय जीवन का रूप न ले ले, प्रकृति की विकृति मानवों के द्वारा न हो जाये तथा एक स्वच्छ एवं स्वास्थ्य समाज की संरचना हो, के लिए समावर्त्तन संस्कार रूपी कदम भारतीय संस्कृति की अत्यंत प्रशंसनीय बात मानी जा सकती है। ऐसी दूर दृष्टि, संवेदनाओं से भरी भावना, सख्त अनुशासन, और व्यतीत के गर्भ से अनागत के बीज का प्रस्स्फुटन समावर्तन संस्कार की सच्ची पहिचान है। यह संस्कार सम्पन्न करने के लिए कोई शुभ दिन चुना जाता था और विद्यार्थी को एक प्रकोष्ठ में बंद रहना पड़ता था। ऐसा इसलिए किया जाता था कि ब्रह्मचारी के तेज से सूर्य की देदीप्यता मंद पड़ जाती थी। वह ब्रह्मचारी के तेज से ही चमकता था। मध्याह्न के समय ब्रह्मचारी गुरू के चरणों में प्रमाण करता था और तत्पश्चात् समिधा इकट्ठी कर हवन करता था। इस स्नान पर जलयुक्त आठ कलश रखे रहते थे, जो इस तथ्य के परिचायक थे कि ब्रह्मचारी के ज्ञान का यश समस्त दिशाओं में वर्षा की तरह व्याप्त है। तत्पश्चात् ब्रह्मचारी उन कलशों के जल से स्नान करता था तथा अपनी पवित्रता,यश , ऐश्वर्य आदि

के लिए देवताओं से प्रार्थना करता था। स्नान के पश्चात् ब्रह्मचारी दण्ड, मेखला, मृगचर्म आदि को त्याग कर नवीन कोपीन धारण करता था तथा अपने बाल और नाखून कटवाकर स्वच्छ हो जाता था। उस अवसर पर आचार्य विद्यार्थी को सुन्दर वस्त्राभूषण , दर्पण ,जल , पुष्प आदि प्रदान करता था। यज्ञ-होम किया जाता था और यह कामना व्यक्त की जाती थी कि नव-स्नातक को अधिकाधिक शिष्य प्राप्त होंगे। इस प्रकार स्नातक आचार्य का आशीर्वाद औ र अनुमति प्राप्त कर गृह की ओर प्रत्यावर्तन करता था। यह सम्पूर्ण समरोह समावर्तन संस्कार कहा जाता था।

मूलत:समावर्तन संस्कार केवल उन्हीं का किया जाता था जो अपने सम्पूर्ण अध्ययन की समाप्ति तथा व्रतों का पालन कर चुकते थे। अर्थ को न समझते हुए तथा ब्रह्मचारी के लिए विहित आचार सम्बन्धी नियमों का पालन न करते हुए केवल मन्त्रों को कण्ठस्थ करने वालों अथवा वेदपाठियों को समावर्तन का अधिकार नहीं था। इस प्रकार आरम्भ में समावर्तन आज के उपाधि-वितरण-समारोह के समान था। सम्प्रति केवल वे ही व्यक्ति जो परीक्षा उत्तीर्ण कर लेते हैं, उपाधि-वितरण-उत्सव में सम्मिलित हो सकते हैं। जो व्यक्ति अपनी शिक्षा समाप्त कर लेते थे उन्हीं का समावर्तन हो सकता था, किन्तु कालक्रम से इस नियम में शिथिलता आ गई। अधिकांश गृह्यसूत्रों के मतानुसार स्नातकों के तीन प्रकार थे। प्रथम प्रकार व्रतस्नातकों अथवा उनका था जो अपना व्रत (ब्रह्मचर्य) तो पूर्ण कर चुकते थे किन्तु विद्या पूर्ण नहीं प्राप्त कर पाते थे। द्वितीय प्रकार में विद्या-स्नातकों की गणना थी जो सम्पूर्ण विद्या तो प्राप्त करते थे किन्तु जिनका ब्रह्मचर्य अपूर्ण रह जाता था। तीसरे प्रकार में वे सर्वोत्कृष्ट विद्यार्थी आते थे जो अपना अध्ययन पूर्ण कर लेते तथा समस्त व्रतों का पालन करते थे। वे उभय-स्नातक कहे जाते थे।

विवाह

मनुष्य जीवन में इस संस्कार का अत्यधिक महत्त्व है। आज भी प्रत्येक परिवार में वैवाहिक कार्यक्रम अत्यधिक हर्षोल्लास एवं अपनी-अपनी सामर्थ्य के अनुसार अधिकतम व्यय के साथ संपन्न कराया जाता है। वैदिक वाङ्मय में आश्रम चतुष्टय के सिद्धांत को अधिक सराहा गया है। इस परिप्रेक्ष्य में भी विवाह संस्कार की महत्ता सर्वविदित है। विवाह समस्त संस्कारों में सर्वाधिक महत्वपूर्ण और गौरवपूर्ण माना जाता है जिससे व्यक्ति की नई सामाजिक और सांस्कृतिक स्थिति प्रारम्भ होती है। व्यक्ति का गृहस्थाश्रम में प्रवेश विवाह-संस्कार से ही होता है। इस संस्कार से मनुष्य सामाजिक हो जाता है और उसकी वैयक्तिक स्थिति समाप्त हो जाती है। परिवार और समाज के प्रति उसके नए दायित्व प्रारम्भ हो जाते हैं तथा वह सामाजिक कर्त्तव्यों के प्रति कार्यशील हो जाता है। गृह-यज्ञ विवाह संस्कार की सम्पन्नता से ही प्रारम्भ होता है। समाज की

निरन्तरता व्यक्ति के गृहस्थ बनने पर ही निर्भर करती है। प्राचीन काल में भी विवाह की अनुपम महत्ता थी। इसके बिना मनुष्य निस्तेज माना जाता था। विवाह के अन्तर्गत वर-वधू की विभिन्न योग्यताएँ और गुण, गोत्र और वर्ण आदि का विचार किया जाता था। विवाह-क्रिया की सम्पन्नता के समय वाग्दान, वर-वरण, कन्यादान, विवाह-होम, पाणिग्रहण, हृदयस्पर्श, सप्तपदी, अश्मारोहण, सूर्यावलोकन, ध्रुव-दर्शन, त्रिरात्र-व्रत और चतुर्थी कर्म आदि का विधान था। प्राय: तीस अनुष्ठान विवाह के लिए किये जाते थे।

विवाह शब्द का अर्थ "**विशेषण वाह्यते इति विवाहः**" है, जिसका अर्थ विशिष्ट प्रकार से वहन करना है। इसमें दो तत्त्व हैं, विशेष क्या है? और किसे एवं किस प्रकार से वहन करना है? इन दोनों प्रश्नों के लिए पाश्चात्य संस्कृति वाले बिल्कुल भौतिक दृष्टि से विचार करते हैं, किन्तु भारतीय संस्कृति इन्हें बहुत गम्भीरता पूर्वक लेती है तथा इनकी व्याख्या भौतिक जगत एवं पारलौकिक जगत् के परिप्रेक्ष्य में करती है। अत: वैवाहिक संस्कार के तत्त्वों को देखने के लिए हमें दोनों दृष्टियों से विचार करना होगा। भौतिक दृष्टि वह है, जिसका प्रारम्भ, मध्य एवं अवसान इसी धरती पर हो जाया करता है। जैसे पुरुष स्त्री का एक सामाजिक रेखा के अन्दर बंधना, सांसारिक राग में रंगना, सन्तानोत्पादन, ग्रैहिक वातावरण की सृष्टि, समाज का निर्माण, सृष्टि संचालन में अपना योगदान तथा जीवन की दैनन्दिनी में परिवर्तन। इन अवयवों के परिप्रेक्ष्य में हमें विशेष और वहन का अर्थ निर्णीत करना है। सामान्यत: तो विवाह संस्कार की उक्त परिणतियों को एक अलग तरीके से सम्पादित किया जाना विशेष वहन माना जा सकता है, क्यों कि उपर्युक्त वातावरणों के निर्माण में केवल विवाह संस्कार ही पर्याप्त नहीं होता, उसके साथ-साथ अन्य भी प्रमुख एवं गौण कारण हुआ करते हैं। फिर भी चूँकि वैवाहिक संस्कार के माध्यम से इनके निर्माण में जो विशिष्ट आहुतियाँ दी जाती हैं, के कारण ही इस संस्कार का नाम विवाह पड़ा है।

विवाह एक सर्वव्यापी और सार्वभौम संस्था है, जो सभी समाजों में विद्यमान है। सभ्य और असभ्य तथा आदिम और अधुनातन जैसे समाज विवाह संस्था से सम्बद्ध रहे हैं। वस्तुत: विवाह नामक संस्था प्रत्येक काल और प्रत्येक समाज में रही है, चाहें उसके स्वरूप जो भी रहे हों। मनुष्य की यौन और सन्तानोत्पत्ति की संतुष्टि विवाह के माध्यम से ही संभव रही है। वंश, कुल और परिवार की निरन्तरता विवाह-संस्था से ही बनी रही है तथा जीवन के विविध पक्ष उससे अनुप्राणित होते रहे हैं। सही अर्थों में विवाह परिवार का प्रधान आधार रहा है, जिससे संतान की उत्पत्ति के साथ-साथ उसका विकासक्रम भी अभिव्यक्त होता है। केवल यौन संतुष्टि ही विवाह संस्था का आधार नहीं थी बल्कि इसका धार्मिक और सामाजिक आधार भी रहा है। पाश्चात्य लेखकों ने हिन्दू विवाह संस्था को केवल यौन संतुष्टि और संतोनोत्पत्ति का आधार माना है, जो एक

एकांगी विचार ही नहीं है बल्कि हिन्दू विवाह-संस्था को समझ सकने का लक्षण भी है। अगर देखा जाय तो हिन्दू विवाह-संस्था में धार्मिक विश्वास, स्थायित्व और सामाजिकता इसकी प्रधान विशेषताएँ हैं। विवाह का अभिप्राय एक ऐसी सामाजिक संस्था से है जो स्त्री और पुरुष को कुछ विशेष नियम और विधि के अन्तर्गत यौन संबंध स्थापित करने की अनुज्ञा प्रदान करती है और उनके विभिन्न अधिकारों को मान्यता प्रदान करती है। इस संबंध में पाश्चात्य विद्वानों ने विस्तार से विचार किया है। किन्तु भारतीय और पाश्चात्य मान्यताओं और मूल्यों में अंतर है। राबर्ट ब्रिफाल्ट ने हिन्दू विवाह के लिए यौन संबंध को ही अधिक महत्त्व दिया है जो हिन्दू विवाह के मानदण्डों से सर्वथा अलग है। हिंन्दू विवाह में धार्मिक मानदण्ड का अत्यधिक महत्त्व है, विषयभोग को कम महत्त्व दिया गया है। वेस्टरमार्क के अनुसार, ''विवाह एक या अधिक पुरुषों का एक या अधिक स्त्रियों के साथ जुडनेवाला वह संबंध है जो ऐसी प्रथा अथवा कानून द्वारा स्वीकार किया जाता है जिसमें दोनों पक्षों और उनसे उत्पन्न होने वाली संतानों के अधिकार और कर्त्तव्य समाविष्ट होते हैं।'' इस परिभाषा से हिन्दू विवाह का सही अर्थ नहीं निकलता। इसमें हिन्दू विवाह की केवल दो विशेषताएँ दर्शित होती हैं, एक प्रथाओं का महत्त्व और दूसरा पति-पत्नि के अधिकार और कर्त्तव्य। वस्तुत: हिन्दू विवाह जीवनपर्यन्त का धार्मिक बंधन है, जो अटूट है। विवाह के साथ सामाजिक स्वीकृति होती है जो प्राय: वैधानिक और धार्मिक कृत्य के रूप में होती है तथा जो दो विषमलिंगी मानव को, पारस्परिक यौन संबंध तथा इससे संबंधित अन्य सामाजिक और आर्थिक संबंध स्थापित करने का अधिकार प्रदान करती है। इससे स्पष्ट है कि विवाह का आधार सामाजिक मान्यता है जो वैधानिक के साथ-साथ धार्मिक भी है। इसमें स्त्री पुरुष के यौन संबंध ही नहीं होते बल्कि उसका पारस्परिक सामाजिक और आर्थिक संबंध भी होता है। हॉबेल का यह मत है कि, ''विवाह सामाजिक आदर्श नियमों की एक समग्रता है जो विवाहित व्यक्तियों के पारस्परिक सम्बन्धों को उनके रक्त संबंधियों और अन्य नातेदारों के प्रति परिभाषित करती है और उस पर नियंत्रण रखती है।'' इस कथन में आदर्श नियम को अधिक महत्ता दी गई है तथा विवाह को नैतिक आधार प्रदान किया गया है। अत: हिन्दू विवाह में सामाजिक, धार्मिकता, यौन संबंध, आर्थिक संबंध, संतान के प्रति दायित्व, प्रथा-परम्परा के नियमों का पालन तथा नैतिकता समाविष्ट हैं। विवाह के लिए संस्कृत साहित्य में और भी अनेक शब्द प्रचलित हैं, जैसे, उद्वाह, परिणय, उपयम, पाणिग्रहण आदि। 'उद्वाह' का अर्थ है, वधू को उसके पिता के घर से ले जाना; 'परिणय' का अर्थ है चारों ओर घूमना, यानि अग्नि की परिक्रमा अथवा परिक्रमा अथवा प्रदक्षिणा करना; 'उपयम' का अर्थ है किसी को निकट लाकर अपना बनाना तथा 'पाणिग्रहण' का अर्थ है वधू का हाथ ग्रहण करना। हेमचंद्र ने **'उढायाम' सूत्र से 'पाणिग्रहण'** का अर्थ लिया है , जिसकी व्याख्या

'पाणिग्रहण' शब्द से की है और लिखा है कि पाणिग्रहण के द्वारा पुरुष स्त्री का वरण करता है। विवाह सम्पन्न हो जाने पर पत्नी को 'पाणिगृहिता' कहा जाता है। संस्कार की विधि के अनुसार 'पाणिगृहीता' शब्द परिणीता स्त्री के लिए प्रयुक्त होता था। हिन्दू समाज में विवाह एक अनिवार्य संस्कार है, जिसका उद्देश्य अत्यंत पवित्र और गौरवशाली है। इसके माध्यम से मनुष्य अपने समस्त अपेक्षित कर्त्तव्यों और उत्तरदायित्वों का निर्वाह करता है। धर्म का पालन, पुत्र की प्राप्ति एवं रति का सुख विवाह के प्रधान उद्देश्य माने गये हैं। वस्तुतः मनुष्य को धर्म-सुख, पुत्र-सुख और और रति-सुख विवाह से ही उपलब्ध होता है। इसके साथ-साथ उसे देवऋण, ऋषिऋण, पितृऋण, अतिथि-ऋण और भूतऋण से भी मुक्ति मिलती है।

धर्म का पालन

हिन्दू समाज में धर्म का अत्यधिक महत्त्व है। वैदिक युग से यज्ञ की महत्ता और उसमें प्रत्येक व्यक्ति का सहयोग अपेक्षित था। देवपूजन और यज्ञ क्रिया धर्म का आधार-स्तम्भ रही है। सभी संस्कार यज्ञ-हवन और देवपूजन से प्रभावित रहे हैं। इसके बिना संस्कारों की सम्पन्नता अधूरी मानी गई है। अतः विवाह संस्कार भी धर्म के निर्देश पर सम्पन्न किया जाता रहा है। विवाह का सर्वप्रथम उद्देश्य है धार्मिक कृत्यों का सम्पादन, जो पत्नी के रहने पर ही व्यक्ति कर पाता है। बिना पत्नी के व्यक्ति का कोई भी धार्मिक कृत्य पूरा नहीं माना जाता इसलिए सभी धार्मिक कार्यों में पत्नी की उपस्थिति आवश्यक है। धार्मिक कार्यों में यज्ञों का सर्वाधिक महत्त्व है। यज्ञ पाँच प्रकार के कहे गये हैं-ब्रह्म-यज्ञ, देव-यज्ञ, भूत यज्ञ पितृ यज्ञ और अतिथि-यज्ञ। इन यज्ञों को सम्पन्न करने में मनुष्य के साथ उसकी पत्नी का होना अनिवार्य बताया गया है। ऋग्वेद के अनुसार विवाह ही व्यक्ति को गृहस्थ बनाता तथा देवताओं के निमित्त यज्ञ करने की योग्यता प्रदान करता है। देवताओं के पूजन में पति-पत्नी एक दूसरे के सहायक माने गए हैं। तैत्तिरीय ब्राह्मण में कहा गया है कि पत्नी पति के आधे भाग की पूरक है । ऐसी स्थिति में उन दोनों का संयोग ही पूर्णता है। वस्तुतः पत्नी को पाकर ही पति पूर्ण होता है। तदनन्तर ही वह धार्मिक कृत्य कर सकने में समर्थ होता है। यह स्वीकार किया गया है कि समस्त याज्ञिक कार्यों में दोनों का एक दूसरे से सहयोग होना चाहिए। पति के जीवन में पत्नी की अनिवार्यता देखते हुए याज्ञवल्क्य का कथन है कि पत्नी के मरने के बाद धार्मिक कार्यों के निमित्त दूसरा विवाह करना चाहिए । यज्ञ में साथ बैठनेवाली को ही 'पत्नी' कहा जाता है। गुणवती सहधार्मिणी पत्नी को त्यागकर जो व्यक्ति धार्मिक कृत्य करता है, उसका समस्त धर्म निष्फल हो जाता है। धर्म, अर्थ, काम और पुत्र की प्राप्ति पति-पत्नी दोनों के संयोग विशुद्ध धार्मिक कृत्यों के अतिरिक्त गृहस्थ के अनेकानेक धर्म भी इसी के अंतर्गत आते हैं, जो पत्नी के सहयोग और उत्साह से सम्पन्न होते हैं। अतःविवाह गृहस्थ जीवन

का मूल है, जिसमें विभिन्न कर्म करता हुआ धर्म का अनुसरण करता है। अक्षय स्वर्ग और सुख की उसकी इच्छा की पूर्ति वैवाहिक स्थिति में ही संभव है।

पुत्र की प्राप्ति

विवाह का दूसरा उद्देश्य है पुत्र की प्राप्ति मनुष्य की स्वभावतः बलवती आकांक्षा होती है। संतान संबंधी यह आकांक्षा अत्यंत प्राचीन है। ऋग्वेद में एक स्थल पर कहा गया है कि पाणिग्रहण उत्तम संतान के लिए है। विवाह सम्पन्न होने पर पुरोहित वर-वधू को अनेक पुत्र पैदा करने का आशीर्वाद देता रहा है। ऐसे आशीर्वचन की मनुष्य सदा से अपेक्षा और आकांक्षा रखता रहा है तथा संतानोत्पत्ति के लिए अनेक धार्मिक कृत्य भी करता रहा है। वैदिक युग से लेकर आज तक संतान की प्रबल इच्छा मनुष्य में रही तथा उसके निमित्त वह अपनी उत्कट अभिलाषा भी व्यक्त करता रहा है, क्यों कि हिन्दू समाज में पुत्र की अपार महत्ता है। पुत्र उत्पन्न होने से पिता अमर बनता है, पुत्र से ऋण-मुक्त होता है और जीवन से तमिस्र दूर करता है। पिता के लिए पुत्र आलोक है तथा संसार सागर से पार करने की 'अतितारिणी' (नौका) है। इसलिए पुत्र दूसरा लोक बनानेवाला भी कहा गया है। मनु के अनुसार पिता पुत्र से स्वर्ग आदि उत्तम लोकों को प्राप्त करता है। पौत्र से उन लोकों में अनन्त काल तक निवास करता है तथा प्रपौत्र से सूर्य लोक को प्राप्त करता है। महाभारत में भी पुत्रवान् व्यक्ति की प्रंशसा और पुत्रहीन व्यक्ति की निन्दा की गई है। पुत्र की सार्थकता इसी में है कि वह पिता को 'पुत्' नामक नरक में जाने से रोकता है। पुत्र से पिता का नाम, वंश, परिवार और समाज चलता है तथा पिता की प्रतिष्ठा होती है। पुत्र उत्पन्न होने से पिता का दस अश्वमेघों के स्नान का फल प्राप्त होता है और पितरों को कालान्तर में संतान से तर्पण और पिण्डदान मिलता है। मृत्युपरांत सम्पन्न किए जाने वाले संस्कार को पुत्र ही पूरा करता है। भारतीय धर्मशास्त्रकारों ने सामाजिक विकास को दृष्टि में रखकर पुत्रोत्पत्ति पर विचार व्यक्त किया तथा संतान की अनिवार्यता पर बल दिया। इसीलिए उन्होंने पुत्रोत्पत्ति को धार्मिक क्रिया के अंतर्गत रखा तथा इसकी गुणात्मकता और महानता को सामाजिक आधार पर स्वीकार किया। परिवार की निरन्तरता, समाज का विस्तार, क्रमशः नई पीढियों का आगमन तथा धार्मिक कृत्यों का प्रचलन मूलतः सन्तानोत्पत्ति पर आधारित रहा है। लोक और परलोक की कल्पना के माध्यम से संतान की अपेक्षा धर्मशास्त्रों में की गई है तथा उसकी अनिवार्यता पर बल दिया गया है।

रति-सुख

विवाह का एक प्रयोजन रति-सुख अथवा यौन इच्छाओं की संतुष्टि भी थी, जिसमें प्राचीन व्यवस्थाकारों ने मनुष्य के लिए आवश्यक बताया क्योंकि काम-संतुष्टि से व्यक्ति का मानसिक और शारीरिक संतुलन बना रहता है तथा वह स्वस्थ और सच्चरित्र

आधार पर समाज का निर्माण करता है। हिन्दू समाज में ही नहीं, अपितु, सभी समाजों में विवाह का यही स्वाभाविक उद्देश्य है। यद्यपि 'काम' अथवा 'यौन संबंध' विवाह का एक उद्देश्य अवश्य है, परन्तु इसे तीसरा स्थान प्रदान किया गया है। इससे स्पष्ट है कि यह विवाह का कम अपेक्षित उद्देश्य है विवाह में यौन संबंध की निरन्तर भूमिका पर बल देने के लिए यह कहा जाता है कि शूद्र का विवाह केवल यौन संबंधों के लिए ही सम्पन्न होता है। शूद्र की स्थिति निम्न थी इसलिए उसके विवाह केवल यौन संबंध ही माना गया। निश्चय ही यौनपरक वांछा की पूर्ति के लिए विवाह एक सुसभ्य और सुसंस्कृत माध्यम है। वैदिक युग में सम्भोग को आनन्द की पराकाष्ठा माना गया है। मनु जैसे व्यवस्थाकारों ने भी रति की महत्ता स्वीकार की है तथा विवाह के उद्देश्यों में इसे प्रधान माना है। वात्स्यायन ने रति के महत्त्व पर विस्तार से विचार किया है। ग्यारवीं सदी में भारत का भ्रमण करने वाले अरब यात्री अलबीरूनी ने तो विवाह को मात्र कामजन्य भावना के शमन का सुसभ्य तरीका बताया। उसका कथन है "व्यवस्थित वैवाहिक जीवन के बिना कोई जाति नहीं रह सकती, क्यों कि इसके द्वारा वासना के उस ज्वार का निरोध होता है जिसे सुसंस्कृत लोग पसन्द नहीं करते।" किन्तु हिन्दू विचारकों की विवाह के संबंध में ऐसी कोई भावना नहीं थी। हिन्दू सामाजिक व्यवस्था और दर्शन में काम-भावना का स्थान धर्म से कभी भी महत्त्वशाली नहीं रहा। कौटिल्य का मत है कि धर्म और अर्थ से विरोध न रखनेवाले काम का सेवन करना चाहिए। मनु ने भी धर्मविरूद्ध काम का परित्याग करने की सलाह दी है। हिन्दू समाज में धर्मपत्नी के अतिरिक्त अन्य स्त्री के साथ रतिक्रिया करना धर्मविरूद्ध माना गया है। ऐसी स्थिति में विवाह के उद्देश्य में रति अथवा काम-सुख सर्वोपरि नहीं, प्रत्युत गौण था।

तिवाह के ये उपर्युक्त विवेचित उद्देश्य व्यक्ति को अत्यंत शालीन और सदाचारी बनाते हैं तथा उसे नियमित और नियंत्रित करते हैं। अगर व्यक्ति को यौन स्वतंत्रता मिल जाये तो समाज अनियन्त्रित और अनियमित हो जायेगा तथा उसका नैतिक पतन हो जाएगा। सर्वत्र अव्यवस्था और अशांति का वातावरण बन जाएगा। अत: विवाह नामक संस्था व्यक्ति को सन्मार्ग का दिग्दर्शन कराती है। स्त्री-पुरुष दोनों के व्यक्तित्व का उत्थान इन्हीं उद्देश्यों के आधार पर होता है। दोनों के संयोग से ही संतान उत्पन्न होती है, जो उनके प्यार और अनुराग की प्रतीक होती है। दोनों के पावन और पवित्र समन्वय से सुव्यवस्थित जीवन का मार्ग प्रशस्त होता है तथा दोनों के जीवन में भौतिक, बौद्धिक और आध्यात्मिक भावना का विकास होता है। परिवारगत और समाजगत अचार-विचार, परम्परा-प्रथा और धर्म-कर्म की निरंतरता को विवाह ही सतत प्रवहमान बनाता है और एक सभ्य समाज के निर्माण में योगदान करता है।

वैयक्तिक जीवन का गठन

विवाह संस्कार की नियोजना में व्यक्ति का जीवन सुगठित होता है तथा सुव्यवस्थित आधार पर विकसित होता है। विवाह सम्पन्न करते समय पति और पत्नी के अधिकारों और कर्त्तव्यों का विश्लेषण कर दिया जाता है। वैवाहिक कर्मकाण्ड और विधि-विधान की निष्पन्नता से पति-पत्नी दोनों को जीवन और जगत् की सत्यता का भान होता है तथा दोनों सांसारिकता को समझाने में सक्षम होते हैं। नित्य प्रति की कठिनाईयों को दोनों मिलाकर समस्याओं को दोनों मिलाकर सुलझाते हैं तथा आगे का मार्ग प्रशस्त करते हैं। इस प्रकार वे अपना मानसिक सन्तुलन बनाए रखते हैं तथा उत्तरदायित्व की भावना से अपने कर्त्तव्य पूर्ण करते हैं। इससे उनके व्यक्तित्व का विकास होता है। दोनों मिलकर परिवार का निर्माण करते हैं, जिसका विकास विश्व के अन्य समाजों से भिन्न होता है। हिन्दू परिवार अन्य समाजों के परिवारों से कहीं अधिक संगठित नैतिक और धार्मिक होता है जिसमें न तनाव होता है, न अव्यवस्था।

अन्त्येष्टि

मृत्यु के बाद यह संस्कार अपनी-अपनी परंपरा के अनुसार संपन्न कराया जाता है। ऐहिक जीवन का अंतिम संस्कार परलोकवास की प्रार्थना के साथ किया जाता है। लोक-परलोक दोनों सुधारने का सतत प्रयास मनुष्य करता है और मोक्ष-प्राप्ति उसका अंतिम उद्देश्य होता है। इस परिप्रेक्ष्य में भी इस संस्कार की अत्यधिक महत्ता है। जैसाकि कहा गया है—

जातसंस्कारेणेयं लोकमभि जयतिमृत्संस्कारेणामुं लोकम्।

—अर्थात् जन्मोत्तर संस्कारों के द्वारा व्यक्ति इस लोक को जीतता है और मरणोत्तर संस्कारों द्वारा उस लोक को। अत: जीवन की सार्थकता के लिए संस्कारों से स्वयं को, अपनी संतानों को एवं समाज को सँवारना आवश्यक है। आज की विषम् परिस्थितियों को परखकर अश्लीलता, अशिष्टता, अनुशासनहीनता, विलासिता, एवं विविध व्यसनों से अपनी संतानों को बचाने के लिए संस्कारित जीवन जीना ही सुखद होगा। अत: उक्त सोलह संस्कारों में जितने संस्कारों से संस्कारित होना संभव हो, उसे अपनाना चाहिए। सामाजिक परिवर्तन के परिप्रेक्ष्य में यथासंभव अधिकतम उक्त संस्कारों को अपनाने का आह्वान ही यहाँ उद्धृत करने का उद्देश्य है; फिर भी प्राचीन तथा आधुनिक समन्वयात्मकता के आधार पर भी संस्कारित जीवन व्यतीत करना चाहिए। संस्कारित जीवन ही श्रेष्ठतम् सुखद जीवन है। मनुष्य के मरने पर जब उसके पार्थिव शरीर की दाह-क्रिया की जाती थी तब उसे अन्त्येष्टि संस्कार कहा जाता था, जो उसके

जीवन का अन्तिम संस्कार होता था। इस संस्कार की सम्पन्नता में यह निहित था कि मृत प्राणी परलोक में शान्ति-लाभ करेगा। बौधायन का कथन है कि जन्म के बाद संस्कारों द्वारा मनुष्य इस लोक को विजित करता है, जब कि मृत्युपरान्त के संस्कारों द्वारा परलोक को विजित करता है। दु:ख एवं सुख के दो किनारों से बह रही जीवन की नदी अन्त्येष्टि संस्कार के माध्यम से रुक जाती है। मनुष्य की जीवन लीला यहीं समाप्त होती है। इस संस्कार में शरीर की तीन गतियाँ देखी जाती हैं या तो वह जल कर राख बन जाता है, अथवा मिट्टी के स्वरूप में परिवर्तित हो जाता या विष्ठा बन कर रह जाता है। यदि शरीर को जला दिया गया तो उसका स्वरूप राख का होता है, जो कि भारतीय संस्कृति से सम्भव है। यदि मिट्टी खोद कर इस्लाम धर्म के अनुकुल शरीर को गाड़ दिया जाये तो वह मिट्टी बन जाता है। यदि सम्बन्धियों अथवा साधनों का अभाव होता है, तो शरीर का जल या स्थल भाग में प्रक्षेपण किया जाता है फिर तो गिद्ध कौए उसके माँस खाते हैं, जिसकी विकृति विष्ठा के रूप में हो जाती है। ये तीनों परिणाम हमें देखने को मिलते हैं, जिसमें भरतीय संस्कृति शव को जलाने के लिए सम्मति देती है। वह अपने हृदय के टुकड़े को ज्यादा समय शारीरिक अवस्था में देख नहीं पाती और तुरन्त पंचतत्व से रचित शरीर को पंचतत्त्व को ही सौंप देती है। यह एक वास्तविकता , सत्य एवं शाश्वत तत्त्व को शीघ्र स्वीकार करते हुए शरीर की प्रथम परिणति पर ही अपनी मुहर लगाती है। अन्त्येष्टि संस्कार के अन्तर्गत मुखाग्नि वही देता है, जो कि उसका सबसे प्यारा निकटतम सम्बन्धी होता है। जिसके साथ केवल भावनाओं का सम्बन्ध एवं शारीरिक सम्बन्ध ही नहीं अपितु आत्मीय सम्बंध होता है, वही व्यक्ति , अंत्येष्टि के अनुष्ठेय कर्मों को सम्पादित करता है। ऐसा इसलिए होता है कि भारतीय संस्कृति के प्रत्येक घटकों में नित्य सत्य की प्रतिच्छाया रहती है। जिस मुख से आशीर्वाद एवं शुभकामनाओं के हजारों शब्द उसके लिए निकल पड़ते थे, उनको बदले में जो मशाल की धधकती ज्वाला प्रदान करे, ऐसा व्यक्ति अपने जीवन में कभी भी स्वार्थ को महत्त्व नहीं देगा। माया, मोह, ममता की फांस में फंसकर अपने कर्त्तव्य को नहीं भुलायेगा, कर्म की राह पर चलेगा, क्योंकि वह जान गया है, कि शरीर की अन्तिम गति में संसार का शाश्वत सत्य एवं सबसे प्रिय आत्मीय व्यक्ति के द्वारा अन्त समय में क्या मिलने वाला है। इन्हीं सत्य तत्त्वों के अमृत का अन्वेषण कर भारतीय ऋषियों ने अपने पुत्र के द्वारा ही मुखाग्नि देने की प्रथा को स्वीकार की है। भारतीय संस्कृति भी खूब है, यह जितने हर्ष से सुख को स्वीकार करती है, उतने ही वेग से दु:ख का स्वरूप देखती है एवं दु:ख में भी सुख को ढूँढ़ लेती है। यही कारण है कि अन्त्येष्टि संस्कार, जिसे अन्य संस्कृति संसार केअशुभतम् दिनों में से एक मानती है, परन्तु भारतीय संस्कृति इसे एक संस्कार के रूप में मानती ही नहीं, करती भी है। वास्तव में शारीरिक लीला समाप्त होने से व्यक्ति की लीला भला कैसे समाप्त हो सकती। अन्त्येष्टि संस्कार तो

गतिशील जीवन का कुछ विश्राम होना है, यथा कोई यात्री अपने लक्ष्य की ओर बढ़ते-बढ़ते जब थकान महसूस करता है। उसी प्रकार अन्त्येष्टि किसी का अन्त नहीं है। वह तो बिल्कुल एक देश से दूसरे देश में जाने की भाँति, एक शरीर से दूसरे शरीर में जाने का चौराहा है। अत: जो शाश्वत सत्य है, उसे अशुभ माना जाना किसी भी संस्कृति की अज्ञानता है। अत: भारतीय संस्कृति जो अपने आप में बहुत ही प्रौढ़ा, वैज्ञानिकी एवं सत्य की प्रतिमूर्ति है, वह इसे भी एक संस्कार के रूप में ही देखती है, जो किसी भी देश के व्यक्ति के लिए मात्र आदरणीय ही नहीं , वरन् पूजनीय भी है। संस्कारों की मेरे द्वारा प्रोक्त व्याख्या में देखा जा सकता है कि कौन से संस्कार व्यक्ति, परिवार एवं समाज को किस तरह प्रभावित करते हैं। उनको सच्ची राह बताते ही नहीं, वरन् उस राह से ले जाने के लिए तैयार भी करते हैं। भारतीय ऋषियों, महर्षियों, मनीषियों के अद्‌भुत मस्तिष्क की उपजों में से इन संस्कारों की उपज नितान्त अभ्यर्हणीय है। इनके द्वारा समाज का प्रत्येक पक्ष सुसज्जित एवं सुगन्धित होता है, जो कि भारतीय के लिए एक बहुत ही असाधारण गौरव की बात है। परन्तु आधुनिक भौतिकतावाद एवं पाश्चात्य संस्कृति के दानवों के द्वारा हमारी संस्कृति कैद कर ली गयी है। हम लोग दानवों की गुलामी में अपना जीवन बिता रहे हैं, और यह गुलामियत की भावना इस तरह हृदय में बैठ गयी है, कि हम इसी तरह जीने में अपने को धन्य समझने लगे हैं। यह हमारे लिए अत्यंत ही दुर्भागय का विषय है। अनेकों विनाश-लीलाओं का ताण्डव जो आज हो रहा है, का उत्तरादायित्व में भौतिकतावाद तथा पाश्चात्य संस्कृति को देना चाहूँगा। अभी भी बहुत देर नहीं हुई है। कुछ क्षणों के लिए आयी भटकन को अभी भी सुधारा जा सकता है। भारतीय संस्कृति के मूल में निहित भावनाओं के अनुरूप वातावरण को ढाला जा सकता है। जिनके लिए भले ही विद्वानों की दृष्टि में ''एकाधिक उपाय हैं, किन्तु मेरी दृढ़ मान्यता है कि उपर्युक्त संस्कारों के द्वारा उपाय किया जाना सभी उपायों से अधिक अहंमन्यता रखता है। आवश्यकता है कि संस्कारों के निगूढ़तम रहस्यों एवं तत्त्वों का उद्‌घाटन किया जाये। उनके आलोक में व्यक्ति को चलने का पैगाम दिया जाये। तथा जाकर विशुद्ध भारतीयता कायम हो सकती है, इसका गिरता स्तर उठ सकता है, इनमें लगी कालिखें जगत् को आकृष्ट कर सकती है। इस कार्य हेतु हम छात्रों, गवेषकों, विद्वानों, शिक्षा शास्त्रियों, दार्शनिकों एवं वैज्ञानिकों का आह्वान करना चाहेंगे कि ऐन मौके पर भारतीयता के स्तर को एक स्तर प्रदान करने हेतु वे जागरूक हों। इस काम के लिए हमें अन्य संस्कृतियों, अन्य लोगों से उधार लेने की अपेक्षा नहीं है, हमारे पास असीम विरासत, प्रकृति के द्वारा संस्थापित थातियाँ एवं इस प्रकार का भव्य मानस प्राप्त है, कि किञ्चित चेतना को उद्‌भूत कर भारतीयता सम्पूर्ण शक्ति से दृढ़ होगी, एवं हम लोग गौरवास्पद होंगे। मृत व्यक्ति के पार्थिव शरीर का दाह संस्कार होता था। दाह-क्रिया करने के पहले अनेक धार्मिक कृत्य

किये जाते थे। शव ले जाने के लिए बाँस की अर्थी अथवा बैलगाड़ी प्रयोग में लायी जाती थी। शवयात्रा में मृतक के सगे-सम्बन्धी होते थे, जिनमें ज्येष्ठ पुत्र सबसे आगे होता था। श्मशान में लकड़ियों की चिता बनाकर, शव को स्नान कराकर उसपर रखा जाता था कुछ धार्मिक कृत्य करने के बाद घी, नारियल, कुश आदि के साथ चिता में अग्नि लगाई जाती थी। ऋग्वेद में उल्लिखित है कि दाह- क्रिया की अग्नि के प्रज्वलित हो जाने पर मंत्रों का पाठ किया जाता था, कि हे अग्नि ! इस शरीर को तू भस्म हो जाने के बाद इसकी आत्मा को चित् लोक में ले जा। शव जल जाने के बाद अवशेष की दाह-क्रिया होती थी। तदनन्तर लोग नदी या तालाब में स्नान करके घर लौटते थे। कुछ काल तक मृतक के सम्बन्धी अशौच में रहते थे। शुद्धि के बाद शान्ति और श्राद्ध-क्रिया की जाती थी। सपिंडीकरण श्राद्ध के बाद मृतक को पितरों से मिला दिया जाता था। वैसे, श्राद्ध और तर्पण प्रत्येक वर्ष धार्मिक कृत्य के साथ किया जाता था।

पुराणों में कहा गया है कि मृत शरीर को स्नान कराकर, पुष्पमाला से विभूषित कर गाँव के बाहर जाकर, जलाशय में सवस्त्र स्नान कर जलांजलि अर्पित करने चाहिए। अशौच के अशौच के अंत में विषय संख्या में ब्राह्मणों को भोजन कराना चाहिए। मत्स्य पुराणों ने तीन प्रकार की अन्त्येष्ठि-क्रिया का वर्णन किया है-(1) शव को जलाना, (2) शव को गाड़ना और (3)शव को फेंकना। शवदाह के बाद अशौच की अवधि शुरू हो जाती थी, जो सभी के लिए साधारणत: तेरह दिन की होती थी ब्राह्मणों को दस दिन तक, क्षत्रिय को बारह दिन तक, वैश्यों को पन्द्रह दिन तक और शूद्र को तीस दिन तक अशौच रहता था। ये सारे कार्य मंत्रों के साथ सम्पन्न किये जाते थे। हिन्दू परिवारों में आज भी अंत्येष्ठि संस्कार इसी विधि से सम्पन्न किया जाता है। शवदाह, अशौच की स्थिति, पिंड-दान, श्राद्ध, ब्राह्मण-भोजन आदि सभी कार्य आधुनिक युग में भी प्रचलित हैं।

शव की व्यवस्था तथा उससे सम्बद्ध विधि-विधानों के विषय में हमें कोई प्राग्वैदिक उल्लेख उपलब्ध नहीं होता। निस्सन्देह पुरातत्त्व-सम्बन्धी नवीन अनुसन्धानों के फलस्वरूप कुछ ऐसे उदाहरण प्रकाश में आये हैं, जिनसे यह विदित होता है कि प्राचीन भारत में शवों की व्यवस्था किस प्रकार की जाती थीं। किन्तु उनका काल अभी तक विवादास्पद है और निश्चयपूर्वक यह नहीं कहा जा सकता कि वे सभी प्रागैतिहासिक काल के हैं। इसके अतिरिक्त उनसे प्राप्त सूचना शव के गाड़ने तक ही सीमित है और उससे शव-निखातोत्तर विधि-विधानों अथवा दाह-क्रिया पर कोई प्रकाश नहीं पड़ता। अन्त्येष्टि-क्रियाओं का प्राचीनतम उल्लेख ऋग्वेद तथा अथर्ववेद में उपलब्ध होता है। शव की व्यवस्था का प्रकार सम्बद्ध जन-समुदाय के धार्मिक विश्वास तथा उसकी सामान्य संस्कृति पर निर्भर करता है। वैदिक सूक्तों में वर्णित समाज पर्याप्त उन्नत है, अत: शव की व्यवस्था के आदिम प्रकार उनमें नहीं मिलते। जीवित सम्बन्धियों द्वारा मृतक को

खा लेने की प्रथा की ओर वेदों में कोई भी संकेत प्राप्त नहीं होता। मृतक के शरीर को खुले मैदान में छोड़ देना सम्भवतः शव से छुटकारा पाने का प्राचीनतम प्रकार था, क्योंकि यह सबसे सरल है अन्त्येष्टि के मंत्रों में इसका वर्णन नहीं किया गया है, यद्यपि इसकी ओर संकेत एक स्थान पर किया गया है। अति आदिम काल में जब मानव-जन भोजन तथा घास-चारे की खोज में एक स्थान से दूसरे स्थान को घूमा करते थे, मृतक तथा रोगग्रस्त व्यक्ति को खुले मैदान में छोड़ देने की प्रथा अत्यन्त सामान्य थीं, क्योंकि वे घुमन्तूजनों के लिए एक भार हो जाते थे। वैदिककाल में भारतीय आर्य घुमन्तू जन न रहकर स्थित तथा सभ्य जीवन व्यतीत कर रहे थे और वयोवृद्धों के प्रति समाज में स्नेह व आदर का भाव था। अतः वयोवृद्धों को खुले मैदान में छोड़ नहीं दिया जाता था। वयोवृद्धों के प्रति प्राचीन जर्मनों के व्यवहार के प्रदर्शन तथा उसी के समान प्रथा का अस्तित्व ऋग्वेदकालीन आर्यों में भी सिद्ध करने के लिए केगी जिमर निम्नलिखित विचारों का उल्लेख करते है: जर्मनों में जब गृह-स्वामी की आयु साठ वर्ष से अधिक हो जाती थी और यदि उसके शरीर पर वृद्धावस्था के इस प्रकार के चिह्न प्रकट हो आते थे कि जिससे उसमें घूमने या खड़े होने और बिना किसी अन्य व्यक्ति की सहायता के घोड़े आदि पर आरूढ़ होने की शक्ति न रहती, उसका मन एकाग्र न हो पाता, और स्वतन्त्र इच्छा तथा समुचित ज्ञान रह जाता, तो उसे अपना अधिकार अपने पुत्र को सौंपने तथा निम्नस्तर का शारीरिक श्रम करने के लिए बाध्य कर दिया जाता था ; कठोर पुत्र तथा निर्दय पौत्र वृद्ध मनुष्यों को उनके सबल दिनों में अपने पुत्र-पौत्रों के प्रति उनके स्नेह के अभाव या उसके विषय में असावधानी के लिए पश्चात्ताप करने को बाध्य कर सकते थे, जो निरर्थक और भारस्वरूप हो जाते थे, वे या तो तत्काल ही मार दिये जाते थे अथवा उन्हें भूखों मरने के लिए छोड़ दिया जाता था। इस पर केगी कहते हैं कि वैदिक मन्त्रों में वृद्ध पिता की विभक्त सम्पत्ति तथा वृद्ध पुरुषों को असहाय छोड़ देने के उल्लेखों से भारतीयों में भी ठीक ऐसी ही परिस्थितियों के अस्तित्व की कल्पना करनी होगी।

उक्त निष्कर्ष ऋग्वेद की एक ऋचा पर आधारित है, जो यह सूचित करती है कि वृद्ध पिता की सम्पत्ति उसके जीवनकाल में ही उसके पुत्रों में विभक्त कर दी जाती थी। किन्तु यदि हम कल्पना भी करें कि वह भूमिगत सम्पत्ति थी, तो भी सर्वप्रथम अपनी और अपनी पत्नी की जीविका के लिए व्यवस्था करनी पड़ती थी। परवर्ती साहित्य में प्राप्त सभी वचन इस धारणा के विपरीत हैं कि परिवार की सम्पत्ति वैध रूप से पारिवारिक सम्पत्ति थी। यह स्पष्ट है कि वह परिवार के प्रमुख, जो साधारणतः पिता होता था, की सम्पत्ति थी, और परिवार के अन्य सदस्यों का उस पर केवल नैतिक अधिकार ही था, जिसकी पिता उपेक्षा कर सकता था, यद्यपि उसके अधिक सबल पुत्र उसे विवश कर सकते थे।...........अति प्राचीन काल में पिता के विकसित पितृत्वसम्बन्धी अधिकार,

जैसा कि शुनः शेप के आख्यान के स्पष्ट है, इन विचारों से मेल नहीं खाते कि पुत्र, पिता के साथ जब तक कि वे सम्पत्ति के विभाजन के लिए हठ न करते, वैधानिक रूप से सम्पत्ति के साझीदार थे। पुनश्च ऋग्वेदकाल में भी पुत्रों की लालसा की जाती थीं, क्योंकि वे मृत माता-पिता तथा पूर्वजों को पिण्डदान करते थे। यह केवल नैतिक ही नहीं, धार्मिक कर्त्तव्य भी था। अतः किसी भी कल्पना के द्वारा यह नहीं स्वीकार किया जा सकता कि ऋग्वेदकालीन अपने वृद्ध तथा अशक्त माता-पिता को मार डालते थे या भूखों मरने के लिए छोड़ देते थे। प्राचीन जर्मनों में उपलब्ध यह प्रथा असभ्य काल की अवशेष रही होगी, जो यूरोप के उन प्रागैतिहासिक आदिवासियों में प्रचलित रही होगी, जिनसे जर्मन जनसम्पर्क में आये थे। इस असभ्य प्रथा के अस्तित्व का कोई स्पष्ट संकेत ऋग्वेद में, जो आर्यों का प्राचीनतम ग्रन्थ है, उपलब्ध नहीं होता।

वैदिक सूक्तों में कुछ अन्य वाक्य भी हैं, जिनसे उस काल में शव को खुले मैदान में छोड़ देने की प्रथा के अस्तित्व का अनुमान किया जाता है। ऋग्वेद में एक परित्यक्त व्यक्ति की चर्चा है और अथर्ववेद खुले मैदान में छोड़े हुए मृत व्यक्ति उद्धित का उल्लेख करता है। किन्तु यह सम्भव है कि अथर्ववेद के उक्त मंत्र में मृत्यु के पश्चात् शरीर को पञ्चत्व पाँच तत्त्वों में मिल जाने के लिए खुला छोड़ देने की प्रथा की ओर संकेत किया गया हो, जैसा पारसी अब भी करते हैं। ऋग्वेद की ऋचा में सम्भव हैं, किसी के व्यक्तिगत उदाहरण का उल्लेख हो, जिसे उसके सम्बन्धियों ने त्याग दिया हो, और इस प्रकार वह उक्त प्रथा के प्रचलन या मान्यता पर निश्चयपूर्वक कुछ भी प्रकाश नहीं डालती। हिन्दुओं की अन्त्येष्टि क्रियाओं में गुहनिखात का भी कोई प्रमाण उपलब्ध नहीं है। प्रतीत होता है कि शव की व्यवस्था का यह समाज स्वीकृत प्रकार नहीं था। जल निखात या नदी अथवा समुद्र में शव को बहा देना उससे मुक्ति का सरलतम उपाय है। विभिन्न स्थानों में दासों या जन-साधारण के शवों के जन-निखात का निस्सन्देह यही कारण है। किन्तु जन-निखात के प्रत्येक उदाहरण के विषय में यह नहीं कहा जा सकता। कतिपय विषयों में इसका प्रयोजन निरा शव से छुटकारा पाना हीं नहीं, उसे अपने जीवित सम्बन्धियों को पीड़ित करने के लिए लौट आने से रोकने भी है। क्योंकि जल में साधारणतः दुष्टात्माओं को भयभीत कर भगा देने की शक्ति का अस्तित्व माना जाता है। हिन्दू धर्म में जल-निखात की व्यावहारिक उपयोगिता उनके विषय में मानी जाती है, जिनकी अन्त्येष्टि-क्रिया करने के लिए उनके सम्बन्धी जीवित न हों। किन्तु हिन्दुओं के मन में भय का भाव इतना अधिक व्याप्त नहीं है। आजकल या तो शिशुओं के शव का जल-निखात किया जाता है, जो इतने निर्दोष होते हैं, कि उनके लिए शुद्धि की अपेक्षा ही नहीं होती, अथवा सिद्ध-महात्माओं, संन्यासियों या भिक्षुओं के शव का, जिनका परिवार से कोई सम्बन्ध नहीं रह जाता और न जिन्हें अन्त्येष्टि क्रिया की आवश्यकता ही रहती

है। विवाहित स्त्रियों और पुरुषों के शव का भी, जिनकी मृत्यु किसी संक्रामक रोग के कारण हो जाती है, जल निखात किया जाता है। किन्तु उनकी अन्त्येष्टि क्रियाएँ भावी सुविधाजनक समय के लिए स्थगित कर दी जाती हैं, जब उनकी प्राकृतियों पुतलों का विधिवत् दाह होता है और दाहोत्तर विधि-विधान यथावत् सम्पन्न किये जाते हैं।

उच्च कोटि के सिद्ध महात्माओं तथा बहुत ही छोटे शिशुओं के अतिरिक्त शव के भू-निखात की प्रथा वर्तमान हिन्दू समाज से प्राय: लुप्त है। किन्तु ऋग्वेद में उपलब्ध ऋचाओं से यह सिद्ध है कि पूर्व वैदिककाल से यह प्रथा जन साधारण में प्रचलित थी। निखात-भूमि पर लाये हुए तथा उस पर लेटे हुए शव को सम्बोधित करते हुए पुरोहित कहता है : तू प्रथनशील विस्तृत, आनन्ददायिनी पृथ्वी माता की शरण में जा यह कुमारी पवित्र पृथ्वी उदार आराधक के लिए ऊन के समान कोमल है, यह निर्ऋति के सान्निध्य से तेरी रक्षा करे। हे पृथ्वी! तू इसके ऊपर आ जा, उसका दमन न कर; इसके प्रति दत्तचित्त तथा विश्रामदायिनी हो; इसे आवृत कर ले ; पृथ्वी माता के समान अपने शिशु को अपने वस्त्र के अञ्चल से ढँक लेती है। इसे पृथ्वी मृदुता व कोमलतापूर्वक आवृत कर ले; पृथ्वी के सहस्त्रों कण उसे ढँक लें, वे इस लोक में नित्यप्रति उसको शरण दें। मैं इस मृत्पिण्ड को तेरे ऊपर रखते हुए तेरे चारो ओर मिट्टी का ढेरे लगाता हूँ; मैं क्षतिग्रस्त न होऊँ यह पृथ्वी तेरा स्मारक धारण करे; यम तेरे लिए यहाँ निवास-स्थान बनायें।

शव के दाह तथा उसके पश्चात् अस्थि-अवशेषों के निखात की परवर्ती प्रथा से प्रभावित विद्वानों की धारणा है कि उक्त ऋचाओं में अस्थि-सञ्चय का उल्लेख किया गया है। सायण के अनुसार उपर्युक्त ऋचाओं का उच्चारण मृतक व्यक्ति के अस्थि अवशेषों को एक पात्र में रखकर भूमि में गाड़ते समय किया जाता था। सायण का उक्त मत आश्वलायन गृह्यसूत्र पर आधारित है। किन्तु यह एक परवर्ती प्रथा थी, और इसे भू-निखात की उस प्रथा का स्मारक समझना चाहिए, जिसका स्थान दाह की प्रथा ले रही थी। इन दो प्रथाओं के बीच एक प्रकार का समन्वय था। दाह के समय मृत व्यक्ति को आकाश के उच्चतम् भाग में स्थित यम के राज्य, स्वर्ग में भेजने के उद्देश्य से मन्त्रों का पाठ किया जाता था। यदि उसका दाह पहले ही कर दिया गया होता और वह स्वर्ग पहुँच चुका होता, तो इसके तत्काल पश्चात् उसके अवशेषों के निखात के समय उससे पुन: इस विस्तृत आनन्ददायिनी पृथ्वी के निकट जाने के लिए क्यों कहा जाता? इस प्रकार की विधि असङ्गत और परस्पर विरोधी है। यदि मृत शव के लिए कष्ट उठाना किसी प्रकार सम्भव भी हो, तथापि पीड़ा की पराकाष्ठा का अनुभव तो उसे दाह के समय ही होता, न कि दग्ध अस्थियों तथा अवशेषों को एक पात्र में रखकर, ढक्कन से ढँककर भूमि में गाड़ने तथा उसे मिट्टी से ढँक देने के समय। किन्तु उक्त ऋचाएँ पूर्णत: बोधगम्य हो जाती हैं, यदि उनका व्यवहार शव-निखात के समय किया जाय। जैसा कि उन ऋचाओं के पाठ

से जिनमें उसके शोकाकुल सम्बन्धियों द्वारा मृत व्यक्ति के हाथ से धनुष के पृथक् किये जाने का वर्णन किया गया है, प्रतीत होता है, मृत व्यक्ति का शरीर अभी भी वहीं था, और उनके लिए यह विश्वास न कर सकता पूर्णतः स्वाभाविक ही था कि मृत व्यक्ति, जो अभी भी कुछ समय पूर्व जीवित था, अब किसी प्रकार की पीड़ा या कष्ट का अनुभव नहीं करता। अतः उसके प्रति अपने अन्तिम कर्त्तव्य का पालन करते हुए उसके लिए उनके हृदय में कोमल भावनाओं का सञ्चार होना और अपनी इस पृथ्वी माता की शरण में जा आदि सम्बोधन करना तथा उसके प्रति पृथ्वी से कोमल तथा दयालु होने की प्रार्थना करना पूर्णतः स्वाभाविक था। इसमें कोई भी सन्देह नहीं कि उक्त रचनाओं में मृत व्यक्ति के निदान का वर्णन किया गया है, दाह के पश्चात् उसकी अस्थियों अथवा अवशेषों का नहीं। किन्तु यह स्वीकार करना पड़ता है कि स्वयं वैदिककाल में यह प्रथा वैकल्पिक तथा अप्रचलित होती जा रही थी। जब यज्ञों की पूर्णतः प्रतिष्ठा हो चुकी, तो अन्त्येष्टि को भी एक यज्ञ समझा जाने लगा और दाह की प्रथा ही सर्वाधिक प्रचलित हो गई और उसने शव-निखात की प्राचीनतर प्रथा का स्थान ले लिया। गृह्यसूत्रों में शव-निखात की प्रथा का उल्लेख नहीं किया गया है, यद्यपि इस प्राचीन परम्परा का अनुसरण दाह के पश्चात् अस्थियों तथा अवशेषों के निखात के रूप में किया जाता रहा। परवर्ती काल में हिन्दू समाज में बहुत ही छोटे बच्चों और संन्यासियों के अतिरिक्त शव-निखात एक पूर्णतः अपरिचित प्रथा हो गयी। किसी लेप या बिना लेप के, सुखा कर या बिना सुखाये शव को घर में सुरक्षित रखने की प्रथा का उल्लेख हिन्दुओं के कर्मकाण्डीय साहित्य में कहीं भी नहीं उपलब्ध होता। यह प्रथा उस प्राचीन असभ्य समाज में प्रचलित थी जिसका यह विश्वास था कि मनुष्य की आत्मा मृत्यु के पश्चात् भी शरीर में निवास करती है। भारतीय आर्य वैदिकाल के पूर्व ही इस स्थिति को पार कर चुके थे। उनके विश्वास के अनुसार आत्मा मृत शरीर से पृथक् हो जाती थी और उसे सुरक्षित रखने में कोई सार नहीं है। हिन्दुओं में वैदिककाल से लेकर आज तक मृत शरीर का दाह शव ही व्यवस्था का मान्यतम प्रकार रहा है। यह पद्धति मानव-सभ्यता के उच्च स्तर पर विकसित हुई, क्योंकि यह सर्वाधिक वैज्ञानिक तथा परिष्कृत है। इस प्रथा को अस्तित्व प्रदान करने में एकाधिक कारणों का हाथ रहा होगा:

1. एक स्थान पर स्थिर रूप से न बसे हुए घुमन्तू जनों को , यदि वे मृत व्यक्ति के अवशेषों को अपने साथ ले जाने अथवा शत्रु द्वारा उन्हें अपनवित्र कर दिये जाने की सम्भावना से दूर करना चाहते, यह प्रकार अधिक सुविधाजनक प्रतीत हुआ होगा।

2. दाह की प्रथा का एक अन्य उल्लेखनीय प्रयोजन मृत व्यवित के प्रेतत्व से मुक्ति की कामना रही होगी। प्रेत का गढ़ शरीर अग्नि द्वारा भस्म हो जाता था और वह इसकी ज्वालाओं से भयभीत हो जाता था।

3. वन, घास तथा कूड़ा-करकट को अग्नि द्वारा ध्वस्त होते हुए देखकर शव के दाह में भी जनों ने उसकी उपयोगिता को पहचाना होगा।

4. यद्यपि आरम्भ में उक्त कारण अपेक्षाकृत अधिक क्रियाशील रहे होंगे, किन्तु सबलतम कारण, जिसने दाह की प्रथा को स्थायित्व प्रदान किया, वैदिककाल में प्रचलित भारतीय आर्यों का धार्मिक विश्वास था। भारतीय आर्य अग्नि को पृथ्वी पर स्थित देव-दूत तथा देवताओं को दी हुई आहुतियों को उन तक पहुँचाने वाला समझते थे। वे भौतिक वस्तुएँ, जिनसे हव्य बनता था, प्रत्यक्ष रूप से अपने स्थूल रूप में स्वर्गस्थ देवताओं तक नहीं पहुँच सकती थीं। मनुष्य की मृत्यु हो जाने पर उसके शरीर को स्वर्ग भेज देना आवश्यक समझा जाने लगा। उसे अग्नि को सौंप देने से ही यह सम्भव था। अग्नि के द्वारा शरीर के ध्वस्त तथा भस्मावशेष होने पर ही, मृत व्यक्ति यमलोक में नवीन देह प्राप्त कर सकता था पितरों और पूर्वजों में सम्मिलित हो सकता था। दाह की प्रथा के मूल में यह सबलतम धारणा निहित प्रतीत होती है, जो अनिवार्यतः धर्म भाव से ओत-प्रोत थी। मनुष्य द्वारा अग्नि के आविष्कार तथा उसे अपने उपयोग में लाने के पूव, शव या तो नियमतः फेंक दिये जाते थे, अथवा भूमि में गाड़ दिये जाते थे, या मांस भक्षी पुशओं और पक्षियों के खाने के लिए खुले मैदान में छोड़ दिये जाते थे। अतः दाह की प्रथा अन्त में ही अस्तित्व में आयी होगी। पारसियों में जो प्राचीन आर्यों की एक शाखा थे, प्रबल अग्निपूजक हो जाने के पश्चात् भी पशु-पक्षियों द्वारा खाने के लिए शव को खुले मैदान में छोड़ देने की प्रथा प्रचलित रही, क्योंकि अग्नि उनके धर्म में इतनी पवित्र मानी जाती थी कि उसे शव जैसी अपवित्र वस्तु से भ्रष्ट करना वे उचित नहीं समझते थे। किन्तु वैदिक आर्य इस विषय में उनसे सहमत नहीं थे, और क्योंकि वे अपने प्रिय मृतक को स्वर्ग पहुँचाने तथा पितृ-लोक में स्थान देने के लिए अत्यन्त व्यग्र थे, अतः उन्होंने उसकी नवीन परिस्थितियों के अनुरूप उसे अपेक्षाकृत गौरवपूर्ण तथा प्रकाशमान् रूप में स्वर्ग में स्थानान्तरित करने के लिए मृत शरीर को अग्नि को सौंपना पूर्णतः उचित समझा।

एक अन्य धार्मिक विश्वास भी था, जो दाह की प्रथा के प्रसार में सहायक हुआ प्रतीत होता है। यह विश्वास प्रचलित था कि भूत-प्रेत अधिकांश गें भूमि में गाड़े हुए मृत व्यक्तियों की आत्मा से उत्पन्न होते हैं। अतः लोगों ने व्यापक रूप से दाह की प्रथा के प्रसार, और उसके द्वारा मृत व्यक्तियों को अपने कर्मों का दण्ड या पुरस्कार प्राप्त करने के लिए निर्ऋति या यम-लोक में भेजकर मृत्युलोक में उनकी संख्या कम कर देना आवश्यक समझा। शिशु, जो शुद्ध तथा निष्पाप होते हैं और उच्चकोटि के साधु-सन्तों, जो अपने जीवन काल में ही दुष्ट प्रवृत्तियों पर विजय प्राप्त कर चुके होते हैं और किसी भी प्रकार की हानि से रहित समझकर जिनके शव का निखात किया जाता है, के अतिरिक्त मृतात्मा के कल्याण के लिए हिन्दू आज भी दाह-क्रिया को नितान्त आवश्यकत समझते हैं। किन्तु

साधारण मनुष्यों तथा गृहस्थों के विषय में यह शवनिखात भय की दृष्टि से देखा जाता है और महात्मा की सद्गति के मार्ग में बाधक समझा जाता है। हिन्दू दाह-क्रिया को और्ध्वदैहिक-कृत्य अर्थात् स्वर्ग की ओर गति के लिए आत्मा को शरीर से मुक्त करनेवाली क्रिया कहते हैं। दाह क्रिया किये बिना मृत-आत्मा अपने भूतपूर्व निवासस्थल का चक्कर काटता रहता है और बिना सान्त्वना के कष्ट पाता तथा प्रेत के रूप में महान् संकट में ग्रस्त रहता है, यह विश्वास व्यापक है। किशोरावस्था से कम आयु के शिशुओं और बालकों के शव की दाहक्रिया नहीं की जाती। मृत शिशुओं को कोमलतापूर्वक गाड़ दिया जाता है। कम से कम कुछ उदाहरणों और सम्भवतः सभी में उनके पुनः जीवित हो जाने की सम्भावना के कारण ऐसा किया जाता है। संक्रामक रोगों से मृत व्यक्ति साधारणतः पानी में फेंक दिये जाते हैं। इसके मूल में यह अन्धविश्वास निहित है कि इन रोगों को लानेवाली अमङ्गलकारिणी शक्तियाँ अपने लक्ष्य के दाह किये जाने पर रुष्ट हो जाती हैं। अत्यधिक सम्मानित व्यक्तियों का भी दाह नहीं किया जाता, क्योंकि अपने पवित्र गुणों के कारण वे जनसाधारण से पृथक् हो जाते हैं। नव-प्रसूता तथा गर्भिणी स्त्रियों का भी दाह नहीं किया जाता।

❑❑❑

10

भारत में आदिम जीवन

भारत की किसी किसी भी भाषा में जनजाति जैसा कोई शब्द नहीं था। प्राचीन काल में वे अपने विशिष्ट नामों द्वारा ही जानी जाती थीं, जैसे गौड़, संथाल, भील आदि। आधुनिक भारतीय भाषाओं में जनजातियों के लिए वन्य जाति, बनवासी, पहाड़ी, आदिम-जाति, आदिवासी, अनुसूचित जाति आदि शब्दों का प्रयोग होता रहा है। यद्यपि जनजातियों के इतिहास को जानने के लिए कोई विशेष प्रयास नहीं हुए हैं, तथापि भारत के, प्राचीन प्रामाणिक साहित्य में दक्षिण भारत में कुरूम्ब, इरूला तथा पनिया, मध्य भारत में असुर, सारवा, उरांव, गौंड़, संथाल एवं भील तथा उत्तर-पूर्वी भाग में बोड़ो, अहोबम आदि जनजातियों का विवरण मिलता है। कुछ जनजातियों जैसे मध्य भारत में गौंड़ तथा उत्तरी-पूर्वी भाग में अहोम बहुत बड़े राज्य रहे हैं। संक्षेप में कई तरह से अन्य लोगों के साथ अंतःक्रिया करती थीं।

ब्रिटिशकाल में जनजातियाँ

जनजातीय इतिहास का आधुनिक चरण अंग्रेजों के आगमन से हुआ। ब्रिटिश देश के सभी भागों पर अपना शासन सुदृढ़ करने तथा अपने को स्थापित करने एवं अपने उद्योगों को केन्द्रीय प्रशासन के साथ जोड़ दिया। उन्होंने न केवल नए कर लगाए बल्कि नए भूमि बन्दोबस्त भी लागू किए। ठेकेदारों, अफसरों, कार्यकर्त्ताओं, साहूकारों तथा श्रमिकों को देश के उन भागों में प्रवेश मिला, जो अपेक्षाकृत पृथक थे, किन्तु

जहाँ प्राकृतिक साधन प्रचुर मात्रा में थे। कई क्षेत्रों में लोगों ने इन नए विनियमों, नए करों तथा नए निवासियों के विरुद्ध विद्रोह भी किया। सन 1833 में अंग्रजों ने विभिन्न कारणों से एक अधिनियम द्वारा स्थानीय लोगों को संरक्षण देने के विषय में सोच-विचार किया। छोटा नागपुर का क्षेत्र 'नियमोत्तर' घोषित कर दिया गया, जिसका अर्थ यह था कि वहाँ सामान्य नियम लागू नहीं होंगे। जैसे बाहर के लोगों को अधिकार दिए गए। बाद में यह नीति कई अन्य क्षेत्रों में भी लागू की गई। सन् 1874 में अनुसूचित क्षेत्र अधिनियम पास हुआ और कुछ समय पश्चात् इन क्षेत्रों में विशिष्ट तथा पृथक् क्षेत्र की व्यवस्था स्वीकार कर ली गई। इसी समय, जनजाति सम्बन्धी सामाजिक श्रेणी की अवधारणाा का उदय हुआ जिसका प्रमुख उद्देश्य इन लोगों को हिन्दू, मुस्लिम तथा अन्य धार्मिक समूहों से अलग रखना था। इस अंतर का कारण जनजातियों का धर्म था, जो जीववाद के नाम से जाना जाता था तथा जो अन्य लोगों के धर्मों से भिन्न था। सन् 1919 के अधिनियम के अंतर्गत जनजातियों की स्थानीय जनसंख्या के अनुसार पूर्ण रूप से पृथक तथा आंशिक रूप से पृथक् क्षेत्र बने। इन क्षेत्रों को सामान्य नियमों की परिभि से अलग माना गया। 1935 के अधिनियम में इस प्रकार का प्रावधान है तथा इस श्रेणी के अंतर्गत आने वाले लोगों के लिए संरक्षण के नियम बनाए गए थे। जबकि ये सब नीतियाँ बनाई जा रही थी, फिर भी ब्रिटिश सरकार, यह तय नहीं कर पाई कि उस समुदाय को कैसे वर्गीकृत किया जाए जो न हिन्दू हैं और न ही मुसलमान। प्रत्येक दशक में होने वाली जनगणना में जनजातीय जनसंख्या कि लिए प्रयुक्त विभिन्न नामों से, अंग्रेजों की इनके बारे में अस्पस्ट मानसिकता दिखाई देती है। विभिन्न जनगणनाओं में इनके लिए जिन शब्दों का प्रयोग हुआ है वे हैं: जीववादी, पहाड़ी एवं बन्य जनजाति, आदिम जातियाँ तथा जनजातियाँ।

स्वतंत्र भारत में जनजातियाँ

स्वतंत्रता के बाद अनुसूचित जनजातियों का संरक्षण एवं विकास संविधान का दायित्व माना गया। इस कार्य के लिए जनजातियों की एक सूची तैयार की गई। 1950 में इसमें 212 नाम थे, जिसमें राष्ट्रपति की अनुमति द्वारा समय-समय पर परिवर्तन किया गया। 1971 में इस सूची में 527 नाम हो गए थे। संविधान में जनजाति की परिभाषा नहीं दी गई है। प्रशासनिक दृष्टि से वे जनजातियाँ जो संविधान में वर्णित हैं, अनुसूचित जनजातियाँ कहलाती हैं। जनजाति का सामाजिक संगठन उसके अन्दर आने वाले विभिन्न समूहों के परस्पर सम्बन्धों से बनता है। भारतवर्ष में विभिन्न जनजातियों में आपस में मेल-जोल और सन्देशवहन बहुत कम हो जाता है। जहाँ भौगोलिक परिस्थितियों की वजह से कुछ जातियाँ एक ही क्षेत्र में निवास करती हैं वहाँ उनमें अवश्य कुछ आदान-प्रदान देखा जाता है। इसका एक उदाहरण छोटा नागपुर

क्षेत्र की मुण्डा और औरांव जनजातियाँ हैं। जनजाति बनाने वाले समूहों में परिवार , गोत्र, कुमार गृह इत्यादि होते हैं। इनक अतिरिक्त जनजाति के आर्थिक संगठन में विभिन्न आर्थिक क्रियाओं में लगे हुए लोगों के समूह सम्मिलित होते हैं। जनजाति का राजनीतिक संगठन जनजातीय पंचायत जैसे समूहों से बनता है। आर्थिक संगठन जनजाति के पालन-पोषण में सहायक होता है। राजनीतिक संगठन जनजाति के सदस्यों के व्यवहार और अन्य जाति के सदस्यों के व्यवहार का नियमन करता है। सामाजिक, आर्थिक और राजनीतिक संगठन तीनों की व्यवस्था से किसी विशिष्ट जाति की व्यवस्था निर्माण होती है। भारतीय जनजातियाँ में बहिर्विवाही समूह और अन्तर्विवाही समूह देखे जाते हैं। अन्तर्विवाही जनजातियों के गोत्रों के प्रकार के आधार पर अनेक वर्ग हैं। कुछ जनजातियों में फ्रेट्रियाँ और मोइटियाँ पाई जाती हैं।

काडर

भारतीय जनजाति के सामाजिक संगठन के उदाहरण के रूप में यहाँ पर कुछ जनजातियों के उदाहरण दिए जायेंगे। काडर जनजाति के लोग भोजन की वस्तुयें एकत्रित करते और शिकार करते हैं। इनमें मछली मारने का कार्य लगभग नही होता। काडर परिवार में पति-पत्नी दोनों में किसी की स्थिति नीची नहीं होती। इनमें पितृ स्थानीय निवास की प्रथा है, परन्तु मातृक सम्बन्धों को भी किसी भी प्रकार से कम महत्त्व नहीं दिया जाता। सामाजिक व्यवस्था में मामा को विशेष स्थान प्राप्त है। इनमें नाम परम्परागत नहीं होते, या तो वे व्यक्ति के गुणों के आधार पर होते हैं या उसके माता-पिता के गुणों के आधार पर अथवा उन गुणों के आधार पर होते हैं। जिनके व्यक्ति में उत्पन्न होने की आकांशा की जाती है। साधारणतया इनमें सम्पत्ति बहुत कम होती है और उसके स्वामित्व के नियम भी निश्चित नहीं होते । परम्परागत रूप से सम्पत्ति पाने के बारे में कोई रिवाज नहीं पाए जाते फिर भी साधारणतया किसी भी व्यक्ति की मृत्यु हो जाने पर उसके निकट सम्बन्धी ही उसकी व्यक्गित सम्पत्ति के स्वामी माने जाते हैं। इसमें भी अधिकतर अल्पायु के व्यक्तियों को सम्पत्ति मिलती है, क्योंकि बड़ी आयु के लोग स्वयं कमाने गोग्य हो गये होते हैं और वे इस प्रकार से मिली सम्पत्ति की कोई परवाह नहीं करते। काडर लोग बाँस से बनी झोंपड़ियों में रहते हैं। एक काडर गाँव में 15 से 20 तक बाँस की झौपड़ियों पाई जाती हैं।

हो

हो सामाजिक व्यवस्था में कोल्हन सबसे बड़ा विभाग होता है। एक कोल्हन में 26 पीर होते हैं और एकपीर में अनेक गांव होते हैं। गाँव की सीमा पर बहुत से भूरे पत्थर जमीन में मजबूती से गड़े होते हैं। गाँव दो या अधिक विभागों में बँटा

हुआ होता है जो कि टोला कहलाते हैं। एक टोला दूसरे टोले से साफ खुली जगह के द्वारा अलग किया जाता है। कुछ गाँवों में अखाड़े होते हैं जहाँ पर नृत्य आदि का आयोजन किया जाता है। कहीं-कहीं पर अखाड़े के पास गाँव का कुमार गृह भी होता है जो गितिओरा कहलाता है। हो जनजाति बहिर्विवाही गोत्र किल्ली में विभाजित होती है जो कि बहुधा टोटम से सम्बन्धित होते हैं। प्रत्येक किल्ली में बहिर्विवाही हो परिवार होते हैं, किन्तु हो जनजाति अन्तर्विवाही है अर्थात् विवाह, परिवार और गोत्र से बाहर होते हुए भी जनजाति से बार नहीं होते।

मुण्डा

छोटा नागुपर की मुण्डा जनजाति पीर नामक अनेक स्थानीय इकाइयों में विभाजित होती है। प्रत्येक पीर का एक मुखिया होता है। अनेक पीर मिलाकर जनजातीय क्षेत्र बनाते हैं।

खोण्ड

उड़ीसा और गंजाम क्षेत्र की खोण्ड जनजाति अनेक बहिर्विवाही ग्रामीण इकाइयों में बँटी होती है जो कि गोची कहलाते हैं। प्रत्येक गोची के पास छोटा या बड़ा भूमि क्षेत्र होता है। गोचियों में विभाजित होते हुए भी खोण्ड लोग अपनी जनजाति के प्रति स्वामिभक्ति बनाये रखते हैं।

गोण्ड

गोण्ड जनजाति में अनेक प्रकार के गोत्र पाए जाते हैं जिनको निम्नलिखित चार वर्गों में विभाजित किया जा सकता है-

(1) टोटमवादी समूह-इसमें वे गोत्र आते हैं जो टोटम का नाम ग्रहण किए हुए होते हैं। इस प्रकार के गोत्रों के कुछ उदाहरण हैं-गौह, टीकम, लोहा, त्रिगम इत्यादि।

(2) व्यंग नामों पर आधारित- इस समूह में वे गोत्र सम्मिलित हैं जिनके नाम व्यंग नामों पर आधारित जैसे-सुब्बेदार, मूजारे, पेड़म, तथा लौनचटिया इत्यादि।

(3) स्थानीय गोत्र-इसमें वे गोत्र सम्मिलिखित हैं जिनका नाम उनके निवास स्थान पर आधारित होता है जैसे महानदिया, जौनपुरिया, गुसरमुजिया, रतनपुरिया, इत्यादि।

(4) पित्रों के नाम पर आधारित गोत्र-इस वर्ग में आने वाले गोत्रों के उदाहरण हैं-शांडिल्य तथा कश्यप इतयादि।

उपरोक्त गोत्रों में से अनेक छोटी-छोटी इकाइयों में बँट गये हैं और उन्होंने नये सांस्कृतिक लक्षण ग्रहण कर लिए हैं। कभी-कभी गोण्डों को आर्थिक स्थिति के अनुसार अग्रलिखित वर्गों में बाँटा जाता है-

(1) राज गोण्ड-इनमें मालगुजार, पटेल आदि वे गोण्ड आते हैं जो उच्च आर्थिक स्तर के हैं।

(2) धूर गोण्ड-इस वर्ग में वे गोण्ड आते हैं जो लोग दूसरे की भूमि पर खेती करते हैं जैसे-प्रधान, औझा इत्यादि।

(3) श्रमिक गोण्ड-इस वर्ग में वे गोण्ड आते हैं जिनके पास जीवन यापन के लिए पर्याप्त भूमि या सम्पत्ति नहीं होती। ये लोग कमियाँ अर्थात् कृषि श्रमिक के रूप में काम करते हैं।

टोडा

नीलगिरि की पहाड़ियों में रहने वाले टोडा लोगों का सामाजिक संगठन द्वैध संगठन पर आधारित है। टोडा जनजाति अन्तर्विवाही है। यह दो गोत्रार्धों में विभाजित है जो कि क्रमशः तिवालियल और तारथारोल कहलाते हैं। तिवालियल 6 बहिर्विवाही टोटमवादी गोत्रों में बँटे हुए हैं। तारथारोल गोत्रार्ध 12 बहिर्विवाही गोत्रों में विभाजित हैं। इस प्रकार तिवालियल के मुकाबले में तारथारोल कहीं अधिक बड़ा विभाग है। तारथारोल विभाग में अधिकतर दुग्धशालायें पाई जाती हैं जबकि तिवालियल समूह में पशुपालन का काम अधिक होता है। टोडा परिवार पितृस्थानी होता है और इनमें पितृवंशीय परम्परा पाई जाती है, किन्तु मातृवंशीय परम्परा को भी महत्त्व दिया जाता है। टोडा जनजाति में बहुपत्नी विवाह और बहुपति विवाह दोनों के उदाहरण मिलते हैं। इनमें समूह विवाह होते हैं। टोडा व्यक्ति पितृवंशीय और मातृवंशीय दोनों प्रकार के गोत्र का सदस्य होता है। जहाँ तक सम्पत्ति के स्वामित्व का प्रश्न है, टोडा लोग पितृवंशी हैं अर्थात् इनमें पिता की सम्पत्ति पुत्र को मिलती है। दूसरी ओर, जहाँ तक मृत्यु संस्कार आदि विधि विधानों का प्रश्न है उनमें मातृवंशीय गोत्र के नियम काम करते हैं। भारतीय जनजातिगों गें द्वैध संगठन का उदाहरण टोडा के अतिरिक्त असम क गारो समाज में भी मिलता है। गारो जनजाति में मातृवंशी परम्परा पाई जाती है। ये मरक और संगमा नाम की दो कच्चियों में बँटे हुए हैं जिनमें आपस में विवाह सम्बन्ध नहीं होते।

अण्डमान द्वीप निवासी जनजाति

अण्डमान द्वीप में बौने आकार के लोग पाए जाते हैं। जहाँ पर रहने वाली जनजातियों में से प्रत्येक भाषा के आधार पर दूसरे से अलग है। प्रत्येक जनजाति अनेक स्थानीय समूहों में विभाजित होती है जिसमें अनेक परिवार होते हैं। ये स्थानीय समूह क्रमशः समाप्त होते जा रहे हैं। साधारणतया जो स्त्री या पुरुष जिस स्थान पर पैदा होता है वह वहीं के समूह का सदस्य बन जाता है कुछ समूह समुद्र के किनारों पर और कुछ जंगलों में रहते हैं। समुद्र के किनारों पर रहने वाले समूह जंगलों में रहने वाले समूहों से अधिक घुमन्तू होते हैं। ये अधिकतर कैम्पों में रहते हैं जो कि स्थायी अथवा अस्थायी होते हैं। शिकारी कैम्पों में रहने वाले समूह एक स्थान पर बहुत कम रुकते हैं। इनमें विवाहित जोड़ों के अतिरिक्त अविवाहित पुरुषों और विधुरों के भी समूह होते हैं। अविवाहित स्त्रियाँ और विधवायें अलग समूह बनाकर रहती हैं। कहीं-कहीं पर लम्बी आयु तक अविवाहित रहने वाली स्त्रियों के झौंपड़े अलग पाए जाते हैं। अण्डमान निवासी जनजातियाँ भोज्य पदार्थ एकत्रित करतीं, शिकार करतीं अथवा समुद्र के किनारों पर मछलियों मारती हैं। इस प्रकार इनमें तीन प्रकार के आर्थिक समूह पाए जाते हैं—भोजन एकत्रित करने वाले, शिकारी और मछली मारने वाले समूह।

खासी

असम की पहाड़ियों में रहने वाली खासी जनजाति में मातृसत्तात्मक सामाजिक संगठन पाया जाता है। ये आर्थिक आधार पर विभिन्न गोत्रों में बँटे होते हैं जैसे शाही गोत्र, पुजारी गोत्र, मन्त्री गोत्र, और सामान्य गोत्र इत्यादि। विभिन्न गोत्रों में भिन्न-भिन्न सामाजिक स्तर देखा जाता है, किन्तु उनमें अन्तर्विवाह पर रोक-थाम नहीं है, जबकि गोत्र और उनमें आने वाले परिवार बहिर्विवाही होते हैं। खासी जनजाति अन्तर्विवाही है।

जनजातीय अवधारणा को कुछ विद्वानों के मतों द्वारा समझना

नृशास्त्रियों में भी 'जनजाति' को परिभाषित करने का प्रयास किया है। उन्होंने जनजातियों को ऐसे मूलवासी समूह के रूप में देखा है, जिसका इतिहास उथला है, जिसके पास अपना एक विशिष्ट नाम, भाषा और क्षेत्र है तथा जो बहुत प्रबल नातेदारी व्यवस्था से बंधे अंतर्विवाही समूह हैं। इनके विशिष्ट रीति-रिवाज, धार्मिक अनुष्ठान तथा विश्वास हैं। सामाजिक स्तरण एवं राजनीतिक व्यवस्था बहुत ही सीधी-साधी है, आर्थिक संसाधनों एवं तकनीकी तौर पर सामूहिक स्वामित्व है। ऐसी परिभाषाएँ

जनजातियों को समझने में विशेष सहायक होती है क्योंकि जब जनजातियों को समझने में विशेष सहायक नहीं होती हैं क्योंकि जब जनजातियों का सूक्ष्म अवलोकन किया जाता है तो उनकी जीवन शैली में अलग-अलग समूहों विविधताएँ ही नहीं पाई जाती है वरन् उनमें से कई विशेषताएँ एवं अभिलक्षण, जातिबद्व समाजों में भी दिखाई पड़ते हैं, वरन् उनमें से समस्या यह हो जाती है जनजातियों तथा अन्य जातियों में अंतर कैसे किया जाए।

जनजातियों को परिभाषित करने के लिए कुछ सैद्धान्तिक प्रयास भी हुए हैं, जिन्हें सामाजिक और सांस्कृतिक विकास का एक चरण माना गया है। कुछ अन्य विद्वानों का मत है कि जनजातियों में उत्पादन और उपभोग परिवार तक सीति है। अन्य कृषि समाजों की तरह जनजातियाँ विस्तृत आर्थिक, राजनीतिक, सामाजिक ताने-बाने से सम्बन्धित नहीं हैं। बेली (1960) में यह सुझाव दिया कि जनजातियों को परिभाषित करने की समस्या का यही समाधान हो सकता है कि उन्हें एक ऐसे सतत् सेतु की तरह माना जाए जिसके एक ओर जनजातियाँ और दूसरी और जातियाँ हैं। जनजातियों की संरचना पृथककृत तथा समावादीहै जबकि जातियों की जैविक एकात्मता वाली संरचना की तरह अन्योन्याश्रित। भूमि पर आदिवासियों का प्रत्यक्ष अधिकार होता है, उनके और भूमि के मध्य कोई बिचौलिया नहीं होता है।

सिन्हा (1965) ने भी जनजाति ओर जाति को सतत सेतु के रूप में देखा है किन्तु उनके विचार अधिक विस्तृत हैं और उन्होंने जनजाति को सभ्यता के माध्यम से समझाया है। उनके अनुसार जनजाति की आदर्श विवेचना, सभ्यता के केन्द्रों से सामाजिक और सांस्कृतिक संचार में पाई गई पृथकता से की जा सकती है। इस पृथक्करण के कारण उनका तकनीकी ज्ञान पिछड़ा हुआ है तथा जीवन निर्वाह झूम कृषि, संग्रहण और आखेट जैसे व्यवसायों तक सीमित है। उनकी सामाजिक व्यवस्था, समानता के आधार पर विभाजित है तथा यह पूर्ण रूप से निरक्षर और प्रजातीय परम्पराओं द्वारा संचालित होती है। ऐसा समझा जाता है कि जहाँ-जहाँ सभ्यताएँ पनपी है, जनजातियों की व्याख्या, परिभाषा और विश्लेषण उन सभ्यताओं के संदर्भ में ही किया जा सकता है। क्योंकि इन्हीं राभ्यताओं से जनजातियों ने या तो संघर्ष किया है या जिनकी अधीनता मानी है या जिनका अनुकरण किया है। परन्तु जनजातियाँ ऐसी सभ्यताओं को अनदेखा नहीं कर सकती। भारत में ऐसे कई उदाहरण उपलब्ध है जहाँ जनजातियाँ, जाति व्यवस्था वाले समाज या ईसाई तथा मुस्लिम समाज में मिल गई हैं। वे कृषकों के स्तर पर तथा बागानों खानों और अन्य उद्योगों आदि में वेतन भोगी मजदूर के रूप में भी काम करने लगे हैं। अतः जनजाति की अवधारणा को समझने से पहले हमें यह परिवर्तन के इन पक्षों की उपेक्षा नहीं करनी चाहिए।

भौगोलिक वितरण

देश में जनजातियों के व्यापक वितरण को ध्यान में रखते हुए यह आवश्यक हो जाता है कि उन्हें कुछ भौगोलिक क्षेत्रों में बाँट दिया जाए। भौगोलिक परिस्थितियों के आधार पर उन्हें पांच समूहों में समूहीकृत किया जा सकता है। जैसे हिमालय क्षेत्र, इनमें गद्दी, जौनसार तथा नागा आदि है। मध्य भार में मुण्डा, संथाल आदि जनजातियाँ हैं। पश्चिमी भारत जहाँ भील और ग्रसिया लाग है। दक्षिण भारतीय क्षेत्र में टोडा, चेंचू आदि जनजातियाँ है तथा द्वीप सम्बन्धी क्षेत्र में, बंगाल की खाड़ी औंज तथा अरब सागर में पाए जाने वाले मिनीकोयन आदि है।

प्रजातीय एवं भाषायी विशेषताएँ

भारतीय जनजातीय समाज का इतिहास बहुत पुराना है। प्रागैतिहासिक तथा ऐतिहासिक काल से ही ये लोग दूर-दूर जाकर बस गएं थे, इसलिए भारत में पाई जाने वाली सभी प्रजातियों के लक्षण इनमें पाए जाते हैं। शारीरिक लक्षणों से, किसी जनसंख्या के उद्‌भव, उनके फैलने के मार्ग और उनकी परम्पराओं का ज्ञान होता है।

प्रजाति के तीन प्रमुख भाग

विस्तृत रूप से भारतीय जनजातियों के प्रजातीय अभिलक्षणों तथा भाषायी सम्बन्धों की चर्चा की है। गुहा (1935)की यह मान्यता है कि प्रजातीय अभिलक्षणों के आधार पर भारतीय जनजातियाँ निम्नलिखित तीन प्रजातियों से सम्बन्द्ध पाई जाती है-

(क) प्रोटोऑस्ट्रोलायड-इस समूह की विशेषता है त्वचा का काला रंग, चपटी नाक तथा मोटा माथा। ये लक्षण मध्य प्रदेश की गौंड, छोटा नागपुर की मुंडा तथा बिहार की हो जनजातियों के लोगो में पाए जाते हैं।

(ख) मंगोलाम-इस समूह के लोगों की त्वचा का रंग हल्का रंग, चौड़ा सिर तथा चेहरा चपटी चौड़ी नाक और तिरछी आँख एवं दो तहों वाली ऊपरी पलक। ये विशेषताएँ मध्य हिमालय की भोटिया, अरूणाचल प्रदेश की वाँचू, नागालैण्ड के नागा एवं मेघालय की खासी जनजाति में पाई जाती है।

(ग) नीग्रीटो-इस समूह के लोगों की त्वचा का रंग काला, गोल सिर, चौड़ी नाक तथा घुंघराले बाल होते हैं। ये शारीरिक लक्षण केरल की कादर जनजाति, अंडमान की ओंज जनजाति और अंडमान द्वीप की जारवा जनजाति में पाए जाते हैं।

भाषा श्रेणियाँ

भाषा की दृष्टि से स्थिति और भी जटिल है। नवीनतम आँकड़ों के अनुसार जनजातियों के लोग 105 विभिन्न भाषाएँ बोलते हैं तथा इनकी 225 उपभाषाएँ हैं। इससे पता चलता है कि इनमें कितनी विभिन्नता है। इनकी भाषाएँ सुव्यवस्थित हैं, जिससे उनकी सामाजिक संरचना तथा मूल्य कई तरह से प्रतिबिंबित होते हैं। फिर भी, स्थिति को समझने के लिए भाषाओं को कुछ परिवारों में बांटा गया है। भारतीय जनजातियों के द्वारा बोली जाने वाली भाषाओं को चार प्रमुख भाषा परिवारों में बाँटा जा सकता है। उदाहरण सहित ये निम्नलिखित है-

(क) आस्ट्रो-एशियाटिक परिवार-इस परिवार की दो शाखाएँ हैं-मोनख्मेर तथा मुण्डारी भाषा।

(ख) तिब्बती चीनी परिवार-यह भी दो उपभागों में विभक्त है। स्यामी चीनी तथा तिब्बती बर्मी। पहले प्रकार की भाषा, खेम्टी पूर्वोत्तर सीमांत क्षेत्र में एक छोटी-सी जनजाति द्वारा बोली जाती है। अहोम इसी परिवार की दूसरी भाषा है जो असम के शासक, अहोम लोगों द्वारा बोली जाती थी। पहली भाषा अब प्राय: समाप्त हो चुकी है। तिब्बती बर्मी भाषा की कई शाखाएँ हैं। असम तथा पूर्वोत्तर सीमांत क्षेत्र की कई जनजातियाँ यही भाषाएँ बोलती हैं। दार्जिलिंग के लेप्चा लोग, लेप्ची भाषा बोलते हैं जो तिब्बती बर्मी भाषा के नागा समूह का भाग है।

(ग) इंडो यूरोपीय परिवार-इस समूह में हजोंग और भीली भाषाएँ सम्मिलित है।

(घ) द्रविड़ भाषा-इस परिवार की भाषाएँ, केरल के कादार तथा मैसूर की येरूवा जनजाति द्वारा बोली जाती है।

इस विस्तृत वर्गीकरण का यह अर्थ नहीं है कि एक ही भाषा परिवार के लोग एक-दूसरे की भाषा समझ सकते हैं। उदाहरण के लिए, नागा जनजाति में लगभग 50 विभिन्न समूह है जिनमें से प्रत्येक में, एक बोली बोलने बाले लोग अधिकतर दूसरे की बोली नहीं सकझ पाते हैं।

जनसंख्यात्मक अभिलक्षण

सामाजिक संरचना का समूह के आकार के साथ गहरा सम्बन्ध है। स्वयं को सामाजिक और जैविक दृष्टि से बढ़ाने के लिए अनुकूल जनसंख्या का होना आवश्यक है। समूह की प्रतिस्थापना के लिए यह भी आवश्यक है कि समूह का

अस्तित्व बना रहेगा। परन्तु इसके साथ-साथ सामाजिक संरचना बनाए रखने के लिए भी जनसमुदाय की आवश्यकता है। मानव के पास उत्पादन करने के लिए ज्ञान एवं निपुणता हैं। उनके पास मूल्य एवं विश्वास है। उनके पास प्रकृति से तथा मानवों से स्वयं को संबद्ध करने की योग्यता है। इसके साथ-साथ मानव के पास व्यवस्थित जीवन व्यतीत करने के लिए प्रतिमान और रीति-रिवाज है। ये सभी तत्व तभी बने रह सकते हैं, बढ़ सकते हैं तथा एक पीढ़ी से दूसरी पीढ़ी तक हस्तांतरित हो सकते हैं, जब समाज में जन-समुदाय की पर्याप्त संख्य हो तथा स्त्री-पुरुषों और आयु समूहों में पर्याप्त संतुलन हो। कुद वर्ष पूर्व नीलगिरि के टोडा लोग जैविक और सामाजिक दृष्टि से वे अपनी संस्थाओं को सुरक्षित रखने में असमर्थ थे। ये लोग उस प्रकार की स्थिति में थे जिस तरह फुटबाल की टीम में खिलाड़ियों की कमी के कारण भिन्न-भिन्न स्थान दे पाना संभव न हो तो खेल खेलना मुश्किल हो जाता है। इसी प्रकार की संकट स्थिति में अंडमान द्वीप के अंडमानी भी है, इनकी कुल संख्या केवल 31 है। इसके विपरीत कुछ जनजातियाँ है जिनकी जनसंख्या लाखों में है जैसे-मध्यप्रदेश, महाराष्ट्र और आंध्रप्रदेश के गोड़, राजस्थान, गुजरात और मध्यप्रदेश के भील तथा बिहार, उड़ीसा और पश्चिमी बंगाल के संथाल आदि। एक बहुत बड़ा समूह ऐसे लोगों का भी है जो इन दो तरह की जनजातियों के बीच के है जैसे गुजरात के दुब्ला, दक्षिण भारत के चेंचू, इरूला तथा उत्तर-पूर्वी भाग के बोरो-कचारी। इसके अतिरिक्त, कुछ लघु जनजातियाँ हैं नीलगिरि के टोडा और कोटा, बिहार के बिरहोर आदि। बड़े जनजातीय समूहों का फैलाव विभिन्न राज्यों में होने के कारण वे लोग विभिन्न नीतियों और कार्यक्रमों द्वारा शासित होते हैं जिसका प्रभाव उनकी सामाजिक संरचना पर पड़ता है। जैसे दक्षिण भारत की एक छोटी सी जनजाति के लोग केरल, तमिलनाडु और कर्नाटक में फैले हुए होने के कारण विकास के अलग-अलग कार्यक्रमों मलयालम, तमिल और कन्नड भाषाओं में शिक्षा प्राप्त कर रहे हैं। इससे उनके समाज पर गहरा प्रभाव पड़ता है, जैसे अपने-अपने ही राज्य तक सीमित अंत:विाह। जनजातियों की सामाजिक संरचना की व्याख्या करने में पृथक्करण और अंत:क्रिया के कारण स्पष्ट रूप से महत्त्वपूर्ण होते हैं।

अन्य समूहों से पृथक्करण एवं अंतः क्रिया

जनजातीय सामाजिक समूहों की सामाजिक रचना को समझने में पृथक्करण एवं अंत:क्रिया बहुत महत्त्वपूर्ण है। यह कहना कि जनजातियाँ सदैव सभ्यता से पृथक रही हैं, ऐतिहासिक दृष्टि से सही नहीं है। भारत में राजनीतिक, आर्थिक और पर्यावरण के कारण कुछ जनजातियों ने बड़े राज्य भी स्थापित किए थे। वैसे पृथक रहने वाले

समूह भी आर्थिक सम्बन्धों के विस्तृत जाल का एक भाग होते थे। अंत: क्रिया करने वाली जनजातियों के कुछ उदाहरण है-

(1) कर्नाटक की संग्रहण करने वाली **जेनु-करूबा** जनजाति हाथियों को पकड़ने तथा प्रशिक्षण देने में निपुण थी। अत: इस जनजाति के लोग मंदिरों और यहाँ तक कि विभिन्न राज्यों की सेनाओं के लिए हाथी उपलब्ध करवाते थे। इसी जनजाति के बहुत से लोग अपने क्षेत्र में लोगों को विभिन्न तरह की वन संपदा, उपलब्ध कराते थे और इसके बदले में अपनी आवश्यकता की वस्तुएँ प्राप्त कर लेते थे। कई सदस्य कर आदि भी देते थे और कुछ लोग क्षेत्रीय धार्मिक अनुष्ठानों में भी सम्मिलित होते थे।

(2) तमिलनाडु में नीलगिरि के **टोडा** लोग अपने इष्ट की पूजा करने कर्नाटक में नन्जनगढ़ जाते थे जो कि वहाँ से लगभग 140 किलोमीटर दूर घने जंगलों के पार स्थित था। जो लोग स्थायी कृषि करते थे उनके आस-पास के कृषकों तथा अन्य जातियों के साथ कई प्रकार के सम्बन्ध हुआ करते थे।

(3) 19 वीं शताब्दी में **मुंडा** लोग अपनी पड़ोसी जातियों के साथ सामाजिक और आर्थिक दृष्टि से बिल्कुल घुल-मिल गए थे।

घुर्ये (1943) ने भारत की जनजातियों को पिछड़े हुए हिन्दु कहा है। बोरा (1941) ने यह बताने का प्रयास किया है कि किस प्रकार हिन्दुओं ने जनजातियों का आत्मसात् कर लिया है। कुछ-कुछ जनजातियाँ ऐसी हैं जो कि विस्तृत समाज के साथ सामाजिक, आर्थिक और राजनीतिक दृष्टि से घुल-मिल चुकी है और कुछ इस प्रक्रिया के विभिन्न स्तरों पर है। इसके अतिरिक्त कुछ जनजातियाँ सेतु एवं मध्यस्थता की भूमिका निभाती हैं।

सेतु बांधने एवं मध्यस्थता की भूमिका

उत्तर-पूर्वी भारत में जनजातियों ने अपने पड़ौसी समूहों के लिए सेतु बांधने एवं मध्यस्थता की भूमिका निभाई है। कुछ जनजातियों ने दो शक्तियों पड़ोसी समूहों को अंत:क्रिया का अवसर प्रदान करने के लिए सेतु की भूमिका निभाई है। कुछ अन्य स्थितियों में इन जनजातियों ने दो शक्तिशाली समूहों को एक-दूसरे से पृथक रखा, यह उनकी मध्यस्थता की भूमिका है।

अरूणाचल के आपा तानी लोग एक विशेष प्रकार की सीढ़ीनुमा कृषि करते थे। वे तलवार चाकू बनाने एवं कपड़े बुनने के कार्यों में भी निपुण थे। इनकी पड़ोसी जनजाति डाफला इनसे चावल, तलवारें, चाकू और कपास आदि दिया करती थी।

अक्सर असंतुलित विनियम के कारण इन जनजातियों में झगड़े होते रहते थे। ऐसी जनजातियाँ बहुत कम हैं जो पूर्ण रूप से पृथक रहती हैं। जैसे अण्डमान और निकोबार द्वीप समूह के जारवा और सेंटीनेलीज। इन जनजातियों में भी ऐसा लगता है कि ये अंडमान निकोबार द्वीप समूह के मूल निवासी नहीं हैं तथा पृथक्करण बाद में हुआ है। यदि इतिहास को दीर्घ संदर्भ में देखा जाऐ तो यह पाया जाता है कि जनजातियों के लोग अपने क्षेत्र में कई प्रकार के अंत: क्रिया करते रहे हैं। उन्होंने भारतीय सभ्यता के विकास में योगदान दिया है। भारत की जनजातियों की यह स्थिति विश्व की अन्य जनजातियों से भिन्न है।

भौगोलिक वितरण लोगों को समष्टि से जुड़े रहने का बोध कराता है। प्रजातीय, भाषायी, जनसांख्यिकीय स्थिति जैसी विशेषताएँ और समूह की दूसरों के साथ अंत:क्रियाएँ उन्हें एक ऐसी अस्मिता प्रदान करती है, जिससे उनमें, अन्य समूहों से भिन्नता का एहसास होता है। इन्ही तत्वों से सामाजिक संरचना का निर्माण होता है।

आर्थिक व्यवसाय

एक समूह अपनी भौतिक आवश्यकताओं को कैसे पूर्ण करता है। इसका प्रभाव जीवन के लगभग सभी पहलुओं पर पड़ता है। कुछ विद्वान आर्थिक तत्वों को निर्धारक तत्व मानते है भौतिक आवश्यकताओं की पूर्ति के लिए संसाधनों का पता लगाना होता है और उन्हें उपयोग में लाने के साधन जुटाने पड़ते हैं। इन साधनों के सतत् उचित उपयोग तथा कम प्रयासों से अधिकतम उत्पादन प्राप्त करने के लिए सही तकनीकी और संगठन की आवश्यकता है। एकत्रित किए गए साधनों का सही नियंत्रिण और वितरण भी आवश्यक है। लोग आर्थिक संसाधनों पर अपना अधिकार स्थापित करना चाहते हैं जिससे समाजिक एवं राजनीतिक शक्ति का उदय होता है। साधनों और प्र्यावरण सम्बन्धी बाधाओं को हल करने में तकनीकी सहायक होती है। उदाहरणार्थ जो व्यक्ति पूर्ण रूप से भोजन संग्रहण पर निर्भर है, उन्हें समुद्र के किनारे रहने वालों की अपेक्षा अधिक भूमि की आवश्यकता होती है। समुद्र के किनारे रहने वालों को समुद्र से कई प्रकार की खाद्य सामग्री प्राप्त हो जाती है। इसी प्रकार, पहाड़ियों पर रहने लोग स्थायी कृषि नहीं कर सकते। उन्हें जलवायु के अनुसार खानाबदोश बनना ही पड़ता है। उन्हें भोटिया लोगों की तरह व्यापारी अथवा गूजरों की भांति चरवाहे बनना पड़ता है। ऐसे समूहों की जनसंख्या भी अधिक नहीं हो सकती है। इनकी तुलना में स्थायी कृषि करने वाले लोग अपने उपभोग से अधिक उत्पादन कर लेते हैं। ये लोग अपने अतिरिक्त उत्पादन को अन्य आवश्यकता की वस्तुओं में बदल सकते हैं तथा इससे विभिन्न कार्यकलापों में विशेषीकरण प्रारंभ होता है। अंतत:

विनिमय के कई नियम विकसित होते हैं। आर्थिक आधार पर भारतीय जनजातियों को निम्नलिखित सात श्रेणियों के विभक्त किया जा सकता है-

1. खाद्य संगहणकर्ता एवं आखेटक-प्रकृति के साथ अनुकूलन की दृष्टि से खाद्य वस्तुओं का संग्रहण, आखेट एवं जानवरों को पकड़ने का कार्य हजारों वर्षों तक चलता रहा। इसके बाद पशुपालन, कृषि एवं तत्पश्चात औद्योगीकरण का जन्म हुआ। खाद्य सामग्री का उत्पादन सीख लेने के बाद मानवीय समाज में बड़ी तीव्र गति से परिवर्तन हुए। इन परिवर्तनों की गति औद्योगीकरण के कारण और भी बढ़ गई। अब ऐसी बहुत कम जनजातियाँ है जो केवल संग्रहण और आखेट पर निर्भर हैं तथापित केरल की **चोलानाइकन** जनजाति इस प्रकार की अर्थव्यवस्था का एक विशेष उदाहण है।

2. स्थानान्तरित कृषक-इस प्रकार की कृषि में कई विशिष्ट विधियों का प्रयोग होता है। इसमें मूल रूप से किसी वन के क्षेत्र के एक भू-भाग को चुनकर वहाँ के पेड़-पौधों को काटकर और सुखाकर जला दिया जाता है तथा इसके बाद बीज बो दिया जाता है। इस प्रकार एक भूखंड एक कुछ साल कृषि कर लेने के बाद, उसे कई वर्षों के लिए छोड़ दिया जाता है। यह कृषि, भारत के उत्तर-पूर्वी भाग में काफी प्रचलति है। मेघालय के खासी लोग इस प्रकार की कृषि करते थे किन्तु आजकल वे कई अन्य व्यवसायों में भी कार्यरत हैं। बिहार, उड़ीसा और मध्यप्रदेश की कई जनजातियाँ भी झूम कृषि करती हैं किन्तु अब इनमें काफी कमी आ गई है क्योंकि वनों के प्रयोग पर प्रतिबंध बढ़ा दिए गए हैं और स्थान परिवतर्तित करने के लिए पर्याप्त भूमि नहीं है।

3. स्थायी कृषि-स्थायी कृषि अंधिकांशत देश के मध्य, पश्चिमी और दक्षिणी क्षेत्रों की जनजातियों में प्रचलित है। इनके लिए यह जीवन निर्वाह का मूल साधन है। तथापित इन जनजातियों में प्रचलित कृषि तकनीक बहुत ही सरल है। परम्परागत कृषि करने वाली जनजातियाँ, अब विस्तृत समाज के आर्थिक, सामाजिक और राजनीतिक ताने-बाने के साथ जुडती जा रही है।

4. कारीगर या दस्तकार-दस्तकारी, जैसे टोकरी बनाना औजार बनाना, कताई और बुनाई आदि पर आश्रित जनजातियाँ संख्या में बहुत कम है। ये जनजातियाँ इन व्यवसायों के साथ-साथ या तो कृषि करती हैं या पूर्णरूप से दस्तकारी पर निर्भर रहती है। इन्हें खाद्य सामग्री के लिए अपनी बनाई हुई वस्तुओं का विनिमय बाजार के माध्यम से करना पड़ता है अथवा अन्य जनजातियों से विनिमय सम्बन्ध स्थापित करने पड़ते हैं। नीलगिरि की कोटा जनजाति के कृषि उत्पादनों के लिए बडागा जनजाति

से विनिमय सम्बन्ध हैं। बिहार के बिरहोर, रस्सी बनाने का कार्य करते हैं। वे पहले खानाबदोष हुआ करते थे। इस प्रकार के समूहों की जनसंख्या कम है। समूह के सदस्य, उम्र के बड़ने के साथ-साथ दस्तकारी की कला सीख लेते हैं। दस्तकारी का कार्य परिवार के स्तर पर किया जाता है, जबकि कच्चे माल की प्राप्ति सम्पूर्ण समुदाय के स्तर पर होती है। जैसे टोकरी बनाने वाले सामूहिक रूप से बेंत इकट्ठा करने के लिए जा सकते हैं, परन्तु टोकरियाँ बनाने का कार्य परिवार के अंदर ही करते हैं।

5. पशुपालक-पशुपालक के विशेष उदाहरण नीलगिरि के टोडा तथा हिमाचल के गूजर, बकरवाल और गद्दी लोग है। यद्यपि टोडा लोगों के पास अपने स्थायी आवास होते हैं किन्तु किसी विशेष ऋतु में वे अपनी भैंसों को चराने के लिए वहाँ से चले जाते हैं। हालाकि भैंसे व्यक्तिगत सम्पत्ति होती है किन्तु उनसे सम्बन्धित कुछ कार्य तथा डेयरी आदि की देखभाल सामूहिक रूप से की जाती है। कारीगरों की तरह वे भी दुग्ध उत्पादन के बदले में कृषि सम्बन्धी उत्पादनों को विनिमय करते हैं। पहले टोडा लोगों के विनिमय सम्बन्ध बडगा लोगों के साथ होते थे।

लोक कलाकार-कुछ ऐसी जनजातियाँ हैं जो अपना जीवन निर्वाह करने के लिए साहसिक कलाबाजियों का प्रदर्शन करके तथा अपने यजमानों की सेवा करके करती हैं। इनमें से कुछ लोग खानाबदोश जीवन व्यतीत करते हैं और कुछ गांवों में रहते हैं लेकिन वे भी समय-समय पर गाँव से बाहर जाते रहते हैं। इनका भ्रमण व्यवस्थित और सुनियोजित होता है। ये भ्रमण, छोटी-छोटी इकाइयों के रूप में ही किए जाते हैं। जिनमें, घनिष्ठ रूप से सम्बन्धित, कुछ परिवार होते हैं। इनकी अर्थव्यवस्था की सबसे विशिष्ठ बात यह है कि अपने संसाधनों के लिए ये लोग अन्य मानवीय समूहों पर निर्भर रहते हैं। मध्यप्रदेश की प्रधान जनजाति के व्यक्ति, गोंड स्त्रियों के लिए दाई का कार्य करती हैं तथा उनकी लड़कियों के हाथ-पैर गोदने का कार्य करती हैं। इस प्रकार प्रधान लोग, गोंड लोगों पर निर्भर हैं। लेकिन एक प्रधान अपने यजमान के घर आना, हर्ष का अवसर होता है। इसमें प्रधान व्यक्ति की पिछली भेंट के पश्चात् जितनी भी घटनाएँ घट चुकी होती हैं उनको याद किया जाता है और बच्चों के जन्मों को पोथी में दर्ज कर लिया जाता है। प्रधान लोग गीत गाते हैं, कविता-पाठ करते हैं तथा कहानी सुनाने की कला में भी निपुण होते हैं। वे अपने हास-परिहास द्वारा यजमानों को मुग्ध कर देते हैं।

वेतनभोगी मजदूर-बीसवीं शताब्दी के प्रारंभ में कई जनजातीय क्षेत्रों का बहुत बड़ा भाग बागानों के अन्तर्गत आ गया था। जनजातीय क्षेत्रों में खनन एवं प्रोद्योगिकी का भी विकास हुआ। बहुत से जनजातीय लोगों को परम्परागत व्यवसाय

छोड़कर इन उद्यमों में वेतनभोगी मजदूरों की तरह कार्य करना पड़ा। छोटा नागपुर के जनजातीय लोगों को उत्तर-पूर्वी क्षेत्र में चाय के बागानों में कार्य करने के लिए ले जाया गया। बिहार के संथाल, कोयले की खानों में काम पर लगाए गए। यह वास्तव में एक बहुत बड़ा परिवर्तन था। जीविकोपार्जन तक सीमित आर्थिक स्थिति से वे औद्योगिक अर्थव्यवस्था में प्रविष्ट हुए जिसका उनके समाज पर गहरा प्रभाव पड़ा।

आधुनिक आर्थिक परिवर्तन-जनजातीय क्षेत्रों में परिवर्तन होते रहे हैं। इन आर्थिक परिवर्तनों को निम्न रूप से सूचीबद्ध किया जा सकता है-

1. वन सम्पदा की कमी के कारण तथा वनों का अधिक भाग संरक्षित श्रेणी में रख देने के कारण, जनजातीय लोगों का वनों पर बहुत कम नियंत्रण रह गया है। केवल उत्तर-पूर्वी भारत में कुछ वन क्षेत्र जनजातियों के नियंत्रण में है।
2. आदिवासियों की भूमि का काफी बड़ा भाग अनुभवी कृषकों के हाथ में आ चुका है तथा कुछ भाग उद्योगों और जल-विद्युत जलाशयों के लिए ले लिया गया है।
3. इस्पात संयंत्रों जैसे कई बड़े उद्योग जनजातीय क्षेत्रों में स्थापित किए गए हैं। अत: एक ओर तो ये लोग इन निर्माण योजनाओं द्वारा विस्थापित हो गए हैं और दूसरी ओर उन्हें वेतनभोगी मजदूर बनाया जा रहा है।
4. बाजार अर्थव्यवस्था के प्रवेश के फलस्वरूप जनजातीय लोग अपनी आवश्यकताओं की पूर्ति करने की बजाय बाजार में बेचने के लिए वस्तुएँ बनाने लगे हैं।
5. विकास के सभी साधन स्थायी तथा गहन कृषि को प्रोत्साहन देने के लिए बनाए गए है।

इन्ही सभी तथा अन्य कई कारणों से जनजातीय लोग व्यापक अर्थव्यवस्था का भाग बन गए हैं। अब वे, वस्तुओं का उत्पादन, केवल अपनी खपत के लिए ही नहीं बल्कि बाजार में बेचने के लिए भी करते हैं। इस प्रक्रिया में उनकी परम्परागत कुशलताएँ, तकनीकी और श्रम व्यवस्था निरर्थक हो गई हैं। अब उन्हें नई कुशलताएँ सीखनी होंगी, नई तकनीकी अर्जित करनी होगी तथा उत्पादन के लिए, पूंजी की आवश्यकता होगी। अब जनजातीय लोग स्वावलम्बी नहीं रहे हैं। इन सबके लिए आर्थिक गतिविधियों की नई व्यवस्था की आवश्यकता है।

सामाजिक संरचना के आंतरिक लक्षण

सभी मानव समूहों में अपने आप को दूसरों से पृथक करने की प्रवृत्ति पाई जाती है, इसी से हर समूह के चारों ओर एक काल्पनिक सीमा रेखा सी खिंच जाती है। इससे हर समूह की पहचान बनती है। समूह का नाम, स्थान क्षेत्र जिसमें कि समूह के लोग निवास करते हैं, उसके प्रजातीय एवं भाषाई लक्षण, प्रथाएँ एवं विश्वास हर समूह की पहचान बन जाती है। विकसित होने की प्रक्रिया में इन समूहों में पाए जाने वाले लोगों की प्रस्थितियाँ, भूमिकाएँ अधिका एवं कर्त्तव्य निर्धारित हो जाते हैं।

समस्त मानव समाजों में परिवार एक मूलभूत इकाई है। भले ही इसकी प्रकृति विभिन्न स्थानों में अलग-अलग हो। परिवार के निर्माण में सबसे महत्त्वपूर्ण बात है, दो विषमलिंगियों का आपस में विवाह करना। विवाह वह प्रस्थान बिंदु है जहाँ हम उत्पादित सम्पत्ति (भूमि, पशु एवं सम्पत्ति पर किसका अधिकार होगा) वे पुनर्वितरण की स्थिति का सामना करते हैं। साथ ही पुनरूत्पादन वह व्यक्ति जिसके साथ विवाह होना संभव है, एवं वह जिसके साथ विवाह का निषेध है। के नियमों के अनुसार पति और पत्नी, पति के घर जाए जहाँ पर पति उसकी यौन सम्बन्धी एवं आर्थिक सेवाओं को असीमित रूप से ग्रहण करने का अधिकारी हो। परिवार की यह अवस्था विवाह के साथ प्रारंभ होती है, और बच्चों के जन्म के साथ और विस्तृत हो जाती है। परिवार के इस विस्तार का छिन्न-भिन्न होना सबसे बड़े बच्चे के विवाह से प्रारंभ होता है और सबसे छोट बच्चे के विवाह के साथ पूरा हो जाता है। परिवार के उत्तराधिकारी द्वारा अपनी जिम्मेदारियों को ग्रहण करने के साथ मौजूदा परिवार की समापन अवस्था प्रारंभ होती है, और माता-पिता की मृत्यु के साथ एक परिवार का अंत तथा नये परिवार का जन्म होता है। इस तरह परिवार का बढना व फिर छिन्न-भिन्न होना पीढ़ी दर पीढ़ी चलता रहता है। यह अनवरत चलने वाली प्रक्रिया है। बदलाव की इस प्रक्रिया में समूह के सदस्य सामर्थ्यों एवं मूल्यों को उत्पन्न करते हैं। बड़े होने की प्रक्रिया में परिवार की नई पीढ़ी के सदस्य कई बार विद्रोह कर देते हैं और मौजूदा व्यवस्थाओं में परिवर्तन करने की मांग करते हैं। इससे परिवार में भिन्न पीढ़ियों के सदस्यों के मध्य मन मुटाव भी पैदा हो जाता है। यह संघर्ष की स्थिति सामाजिक संरचना में परिवर्तन भी ला सकती है। इस प्रकार समाजिक संरचना में गतिशीलता की संकल्पना निहित होती है।

परिवार की रचना ही इस बात को भी इंगित करता है कि परिवार में किस नातेदार को क्या प्रस्थिति मिलेगी, और किस प्रकार की भूमिकाएँ प्रदान की जाएंगी और यह भी कि औरों की उस व्यक्ति से साधारणतः क्या आकांक्षाएँ होती है। उदाहरण

के लिए, कई समाजों में पिता के भाई को जो उत्तरदायित्व सौपें जाते हैं, वे माता के भाई से भिन्न होते हैं। सामान्यत: अधिकांश समाजों में समरक्त एवं विवाहजनित या विवाह से उत्पन्न नातेदारों में पृथकता मानी जाती है। यह पृथक्करण लिंग, आयु एवं पीढ़ियों पर भी आधारित होता है। इसमें कुद नाते या रिश्तेदार उस श्रेणी में आते हैं, जिनसे यौन सम्बन्ध स्थापित नहीं हो सकते हैं। इन नियमों का उल्लंघन करना कौटुम्बिक व्यभिचार माना जाता है। दूसरी और कुछ ऐसे भी रिश्तेदार है जिनके साथ विवाह सम्बन्धों एवं बातचीत तक भी निषिद्ध होती है, यहाँ तक कि वे आपस में एक-दूसरे को देख तक नहीं सकते हैं। ये सम्बन्ध इस प्रकार के होते हैं। दूसरी और कुछ इस प्रकार के रिश्तेदार होते हैं जिनके साथ हंसी-मजाक और निकटता के सम्बन्ध होते हैं। कई समुदायों में देवर-भाभी एवं जीजा-साली के सम्बन्ध इसी प्रकार के होते हैं।

परिवार की परिवृद्धि के साथ आर्थिक, राजनैतिक और आनुष्ठानिक अधिकार भी जुड़े होते है। प्रत्येक नई पीढ़ी के सदस्य जब वयस्क होते हैं, तो उन्हें यह अधिकार मिलता है कि वे उत्पादन के साधनों का अपनी इच्छानुसार प्रयोग अथवा विकल्पित उपयोग कर सकें। परिवार की संरचना में ऐसा अन्तर्निहित संघर्ष मौजूद रहता है और बच्चे जैसे-जैसे बड़े होते हैं ये तनाव स्पष्ट होने लगते हैं। विभिन्न समुदायों में इन तनावों द्वारा उत्पन्न शक्ति को विभिन्न प्रकारों से नई दिशा दी जाती है या नियंत्रित किया जाता है या दबा दिया जाता है। इसका आवश्यक लक्षण यह है कि परिवार के घटने बढ़न के चक्र के साथ-साथ इस शक्ति का घटना और बढ़ना चलता रहता है।

खाद्य पदार्थ संकलनकर्ता और शिकारी- चोलनाइकन जनजाति

आज के समय में संसार में बहुत कम लोग ऐसे समुदाय के हैं जो कि मात्र खाद्य पदार्थों के संकलन और शिकार में अपना निर्वाह कर सकें। ऐसे लोगों को कृषि का कोई ज्ञान नहीं होता, न ही वे पशुपालन करते हैं, सामान्यत: वे खाद्य पदार्थों को विनिमय द्वारा, व्यापार द्वारा या सेवा द्वारा प्राप्त करना भी नहीं जानते हैं। अत: ऐसे लोग अपने द्वारा खोजे तरीकों से ही जीवन यापन करते हैं। वे प्रकृति के उदात्त वातावरण में ही निवास करते हैं। केरल के मालापुरम जिले के एरनाड तालुका की नीलाम्बर घाटी में बसने वाले चोलनाइन आदिवासियों का ऐसा ही दुर्लभ एक समूह है।

आवास-चोलनाइकन जिस घाटी में निवास करते हैं, उसकी ऊँचाई समुद्रतल से 400 फुट ऊपर है। वहाँ वर्षा बहुत अधिक होती है जो कि 200 से.मी. से 400 से.मी. तक है। घाटी हरे-भरे सुरक्षित जंगल से घिरी हुई है। उरागें नदी और झरनों की भरमार है। चोलनाइकन मुख्यत: नदियों के किनारों पर अथवा गुफाओं के रहते हैं। बरसात के मौसम में वे नदी के किनारे से दूर चले जाते हैं।

नदियों से वे पानी और मछलियाँ प्राप्त करते हैं। नदियाँ उन्हें जंगली जानवरों से सुरक्षित रहने में मदद करती हैं और ये ही दूसरे चोलनाइकन से उन्हें अलग करने वाली सीमा रेखाएँ भी है।

समूहीकरण-इस घाटी में रहने वाले चोलनाइकन दस दलों में विभाजित हैं। प्रत्येक दल की पहचान उस क्षेत्र से होती है जिसमें दल के सदस्य अपने जीवन निर्वाह के लिए विचरण करते हैं। चोलनाइकनों का इलाका या क्षेत्र **त्सन्मन** के नाम से जाना जाता है। हर **त्सन्मन** की सीमा का निर्धारण पहाड़ों, नदियों, पेड़ों, चट्टानों इत्यादि के आधार पर होता है। कोई भी चोलनाइकन किसी भी वन सम्पदा के उपकरणों के संरचना के लिए दूसरों की सीमा में प्रवेश नहीं करता है। इनका ऐसा विचार है कि अनजाने में या जान बूझकर इस नियम का अतिक्रमण करने पर उस क्षेत्र की रक्षा करने वाली आत्मा अपराधी को यथोचित दण्ड देगी। हाँ चोलनाइकन अपने पड़ोसी क्षेत्र में पारस्परिक समझौते के आधार पर या मेहमान के रूप में जा सकते हैं। जब वे मेहमान के रूप में दूसरे क्षेत्र में जाते हैं, जब वे खाद्य पदार्थों का संकलन एवं शिकार कर सकते हैं, और वे जिस परिवार में मिलने जाते हैं वे भी उसे विभिन्न वस्तुएँ प्रदान करते हैं। जब वापस आते हैं तो उन्हें उपहार के तौर पर खाद्य पदार्थ दिए जाते हैं। इस प्रकार की मुलाकात और उपहार न केवल पारस्परिक सम्बन्धों को मजबूत करते हैं अपितु किसी भी क्षेत्र में संसाधनों की कमी होने पर वहाँ के लोगों को इनके सहारे जीने की अस्थाई सुविधा मिल जाती है। यदि कोई व्यक्ति अपाहिज हो जाए तो उसे भी बहुत मदद मिलती है। एवं त्सन्मन में दो या दो से अधिक परिवार होते हैं जो एक दूसरे से नातेदारी के सम्बन्धों में जुड़े होते हैं। पत्नियाँ, पति के क्षेत्र में घूम सकती हैं। इस तरह एक क्षेत्र की सीमा में वे लोग रहते हैं जो पिता के पक्ष से नातेदारी के सम्बन्धों में जुड़े होते हैं। एक क्षेत्र के साधनों और गुफाओं इत्यादि का उपयोग त्सन्मन के सदस्य साझेदारी से करते हैं। साथ में वे अपने बाहुल्य वाले परन्तु कठोर वातावरण से उपजे भाँति-भाँति के दबावों और तनावों में भी साझेदारी करते हैं। प्रत्येक त्सन्मन का एक मुखिया होता है जिसे **त्सन्मक्कारण** कहते हैं।

चोलनाइकन दल खाद्य पदार्थों के संकलन के लिए, शिकार के लिए, मछली पकड़ने के लिए और अन्य वन्य उत्पादनों के लिए संग्रह के लिए अपने ही क्षेत्र में एक स्थान से दूसरे स्थान पर जाते रहते हैं। वे अपने आप को सुरक्षित करने के लिए, जंगली जानवरों से अपना बचाव करने के लिए, अच्छे आश्रय एवं गुफाएँ खोजने के लिए आने समूह के और दूसरे समूह के सदस्यों से सामाजिक सम्पर्क बनाने के लिए भी घूमते रहते हैं। भोजन संकलन करने की गतिविधियाँ वर्षभर चलती रहती हैं लेकिन यह मौसम के अनुसार अलग-अलग ढंग से की जाती है।

विवाह एवं परिवार-इस समुदाय में विवाह पूर्व यौन सम्बन्ध मान्य है। किन्तु ये सम्बन्ध एक ही क्षेत्र के व्यक्ति के साथ निषिद्ध हैं। विवाह के लिए कोई प्रकट वैवाहिक रीति-रिवाज नहीं होते हैं, लेकिन जब कोई युगल साथ-साथ रहने लगता हैं, उनमें यौन सम्बन्ध होते हैं, और समुदाय को इस पर कोई आपत्ति नहीं होती तो उन्हें पति-पत्नी की मान्यता दे दी जाती है। वे परिवार का निर्माण करते हैं, और सन्तानोपत्ति करते हैं। सामान्यत: इस प्रकार के विवाह पड़ोसी क्षेत्रों के सदस्यों के बीच होते हैं, लेकिन इस बात की सावधानी बरती जाती है कि वह रिश्तेदार ऐसा हो जिसके साथ यौन सम्बन्ध निषिद्ध है। यद्यपि चोलनाइकन समाज में पुरुष की प्रस्थिति से उच्च है, विवाह के लिए स्त्री की सहमति आवश्यक होती है। अगर वह इच्छुक होती है, तो वह प्रणय निवेदन के लिए दिए गए उपहारों को ग्रहण कर अपनी सहमति जता देती है। साथ ही उस पुरुष के क्षेत्र में जाने लगती है। जब स्त्री-पुरुष वापस अपने कैम्प में आकर दूसरे लोगों के साथ रहने लगते हैं तो समझा जाता है कि समुदाय ने उन्हें विवाह की मान्यता दे दी है। इसी समय दोनों अन्य सदस्यों के साथ खाद्य पदार्थ एवं उपहारों का आदान-प्रदान भी करना शुरू कर देते हैं। अगर इस विवाह के प्रति कोई आपत्ति होती है, तो लड़की पुरुष से असंतुष्ट होती है तो वह उस वस्तु को जो कि उसने उपहार में प्राप्त की थी वापस कर देती है, और विवाह-बंधन टूटा हुआ मान लिया जाता है। ऐसे स्त्री-पुरुष अपना जोड़ा फिर से चुनने के लिए स्वतंत्र होते हैं। चोलनाइकन एकल विवाह के नियम को मानते हैं। इनके यहाँ माता के भाई की पुत्री से विवाह को वरीयता दी जाती है। इस समाज में विधवा पुनर्विवाह को प्रोत्साहन दिया जाता है। जब एक कैम्प में रहने वाला जोड़ा एक साथ रहते हुए अपना चूल्हा अलग करता है तब समझा जाता है कि नया परिवार शुरू हो रहा है। यह इकाई प्रजनन, सृजन एवं बच्चों के समाजीकरण की इकाई होती है। अन्य परिवारों की तरह एक इकाई भी कन्द-मूल एकत्र करती है, शिकार करती है, मछली पकड़ती है और अन्य छोटी-मोटी वन सम्पदा एकत्र करती है, जिसका वह कैम्प के अन्य सदस्यों के साथ उपभोग करती है। परिवार में कार्य का विभाजन स्पष्ट है। पुरुष एवं स्त्रियाँ खाद्य सामग्री और छोटे-मोटे वन उत्पादन का संकलन करते हैं। पुरुष शिकार करते हैं। वे टोकरी और छोटे-मोटे औजार भी बनाते हैं। लेकिन पानी भरना, जलाने की लकड़ी एकत्र करना, खाना पकाना और शिशुओं की देखभाल करना स्त्रियों का कार्य है। समस्त विनिमय एवं धार्मिक अनुष्ठान भी पुरुषों द्वारा किए जाते हैं।

साझेदारी-चोलनाइकन समाज में खाद्य सामग्री को आपस में बांटना एक ऐसी महत्त्वपूर्ण प्रणाली है जिससे कैम्प के सदस्यों के मध्य एकता झलकती है, और समूह के सारे सम्बन्ध सशक्त बनते हैं। इसके माध्यम से चोलनाइकन समुदाय के

लोग परस्पर जुड़ते हैं। हर चोलनाइकन परिवार द्वारा संकलित सामग्री तथा शिकार का एक हिस्सा कैम्प के प्रत्येक परिवार को दिया जाता है। संकलन के बाद लौटाने पर शाम को जब खाना पकाया जाता है तो खाने का बराबर हिस्सा कैम्प के प्रत्येक परिवार में बांटा जाता है। इस प्रकार कैम्प के सारे परिवारों के बीच पके खाने का बहुविद्य आदान-प्रदान होता है। यह सिलसिलेवार चलने वाला नित्यकर्म है। यह कच्चे और पक्के खाने का पारस्परिक विनिमय तब तक चलता है जब तक की कैम्प के परिवारों की संख्या चार या पांच से अधिक नहीं हो जाती। अगर यह संख्या बढ़ती है तो नया कैम्प बनाया जाता है। गुत्री के पति या दामाद को यह अधिकार होता है कि वह अपने ससुर के क्षेत्र से खाना ले जाए।

❑❑❑

11

कमजोर वर्ग दलित और अल्पसंख्यक

भारतीय संविधान में आरक्षण का प्रावधान ऐसा मुद्दा है जो हमारे देश की राजनीति और देशवासियों के हितों पर छाया हुआ है। भारत की संसद या विधान सभाओं में सामाजिक विषयों पर होने वाले प्रत्येक महत्वपूर्ण निर्णय आरक्षण के हितों को ध्यान में रखकर किये जाते हैं। आरक्षण के परिणामस्वरूप अनेक व्यक्ति संसद, विधान सभाओं एवं जन प्रतिनिधि संस्थाओं में देश के भाग्यविधाता बनकर बैठे हुए हैं। आरक्षण की व्यवस्था स्वतन्त्रता प्राप्ति के बाद भारत के संविधान के अनुच्छेद 15, 16 व 45 में विशेष उल्लेख के द्वारा की गई थी। अनुच्छेद 15 में धर्म, जाति और लिंग के आधार पर भेदभाव निषेध किया गया था लेकिन अनुच्छेद 15 के ही भाग-4 के अनुसार राज्य की सामाजिक और शैक्षणिक रूप से पिछड़े वर्ग की जाति के लिए किसी विशेष प्रावधान की बात की गई थी पर यहाँ पर भी आरक्षण शब्द का उल्लेख नहीं किया गया। अनुच्छेद 16 के अनुसार सरकारी नौकरियों में सबको समान अवसर प्रदान करना था परन्तु अनुच्छेद 16 (4) के अनुसार केन्द्र एवं राज्य सरकार की नौकरियों में उचित प्रतिनिधित्व नहीं पाने वाले पिछड़े वर्ग के लोगों के लिए पद आरक्षित करने का उल्लेख किया गया। अनुच्छेद 46 में कमजोर वर्ग के लोगों के शैक्षणिक और आर्थिक हितों की अभिवृद्धि के लिए विशेष ध्यान देने का जिक्र किया गया। इसी तरह अनुच्छेद 335 में अनुसूचित जाति एवं अनुसूचित जन

जाति के लोगों के दावे को उनकी प्रशासनिक कार्यक्षमता को ध्यान में रखते हुए उस पर ध्यान देने की व्यवस्था की गई थी। भारतीय संविधान की उपर्युक्त धाराओं के सामान्य अवलोकन से पता चलता है कि आरक्षण शब्द का उल्लेख कहीं पर भी खुलकर नहीं किया गया था।[2] इसके साथ यह भी ध्यान देने की बात है कि केवल अस्थायी तौर पर उनकी योग्यता को ध्यान में रखते हुए उनके लिए विशेष प्रावधान करने की बात कही गई थी। लेकिन जिस तरह जम्मू कश्मीर के लिए धारा 370 अस्थायी तौर पर बनाई गई थी और आज हमारे संविधान का स्थायी हिस्सा बन चुकी है उसी प्रकार आरक्षण वह धारा की व्यवस्था भी अस्थायी थी जो अब स्थायी रूप धारण कर चुकी है।

राजस्थान के भूतपूर्व राज्यपाल श्री बलिराम भगत ने अपने एक भाषण में कहा था कि गाँधीजी की तपस्या और डॉ. अम्बेडकर के अथक प्रयास का परिणाम आरक्षण व्यवस्था है। जब भारतीय राजनीतिक क्षितिज पर महात्मा गाँधी अवतीर्ण हुए तब उन्होंने जन आन्दोलन को स्वतन्त्रता प्राप्ति का माध्यम बनाकर इण्डियन नेशनल कांग्रेस के आन्दालन को संचालित किया था। उसी समय गाँधीजी ने दलित वर्ग को साथ लेने की बात कही थी। गाँधीजी हमारे देश के ऐसे नेता थे जिन्होंने अपनी कथनी और करनी में कभी अन्तर नहीं किया। डॉ. भीमराव अम्बेडकर उस समय रिपब्लिकन पार्टी ऑफ इण्डिया का गठन कर चुके थे। पूना समझौते के पश्चात् गाँधीजी और डॉ. अम्बेडकर के सम्पर्क के पश्चात् आरक्षण की समस्या महत्वपूर्ण बन गई। मेरे इस अनुसन्धान का मूल ध्येय भारत के अनुसूचित जाति एवं जन जाति के लोगों के लिए संवैधानिक आरक्षण के प्रावधान और उसके क्रियान्वयन की तुलना संयुक्त राज्य अमेरिका के नीग्रो जाति के लोगों की स्थिति से करना है। अतएव मैंने ऐसे समय में इस विषय पर शोध करने का निर्णय लिया जब देश में आरक्षण के पक्ष और विपक्ष में चर्चाएँ वेग पर हैं। कतिपय मध्यम वर्गीय विचारधारा के लोग ये भी चाहते हैं कि आरक्षण की समीक्षा की जाये क्योंकि इसे संविधान के निर्माताओं ने 10 वर्ष के लिए अस्थायी तौर पर जोड़ा था। अतएव भारत सरकार के पूर्व विधि मन्त्री श्री राम जेठमलानी ने संसद में आरक्षण की अवधि बढ़ाने के समय वाद-विवाद में भाग लेना चाहा। उनका दृष्टिकोण था कि भारतीय संविधान की 50 वर्ष के दीर्घ अन्तराल के पश्चात् समीक्षा की जानी चाहिए। लेकिन उस समय हमारे देश के प्रधानमन्त्री श्री अटल बिहारी वाजपेयी ने संसद और उसके बाहर जोर देकर कहा था कि "आरक्षण खत्म करने का सरकार का इरादा नहीं है। आरक्षण नीति यथावत् जारी रहेगी और "जब तक सामाजिक असमानता रहेगी आरक्षण जारी रहेगा" माननीय प्रधानमन्त्री के इस बयान पर और जेठमलानी की आरक्षण पर टिप्पणी के कारण लोकसभा और राज्यसभा में

विपक्ष उत्तेजित हो गया। लेकिन सरकार का बहुमत होने के कारण आरक्षण का प्रावधान 10 वर्षों के लिए और बढ़ा दिया गया।

महत्वपूर्ण प्रश्न यह है कि दलितों की पहचान किस प्रकार की जाय और उनके उत्थान के लिए किस प्रकार के संवैधानिक कार्यक्रम अपनाए जाएँ?[3] ऐतिहासिक दृष्टि से यह सही है कि शताब्दियों के शोषण के बाद भारतीय स्वतन्त्रता की प्राप्ति के पश्चात् दलित वर्ग का यह स्वप्न बना था कि उनको शासन व्यवस्था में महत्व दिया जाये। उन लोगों का यह स्वप्न केवल कल्पना नहीं था क्योंकि संसदीय शासन व्यवस्था में राजनीतिक हित किसी भी प्रकार की सामाजिक परिवर्तन की आवश्यक शर्त होती है। राजनीतिक शक्ति ही वह सार्थक उपाय है जो मनुष्य को शोषण और असमानता के दल-दल से उबार सकता है। भारत में तो 1947 से पहले लगभग 1200 वर्ष तक मुसलमानों और अंग्रेजों का शासन रहा और इस्लामी राज्य की स्थापना से पूर्व भी हमारा समाज वर्ण व्यवस्था के परिणामस्वरूप जातिगत बंधनों में इतना अधिक जकड़ गया था कि छुआछूत, शोषण और भेदभावपूर्ण व्यवहार ने समाज के चतुर्थ वर्ग को पंचम वर्ग में परिवर्तित कर दिया था। परन्तु स्वतन्त्रता प्राप्ति के समय इस पिछड़े वर्ग की जनसंख्या 20 प्रतिशत से अधिक नहीं थी। समाज के अन्य जातियों और वर्गों के समान पिछड़े वर्ग के लोग भी गरीबी की रेखा के नीचे जीवन निर्वाह कर रहे थे। ऐसी परिस्थिति में दलित वर्ग को संविधान में जो अस्थायी तौर पर आरक्षण प्रदान किया गया था, वह हमारे देश की राजनीति में महत्वपूर्ण मुद्दा बन गया है।

आरक्षण के मुद्दे के साथ भी जुड़ा हुआ है स्वतन्त्र भारत का प्रथम दलित एक्ट 1955 (अस्पृश्यता निवारण अधिनियम)। संविधान के अनुच्छेद 17 में यह प्रावधान किया गया था कि कोई व्यक्ति अस्पृश्यता कानून में वर्णित कुचक्र / षडयन्त्र में शामिल होता है तो ऐसा व्यक्ति दंड का भागीदार होगा और उसे वही सजा दी जाएगी जो मूल अपराधी के लिए कानून में निर्धारित है। एक हरिजन के द्वारा उच्च जाति के ठाकुर को पानी देने पर पंचायत के सदस्यों के द्वारा उसके साथ दुर्व्यवहार किया गया था और उस समय पंचायत के सदस्यों ने उसे अस्पृश्यता का अपराधी मानकर 1967 के कानून की धारा 10 के अनुसार दण्डित किया था। कालान्तर में इस अधिनियम में 1976 में संशोधन किया गया। उस समय इसको सिविल अधिकार संरक्षण अधिनियम का नाम दिया गया था। हरिजन अधिनियम यानि अनुसूचित जाति, जनजाति अत्याचार निवारण अधिनियम को 1989 में सरकार ने और कठोर कर दिया। उस समय देश के प्रभुत्व वर्ग ने इसकी आलोचना भी की थी। तत्कालीन प्रधानमन्त्री श्री विश्वनाथ प्रताप सिंह ने उस समय मण्डल आयोग की रिपोर्ट को स्वीकार किया था। मण्डल आयोग के विरोध में छात्रों ने आत्मदाह के प्रयास भी किये और हिन्दू

समाज के मतों के बिखराव को रोकने के लिए हमारे देश के वर्तमान गृहमन्त्री श्री लालकृष्ण आडवानी ने देशव्यापी यात्रा भी की थी। फिर भी यह अधिनियम लागू हुआ जिसे आज लगभग 11 वर्ष का समय हो चुका है। अधिकांश हिन्दू नेताओं के अनुसार इस अधिनियम का सर्वाधिक दुरुपयोग उत्तरप्रदेश में उस समय हुआ था जब सुश्री मायावती वहाँ की मुख्यमन्त्री थी। उनकी सरकार के पतन के पश्चात जब श्री मुलायमसिंह यादव के नेतृत्व में समाजवादी दल की सरकार का गठन हुआ तो उस समय अखिल भारतीय कांग्रेस कमेटी के तत्कालीन उपाध्यक्ष श्री जितेन्द्र प्रसाद ने माँग की थी कि हरिजन एक्ट के दुरुपयोग की जाँच हो। लेकिन ऐसा संभव नहीं हो सका। क्योंकि उत्तर प्रदेश के मुख्यमन्त्री मुलायमसिंह जी की सरकार को बसपा का समर्थन प्राप्त था तथा उनके उत्तराधिकारी श्री कल्याण सिंह के काम करने के तरीके से माननीय वाजपेयी जी नाराज थे। इससे यह स्पष्ट हो जाता है कि भारत में दलितों के उत्थान को रोकने के लिए हरिजन एक्ट पारित किया गया था[4] क्योंकि कल्याणसिंह को बहुजन समाज पार्टी का समर्थन प्राप्त था अतएव हरिजन एक्ट के दुरूपयोग के सम्बन्ध में केवल मांग ही की गई और प्रदेश के ही पूर्व राज्यपाल श्री मोतीलाल बोहरा से हरिजन एक्ट के दुरूपयोग को रोकने के लिए जो कदम उठाए जा रहे थे उनको उचित भी ठहराया था। उनका कहना था कि टाडा गैंगस्टर और नारकोटिक्स अधिनियम जैसे कानूनों के दुरुपयोग पर अंकुश लगाए जाने के लिए इस प्रकार के कदम क्यों नहीं उठाये गये थे? उनका कहना था कि नीति निर्धारित करना मुख्यमन्त्री का कार्य है और इसलिए मुलायम सिंह जी के द्वारा इस प्रश्न पर विरोध प्रकट करना उचित नहीं है क्योंकि जब वे मुख्यमन्त्री थे तो उन्हें भी बहुजन समाज दल का समर्थन प्राप्त था। जिन्हें दलित मानकर पुनः आरक्षण देने का प्रावधान किया गया था वह तबका हिन्दू धर्म की ही देन है। आरक्षण सम्बन्धी प्रावधान तो 1950 में लागू किया गया था लेकिन इस वर्ग के लोग शताब्दियों से कुछ पदों पर आरूढ़ बने रहे हैं। वाल्मीकि जाति से सफाईकर्मी थे। लेकिन उन्होंने रामायण जैसे पवित्र ग्रंथ की रचना करके यह सिद्ध कर दिया था कि प्राचीन भारत में भी दलितों को पृथक नहीं रखा जाता था। हिन्दू धर्म के लोग दलितों को समय-समय पर सहायता देते रहे। त्यौहार के अवसर पर और ग्रहण के समय इन्हीं लोगों को दान-दक्षिणा दी जाती थी। इन लोगों को कुछ समय तक अपनी स्थिति के सम्बन्ध में इतना आभास नहीं हुआ था जैसा गत अर्द्ध शताब्दी में संवैधानिक प्रावधानों के कारण हो रहा है।

आरक्षण

आरक्षण के मुद्दे का औचित्य क्या है? क्या इसे संशोधनों के पश्चात् जारी रखा जाय? इस आरक्षण के मुद्दे ने जनता दल को कमजोर किया। यह विचार हमारे

देश के विमानन मन्त्री श्री शरद यादव ने जयपुर में अपने एक भाषण में दिनांक 20.10.1997 के दिन कहे थे। आरक्षण के मुद्दे को समाप्त नहीं किया जा सकता क्योंकि यह हमारे देश की राजनीति में वोट बैंक का स्वरूप धारण कर चुका है। लेकिन इस पर पुनर्विचार करके इस प्रावधान में संशोधन की आवश्यकता को देश की एकरूपता को बनाए रखने के लिए उठाया जा रहा है। आरक्षण के मुद्दे को लेकर जातीय बंधन इतना अधिक कठोर हो गया है कि आज देश की सामाजिक और राजनीतिक व्यवस्था में जातीय कट्टरता बुरी तरह छा गई है।

आरक्षण के विषय में विरोधी विचार मीडिया के माध्यम से प्रकट किया गया है। आरक्षण के औचित्य को सिद्ध करने का प्रयास कई पाठकों ने अपने सम्पादक के नाम पत्रों के माध्यम से किया है। इन सभी का तर्क है कि जातीय आधार पर भारतीय संविधान में आरक्षण के प्रावधान को अस्थायी तौर पर लागू करके स्वतन्त्र भारत के संविधान निर्माताओं ने राजनीतिज्ञों के हाथ में एक ऐसा हथियार सौंप दिया है जिसका प्रयोग वे लोग आम चुनावों से पूर्व और चुनाव के दौरान करते हैं। साथ ही लोगों का यह भी कहना है कि जिस वर्ण व्यवस्था और जातीय व्यवस्था से त्रसित पिछड़े वर्ग के लोगों को सामाजिक और आर्थिक न्याय प्रदान करवाने का लक्ष्य डॉ. भीमराव अम्बेडकर तथा संविधान सभा के माननीय सदस्यों का था वह इस व्यवस्था को स्थायित्व प्रदान करके विगत अर्द्ध शताब्दी में गौण कर दिया गया है। यहाँ पर यह कहना गलत नहीं होगा कि पहले परम्परागत जातियाँ थीं लेकिन आज ऐसी कई जातियाँ अवतीर्ण हो गई हैं जो शिक्षण प्रणाली में आरक्षण प्राप्त करके इंजीनियर, डॉक्टर, तकनीशियन इत्यादि पदों पर आरूढ़ हैं। इन लोगों ने समाज में एक ऐसे वर्ग को उत्पन्न कर दिया है जिसके नवयुवक आत्मविश्वास खोकर आरक्षण की बैसाखी के सहारे सरकारी नौकरी और उसमें भी उच्च पद प्राप्त कर लेते हैं। आरक्षण के लागू होने से पहले 7 प्रतिशत पिछड़ी जाति के लोग आई.ए.एस./आई.पी.एस. के पदों पर आसीन थे लेकिन आज उनका प्रतिशत जनसंख्या के अनुपात में 14 प्रतिशत तक पहुँच चुका है। आरक्षण लागू करते समय यह स्पष्ट कर दिया गया था कि योग्यता को प्रभावित किये बगैर जाति, लिंग इत्यादि के आधार पर समान अधिकार दिया जा रहा है। संविधान में यह अधिकार भारत के सभी नागरिकों को प्रदान किया है लेकिन अब यह अधिकार केवल सीमित प्रतिशत तक ही संकुचित होकर रह गया है। राजस्थान उच्च न्यायालय ने इस सम्बन्ध में अपने महत्वपूर्ण निर्णय में कहा था कि आरक्षण का लाभ प्राप्त करने के बाद वर्ग विशेष और उसके आश्रित उत्तरोत्तर उन्नति करते जाते हैं। उनकी आर्थिक स्थिति में भी सुधार होता है। ऐसे व्यक्तियों को यदि पदोन्नति के समय सर्विस के दौरान दुबारा आरक्षण का लाभ दिया जाता है तो वे समाज में

असमानता उत्पन्न करने के साथ-साथ सामाजिक एकरूपता को प्रभावित करते हैं और पारस्परिक विद्वेष की भावना को जन्म देते हैं। आरक्षण के प्रावधानों में 1989 में तत्कालीन प्रधानमन्त्री श्री विश्वनाथ प्रतापसिंह ने संशोधन करके अन्य पिछड़ी जातियों को भी अनुसूचित जातियों और जन जातियों के समान आरक्षण प्रदान कर दिया था। श्री सिंह के द्वारा मण्डल आयोग की रिपोर्ट को स्वीकार कर लेने के कारण उन्हें जिस विरोध का सामना करना पड़ा उससे सामाजिक समरसता, संगठन एवं भाईचारे की भावना को आघात पहुँचा था। लेकिन दलितों को मेरी राय में आरक्षण आवश्यक है। जो लोग आरक्षण का विरोध करते हैं उन लोगों का अधिकांश तर्क मूलतः दो बिन्दुओं पर आधारित है (1) आरक्षण व्यवस्था की समीक्षा की जाये। (2) आरक्षण जातीय आधार पर होने के साथ-साथ आर्थिक आधार पर होना चाहिए। इन लोगों ने अपने कथन के समर्थन में जो तर्क दिये हैं वे अतिशयोक्तिपूर्ण हो सकते हैं। लेकिन यह निर्विवाद रूप से ऐतिहासिक सत्य है कि आरक्षण व्यवस्था से कुछ तो लाभ हुआ है। यद्यपि आरक्षण के खिलाफ समाज के एक वर्ग का हाथ उठा हुआ है। आरक्षण के विरोध में यह कहा जाता है कि इस व्यवस्था ने राजनीतिक दलों के लिए वोट प्राप्त करने का हथियार हासिल कर लिया है।

इसलिए इन लोगों का मानना है कि आरक्षण की समीक्षा होनी चाहिए। आरक्षण का विष समाज में फैलता जा रहा है। यह आरक्षण व्यवस्था हमारे देश को कहाँ ले जाएगी इसकी भी प्रबुद्ध देशवासियों को चिन्ता है। उन लोगों का कहना है कि जब आरक्षण का लाभ दलितों को नहीं मिल रहा है तो फिर इस व्यवस्था की समीक्षा करके उसमें संशोधन क्यों नहीं किया जाता? ये सब तर्क उन लोगों के द्वारा मीडिया के माध्यम से प्रस्तुत किये गये हैं जो दूर-दराज के रहने वाले हैं परन्तु राजनीति में रूचि रखते हैं और अपनी व्यक्तिगत भावनाओं को दूसरों तक पहुँचाना चाहते है।

आरक्षण का दूसरा पक्ष उन लोगों के द्वारा सोदाहरण प्रस्तुत किया जाता है जो अर्द्ध शताब्दी से इस व्यवस्था का लाभ उठा रहे हैं। उन लोगों के द्वारा भी यह विचार प्रकट किये गये हैं कि दलित अधिनियम का दुरुपयोग किया गया। दलितों की सही मायनों में पहचान नहीं करके उनके उत्थान का मार्ग प्रशस्त नहीं किया गया। समाचार पत्रों में हमें पढ़ने को मिलता है कि पद दलित जाति की बालिग और नाबालिग बालिकाओं के साथ बलात्कार होते रहते हैं। प्रसव के दौरान उनकी स्त्रियों की पूर्ण रूप से देखभाल नहीं की जाती, जिसकी वजह से मौत तक हो जाती है। बिहार और तमिलनाडु में दलित नरसंहार किये गये। दलित उत्पीड़न के समाचार हमें अखबारों में पढ़ने को मिल जाते हैं। वेश्यावृत्ति के लिए भी अधिकांशतः अनुसूचित जाति और जनजाति की नाबालिग लड़कियों को ही व्यवसाय में धकेल दिया जाता है। उड़ीसा

में एक मन्दिर में प्रवेश करने के कारण हरिजन की हत्या कर दी गई। बंधुआ मजदूर अधिनियम पूर्ण रूप से लाभप्रद सिद्ध नहीं हो सका। दलित वर्ग के दूल्हों को विवाह के अवसर पर आज भी घोड़ी से उतार दिया जाता है। परिणाम यह है कि जिन लोगों के लिए संविधान में आरक्षण की व्यवस्था की गई थी वे ही लोग इससे लाभान्वित नहीं हो सके।

राष्ट्रीय अनुसूचित जाति, जनजाति आयोग के अध्यक्ष एच. हनुमन्थैया ने 1997 में राजस्थान का दौरा करने के बाद एक संवाददाता सम्मेलन में अपने विचार प्रकट करते हुए कहा था कि अनुसूचित जाति और जनजाति के व्यक्तियों के लिए स्वयं पुलिस अधिकारियों ने उन्हें सूचित किया था कि राज्य के कुछ भागों में छुआछूत अब भी प्रचलित है। इस वर्ग के लोगों पर जो अत्याचार होते हैं और उनकी जो शिकायत की जाती है उसमें से 60 प्रतिशत मामलों को तो पुलिस अपने स्तर पर ही रफा--दफा कर देती है। आरक्षण नियमों के तहत जो प्रावधान किये गये हैं उनके सही ढंग से क्रियान्वयन नहीं होने के फलस्वरूप राजस्थान के अलावा तमिलनाडु, पश्चिम बंगाल, केरल, दिल्ली, महाराष्ट्र और हरियाणा में भी इस वर्ग के लोगों के साथ अत्याचार हो रहे हैं। श्री हनुमन्थैया का राजस्थान के तत्कालीन मुख्य सचिव के साथ इन्टरव्यू हुआ था। उस समय उनको बताया गया था कि राज्य की वित्तीय स्थिति ठीक नहीं होने के कारण इन जातियों के लोगों को आर्थिक और शैक्षणिक लाभ मूल रूप से प्राप्त नहीं हो सके। पिछड़े वर्ग के लोग स्वयं इस बात को गर्वपूर्वक स्वीकार करते हैं कि उन्हें आरक्षण का पूर्ण लाभ नहीं मिल सका।उन लोगों का यह भी कहना है कि न्यायिक सेवा में भी उन्हें आरक्षण मिलना चाहिए। श्री के आर नारायण हमारे देश के राष्ट्रपति जी ने भी न्यायपालिका में आरक्षण की व्यवस्था को प्रारम्भ करने के लिये कहा था। ये लोग सेना में भी आरक्षण चाहते हैं लेकिन भारत सरकार के तत्कालीन रक्षा मन्त्री श्री मुलायम सिंह यादव ने संसद में ही अपने भाषण में इस बात को अस्वीकार कर दिया था कि सेना में आरक्षण व्यवस्था लागू की जाये। इन लोगों का यह कहना है कि बढ़ती जनसंख्या के कारण सरकार के द्वारा आवंटित धनराशि का इस वर्ग को पूर्ण लाभ नहीं मिल सका है, सत्य है। अतएव इस वर्ग के लोग आरक्षण व्यवस्था को बनाये रखना चाहते हैं। भारत की वर्तमान सरकार ने गत वर्ष गमागर्म बहस के पश्चात् अपने प्रधान मन्त्री के मुख से संसद में यह घोषणा करवा दी कि आरक्षण को समाप्त नहीं किया जावेगा। आरक्षण आवश्यक है और इस व्यवस्था का बना रहना भारत की संवैधानिक एकता, धर्म निरपेक्षता व सामाजिक न्याय के लिए अनिवार्य है। प्रजातान्त्रिक शासन पद्धति गें आरक्षण एक ऐसी विधा है जिससे सामाजिक परिवर्तन देरी से सही किन्तु बिना खून-खराबे के आ सकता है एवं ऐसा परिवर्तन

स्थायी प्रकृति का हो सकता है। हिंसात्मक क्रान्ति के जरिये शोषित वर्ग के उत्थान का कार्य प्रारम्भ में देखने को अच्छा लग सकता है किन्तु उसके स्थायित्व पर सदैव प्रश्नचिह्न लगा रहेगा। क्योंकि जिन व्यक्तियों को दबाकर पददलित लोगों का उत्थान किया जायेगा वे मौका पड़ते ही ऐसे उत्थान को मटिया-मेट कर देंगे, कारण उनमें बदले की भावना कहीं न कहीं छिपी रहती है। आरक्षण की व्यवस्था में अग्रणी समाज के लोगों की मूक सहमति एवं दयालु प्रकृति से ही पृष्ठभूमि बनती है जिससे परिवर्तन की दिशा और सकारात्मक हो जाती है।

अमेरिका में आरक्षण समाप्त किये जाने के लिये वहाँ के सुप्रीम कोर्ट ने अपनी स्वीकृति प्रदान कर दी थी। 1996 में कैलीफोर्निया के कुछ लोगों ने सुप्रीम कोर्ट को आवेदन किया था जिसने अपने निर्णय में लिखा कि राष्ट्रीयता के आधार पर नौकरी, कॉलेज में दाखिला तथा सरकारी ठेका प्राप्त करते समय जो आरक्षण व्यवस्था थी उसको समाप्त किया जाता है। निर्णय के अनुसार अमेरिकन सुप्रीम कोर्ट ने लिंग और जाति के आधार पर आरक्षण की व्यवस्था को समाप्त कर दिया। निर्णयों में यह भी कहा गया कि जाति व लिंग के आधार पर किसी को विशेष सुविधायें मुहैया कराना अन्य लोगों के खिलाफ भेदभाव है। किन्तु अमेरिका में आर्थिक गरीबी एवं नस्लीय भेदभाव को दूर करने के लिये वहाँ काले लोगों के उत्थान के लिये सरकारी नौकरियों, शैक्षणिक संस्थाओं, टेक्नीकल, फौज और न्यायपालिकाओं तथा सिविल संस्थाओं में विशेष रियायत देकर संघीय सरकार एवं अनेकों राज्य सरकारों द्वारा सकारात्मक कार्यक्रम चलाये जा रहे हैं।

भारत में आरक्षण को समाप्त करने अथवा इसकी समीक्षा करने की माँग है

भारत में आरक्षण का समाज और राजनीति में महत्व बहुत अधिक हो गया है इसलिये यहाँ के लोगों ने मीडिया के माध्यम से आरक्षण को अनुचित बताने की माँग पेश की। कतिपय ने आरक्षण का औचित्य भी बताया। लेकिन एक लेखक ने समाचार पत्र में दिनांक 28.9.1999 के दिन यह विचार प्रकट किये थे कि आरक्षण को योग्यता के आधार पर दिया जाना चाहिए। मेरी दृष्टि से यह विचार बहुत कुछ हद तक सार्थक हैं। डॉ. अम्बेडकर को शिक्षा प्राप्त करने में और उच्च पद प्राप्त करते समय किसी प्रकार का आरक्षण प्राप्त नहीं हुआ था। हमारे देश के राष्ट्रपति श्री के आर नारायण जी को भी उच्चतम पद तक पहुँचने के लिये आरक्षण की बैसाखी का सहारा नहीं मिला था। लेकिन फिर भी कुछ लोगों ने यह विचार प्रकट किये कि आरक्षण की समीक्षा करने के बाद ही इसकी अवधि को बढ़ाया जाये।

आरक्षण को जारी रखना चाहिये

मैं स्वयं अनुसूचित जाति का हूँ और मैंने प्रशासनिक सेवा में दीर्घ अनुभव के बाद यह महसूस किया है कि आरक्षण जारी रहना चाहिये। डॉ. अम्बेडकर के विचार आज भी प्रासंगिक है। मेरी दृष्टि में आरक्षण जातिवाद को बढ़ावा नहीं देता। इस प्रकार का विचार एक प्रबुद्ध नागरिक ने भी दिनांक 8.9.1999 के दिन राजस्थान पत्रिका में प्रकाशित एक लेख में प्रकट किया था। इसमें सन्देह नहीं कि गत 50 वर्षों में आरक्षण का कुप्रभाव समाज पर पड़ा है लेकिन फिर भी आरक्षण व्यवस्था से अनुसूचित जाति और जनजाति के लोगों को विकास का अवसर प्राप्त हुआ है। मध्यावधि चुनाव के समय गत वर्ष अनुसूचित जाति के लोगों के वोट बैंक का आकलन करते हुए एक प्रबुद्ध लेखक ने दैनिक भास्कर के दिनांक 23.8.99 के अंक में पृष्ठ-9पर यह विचार लेखक ने व्यक्त किये थे कि आस पास के प्रदेशों में आरक्षण के कारण 149 सीटों पर कब्जा होने के आसार हैं। मैं पहले लिख चुका हूँ कि भारत में आरक्षण यहाँ के राजनीतिज्ञों के खातों में वोट बैंक बन गया है। जो भी कार्य किया जाता है उसमें अनुसूचित जाति व जनजाति की उन्नति को आधार बताकर किया जाता है और फिर भी उस कार्य से आरक्षित समाज को पूर्ण लाभ नहीं मिल पाया है। भारतीय प्रशासनिक सेवा के एक वरिष्ठ अधिकारी श्री सत्यनारायण सिंह ने अपने एक लेख में ये विचारव्यक्त किये थे "कि आरक्षण के लाभ से दूर है यह पिछड़ा वर्ग"। लेखक सेवानिवृत्ति के बाद सक्रिय होकर प्रदेश की राजनीति में कार्यरत हैं। अतएव उनके लेख का लोगों के मानसिक विचार पर अवश्य प्रभाव पड़ा होगा।

आरक्षण व्यवस्था में जो कमी है, उनको दूर करना होगा

अखिल भारतीय दलित सेवक संघ के राष्ट्रीय अध्यक्ष श्री राजकुमार नागरथ ने अपने विचार व्यक्त करते हुए कहा था "दलित अधिकार माँगते हैं, भीख नहीं" हमारे देश के बड़े नेताओं ने भी यह अनुभव किया है कि दलितों को आरक्षण का लाभ विशेष परिस्थितियों के कारण प्राप्त नहीं हो सका। उनमें (1) पिछड़े वर्ग के लोगों में कुशल नेतृत्व की आवश्यकता है। ये विचार हमारे प्रदेश के भूतपूर्व राज्यपाल श्री बलिराम भगत ने व्यक्त किये थे। (2) श्री मोहन दास नेमिशराय ने अपने एक लेख में ये विचार व्यक्त किये थे कि "दलित नेताओं में एकीकरण क्यों नहीं है" (3) इसी प्रकार ये विचार भी प्रकट किये गये हैं कि दलित वर्ग के लोगों में आत्मविश्वास की कमी के कारण उन्हें इस व्यवस्था का पूरा लाभ नहीं मिल सका। (4) आरक्षण के निमित्त पंचवर्षीय योजनाओं में जो धनराशि आवंटित की जाती है, उसके आवंटन और वास्तविक हस्तांतरण में अन्तर हो जाता है। इसका उल्लेख मैं

आगामी पृष्ठों में विस्तार से करूँगा। केन्द्र सरकार, राज्य सरकारों पर यह आरोप लगाती है कि योजनाओं में आवंटित धन को उस मद में व्यय नहीं किया जाता। परिणाम यह होता है कि विकास का कार्य नहीं हो पाता। गरीबों को सामाजिक और आर्थिक न्याय नहीं मिल पाता जिसके परिणामस्वरूप उन लोगों में भी असंतोष दिखाई देता है जिनके लिये विवादास्पद आरक्षण व्यवस्था प्रत्येक 10 साल के बाद बढ़ाई जाती है।

आरक्षण जारी रहना चाहिये, लेकिन साथ ही यह निश्चित होना चाहिये कि भविष्य में आरक्षण का स्वरूप क्या होगा। मेरी दृष्टि में आरक्षण व्यवस्था पर नियन्त्रण आवश्यक है। ये विचार प्रबुद्ध पाठक वर्ग समाचार पत्रों में भी व्यक्त कर चुके हैं।

हमारे देश के भूतपूर्व प्रधानमन्त्री श्री विश्वनाथ प्रताप सिंह ने यह भविष्यवाणी की थी कि दलित नेतृत्व की माँग पर ही भाजपा का विघटन होगा। इन विचारों में ऐसा आभास मिलता है कि श्री सिंह के द्वारा प्रारम्भ किये गये 1989 के अधिनियम का भाजपा ने विरोध किया था और इसलिये श्री सिंह का आक्रोश इस भविष्यवाणी के रूप में प्रस्फुटित हुआ।

आरक्षण प्रणाली की समीक्षा होनी चाहिये

मैं यह स्वीकार करता हूँ कि आरक्षण की समीक्षा हो। लेकिन साथ ही इस निर्णय पर भी पहुँचा हूँ कि आरक्षण का जारी रहना अनुसूचित जाति और जनजाति के लोगों के सम्पूर्ण विकास के लिये अनिवार्य है। जिस दलित अधिनियम को कतिपय पाठकों ने बेकार बताया था उसकी भी आज आवश्यकता है क्योंकि मैला ढोने की कुप्रथा समाप्त करने के निदेश जारी होने के उपरान्त भी 3.50 लाख व्यक्ति भारत में अपने सिर पर मैला ढो रहे है। अनुसूचित जाति और जनजाति के लोगों पर जो अत्याचार हो रहे हैं, उससे केन्द्र सरकार चिन्तित रहती है। यह समाचार टाईम्स ऑफ इंडिया में दिनांक 22.10.1998 के दिन प्रकाशित हुआ था। हमारे देश में दूल्हों को घोड़ी से उतार दिया जाता है और मन्दिर में प्रवेश के अपराध में उड़ीसा में एक दलित नाबालिग पुत्री की हत्या कर दी गई। अनुसूचित जाति और जनजातियों की नारियों के साथ बलात्कार होते हैं और वे लोग जब अदालतों में गुहार करते हैं तो उन्हें न्याय तत्काल नहीं मिलता। दलित उत्पीड़न के समाचार अखबारों में पढ़ने को रोज मिलते हैं। प्रसव के दौरान पिछड़ी वर्ग की स्त्रियों की मौत हो जाना ऐसा भयावह समाचार है जिसे पढ़कर रौंगटे खड़े हो जाते हैं। पहले तमिलनाडु में और बाद में बिहार में नरसंहार हुआ लेकिन इसका क्या परिणाम हुआ इस पर वाद विवाद करने की आवश्यकता नहीं है। विकास का लाभ बेअसर हो जाता है क्योंकि सरकार की आर्थिक नीति के

क्रियान्वयन में कमी है। यह भी अप्रासंगिक नहीं है कि आरक्षण ने एक नवीन प्रकार की शोषण व्यवस्था को जन्म दिया। इसलिये विद्वान लोग सोचते हैं कि कहाँ ले जायेगी ये आरक्षण नीति। ऐसी विचारधारा के लोग कुछ समय तक मूक दर्शन बन जाते हैं जब दलित वर्ग के दूल्हे को घोड़ी से उतारा जाता है अथवा बारात पर पथराव किया जाता है। छुआछूत का भूत हमारे समाज से आज भी समाप्त नहीं हुआ है। इन परिस्थितियों में मैंने गहन रूप से विचार-विमर्श करने के बाद यह निर्णय लिया कि आरक्षण को जारी रखने के लिये मैं अपने शोध प्रबन्ध के माध्यम से तर्क प्रस्तुत करूँ।

शिक्षा प्रणाली एवं न्यायपालिका में आरक्षण का औचित्य

आरक्षण का सबसे अधिक कुप्रभाव शिक्षा प्रणाली पर पड़ा है जिसका विशद विवेचन मैं आगामी अध्याय में करूँगा। आरक्षण ने पदोन्नति के मामले में किस प्रकार न्यायपालिका को झकझोर दिया है, इसका एक उदाहरण यह है कि हमारे देश के सर्वोच्च न्यायालय के मुख्य न्यायाधीश न्यायमूर्ति आनन्द का मत है कि न्यायाधीशों की नियुक्ति योग्यता के आधार पर हो। इसके ठीक विपरीत हमारे देश के राष्ट्रपति जी ने यह विचार व्यक्त किये हैं कि न्यायपालिका में भी आरक्षण व्यवस्था को प्रारम्भ किया जाये। सेना में आरक्षण व्यवस्था की माँग को लोकसभा के अधिवेशन में तत्कालीन रक्षा मन्त्री मुलायम सिंह यादव अस्वीकृत कर चुके हैं। पदोन्नति के विषय में राजस्थान प्रदेश के उच्चाधिकारियों ने जब सर्वोच्च न्यायालय के दरवाजे खटखटाये तो उस समय निर्णय दिया गया था कि निश्चित प्रतिशत से अधिक पदोन्नतियाँ आरक्षण के आधार पर की गई हैं तो उन्हें निरस्त किया जाये। सरकार ने पुलिस विभाग के कर्मचारियों की पदोन्नतियों के आदेश सर्वोच्च न्यायालय की आज्ञा की अनुपालना में वापिस भी लिये लेकिन फिर भी आज प्रशासनिक सेवा के पदाधिकारी आरक्षण के आधार पर पदोन्नति की व्यवस्था के विरुद्ध गहन असंतोष रखते हैं जिसका प्रभाव सम्भवतः उनकी कार्य प्रणाली और कार्यकुशलता पर भी पड़ता है। सरकारी नौकरी में आरक्षण एक बार ही मिलना चाहिये। यह एक ऐसी माँग है जो वैधानिक और नैतिक दृष्टि से अनुचित नहीं है। लेकिन आरक्षण व्यवस्था की समीक्षा करके यदि उसका आधार जातिगत आधार के साथ ही आर्थिक स्थिति भी साथ में रखा जाये तो शायद इस प्रणाली के विरुद्ध जो जन आक्रोश है, वह कुछ हद तक समाप्त हो जायेगा।

अंत में, मैं यह कहना चाहूँगा कि सामाजिक न्याय के लिये नई नीति बनाई जानी चाहिये। आरक्षण का मूल उद्देश्य अवसर प्रदान करना होता है। उसे पेशेवर दक्षता के लिये सुनिश्चित करना है। लेकिन यह स्थिति प्राप्त कर लेने के बाद आरक्षण

देना न्यासंगत नहीं है क्योंकि आरक्षण से अयोग्य व्यक्ति उच्च पदों पर पहुँच जाते हैं और आवश्यक योग्यता के अभाव में कुर्सी तोड़ने के अलावा और कोई काम नहीं करते जिससे आम जनता परेशान हो जाती है। आरक्षण प्राप्त करने की सीमा भर्ती तक ही रखी जाये तो उचित है। पदोन्नति योग्यता के आधार पर ऐसे व्यक्ति को दी जाये जो अपने अनुभव और ज्ञान के आधार पर सामाजिक न्याय प्रदान कर सके। उच्च वर्ग के लोगों की मानसिकता में परिवर्तन आना आवश्यक है। पूर्वाग्रहों से मुक्ति और उदार मन से प्रोत्साहन देने की भावना उनमें होगी तो ही आरक्षित वर्ग का व्यक्ति अपनी पूरी कुशलता से कार्य कर पायेगा।

राजस्थान में छुआछूत और अ.जा./ज.जा. पर अत्याचार अभी जारी है

राष्ट्रीय अनुसूचित आयोग के अध्यक्ष एच. हनुमन्थैया ने नवम्बर, 1997 के दिन कहा था कि राजस्थान के विभिन्न इलाकों में छुआछूत अब भी विद्यमान है तथा अनुसूचित जाति और जनजाति पर अत्याचार होते रहते हैं। उन्होंने हनुमानगढ़ में समीक्षा बैठक आयोजित की थी जिसमें उस जिले के पुलिस अधिकारियों ने उनके समक्ष यह स्वीकार किया था कि राज्य के कुछ हिस्सों में छुआछूत अब भी कायम है। उन्होंने कहा कि अनुसूचित जाति/जनजाति के लोगों पर होने वाले अत्याचारों में 60 प्रतिशत मामलों का पुलिस अपने ही स्तर पर निपटारा कर देती है। उन्होंने बताया कि राजस्थान समेत कई राज्यों ने अनुसूचित जाति/जनजाति के विकास के लिये निर्धारित राशि से कम बजट आवंटन किया है। यहाँ तक कि आवंटन राशि भी पूरी खर्च नहीं की गई। उन्होंने कहा कि 17 फीसदी अनुसूचित जाति व 12 प्रतिशत अनुसूचित जनजाति की जनसंख्या है। नियमों के तहत इतनी ही फीसदी बजट आवंटित किया जाना चाहिये था लेकिन राजस्थान में अनुसूचित जाति के लिये 12 फीसदी और जनजाति के लिये 6 से 8 फीसदी के बीच बजट आवंटन किया गया था। उन्होंने कहा कि समीक्षा बैठकों में उन्हें सरकार की ओर से उपरोक्त आँकड़े उपलब्ध कराये गये हैं। उन्होंने सरकार से बिल्कुल ताजा आँकड़े उपलब्ध कराने के लिये कहा। आगे उन्होंने बताया कि अभी तक पंजाब, तमिलनाडु, पश्चिमी बंगाल, केरल, दिल्ली, महाराष्ट्र, हरियाणा व राजस्थान के विभिन्न प्रदेशों में अनुसूचित जाति/जनजाति के विकास व उनसे सम्बन्धित अन्य मामलों की समीक्षा उन्होंने कर ली है। किसी भी राज्य में इस वर्ग के लिये निर्धारित पूरी राशि आवंटित नहीं की गई। यहाँ तक कि कुछ राज्यों में इनके विकास के लिये आवंटित राशि दूसरे मुद्दों पर खर्च कर दी गई। समीक्षा बैठक के पश्चात् श्री हनुमन्थैया ने तत्कालीन मुख्य सचिव तथा अन्य वरिष्ठ अधिकारियों के साथ आयोजित बैठक में राजस्थान की अनुसूचित जाति व अनुसूचित जनजातियों

के लिये चलाये जा रहे कार्यक्रम एवं योजनाओं की समीक्षा की। उन्हें बताया था कि राज्य में 17 प्रतिशत अनुसूचित जाति की जनसंख्या है। राज्य की कठिन वित्तीय स्थिति के बावजूद इन जातियों के लोगों के आर्थिक, सामाजिक और शैक्षणिक विकास के हरसंभव प्रयास किये जा रहे हैं। उन्होंने अन्य राज्यों के साथ राजस्थान के अनुसूचित जाति व जनजाति आयोग के सम्बन्ध में जब जानकारी चाही तो तत्कालीन अतिरिक्त मुख्य सचिव गृह ने उन्हें बताया कि इन जातियों पर अत्याचार के मामलों की जाँच पुलिस उप अधीक्षक स्तर के अधिकारी से कराई जाती है। जिन मामलों में अन्तिम रिपोर्ट लगाई जाती है, उनके सम्बन्ध में तत्कालीन पुलिस महानिदेशक ने उन्हें बताया कि उसकी जाँच पड़ताल उप महानिरीक्षक स्तर के अधिकारी से करवाई जाती है। उन्हें बताया गया कि कुल मिलाकर अस्पृश्यता जैसी कोई स्थिति राजस्थान में नहीं है। इन जाति के लोगों को रोजगार, शिक्षा, छात्रावास, समाज कल्याण आदि क्षेत्रों में दी जा रही सुविधाओं पर भी चर्चा की गई। बैठक में आयोग के सदस्य श्री एन.सी. चतुर्वेदी और संयुक्त सचिव श्रीमती मीनाक्षी हूजा और निदेशक डॉ. जे. के. मोहन्ती तथा एस.पी. मौर्य के अलावा राज्य सरकार के प्रमुख शासन सचिव, विधानसभा सचिव भी उपस्थित थे। पूरे दिन में आयोग के अध्यक्ष, सदस्य और अधिकारियों से विभिन्न समस्याओं के सम्बन्ध में पदाधिकारियों के साथ वार्तालाप किया और फिर अपना प्रतिवेदन राष्ट्रपति को प्रस्तुत कर दिया।

दलित अधिनियम आवश्यक है

दलित अधिनियम के कथित दुरुपयोग पर हो-हल्ला हो रहा है, वह अनुचित है। हिन्दू समाज की एकता के लिये यह अधिनियम आवश्यक है। आज़ भी उच्च जातियों का एक वर्ग दलितों को दोयम दर्जे का मानकर उनके साथ अनुचित व्यवहार करता है। इसका दुष्परिणाम यह हुआ कि ईसाई मिशनरियों ने अपमानित वर्ग के कई लोगों को अपनी ओर आकर्षित करके उनका धर्मान्तरण कर दिया। इस प्रकार वे ईसाई बन गये। पिछले 20 वर्षों में जनजातियों से ईसाई धर्मान्तरण की गति जोर पकड़ रही है और पूर्वोत्तर इलाकों में हिन्दू कई स्थानों पर अल्प मत में आ गये हैं।

यह सत्य है कि अनुसूचित जाति/जनजाति के लोग हिन्दू समाज के अभिन्न अंग हैं। जब कभी समाज में एकता की बात होती है तो कुछ रूढ़िवादी असामाजिक तत्व इन्हें अछूत मानकर इनके साथ गलत व्यवहार करते हैं। यह स्पष्ट है कि ऐसे लोग आसानी से अपनी गंदी आदतों से बाज नहीं आते। अत: उन्हें हिन्दू समाज को तोड़ने की इजाजत नहीं दी जानी चाहिये। ऐसे समाज पर चौतरफा प्रहार करने की आवश्यकता है। समाज के सभी वर्गों को इस कुरीति के निवारण में योगदान देना

चाहिये। दलित अधिनियम इस बारे में व्यवस्था करता है कि जिससे दलित को मैला ढोने पर मजबूर नहीं किया जा सकता। अपशब्द, जो जाति सूचक हों, का प्रयोग निषेध कर दिया है। सार्वजनिक स्थानों के उपयोग को अनुसूचित जाति व जनजाति के लोग स्वतन्त्र हैं। इस प्रकार यह अधिनियम काफी मददगार साबित हुआ है।

दुख की बात है–कहीं कहीं इस अधिनियम का दुरुपयोग हुआ है, जिसे कम करने की आवश्यकता है। पर दुरुपयोग की आड़ में अधिनियम को ही समाप्त करने की माँग अनुचित है। भारत में आज तक ऐसा कोई कानून नहीं बना जिसका दुरुपयोग नहीं हुआ हो। दहेज विरोधी कानून, उपभोक्ता संरक्षण अधिनियम, नार्कोटिक व ड्रग एक्ट सभी का दुरुपयोग हुआ है पर इसका यह मतलब तो नहीं है कि इन्हें समाप्त कर दिया जाये। अधिनियम के दुरुपयोग की दूसरी तस्वीर भी है। पुलिस पर्याप्त तफतीश नहीं करती व कई बार एकतरफा रवैया अपनाती है और जान–बूझकर मुकदमें को कमजोर करके अभियुक्तों की मदद करती है। इसी चक्कर में बड़े–बड़े तस्कर/माफिया छूट जाते हैं। इस प्रकार इस अधिनियम में दोषी लोगों को सजा दिलाने के लिये पुलिस मेहनत नहीं करती। मुकदमा खारिज हो जाता है इसलिये दलित अधिनियम को समाप्त करने की माँग की जाती है। झूठे मुकदमे अगर बनाये जाते हैं तो वे खारिज ही होंगे। पर हमें इस सम्बन्ध में सोचना होगा कि क्या इसके लिये प्रशासन तो दोषी नहीं है? अनेकों स्थितियाँ ऐसी हैं जहाँ सरकारी गवाह निहित सामाजिक, आर्थिक बेबसी के कारण पक्षद्रोही हो जाते हैं। ऐसी हालत में पुलिस एवं न्यायपालिका की कार्यवाही अभियुक्त को दोषी करार देने में असहाय हो जाती है। इस कमी को तो सामाजिक, सांस्कृतिक बदलाव, राजनैतिक संरक्षण और आर्थिक सम्बल से ही दूर करना सम्भव है। इसलिये हिन्दू समाज की एकता, मानव अधिकारों की रक्षा व समानता–स्वतन्त्रता के मूल अधिकारों की रक्षा के लिये यह अधिनियम बहुत आवश्यक है जब तक कि अनुसूचित जाति व दलितों को बराबरी का दर्जा नहीं मिल जाता।

हालांकि, इस एक्ट के दुरुपयोग के सम्बन्ध में काफी आलोचनाएँ सामने आ रही हैं, लेकिन इन सबके बावजूद भी यह विधेयक एक पूर्ण संतुलित प्रभावशाली एवं सामाजिक क्रान्ति की दिशा में अग्रणी माना जा रहा है। राजस्थान प्रदेश में अत्याचार निवारण अधिनियम के तहत वर्ष 1989 व 1997 में निर्णित प्रकरणों का वर्गवार विवरण संलग्न परिशिष्ट–II में लिपिबद्ध किया गया है जिनसे यह स्पष्ट हो जाता है कि (1) सजायाबी का प्रतिशत लगभग नगण्य एवं अप्रभावशाली रहा है। (2) 1989 से 1997 के मध्य या तो अधिकांश मुकदमे लम्बित हैं या फिर अभियोजनपक्ष के गवाहान के द्वारा पक्षद्रोही हो जाने के कारण दाखिल दफ्तर या खारिज कर दिये गये हैं। अन्तिम निर्णय केवल 32 प्रतिशत मुकदमों में हो सका है जिनमें आश्चर्यजनक तथ्य ये हैं कि

सजा केवल वर्ष 1991 में 9.47 प्रतिशत, 1992 में 10.2 प्रतिशत, 1993 में निल, 1994 में 14.17, 1995 में 12.9 प्रतिशत, 1996 में निल एवं 1997 में 12.31 प्रतिशत मुल्जिमों की हुई थी।

12

भारत में महिलाओं की शैक्षिक अवस्था

भारत में स्त्री–शिक्षा की समस्याओं के सम्बन्ध में कई बार अध्ययन हुआ। हंटर आयोग, हर्टोग कमेटी आदि ने स्त्री–शिक्षा के प्रश्न पर ध्यान दिया और अपने–अपने सुझाव भी उपस्थित किये। स्वतन्त्र भारत में स्त्री–शिक्षा की समस्याओं का गहरा अध्ययन किया गया। राधाकृष्णन विश्वविद्यालय शिक्षा आयोग और गुवालिगर माध्यमिक शिक्षा आयोग ने अपने–अपने बहुमूल्य सुझाव उपस्थित किये। 'श्रीमति दुर्गाबाई देशमुख' की अध्यक्षता में नेशनल कमेटी ऑन दी एजुकेशन ऑफ विमेन संगठित हुईं। श्रीमति हंसा मेहता के अधीन बालक तथा बालिकाओं के शिक्षाक्रमों के विभेदीकरण से सम्बन्धित कमेटी तथा सी.एम. भक्तवत्सलन के अधीन पिछड़े प्रदेशों की स्त्री–शिक्षा की जाँच–सम्बन्धी कमेटी नियुक्त हुईं। कोठारी शिक्षा आयोग ने भी बालिका–शिक्षा की समस्याओं का अध्ययन किया और महत्त्वपूर्ण सुझाव उपस्थित किये। इन सभी अध्ययनों से हम निम्नांकित निष्कर्ष पर पहुँचते हैं। दुनिया के निर्माण के पश्चात् ईश्वर ने विचार किया होगा कि इस दुनिया को और अधिक सुन्दर बनाना होगा और उन्होंने मानव की रचना की। मानव को दो रूप दिए एक पुरुष व दूसरा नारी। ये दोनों ही एक दूसरे के पूरक हैं किन्तु नारी के बिना दुनिया का कोई अस्तित्व ही नहीं है।

ईश्वर ने नारी की शारीरिक रचना ही इस प्रकार की है कि संसार के भविष्य की वह स्वयं निर्मात्री हो गई। कई युग- पुरुष हुए हैं जो नारी के किसी न किसी रूप से चाहे वह माँ, बहन, पत्नी, भाभी अथवा दाई रही हो से प्रभावित होकर महान बने। अतः कहा जा सकता है कि युग चाहे जो भी रहा हो संसार की तरक्की नारी के विकास पर ही आधारित है।

मनु महाराज ने मनु स्मृति में नारी का विवेचन करते हुए स्पष्ट लिखा है कि:-

"यत्र नारियस्तु पूज्यन्ते, रमन्ते तत्र देवता।" अर्थात जहाँ नारियों की पूजा होती है वहाँ देवता निवास करते हैं। निश्चित ही प्राचीन काल में नारियों का व्यक्तित्व सुरक्षित था, वे अपना जीवन साथी स्वयं चुनती थी। सीता हो, कुन्ती हो अथवा कोई अन्य सुकन्या, सभी को स्वयंवर का अधिकार रहा है। प्राचीन काल में नारियों की स्थिति इतनी अच्छी होने के बावजूद अचानक भारत की परतंत्रता के साथ-साथ नारियों की परतंत्रता का भी श्री गणेश हुआ। नारी शनैः-शनैः समय और विचारधाराओं के परिवर्तन से ज्ञात और अज्ञात कारणों से घर की ऊँची-ऊँची चार दीवारी में बन्द होकर अविधान एवं अज्ञान के अंधकार में डुबकियाँ लगाने लगी उसका पग-पग पर अपमान होता रहा तथा लगातार ठुकराए जाने के बावजूद भी वह जीवन की अन्तिम श्वांस तक सामाजिक यातनाओं को चुपचाप सहन करती रही। बाल विवाह, पर्दा-प्रथा, विधवाओं की दीन-हीन दशा, सती-प्रथा, कन्या पक्ष का नीचा समझा जाना, नारी की उच्च शिक्षा का बहिष्कार, उत्तराधिकार से वंचित होना और आर्थिक परतंत्रता जैसी सामाजिक कुरीतियों ने पराधीन भारत को इतना निम्न बनाया जाता रहा है कि वह नारी की पीड़ा को समझ न सका और आज स्वतंत्रता के वर्षों बाद भी बार-बार सचेत किए जाने पर भी भारत में पूर्णरूपेण नारी जागृति नहीं हो पाई है।

21वीं सदी में कदम रखने वाले भारतीय समाज में नारी को आज भी वह दर्जा प्राप्त नहीं हुआ है जो कि उसे बहुत पहले मिल जाना चाहिए था। वधू-दहन आज भी निर्भयता पूर्वक होता है, तलाक नारी के लिए कलंक व पुरुष के लिए आजादी है, जहाँ बालिका भ्रूण हत्या एक लैटेस्ट फैशन है। एक ऐसे अमानवीय, पतनशील समाज में स्त्री फिर भी जीवित है, यह क्या किसी आश्चर्य से कम है। नारी ने पूरी शिद्धत के साथ विपरीत और विषमतर परिस्थितियों में भी अपनी पहचान और महत्ता को सिद्ध किया है। नारी शक्ति, शौर्य और सामर्थ्य का दूसरा नाम है। प्रारम्भ में नारी-पुरुष के कार्यों में कोई भेद नहीं था ज्यों-ज्यों मानव विकास की ओर बढ़ता चला गया, उसके कार्यों में विभाजन भी होता गया, इन कार्यों में विशेषीकरण आया तथा स्त्री-पुरुष में श्रम विभाजन हुआ, संसार का प्रत्येक समाज मातृसत्तात्मक परिवार होने

से सम्पत्ति पर, परिवार के नाम पर, वंश गोत्र इत्यादि पर नारी का अधिकार होता था। जिससे उसकी स्थिति उच्च हुआ करती थी। लेकिन धीर-धीरे इस व्यवस्था में जो परिवर्तन हुआ और परिवार पितृसत्तात्मक हुए उससे हर मामले में पुरुष ने अपना आधिपत्य स्थापित किया और वह नारी को तुच्छ समझने लगा। उत्पादकता का आश्रय लेकर पुरुष ने नारी को घर की वस्तु बना दिया और स्वयं उसका मालिक बन बैठा।

हिन्दू दर्शन के अनुसार चार युग हुए–सतयुग, त्रेतायुग, द्वापरयुग और कलयुग। वैदिक युगीन सभ्यता में भारत में आर्यों का राज्य था। आर्यों ने ही वेदों की रचना की, उनका जीवन सुखमय था, विवाह संस्कार माना जाता था। नारियों को समाज में आदर-सम्मान की दृष्टि से देखा जाता था। वैदिकोत्तर कालीन समय में विवाह प्रतियोगिता के आधार पर होता था। आर्य समाज में समय बीतने के साथ-साथ नारियों की स्थिति में अपेक्षाकृत अन्तर आया। निम्न तथा उच्च जाति की नारियों में भेदभाव शुरू हुआ और ज्यों-ज्यों सगय बीतता गया नारी की स्थिति भी नीचे सरकती गई। हिन्दुस्तान में नारियों के चरित्र के साथ अनेक सवाल जोड़कर उसे लाजवंती या छुई-मुई बना दिया गया। रामायण कालीन समय में अर्थात सतयुग में नारी को नैतिकता का आदर्श मान लिया गया। वह पुरुष की दासी के समान हो गई। नारी का कर्त्तव्य पति सेवा तथा अंध-आज्ञा का पालन हो गया।

द्वापर वह युग था जब नारी को बराबरी का दर्जा हासिल था, उसे योनि शुचिता के आवरण से मुक्ति दिलाने के लिए श्रीकृष्ण ने पहला कदम उठाया। यही नहीं उन्होंने नारियों के साथ राधा, गोपियों आदि के साथ मित्रवत् सम्बन्ध स्थापित किया। नारी यदि कहीं नर के बराबर हुई है तो वह सिर्फ ब्रज में और कहीं नहीं। बौद्धकला में नारियों की दशा अत्यंत शोचनीय थी। जिस प्रकार नदी, पथ, मदिरालय आदि सबके उपभोग की वस्तुएँ थीं उसी प्रकार नारियों को भी सबके उपभोग की वस्तुएँ माना गया। मौर्यकाल में चाणक्य जैसे महान अर्थशास्त्री ने नारियों की दशा सुधारने का प्रयत्न किया। दास-दासी प्रथा भी उन्हीं के प्रयासों से समाप्त हुई। सम्राट अशोक के समय प्रारम्भ में नारियों के ऊपर काफी अत्याचार हुए किन्तु बाद में कुछ सुधार भी आए। मुगलकाल में नारियाँ पूर्णरूप से पर्दे की कैद में चलीं गईं। ब्रिटिश काल में पश्चिमीकरण का विशेष प्रभाव नारियों पर नहीं हो सका। बाल-विवाह, सती-प्रथा, कन्या-वध आदि आंदोलन केवल ऊपरी सतह तक ही नारियों की दयनीय स्थिति पर प्रहार कर पाए। इस अन्तराल में यदि कुछ नारियों ने घर से बाहर कदम बढ़ाने की कोशिशें भी कीं तो उन्हें समाज की विरोधी नजरों को सहना पड़ा। स्वतंत्रता संघर्ष के समय जरूर कुछ नारियों ने अपनी दृढ़ हिम्मत के बलबूते आगे आने का प्रयास किया जिसमें महारानी लक्ष्मीबाई का नाम सर्वोपरि है, जिन्होंने नारी जाति के मानस पटल

पर स्वर्णिम तिलक अँग्रेजों से युद्ध करके अंकित किया। राजा राममोहन राय तथा महात्मा गाँधी जैसे हमारे भारत के युग पुरुषों ने भी क्रमशः नारियों के लिए बनाई गई कुछ कुरीतियाँ जैसे– सती-प्रथा, बाल-विवाह, विधवाओं के साथ दुर्व्यवहार जैसी सामाजिक बुराइयों का नाश करने का भरसक प्रयास किया तथा स्वतंत्रता आंदोलनों में कमला नेहरू, सरोजिनी नायडू आदि को आगे लाने का प्रयत्न किया। भारतीय परम्पराओं के अनुरूप वैदिक काल से ही उर्मिला, गार्गी, मैत्रेयी, लीलावती, अनुसूइया आदि सदृश नारियों का अस्तित्व इस बात का प्रत्यक्ष प्रमाण है कि साहित्य और विशेष रूप से कविता में नारी का गुणगान होता रहा है। किन्तु उसके साथ व्यवहार में कुछ और ही होता रहा है। उसे तो सिर्फ भोग की वस्तु एवं नौकरानी माना जाता रहा है। नारी को जब छोटी हो तो पिता की, विवाह के बाद पति की और बूढ़ी होने पर पुत्रों की आज्ञा का पालन करना ही उसका कर्त्तव्य माना गया है। वह पुत्र प्राप्ति का मशीन रूपी साधन मानी जाती रही है।

जब नारी को एक मनुष्य के रूप में देखने पहचानने की शुरूआत हुई तब भी लगा कि नारी जैसे पहले गुलाम थी उसी प्रकार तमाम आवोहवाओं, तमाम संस्कृतियों, सामाजिक व्यवस्थाओं, युद्ध या शान्ति में हर जगह गुलामी की जंजीर में जकड़ी आक्रमित शोषित पीड़ित ही एक वस्तु है। भारतीय नारी का विकास काफी धीमा है। आधुनिक भारत में नारियों की शिक्षा का पर्याप्त विकास हो गया है किन्तु इस पुरुष प्रधान समाज में आज भी नारी को बराबरी का दर्जा देने में सुगबुगाहट है। यही नहीं समाज की रूढ़िवादी, परम्परावादी एवं कम पढ़ी लिखी नारियों के विचारों में कुछ विशेष परिवर्तन आज भी नजर नहीं आता है। नारियों के केवल एक तबके में आया परिवर्तन पूर्ण समाज की नारियों का परिवर्तन कहना महत अतिशयोक्ति ही है।

वैवाहिक जीवन में आज भी पुरुष ही अपने फैसले करते हैं और नारी उस पर अमल करती है। यह सब अब धीरे-धीरे समाप्त हो जाना चाहिए। आज भी नारियों का जीवन यह प्रकट करता है कि अधिकांशतः वैधानिक अधिकार संविधान के पन्नों में धरे के धरे रह गए हैं। आज भी कानून में कुछ ऐसे उदाहरण हैं जो स्त्री को उन मौलिक अधिकारों से वंचित रखते हैं जहाँ पर उनका अधिकार होना चाहिए था। नारियों की अभी भी बहुत बड़ी संख्या ऐसी है जो मुश्किल से पेट पालने की स्थिति में है, गरीब है, निरुपाय सी है, रीति-रिवाजों के जालों में उलझी हुई है। इन स्त्रियों का जीवन सुलभ और गौरवपूर्ण बन सके इसके लिए प्रयत्न करना उच्च एवं मध्यम वर्ग की हर नारी की जिम्मेदारी है। कई अध्ययनों ने यह प्रमाणित किया है कि गरीब तबके में पुरुषों की अपेक्षा रोजी कमाने वाली नारियों की संख्या ही बढ़ी है। देश में नारियों की 26 करोड़ की आबादी में से 21 करोड़ स्त्रियाँ तो गाँवों में बसती हैं और

कुछ गरीबी रेखा के नीचे ही जी रही हैं। लगभग तमाम गरीब नारियाँ आर्थिक गतिविधियाँ चलाकर कुछ न कुछ तो फिर भी कमा लेती हैं। हमारे देश में पीढ़ी दर पीढ़ी चले आने वाले कार्यों में नारियों का महत्त्वपूर्ण योगदान रहा है। अन्न बोना, लुनाई करना, सिलाई करना, सुपे, टोकरे, झाडू बनाना, नमक पकाना, बुनकर गिरी करना, पापड़-अचार बनाना, छोटी-मोटी पैदावार की बाज़ार में बिक्री करना, पानी भरना, खाना पकाना, घर का काम करना, बच्चों का पालन- पोषण करना, बीमार की देखभाल करना, किफायत करके थोड़ी-थोड़ी बचत करना आदि कार्य जो राष्ट्र सम्पदा को बढ़ाने वाले बुनियादी किस्म के हैं; गाँवों व शहरों की श्रमजीवी नारी जमता करती आई है। नारियाँ अर्थोपार्जन के क्षेत्र में सख्त मेहनत का कार्य करती हैं, राष्ट्र के हित में कार्य करती हैं इसके अतिरिक्त भी आज का पुरुष प्रधान समाज तथा कुछ रुढ़ीवादी नारियाँ उन्हें आगे बढ़ने से रोकता है, उसके साथ छलावा करता है।

इसीलिए कवि दिनकर का हृदय पुकार उठता है:-

''मुक्त करो नारी को, मानव, चिरबन्दिनी नारी को।
युग-युग की निर्मम कारा से, जननी, सखी प्यारी को।''

जन-सामान्य के बीच अशिक्षा-भारत के लगभग 42 प्रतिशत लोग अभी भी निरक्षर हैं। निरक्षरता के कारण वे शिक्षा के महत्त्व को भली-भाँति समझ नहीं पाते। फलतः वे अपनी संतानों को शिक्षित बनाने की ओर ध्यान नहीं देते।

जन-सामान्य की गरीबी-भारत के अधिकांश लोगों की आर्थिक स्थिति सोचनीय है। स्वतंत्रता के बाद इस स्थिति में कुछ सुधार हुआ है। फिर भी यह बहुत असंतोषप्रद है। इनके पास इतने पैसे नहीं बच पाते हैं कि वे अपने बच्चों के लिए खर्च कर सकें। यद्यपि अधिकांश राज्यों में माध्यमिक स्तर तक बालिकाओं की शिक्षा नि.शुल्क कर दी गई है। किन्तु शुल्क के अतिरिक्त अन्य मदों का खर्च भी हो जाता है। बहुत-से माता-पिता ऐसे हैं, जो इसकें लिए पैसे जुटा नहीं पाते हैं।

लड़कियों के सम्बन्धों में दोषपूर्ण दृष्टिकोण-देश के अधिकांश लोगों के दृष्टिकोण कन्याओं के सम्बन्ध में संकीर्ण हैं। वे अपने बालकों को तो पढ़ाते हैं, किन्तु बालिकाओं को पढ़ाने की आवश्यकता नहीं समझते हैं।

पर्दा-प्रथा-बालिका-शिक्षा के बाधक कारणों में पर्दा-प्रथा भी मुख्य है। 10 में 11 वर्ष की अवस्था के बाद प्रायः घर से निकलने नहीं देते। फलतः प्राथमिक शिक्षा नहीं मिलती। यदि गाँव में कन्या माध्यमिक स्कूल रहा तो लड़कियों की शिक्षा जारी रही अन्यथा नहीं।

अल्पायु में शादी–बाल–विवाह के कारण भी अधिकांश लड़कियों की पढ़ाई छूट जाती है, क्योंकि विवाह हो जाने के बाद कन्याएँ ससुराल चली जाती हैं और घर–गृहस्थी के बन्धन में बँध जाती हैं।

कन्या–विद्यालय की कमी–अभी भी भारत में कन्य–विद्यालयों की कमी है, विशेषत: ग्रामीण क्षेत्रों में स्थिति सोचनीय है। गाँव में या आस–पास कन्या माध्यमिक विद्यालय है ही नहीं। अत: जो लोग कन्याओं को माध्यमिक शिक्षा देना चाहते हैं उन्हें सुविधा के अभाव में उनकी शिक्षा शिक्षा बंद कर देनी पड़ती है।

शिक्षिकाओं का अभाव–कन्या विद्यालयों के लिए अभी भी सुयोग्य शिक्षिकाओं का अभाव है। प्राथमिक कन्या विद्यालयों के लिए अभी उच्च श्रेणी से माध्यमिक परीक्षा उत्तीर्ण प्रशिक्षित शिक्षिकाओं का एक प्रकार से अभाव–सा ही है। ग्रामीण क्षेत्रों के विद्यालयों के लिए उनकी कमी हो जाती है। माध्यमिक विद्यालयों में विज्ञान विषय की शिक्षिकाएं बहुत कम मिलती है।

शिक्षिकाओं के आवास,सुरक्षा एवं सुविधाओं की व्यवस्था की कमी–बहुत सी शिक्षिका ग्रामीण क्षेत्रों के स्कूलों में कार्य करना नहीं चाहती हैं, क्योंकि वहाँ उनके आवास की अच्छी व्यवस्था प्राय: नहीं हो पाती। साथ ही वे अपने को पूर्णत: सुरक्षित भी नहीं रख पाती हैं। जीवन की सुविधाएँ भी देहात में प्राप्त नहीं रहती।

आवागमन की सुविधाओं का अभाव–कन्या–शिक्षा–प्रसार की एक बड़ी माँग यह है कि कन्याओं को घर में स्कूल या कॉलेज आने–जाने के लिए कम खर्च वाली सुरक्षित सवारियाँ उपलब्ध हों। सरकारी या कुछ गैर–सरकारी स्कूल द्वारा स्कूल या कॉलेज–बस की व्यवस्था नहीं हो पाती। शहरों की बहुत–सी लड़कियाँ माध्यमिक स्कूल तथा कॉलेजों में इसलिए नहीं पढ़ पाती कि घर से स्कूल या कॉलेज आने–जाने के लिए सस्ती एवं सुविधाजनक सुरक्षित सवारी नहीं मिल पाती।

शिक्षा और जीवन का विलगाव–हमारे देश में अभी तक कन्या–शिक्षा के अपने उद्देश्य निर्धारित नहीं हो सकें हैं। बालकों की भाँति बालिकाएँ भी निरुद्देश्य मैट्रिक, आई.ए.बी.एम.ए. कर लेती हैं। शिक्षित होने पर यदि उन्हें नौकरी नहीं मिली तो सूना–सूना सा लगता है। अपनी शिक्षा के सहारे अपने सामान्य जीवन सुखी और समृद्ध बनाने की क्षमता उनमें उत्पन्न नहीं हो पाती। जीवन और शिक्षा के इस बिलगाव के कारण लोगों को यह पता नहीं चलता है कि शिक्षा से कन्याएँ अच्छी गृहणी बन सकेंगी। फलत: वे अपनी कन्याओं को शिक्षा की ओर पूर्ण रूप से आकृष्ट नहीं कर पाते।

सामाजिक रूढ़ियाँ और कुरीतियाँ–हमारा देश अनेक सामाजिक रूढ़ियों व अन्ध–विश्वासों से ग्रसित है और शिक्षा के अभाव के फलस्वरूप अभी भी अधिकाशं देशवासी प्राचीन परम्पराओं के विचारों के कट्टर समर्थक हैं। अतः उनका यह दृष्टिकोण है कि बालिकाओं को पढ़ाने की कोई आवश्यकता नहीं है क्योंकि अंततोगत्वा उन्हें विवाह कर पति–घर जाना ही है। उनके कारण भी स्त्री–शिक्षा के प्रयास में अवरोध उत्पन्न हो जाता है।

अपव्यय–बालकों की अपेक्षा बालिकाओं की शिक्षा पर अधिक अपव्यय होता है और इस अपव्यय के फलस्वरूप स्त्री–शिक्षा के प्रसार में काफी बाधा उत्पन्न हुईं है।

पाठ्य–क्रम की अनुपयुक्तता–शिक्षा के सभी स्तरों पर बालक–बालिकाओं के लिए एक–समान पाठ्यक्रम, पुस्तकें और परीक्षाओं के कारण अधिकांश माता–पिता इस शिक्षा को बालिकाओं के सामाजिक व पारिवारिक जीवन के लिए उपयोगी नहीं समझते, क्योंकि बालिकाओं की शारीरिक, मानसिक और सामाजिक आवश्यकताएँ बालकों से भिन्न होती है।

बाधाओं को दूर करने के उपाय–कन्या शिक्षा की उल्लिखित बाधाओं को दूर करने के लिए निम्नलिखित उपाय किया जाना चाहिए।

(1) जनता की जागरूक बनाना–शिक्षा के रचनात्मक व्यापक तथा प्रभावशाली कार्यक्रमों के द्वारा लोगों को अपनी कन्याओं को शिक्षित बनाने का महत्त्व बतलाया जाना चाहिए। स्थानीय सामाजिक नेता इस कार्य में सहयोग दें।

(2) जनता की आर्थिक कठिनाइयों को दूर करना–जनता की आर्थिक कठिनाइयाँ दीर्धकालीन कार्य हैं। जब तक जनता की आर्थिक स्थिति नहीं सुधरती तब तक सरकार को ही कन्या–शिक्षा के सभी खर्च उठाने पड़ेंगे। गरीब माता–पिता की कन्याओं को पाठ्य–पुस्तक, कॉपी, स्लेट आदि मुफ्त दिये जाने चाहिए।

(3) कन्या विद्यालयों की संख्या में वृद्धि–शहरी तथा देहाती दोनों क्षेत्रों में अधिकाधिक कन्या–विद्यालय खोले जाने चाहिए। सरकारी स्कूलों का खोलना संभव न हो, तो गैर–सरकारी प्रयत्नों को सरकार की ओर से पूरा प्रोत्साहन और पूरी सहायता मिलनी चाहिए।

(4) शिक्षिकाओं की स्थिति में सुधार–शिक्षण–कार्य के लिए पर्याप्त संख्या में स्त्रियाँ मिल सकें, इसकें लिए स्त्रियों के प्रशिक्षण–कार्य पर अधिक ध्यान देना चाहिए।

(5) आवागमन के साधनों की व्यवस्था–घर से स्कूल आने–जाने के लिए सभी कन्या–विद्यालय में स्कूल–बस को प्रबन्ध होना चाहिए। बसों के किराया के रूप में बहुत ही कम पैसे लिये जायें।

(6) जीवन और शिक्षा का सम्बन्ध स्थापित हो–कन्या–स्कूल और कॉलेजों में ऐसी शिक्षा दी जाय जो कन्याओं का सर्वाङ्गीण विकास करते हुए उन्हें कुशल गृहिणी और कुशल माता बना सकें।

(7) पाठ्यक्रम में सुधार–शिक्षा को जीवन से सम्बन्धित करने के लिए कन्याओं के पाठ्यक्रम बालकों के पाठ्य–क्रम से भिन्न हों। उनमें ऐसे विषय और क्रियाशीलन रखें जायें जो नियोजित गुणों के विकास में सहायक हों।

(8) कन्या–छात्रावासों की व्यवस्था–शहरी और देहाती दोनों क्षेत्रों में सुव्यवस्थित कन्या–छात्रावासों की व्यवस्था की जाय, ताकि दूर रहने वाली कन्याएँ इन छात्रावासों में रहकर शिक्षा ग्रहण कर सकें।

(9) सरकार का दायित्व–कन्या शिक्षा की उपर्युक्त बाधाओं को दूर करने के लिए सरकार को निश्चित और दृढ़ कदम उठाने हैं। इसकें लिए निम्नांकित कार्य अपेक्षित हैं–

(i) शिक्षा के कार्यक्रमों में स्त्री–शिक्षा को अग्रणी स्थान दिया जाय तथा इस शिक्षा की कठिनाइयों को दूर करने के लिए पुरुष–शिक्षा के असंतुलन को मिटाने का संकल्प किया जायें

(ii) स्त्री शिक्षा के लिए विशिष्ट योजनाएँ बनायी जायें और इन योजनाओं के कार्यान्वयन के लिए अपेक्षित आर्थिक साधनों की व्यवस्था की जायें

(iii) केन्द्र तथा राज्य–स्तर पर स्त्री–शिक्षा की देख–रेख के लिए एक–एक प्रशासनिक संचय की स्थापना की जायें

स्त्री–शिक्षा की समस्याओं को हल करने के लिए शिक्षा आयोगों का सुझाव

स्त्रियों की शैक्षिक समस्याओं के निराकरण हैतु स्वतन्त्र भारत में अनेक आयोगों तथा समितियों का समय–समय पर केन्द्र सरकार की ओर से गठन किया गया। उनमें प्रमुख निम्न है–

(1) मुदालियर शिक्षा आयोग का सुझाव

1. बालक और बालिकाओं को दी जाने बाली शिक्षा में कोई भेद नहीं किया जाय, पर बालिका–विद्यालयों और सह–शिक्षा के स्कूलों में लड़कियों को गृह–विज्ञान

के अध्ययन की विशेष सुविधाएँ चित्रकारी, संगीत, गृह–अर्थशास्त्र, मातृत्व–कला, गृह–प्रबन्ध का परिचय आदि विषयों की शिक्षा का प्रबन्ध उनके लिए किया जायें

(2) राज्य सरकारों द्वारा उन स्थानों पर बालिकाओं के लिए पृथक् विद्यालय स्थापित किया जाएं, जहाँ उनकी माँग है।

(3) सह–शिक्षा के स्कूलों में बालिकाओं की आवश्यकता की पूर्ति और निश्चित संख्या में अध्यापिकाओं की नियुक्ति के बारे में नियमों का कठोरतापूर्वक पालन किया जायें

(ii) राष्ट्रीय महिला–शिक्षा समिति 1958– भारत सरकार ने सन् 1958 में स्त्री–शिक्षा पर विचार करने के लिए श्रीमति दुर्गाबाई देशमुख की अध्यक्षता में राष्ट्रीय महिला शिक्षा–समिति की नियुक्त की। उस समिति ने निम्नांकित सुझाव दिया–

1. **केन्द्रीय सरकार को स्त्री**–शिक्षा को कुछ समय के लिए एक विशिष्ट समस्या के रूप में स्वीकार करना चाहिए और उसके प्रसार का भार अपने ऊपर लेना चाहिए।

2. केन्द्रीय सरकार को सभी राज्यों के लिए स्त्री–शिक्षा के विस्तार की नीति निर्धारित करनी चाहिए। और उनकों इस नीति का अनुसरण करने के लिए पर्याप्त ध्यान देना चाहिए।

3. राज्यों में स्त्री–शिक्षा का प्रसार करने के लिए बालिका एवं स्त्री–शिक्षा को राज्य परिषदों का निर्माण करना चाहिए।

4. प्राथमिक एवं माध्यमिक स्तरों पर बालिकाओं को शिक्षा की अधिक सुविधाएँ प्रदान की जानी चाहिए।

(iii) राष्ट्रीय महिला शिक्षा परिषद, 1959 के सुझाव–देशमुख समिति की सिफारिश को स्वीकार करके केन्द्रीय शिक्षा मंत्रालय ने 1969 में राष्ट्रीय महिला शिक्षा–परिषद् का निर्माण किया। उस समिति ने स्त्री–शिक्षा के प्रसार के लिए निम्नांकित सुझाव प्रस्तुत किया–

1. विद्यालय स्तर पर बालिकाओं को ओर प्रौढ़ स्त्रियों की शिक्षा से सम्बन्धित समस्याओं पर सरकार को समय–समय पर विचार करना चाहिए।

2. बालिकाओं एवं स्त्रियों की शिक्षा के पक्ष में जनमत का निर्माण करने के लिए उचित उपायों का सुझाव देना चाहिए। साथ ही उक्त शिक्षा से सम्बन्धित समस्याओं पर विचार करने के लिए समय–समय पर सर्वेक्षण, अनुसंधान एवं विचार–गोष्ठियों का आयोजन करना चाहिए।

(iv) हंसा मेहता समिति, 1962– इस समिति ने स्त्री–शिक्षा की समस्याओं के सम्बन्ध में निम्नांकित सुझाव दिये–

1. विद्यालय–स्तर पर बालकों और बालिकाओं के पाठ्यक्रमों में अन्तर नहीं होना चाहिए। अतः लिंग के आधार पर पाठ्यक्रमों के अन्तर की कोई आवश्यकता नहीं है।

2. भारत में जनतंत्रीय और समाजवादी समाज के निर्माण के लिए माध्यमिक तथा उच्च शिक्षा स्तर पर बालकों एवं बालिकाओं के लिए विभिन्न पाठ्यक्रमों का निर्माण करना चाहिए।

(v) कोठारी कमीशन के सुझाव–

1. प्राथमिक शिक्षा–भारतीय संविधन द्वारा प्रतिपादित लक्ष्य की प्राप्ति के लिए बालिकाओं में अनिवार्य शिक्षा का प्रसार करने के लिए विशेष प्रयास किये जायें। बालिकाओं को बालकों के प्राथमिक विद्यालयों में भेजने के लिए जनमत का निर्माण किया जायें उच्च प्राथमिक स्तर पर बालिकाओं के लिए पृथक् विद्यालयों की स्थापना का प्रयत्न किया जायें बालिकाओं को मुफ्त पुस्तकें, लेखन–सामग्री एवं वस्त्र देकर शिक्षा प्राप्त करने के लिए प्रोत्साहित किया जायें

2. माध्यमिक शिक्षा–बालिकाओं के लिए पृथक् विद्यालयों की स्थापना की जायें बालिकाओं को छात्रावास एवं यातायात के साधनों की सुविधाएँ दी जायें। उनके लिए छात्रवृत्तियों ऐ अल्पकालीन तथा व्यावसायिक शिक्षा की योजनाएँ आरम्भ की जायें।

3. उच्च–शिक्षा–छात्रवृत्तियों एवं मितव्ययी छात्रावासों की व्यवस्था करके बालिकाओं को उच्च शिक्षा प्राप्त करने के लिए प्रोत्साहित किया जायें बालिकाओं के लिए पूर्व स्नातक स्तर पर पृथक् कॉलेजों को निर्माण किया जायें बालिकाओं को कला, विज्ञान, प्रौद्योगिकी, मानवशास्त्र आदि पाठ्य–क्रमों को विकसित करके उनकों बालिकाओं के लिए अधिक आकर्षक बनाया जायें

राष्ट्रीय शिक्षा नीति 1986 तथा महिला शिक्षा

राष्ट्रीय शिक्षा नीति में यह व्यवस्था है कि शिक्षा को महिलाओं के स्तर में बुनियादी परिवर्तन लाने के सिाधन के रूप में लाया जायेंगा। राष्ट्रीय शिक्षा प्रणाली–

(अ) महिलाओं को समर्थ बनाने के लिए सकारात्मक हस्तक्षेपकारी भूमिका अदा करेगी।

(ब) नये सिरे से तैयार किये गये पाठ्यक्रम और पाठ्य-पुस्तकों के माध्यम से नये मूल्यों के विकास में योगदान देगी, यथा-

(स) विभिन्न पाठ्यक्रमों के अन्तर्गत महिलाओं सम्बन्धी अध्ययन को प्रोत्साहित करेगी।

लक्ष्यों तथा उनकी प्राप्ति के साधनों की मुख्य बातें। इस प्रकार हैं-

(i) महिलाओं को समर्थ बनाने के लिए सकारात्मक हस्तक्षेपकारी भूमिका की योजना के लिए समूची शिक्षा-प्रणाली को तैयार करना।

(ii) विभिन्न पाठ्यक्रमों के एक भाग के रूप में महिलाओं सम्बन्धी अध्ययनों को बढ़ावा देना तथा महिलाओं के विकास को आगे बढ़ाने के लिए सक्रिय कार्यक्रम शुरू करने के लिए संस्थाओं को प्रोत्साहन देना।

(iii) व्यवहारिक, तकनीकी तथा पेशागत शिक्षा कार्यक्रमों की महिलाओं तक पहुँचाना, और

(iv) व्यावसायिक, तकनीकी तथा पेशागत शिक्षा कार्यक्रमों को महिलाओं तक पहुँचाना

(v) निर्धारित किये गये लक्ष्यों की प्राप्ति के लिए गतिशील प्रबन्धीय ढाँचे का निर्माण करना।

स्त्री शिक्षा के उद्देश्य-

1. किसी भी देश की प्रगति में वहाँ की स्त्रियों का महत्त्वपूर्ण योगदान होता है। स्त्री ही ऐसे बालकों के निर्माण में सक्षम होती है, जो देश की प्रगति के पथ पर अग्रसर करने में समर्थ होते हैं।

2. शिक्षित नारी ही परिवार और समाज को सुसंस्कृत करने में समर्थ होती है। मनु ने इसी कारण यह कहा है – **"यत्र नार्यस्तु पूज्यन्ते रमन्ते तत्र देवता"** अर्थात् जहाँ नारी की पूजा होती है, वहाँ देवता निवास करते हैं। पूजा का अर्थ अक्षर-रोड़ी लेकर चढ़ाने से नहीं है, बल्कि इसका अर्थ है- जहाँ नारी को गौरव दिया जाता है, उसकी शिक्षा की उचित व्यवस्था की जाती है और उसको समाज के निर्माण में पुरुषों के समान ही स्वतंत्रता प्रदान की जाती है-वहाँ देवता निवास करते हैं।

3. अत: भारत के बहुमुखी विकास हेतु स्त्री-शिक्षा का अधिक प्रसार किया जाना चाहिए। प्राचीनकाल में जब भारत कला-कौशल व्यापार एवं सांस्कृतिक अभ्युदय सभी दृष्टियों से सम्मुन्नत था, स्त्री-शिक्षा पर्याप्त मात्रा में थी। स्त्रियाँ न केवल वैदिक साहित्य

का अध्ययन-अनुशलीन करती थी, अपितु मैत्रेयी, गार्गी, घोषा, लोपामुद्रा आदि महिलाओं ने वैदिक संहिताओं की रचना भी की थी।

जब देश गुलाम हो गया, तब स्त्री-शिक्षा की घोर उपेक्षा की गई। ब्रिटिश काल में जहाँ-तहाँ कुछ महिला-विद्यालय खुले। इसकें अतिरिक्त सन् 1885 ई. में बम्बई प्रान्त में 'महाराष्ट्र महिला शिक्षा समिति', दयानन्द के आर्य समाज, बंगाल के ब्रह्म समाज, बम्बई में प्रोफेसर काव एवं दयाबाई ने बालिका विद्यालय की स्थापना में महत्त्वपूर्ण योगदान दिया सन् 1947 ई. में भारत के स्वतंत्र हो जाने के बाद नारी-शिक्षा के विकास पर अधिक ध्यान दिया, जिससे सन् 1947-48 ई. में जहाँ महिला-विद्यालयों की संख्या 1965 थी, वहीं सन् 1954-55 ई. में यह संख्या 23088 हो गई तथा सन् 1955-56 ई. में 24876 हो गई। सन् 1984-85 ई. तक तो हर राज्य में महिला विद्यालय (सामान्य एवं प्रशिक्षण) तथा महाविद्यालयों की संख्या प्रायः इतनी हो गई है कि इसी से महिला-शिक्षा का उद्देश्य स्पष्ट हो जाता है।

4. जनसंख्या की वृद्धि के कारण भी परिवार के भरण-पोषण का भार अब पुरुष-वर्ग पर न होकर स्त्री-वर्ग पर भी आ गया है। अतः स्त्रियों को भी पुरुषों के समान शिक्षित होना आवश्यक है।

5. देखा गया है कि सुखी परिवार वही है, जिसकें माता-पिता दोनों पढ़े-लिखे हैं। उन्हीं के बच्चे शिक्षा के क्षेत्र में भी ओरों की अपेक्षा आगे हैं।

6. आज शिक्षित बेरोजगारों की संख्या घट बढ़ रही है। अतः स्त्रियों को भी रोजगारोन्मुखी शिक्षण देकर उस की पूर्ति करनी होगी।

7. जनगणना की दृष्टि से पुरुषों एवं स्त्रियों के अनुपात में अधिक अन्तर नहीं है, किन्तु पुरुष-वर्ग स्त्री-वर्ग से तीन गुना से भी अधिक शिक्षित है। दोनों के असंतुलन को दूर करने के लिए भी स्त्री-शिक्षा की नितांत आवश्यकता है।

8. अतः स्त्री-शिक्षा का प्रसार तेजी से होना चाहिए, ताकि स्त्री भी समाज में पुरुषों के समान स्थान प्राप्त कर सकें।

9. स्त्री-शिक्षा के प्रसार से समाज की बहुत-सी कुरीतियाँ दूर हो जायेंगी।

10. परिवार, समाज तथा राष्ट्र के विकास के लिए स्त्री सहयोगी अंग बन स्त्री-शिक्षा का मूल उद्देश्य यही है।

पुरुषों तथा स्त्रियों के लिए पाठ्य-चर्या में क्या अन्तर होना चाहिए-

अभी तक केन्द्र तथा राज्य, सभी क्षेत्रों में पुरुष तथा महिला दोनों वर्गों के लिए पाठ्य-क्रम समान ही हैं। नारी-शिक्षा के प्रसार में मुख्य अवरोधक कारण वे भी हैं।

इन्हीं के कारण बालिका–शिक्षा में बालक से अधिक अपव्यय होता है। समान पाठ्यक्रम बालिकाओं के लिए अर्थपूर्ण तथा जीवनोपयोगी नहीं होते। शिक्षा के सभी स्तरों पर बालक–बालिकाओं के लिए एक–समान पाठ्य–क्रम, पुस्तकें व परीक्षाओं के होने से अधिकांश अभिभावक के लिए एक समान पाठ्यक्रम, पुस्तकें व परीक्षाओं के होने से अधिकांश अभिभावक इस शिक्षा को सामाजिक तथा पारिवारिक जीवन के लिए उपयोगी नहीं समझते ;क्योंकि मनोविज्ञान की दृष्टि से बालिकाओं की शारीरिक, मानसिक और सामाजिक आवश्यकताएँ बालकों से भिन्न होती हैं।

इस प्रकार भले ही प्राथमिक शिक्षा का पाठ्यक्रम बालक–बालिकाओं का एक–समान हो, पर माध्यमिक और उच्च शिक्षा के स्तर पर तो उसमें परिवर्तन आवश्यक है। इसलिए मुदालियर शिक्षा आयोग ने महिलाओं के लिए गृह विज्ञान अनिवार्य बना देने का सुझाव दिया है और नारी–संरक्षण तथा उच्च शिक्षा में चित्रकारी, संगीत, गृह–अर्थशास्त्र, मातृत्व–कला, गृह–प्रबन्ध परिचर्या आदि विषयों को स्त्री–शिक्षा में सम्मिलित करने की सिफारिश की है।

श्रीमति दुर्गाबाई देशमुख की अध्यक्षता में स्त्रियों की शिक्षा के लिए नियुक्त राष्ट्रीय समिति तथा श्रीमति हंसा मेहता की अध्यक्षता में लड़कों और लड़कियों की पाठ्यचर्याओं में विभेदीकरण के बारे में नियुक्त समिति में लड़का और लड़की दोनों के पाठ्यक्रमों को अलग–अलग रखने की सिफारिश की है। अतः नवोदित भारतीय समाज की सामाजिक एवं आर्थिक परिस्थितियों को देखते हुए स्त्री और पुरुष दोनों के लिए पृथक पाठ्यक्रम, पुस्तकें एवं विषय रखने होंगे। अतः उस संदर्भ में इन तथ्यों को ध्यान में रखना आवश्यक होगा–

घरों की चहारदिवारी से बाहर स्त्रियों का कार्य देश के सामाजिक और आर्थिक जीवन का एक महत्त्वपूर्ण अंग बन गया है और आनेवाले वर्षों में यह और भी महत्त्वपूर्ण बन जाएगा। इराकें लिए बालिकाओं के पाठ्यक्रम बालकों के अलग रखना होगा। अध्ययन, नर्सिंग और समाज सेवा ऐसे क्षेत्र हैं, जहाँ स्त्रियाँ पुरुषों से अच्छा काम कर सकती है। अतः स्त्री–शिक्षा के पाठ्यक्रम में इन विषयों के शिक्षण पर अधिक ध्यान दिया जाना चाहिए। राज्य में प्राथमिक स्तार तक के पाठ्यक्रम में बालक–बालिकाओं के लिए एक–समान ही पाठ्य–पुस्तकें हैं। किन्तु माध्यमिक स्तर (9 एवं 10 वर्ग) में बालिकाओं के लिए वैकल्पिक विषय के रूप में गृह–विज्ञान की व्यवस्था है। सामाजिक आवश्यकता तथा मनौवैज्ञानिक अन्तर को देखते हुए बालक एवं बालिकाओं के लिए पृथक् पाठ्यक्रम की व्यवस्था होनी चाहिए। नारी–शिक्षा को उपयुक्त बनाने की दृष्टि से माध्यमिक कक्षाओं में बुनाई, सिलाई, कढ़ाई, शिशु–संरक्षण

तथा उच्च शिक्षा का प्रबन्ध होना चाहिए। महात्मा गाँधी ने भी बालक और बालिकाओं के लिए विभिन्न पाठ्यक्रम की आवश्यकता का उल्लेख करते हुए लिखा है-"जबकि आधार रूप में पुरुष और स्त्री दोनों समान हैं, किन्तु यह भी सत्य है कि शरीर की बनावट में दोनों में महान् अन्तर है। अतएवं पुरुषों एवं स्त्रियों की शिक्षा में उसी प्रकार का अन्तर किया जाना आवश्यक है जैसा कि स्वयं प्रकृति माता ने उनमें किया है।" भारत में नारी जागरण का प्रारम्भ उन्नीसवीं शताब्दी के उत्तरार्द्ध से हुआ। नारी को समाज में उसका उचित स्थान दिलाने के लिए एक ओर तो राजा राममोहन राय, स्वामी दयानन्द सरस्वती, महात्मा गाँधी जैसे महान समाज सुधारकों ने भरसक प्रयत्न किया, दूसरी ओर पश्चिम की नारी से प्रभावित होकर भारतीय नारी ने अपने स्वरूप को पहचानना प्रारम्भ कर दिया। पुरुष के साथ कन्धे से कन्धा मिलाकर देश के विकास में बराबर भाग लेती हुई पश्चिम की नारी को देखकर भारतीय नारी ने भी रूढ़िवादी जीवन को तिलांजलि देकर नवयुग का आह्वान किया। भारत की नारी ने इस नई चुनौती को स्वीकार कर उच्च शिक्षा ग्रहण कर अपने कार्यक्षेत्र को बदलना प्रारम्भ कर दिया। वह समाज के हर क्षेत्र में उपस्थित दिखाई देने लगी तथा उसका प्रभाव सर्वत्र परिलक्षित होने लगा।

आज की शिक्षित नारी समय और शिक्षा दोनों के महत्त्व को जानती है। आज प्रत्येक क्षेत्र में नारी की सक्रिय भूमिका देश के निर्माण में लगी है। शिक्षा, चिकित्सा, तकनीकी, वैज्ञानिक, कला, कविता, साहित्य सृजन सभी क्षेत्रों में नारी शक्ति विद्यमान है। पुरुष ने अपने स्वार्थ के लिए नारी को कानून के क्षेत्र से दूर रखा था, किन्तु आज वकालत के क्षेत्र में भी नारियों का प्रवेश समाज के लिए लाभदायक सिद्ध हो रहा है। अपना खाली समय इधर-उधर गप्पों में बिताने की बजाय वह अपने परिवार के सदस्यों के साथ अपनी पारिवारिक समस्याओं को सुलझाने में व्यस्त दिखाई देने लगी है। जब यही नारी, शिक्षा का महत्त्व अपनी सन्तान को समझाएगी तो निश्चय ही देश की भावी पीढ़ी का चरित्र उज्ज्वल होगा और वह समाज व देश के निर्माण में सहयोग प्रदान करेगी।

आज स्थिति यह है कि राजनीति, वैज्ञानिक संस्थान, पर्वतारोहण, क्रीड़ा-जगत, पुलिस, सेना आदि कोई भी क्षेत्र ऐसा नहीं है जहाँ नारी का प्रवेश न होता हो। शिक्षा प्राप्ति और नौकरी से कोई लाभ हुआ हो अथवा न हुआ हो, एक लाभ यह अवश्य हुआ है कि वह पुरुष की निरंकुशता से मुक्ति अवश्य पा गई है। आर्थिक स्वावलम्बन ने उसके आत्मविश्वास में वृद्धि की है और वह किसी भी समस्या से जूझने के लिए तत्पर है। जिन लोगों को नारी की कार्य-क्षमता में अविश्वास था, वे भी अब उसकी योग्यता के कायल होने लगे हैं। यही कारण है कि नौकरी-पेशा पुरुष और नारियों

के वेतनमान में कोई अन्तर नहीं दिखाई देता। बल्कि कुछ व्यवसायों में तो नारियाँ जितनी कुशलता से कार्य कर सकती हैं, उतनी कुशलता से पुरुष भी उस कार्य को नहीं कर पाते हैं। इसमें कोई सन्देह नहीं कि आज शिक्षा के माध्यम से नारी की स्थिति गत शताब्दी की नारियों की अपेक्षा उन्नत हुई है। वर्तमान समय में नारियाँ जीवन के प्रत्येक क्षेत्र में प्रवेश कर गई हैं। आज की नारी ने अपनी शक्ति को पहचाना है। राजनीति जैसे पुरुष प्रधान क्षेत्र में भी वे अपनी सशक्तता दर्ज करा रही हैं। अनेक नारियाँ आज सांसद एवं विधानसभा की सदस्य हैं। भारत के कई राज्यों में नारियाँ मुख्यमंत्री का दायित्व अत्यन्त कुशलतापूर्वक निर्वहन कर रही हैं। मध्यप्रदेश में सुश्री उमा भारती, दिल्ली में सुश्री शीला दीक्षित एवं राजस्थान में वसुन्धरा राजे इसके ज्वलंत उदाहरण हैं तथा केन्द्र सरकार में सुषमा स्वराज जैसी नारियाँ अपनी दक्षता का परिचय दे रही हैं। स्वतंत्र भारत में श्रीमती सरोजिनी नायडू से लेकर श्रीमती इन्दिरा गाँधी तक राजनीति में नारियों के प्रवेश की गति कुछ धीमी अवश्य रही, पर उनकी शक्ति, क्षमता, कार्यकुशलता पर कभी किसी ने अविश्वास नहीं किया। इसी सन्दर्भ में अगर हम अपनी दृष्टि को स्वतन्त्रता प्राप्ति के समय के पश्चात् ले जाएँ तो हम देख सकते हैं कि स्वतन्त्रता प्राप्ति के पश्चात् की नारी के जागरण की गति आश्चर्य में डाल देने वाली है। वह आज प्रशासन की सर्वोच्च परीक्षाओं में भी अपनी योग्यता का परिचय दे चुकी है। आज उसे पुरुष के समान मत देने का पूर्ण अधिकार है। आज जीवन का कोई क्षेत्र उससे अछूता नहीं है। श्रीमती इन्दिरा गाँधी को देश का प्रधानमंत्री बनाकर भारत ने यह सिद्ध कर दिया कि भारत ने नारी-शक्ति को पहचाना है। उससे पहले भी कुछ उदाहरण देखने को मिलते हैं जो नारी शक्तिकरण का परिचय देते हैं। जैसे:- स्व. सरोजिनी नायडू स्वतंत्र भारत में उत्तर प्रदेश की पहली नारी राज्यपाल नियुक्त की गई थी, राजकुमारी अमृत कौर काफी समय तक केन्द्रीय मन्त्रिमण्डल में स्वास्थ्य मंत्री के रूप में कार्य करती रहीं, तथा डॉ. विजयलक्ष्मी पण्डित रूस, अमेरिका और ब्रिटेन में राजदूत तथा राष्ट्र संघ की महासभा में अध्यक्ष रह चुकी हैं। इस प्रकार स्वतंत्रता प्राप्ति के पश्चात् का इतिहास भी शिक्षित नारी की योग्यता का प्रमाण प्रस्तुत करता है। इस प्रकार समय के परिवर्तन के साथ शिक्षा जैसे सशक्त माध्यम से आज की नारी स्वयं सशक्त बनकर विभिन्न व्यवसायों एवं सेवाओं से जुड़ती जा रही है तथा कुशलतापूर्वक विभिन्न पदों पर आसीन होकर निस्सन्देह प्रगति की ओर अग्रसर हो रही है।

❑❑❑

13

मुस्लिम विवाह एवं परिवार

विवाह जीवन की एक आवश्यक प्रसंगति है आदि – अनादि काल से विवाह की प्रथा एवं परम्परा चली आ रही है। वैसे विवाह का मुख्य उद्देश्य सन्तानोंत्पति कर वंश परम्परा को निरन्तर बनाये रखना है। विवाह द्वारा सन्तानोत्पति नहीं होने पर वंश परम्परा कायम रखने के लिए दत्तक की प्रथा है। इसके साथ ही साथ विवाह का धार्मिक एवं आध्यात्मिक महत्व व स्वरूप भी है वैदिक संस्कृति के अनुसार विभिन्न धार्मिक अनुष्ठानों की सम्पन्नता के लिए स्त्री एवं पुरूष (पति–पत्नी) का होना अपेक्षित है। फिर सन्तान को विधिक स्वरूप प्रदान करने के लिए भी विवाह आवश्यक है। इस प्रकार विवाह का महत्व अनेक दृष्टियों से है और यही कारण है कि विवाह की अनिवार्यतायें सामाजिक एवं धार्मिक प्रथाओं पर आधारित है। हिन्दू संस्कृति में विवाह का भिन्न स्वरूप में तो मुस्लिम संस्कृति में भिन्न। इस अध्याय में 'मुस्लिम विवाह' (Muslim Sarriage) का विवेचन किया गया है। हिन्दू विधि के अन्तर्गत विवाह को जहाँ एक पवित्र संस्कार माना गया है, वहाँ मुस्लिम विधि में यह एक संविदा मात्र समझा जाता है। विवाह का एकमात्र उद्देश्य वैधानिक रूप से सन्तानोपत्ति करना है। प्रो. ए.ए.ए. फौजी ने मुस्लिम विवाह के तीन दष्टिकोण बताये है।

(1) वैधानिक दष्टिकोण,

(2) समाजिक दष्टिकोण, एवं

(३) मार्धिक दष्टिकोण।

(1) वैधानिक दष्टिकोण-

वैधानिक दृष्टि से मुस्लिम विवाह एक संविदा है, संस्कार नहीं। संविदा की दृष्टि से इसकी तीन विशेषतायें है-

(1) संविदा की तरह विवाह भी पक्षकरों की सहमति के बिना नहीं किया जा सकता।

(2) संविदा की तरह विवाह को भंग करने के लिए भी अनेक उपचार उपलब्ध हैं।

(3) वैधानिक परिसीमाओं में रहते हुए विवाह की संविदा की शर्तों के अन्तर्गत व्यक्तिश: बाद संस्थित किया जा सकता है।

(2) सामाजिक दष्टिकोण-

सामाजिक दष्टिकोण से विवाह के तीन मुख्य तथ्य हैं-

(1) इस्लामिक विधि में विवाह के पश्चात् पत्नी को एक उच्च सामाजिक दजा दिया जाता है।

(2) अब इस्लाम पूव की बहु पत्नियों की व्यवस्था पर अंकुश लगा दिया गया है। उस समय एक व्यक्ति अनेक पत्नियाँ रख सकता था, जबकि अब वह चार से अधिक पत्नियाँ नहीं रख सकता है।

(3) स्वयं पैगम्बर ने विवाह की स्थिति को प्रोत्साहित किया है एवं विवाह का अधिकाधिक आनन्द उठाने को कहा है। पैगम्बर के अनुसार इस्लाम में साधुजीवन बिताने जैसीह बात नहीं है।

(3) मार्धिक दष्टिकोण -

वैधानिक एक सामाजिक दृष्टि कोण के साथ-साथ विवाह का धार्मिक दष्टिकोण भी महत्वपूर्ण है। कुरान के अनुसार इस्लाम में विवाह को सामाजिक आधार के रूप में मान्य किया गया है। वंसिदा के साथ-साथ यह एक संस्कार भी है। अस्थायी विवाह अब लुप्तप्राय सा हो गया है। विवाह मनुष्य जीवन को ऊँचा उठान वाला एक संस्थान है। पति-पत्नी दोनों को एक -दूसरे को सम्मान की दष्टि से देखा जाना चाहिये। स्वयं पैगम्बर ने स्त्रियों के अस्तित्व को ऊँचा उठाने का प्रयास किया था।

पैगम्बर का कहना कि-विवाह से पूर्व लड़की को देख लेना चाहिये एवं लड़की का चारित्रिक सामन्जस्य पाया जाता है। इस प्रकार मुस्लिम विवाह संविदा के साथ-साथ संस्कार भी माना जाता है। इसमें दोनों का सामन्जस्य पाया जाता है। विश्व की प्रकृति के सम्बन्ण में समय-समय पर विधिशास्त्रियों ने आगने मत प्रकट किये है।

अमीर अली के अनुसार- 'मुस्लिम विधि के अन्तर्गत विवाह सारत: एक सिविल संविदा है। उसकी मान्यता एक और प्रस्ताव एक और से प्रस्ताव और दूसरी और से स्वीकृति पर निर्भर करती है।'

फतवा-ए-आलमगिरी के अनुसार- 'अन्य संविदाओं के समान विवाह के सभी आधार 'इजब' और 'कबूल'अर्थात् 'प्रस्ताव' और 'स्वीकृति' है।

हेदाया के अनुसार- 'विवाह 'इजब' और 'कबूल' द्वारा जो दोनों भूत काल में व्यक्त किये जाते हैं, संवेदित होता है और विधितया पक्का होता है।'

'अब्दुल कादिर विरूद्ध सलिमा'[1] के मामले में न्यायमूर्ति श्री महमूद ने यह अभिनिर्धारित किया है कि- 'मुस्लिम विधि के अन्तर्गत विवाह संस्कार नहीं हैं। बल्कि एक सिविल संविदा हैं। उससे उत्पन्न होने वाले सभी अधिकारों एवं दायित्वों का तुरन्त ही उद्‌भव हो जाता है और वे किसी पूर्व भावी शर्त जैसे पति द्वारा पत्नी को महर के भुगतान पर निर्भर नही होते।

इसी तरह 'सुबुरुन्निसा बनाम सबदू शेख'[2] के मामले में न्यायमूर्ति श्री मित्तर ने मुस्लिम विवाह की विक्रय द्वारा सम्पत्ति हस्तान्तरण से महर को विवाहह का प्रतिफल मानकर, तुलना करते हुए कहा है कि- मुस्लिम विधि के अन्तर्गत विवाह एक सिविल संविदा है और विक्रय की संविदा के समान है। विक्रय मूल्य के बदले मं सम्पत्ति का हस्तान्तरण है। विवाह की संविदा में पत्नी है और महर मूल्य है।'

बेली ने विवाह को 'स्त्री-पुरूष के समागम को वैध बनाने तथा सन्तान उत्पन्न करने की लिए गई संविदा' बताया है। मुस्लिम समुदाय में इसे 'निकाह' के नाम से संवोधित किया जाता है, जिसका शाब्दिक अर्थ है- 'स्त्री और पुरूष यौन संयोग।'

लेकिन अब्दुल रहीम के अनुसार- 'विवाह की प्रथा में इबादत यानि धार्मिक कार्य और मुआमलात यानि इन्सानों के बीच व्यवहार दोनों के गुन पाये है।'

विवाह के उद्देश्य-

पैगम्बर ने विवाह के का अत्यन्त सुन्दर चित्रण किया है। उनके अनुसार- 'पुरुष स्त्रियों से विवाह उनकी धर्मनिष्ठा, सम्पत्ति या उनके सौन्दर्य के लिए करते हैं, परन्तु उन्हें विवाह केवल धर्मनिष्ठा के लिए करना चाहिये।'

1. आई.एल.आर. 8 इलाहाबाद, 149

2. ए.आई.आर. 1934 कलकत्ता,693

हेदाया में विवाह के तीन उद्देश्य बताये गये है-

(i) समागम,

(ii) संगति, एवं

(iii)समान हितेच्छा।

तरमीजी विवाह के पांच उद्देश्यों कस उल्लेख करता है-

(i) कामवासना का नियमन,

(ii) गृस्थ जीवन का नियमन,

(iii) वंश-वृद्धि,

(iv) पत्नी और बच्चों की देखभाल, तथा

(v) सदाचारी बच्चों का पालन।

हिन्दू एवं मुस्लिम विवाह में अन्तर-

हिन्दू एवं मुस्लिम विवाह में निम्नलिखित अन्तर पाया जाता है-

(1) हिन्दू विवाह एक संस्कार है।

(2) हिन्दू विवाह में प्रतिफल के भुगतान की आवश्यकता नहीं होती।

(3) हिन्दू विधि में पति-पत्नी का एक अस्तित्व होता है।

(4) हिन्दू विधि में बहु पत्नी निषेध किया गया हैं, अर्थात् एक समय में एक से अधिक पत्नियाँ नही रख सकता।

(5) हिन्दू विवाह का विच्छेद आसानी से नहां किया जा सकता, अर्थात् हिन्दू विवाह अधिनियम की धारा 13 में उल्लेखित आधारों पर ही तलाक दिया जात जा सकता है।

मुस्लिम

(1) मुस्लिम विवाह एक संविदा है।

(2) मुस्लिम विवाह में 'मेहर' के रूप में प्रतिफल देय होता है।

(3)मुस्लिम विवामें पत्नी का अपना अलग अस्तित्व हो जाता है।

(4) मुरिलम विधि के अन्तर्गत एक व्यक्ति एक समय चार पत्नियाँ रख सकता है।

(5)मुस्लिम विधि में 'तलाक'एक अत्यन्त ही आसान कार्य है।

मुस्लिम विवाह में संविदा के तत्व-

अधिकांश विधिवेत्ताओं के अनुसार मुस्लिम विाह का स्वरूप एक सिविल संवदि जैसा है। इसमें निम्नांकित तत्व पाये जाते है-

(क) संविदा के लिए 'प्रस्ताव' एवं 'स्वीकृति' का होना आवश्यक है मुस्लिम विवाह के लिए 'इजब' और 'कबूल' आवश्यक हैजिनका अर्थ है- प्रस्ताव एवं स्वीकृति।

(ख) विधिमान्य संविदा के लिए 'प्रतिफल' (Conisdertion) अनिवार्य है। मुस्लिम विवाह में भी 'महर' (Dower) आवश्यक है जिसे विवाह का प्रतिफल माना जाता है।

(ग) संविदा पत्र-व्यवहार, टेलीफोन, टैलेक्स, इन्टरेट आदि के माध्यम से की जा सकती है। मुस्सिलम विवाह में भी दुरदर्शन एवं इन्टरनेट के जरिये किया जा सकता है।

उत्तर प्रदेश में एक पारंपारिक मुस्लिम परिवान ने अपनी बेटी का निकाह इंटरनेट के माध्यम से सम्पन्न करवाया। यह कोई प्रेम विवाह नहीं, बल्कि पारंपारिक विवाह था। वेब कैमरे का इस्तेमाल इसलिए किया गया, क्योंकि दूल्हा मक्का से भारत आने में असमर्थ था। दुलनि शबनम वेब कैमरे के सामने बैठी थी और उसने दूल्हे अब्दुल कलाम को इंटरनेट पर ही 'कबूल है' कहा। शबनम इस हाईटेक निकाह के समय लखनऊ के एक साइबर कैफे में बैठी हुई थी वहीं हजारों मील दूर कलाम ने सऊदी अरब के मक्का में बैठकर शबनम से निकाह किया। कलाम और शबनम इससे पहले कभी मिले भी नहीं। मक्का में काम करने वाले कलाम को भारत आकर शादी करने की छुट्टी नहीं,मिली, इसलिए यह शादी इंटरनेट की मदद से की गई। यह सुझाव पेशे से कम्प्यूटर इंजीनियर कलाम का ही था। दोनों तरफ कम्प्यूटर के सामने वर-वधू के रिश्तेदारों खड़े थे और ऐसा लग रहा था जैसे आंखों के सामने ही यह शादी हो रही हो। इस निकाह से पहले शबनम के परिवार वालों ने उलेमाओं को अनुमति भी प्रापत कर लीथी। लखनऊ ईदगाह के नायाब इमाम मौलाना खालिद रशीद फिरंगी महली ने बताया कि अगर शरीयत के सभी प्रावधानों का पालन कर इंटरनेट द्वारा निकाह किया जाए तो वह वैध होगा।

(घ) संविदा में के पक्षकरों द्वारा संविदा को कभी भी विखडित किया जा सकता है। मुस्लिम विवाह भी पक्षकरों द्वारा आसानी से विघटित (dissolve)किया जा सकता है।

1. राजस्थान पत्रिका के दिनांक 25 अप्रेल 2005 के अंक मे प्रकाशित समाचार।

वैध विवाह की अनिवार्य शर्तें-

वैध विवाह के लिए कुछ आवश्यक शर्तें निरुपित की गई है इन शर्तें का पालन किये जाने पर विवाह या तो अवैध होता है या अमान्य। यह शर्तें निम्नलिखित हैं-

(1) पक्षकरों की सक्षमता,

(2) प्रस्ताव एवं स्वीकृति,

(3) स्वतंत्र सम्मति,

(4) गवाहों की उपस्थिति,

(5) एक बैठक, एवं

(6) प्रतिषिद्ध आसतियों का अभाव।

(1) पक्षकरों की सक्षमता-

मुस्लिम विवाह को एक सिविल वंविदा माना गया है, अतः विवाह में के पक्षकरों का संविदा करने के लिए सक्षम होना आवश्यक है। सक्षमतता से अभिप्राय उपका वयस्क एवं स्वस्थचित्त होना है।

सामान्यता: वयस्कता की आयु पन्द्रह वर्ष मानी जाती है, लेकिन मुस्लिम विधि के अन्तर्गत वयस्कता से अभिप्राय यौवन से है। लड़की रजस्वला होने पर वयस्क मान लिया जाता है शिया स्त्रियों की अवस्था में वयस्कता की आयु मासिक धर्म के साथ शुरू हो जाती है और जब तक कोई अन्य साक्ष्य नहीं हो, यह धर्म 9 से 10 वर्ष की आयु तक शुरू हो जाता है। विवाह में के पक्षकरों का स्वस्थचित्त होना भी आवश्यक है। अर्थात् पागलपन की अवस्था में विवाह नहीं किया जा सकता। स्वस्थचित्त से अभिप्राय पक्षकरों में विवाह की संवदि की प्रकृति को समझने की क्षमता संरक्षकों द्वारा की जा सकती है।

(2) प्रस्ताव एवं स्वीकृति-

वैध पिवाह की दूसरी आवश्यक शर्त 'प्रस्ताव' एवं 'स्वीकृति' है अर्थात् विवाह के एक पक्षकार द्वारा प्रस्ताव एवं दूसरे पक्षकार द्वारा उसकी स्वीकृति दिया जाना आवश्यक है। इसे 'इजअ-ओ-कबूल' कहते हैं।

प्रस्ताव एवं स्वीकृति का कोई निर्धारित रूप अथवा प्रकार नहीं हैं। आवयश्यक मात्र यह है कि प्रस्ताव एवं स्वीकृति के शब्द इतने स्पष्ट हों कि उनसे पक्षकारों का आशय स्वीकृति के क्षण से दाम्पपत्य सम्बन्ध स्थापित करने का प्रकट हो जाये।[1]

(3) एक बैठक-

वैध विवाह की तीसरी आवश्यक शर्त प्रस्ताव एवं स्वीकृति का एक बैठक में पूर्ण हो जाना है यदि बीच में किसी प्रकार व्यवधान हो जाता है तो वह प्रस्ताव एवं स्वीकृति वैध नहीं समझी जाती।

यदि प्रस्ताव के बाद वर उठकर चला जाये तो बाद में दी गई स्वीकृति मान्य नही होगी। यदि विवाह में कोई पक्षकार अनुपस्थित हों तो वह लिखित में होनी चाहिए।

उदाहरणार्थ- 'क' एवं 'ख' उपस्थित में 'त' कहता है कि 'मैंने अपना विवाह 'ब' से कर लिया है जो उपस्थ्ति नहीं है। जब यह सूचना 'ब' के पास पहुंचती है तो 'ब' कहता है कि 'मैंने स्वीकार कर लिया है।' इस हालत में 'ब' की स्वेकृति के समय 'क' और 'ख' के उपस्थित होते हुए भी विवाह वैध नहीं होगा।

'त' अपने विवाह का प्रस्ताव 'ब' के पास एक हरकारे या खत के जरिये भेजता है 'ब' दो गवाहों की उपस्थिति में उस हरकारे से बात करके या खत पढ़कर प्रस्ताव की स्वीकृति घोषित करता है। यह विवाह वैध होगा।

1 मुस.जैनवा बनाम अब्दुल रहमान, (ए.आई.आर. 1956 पेशावर 51)

(4) स्वतंत्र सम्मति-

विवाह के पक्षकारों द्वारा की गई सम्मति स्वतंत्र होनी चाहिचे। अर्थात यदि वह झूठ, फरेब, धमकी आदि के द्वारा दी गई हो तो वह स्वतंत्र सम्मति नहीं मानी जायेगी, एवं विवाह-अमान्य होगा।

विवाह में के पक्षकरों के अवश्यस्क होने पर उनके संरक्षकों द्वारा सम्मति दी जानी आवश्यक होगी एवं वयस्कता प्राप्त कर लेने पर उसका अनुसमर्थन किया जाना आवश्यक होगा। सम्मति अभिव्यक्त या उपलक्षित कैसी भी हो सकती है। मुस्कुराना, चुप रहना या हंसना स्वतंत्र सम्मति माना जाएगा। कपट अथवा मिथ्या व्यपदेशन द्वारा सम्पन्न विवाह तब तक मान्य नहीं होता है तब तक उसका अनुसमर्थन न कर दिया जाये। विधिमान्य विवाह के लिए विवाह हेतु सहमति प्राप्त किया जाना आवश्यक है। स्त्री की इच्छा के विरुद्ध विवाह पूर्णावस्था (consummation)मात्र से विवाह विधिमान्य नहीं हो जाता।

(5) गवाहों की उपस्थिति-

विवाह के लिए प्रस्ताव एवं स्वीकृति दो गवाहों के समक्ष की जानी चाहिए। दोनों पुरुष गवाह या एक पुरुष एवं दो महिला गवाहों का वयस्व एवं स्वस्थचित होना आवश्यक है। उक्त दोनो गवाहों का मुसलमान होना भी आवश्यक माना गया है। 'अगर वैध विवाह होता तो निकाह पढ़ने के लिए जरूरी गवाहों एवं वकिलों के साथ एक 'मुल्ला' उपस्थित होता' (न्यायमूर्ति अमीरअली) अंधा एवं गूंगा व्यक्ति गवाह हो सकता है, लेकिन बहरा व्यक्ति गवाह नहीं हो सकता। शिया विधि के अन्तर्गत गवाहों की उपस्थिति आवश्यक नहीं है। शफेई विधि के अन्तर्गत दो पुरुष गवाह आवश्यक माने गये हैं। स्त्रियों की गवाह नही हो सकती।

लेकिन यहाँ उल्लेखनीय है कि विवाह के समय दो मुसलमान गवाहों की उपस्थिति मात्र से कोई सिविल विवाह स्वत: फासिद विवाह का रुप नही ले लेता। अन्य शर्तों का पूरा होना भी आवश्यक है।

(6) निषिद्ध आसतियों का अभाव-

विवाह निषिद्ध असातियों के भीतर नहीं किया जा सकता। निषिद्ध आसतियों के अन्तर्गत तीन प्रकार सम्बन्ध आते हैं-

(1)रक्त सम्बन्ध,

(2) विवाह सम्बन्ध, एवं

(3)धात्रेय सम्बन्ध।

रक्त सम्बन्ध-

रक्त सम्बन्ध के अन्तर्गत कोई भी पुरुष अग्रलिखित के साथ विवाह नहीं कर सकता-

1. अब्दुल लतीफ बनाम नियाज अहमद, [(1909)31 इलाहाबाद 343]

2. अहमद उन्निस बेगम बनाम अकबर शाह, (ए.आई.आर. 1942 पेशावर 42)

3. अब्दुर रहमान उन्द्रे बनाम श्रीमती अब्दुर रहमान उन्द्रे, (ए.आई.आर. 1982 बम्बई 34)

(1) माता या दादी के साथ, चाहे वह कितनी पीढ़ी ऊपर हो,

(2) पुत्री या पौत्री के साथ, चाहे वह कितनी पीढ़ी ऊपर हो।

(3) बहिन के साथ, चाहे वह सगी हो या सौतेली हो,

(4) भाई की पुत्री गा पौत्री के साथ, चाहे वह कितनी पीढ़ी ऊपर हो।

(5) अपनी या अपने पिता की चाची, मौसी, भुवा, मामी के साथ चाहे वह कितनी पीढ़ी ऊपर हो।

विवाह सम्बन्ध

विवाह सम्बन्धों के अन्तर्गत कोई पुरुष निम्नलिखित के साथ विवाह नही कर राकता-

(1) पत्नी की माता या दादी के साथ, चाहे कितनी ही पीढ़ी ऊपर हो,

(2) पत्नी की पुत्री या पौत्री के साथ, चाहे कितनी ही पीढ़ी ऊपर हो,

(3) पिता या पितामह की पत्नी के साथ, चाहे कितनी ही पीढ़ी ऊपर हो,

(4) पुत्र, पौत्र या दोहित्र की पत्नी के साथ, चाहे कितनी ही पीढ़ी ऊपर हो।

यह शर्त तभी लागू होती है जब कि पत्नी के साथ विवाह पूर्णावस्था को पहुंच गया हो।

धात्रेय सम्बन्ध

यदि दो व्यक्तियों ने एक ही स्त्री का दूध पिया हो तो उनके बीच विवाह नहीं किया जा सकता। उपरोक्त के अलावा निम्नलिखित विवाह भी विधिमान्य नहीं माने गये हैं-

(1) दो सगी बहिनों के साथ किया गया विवाह।

(2) पांचवी स्त्री से किया गया विवाह।

(3) गवाहों की अनुपस्थित मे किया गया विवाह।

(4) अन्य धर्मावलम्बी के साथ किया गया विवाह।

(5) इद्दत की अवधि काटती हुई स्त्री के साथ किया गया विवाह।

(6) दूसरे की विवाहिता पत्नी या पति के साथ किय गया विवाह।

(7) मुस्लिम स्त्री द्वारा गैर मुस्लिम के साथ किया गया विवाह।

(8) गर्भवती स्त्री से विवाह।

(9) तीर्थयात्रा में विवाह

(10) तलाक के बाद गया पुनर्विवाह।

(11) घातक रोग से पीड़ित व्यक्ति के साथ किया गया विवाह।

(7) अन्य औपचारिकताओ का निर्वहन-

यद्यपि विधिमान्य विवाह के लिए अनिवार्य शर्ते उपरोक्त छः ही है, फिर भी विवाह के समय कुछ अन्य औपचारिकताओं को भी पूरा यिका जाता है यह एक परम्परा सी बनी गई है। विधिवेत्ता इन औपचारिकताओ को 'गृह कर्म' कर संज्ञा देते है। अमीर अली ने अपनी पुस्तक 'मोहमेडन लॉ' में इन गृह कर्मो का उल्लेख किया है। फिजराज्ड ने विवाह के समय सम्पन्न की जाने वाली तीन औपचारिकताओं की परिकल्पा कीर है, यथा-

(क) विवाह के समय दोनों पक्षकरों की तरह से अपने-अपने अभिकर्ताओं (Agents) का उपस्थित रहना। ये विवाह की शर्ते तय करते है।

(ख) पति की ओर से विवाह के समय भोज(दावत) दिया जाना।

(ग) काजी का उपस्थित रहना।

मु० गुलाम कब्रा बना मोहम्मद शफी[1] के मामले में न्यायमूर्ति मीर अहमद द्वारा यह कहा गग है कि - मुस्लिम विधि में विवाह के समय प्रस्ताव, स्वीकृति, महर आदि की रस्मे अभिकर्ता के माध्यय स पूरी किये जाने की परम्परा रही हैं, क्योंकि मुस्लिम स्त्रियां अधिकांशतया पर्दे में रहती है।

मान्यता की दृष्टि से विवाह के प्रकार

विवाह तीन प्रकार के होते हैं-

(1) सहीं विवाह;

(2) अमान्य विवाह; एवं

(3) शून्य विवाह।

(1) सहीं विवाह-

निम्नलिखित विाह सही अर्थात् वैद्य माने गये हैं-

(1) विवाह की संविदा समक्ष पक्षकरों द्वारा की गई हो।

(2) स्वतंत्र सम्मति से किया गया हो।

(3) प्रस्ताव एवं स्वीकृति हो।

(4) एक ही बैठक में प्रस्ताव एंव स्वीकृति की गई हो।

(5) गवाहों की उपस्थिति में विवाह किया गया हो।

(6) निषिद्ध आसतियों के भीतर नहीं किया हो। (रक्त सम्बन्ध, विवाी सम्बन्ध एवं धात्रेय सम्बन्ध निषिद्ध खासंत मे माने गये हैं।)

(2) शून्य विवाह

ऐसा विवाह जो निषिद्ध आसतियों के भीतर किया गया हो, पूर्णत: शून्य माना जाता है। निषिद्ध आसतियो के अन्तर्गत रक्त रांबंध, विवाह एवं धात्रेय संबां आते हैं-

(1) रक्त सम्बन्ध–

(1) अपनी माता या दादी के साथ किया गया विवाह।

(2) अपनी पुत्री या पौत्री के साथ किया गया विवाह।

(3) अपनी बहिन के साथ किया गया विवाह।

(4) भाई की पुत्री या पौत्री के साथ किया गया विवाह।

(5) अपनी या अपने पिता या माता की भाभी, मामी, मौसी भुवा, चाची, आदि के साथ विवाह।

(2) विवाह सम्बन्ध

(1) पत्नी की माता या दादी के साथ किया गया विवाह।

(2) पत्नी की पुत्री या पौत्री के साथ किया गया विवाह।

(3) पिता या पितामह की पत्नी के साथ किया गया विवाह।

(4) पुत्र,पौत्र या दौहित्र की पत्नी के साथ किया गया विवाह।

(3) अमान्य विवाह

निम्नलिखित विवाह अमान्य माने गये हैं–

(1) साक्षियों की अनुपस्थिति में किया गया विवाह।

(2) पाँचवी पत्नी के साथ किया गया विवाह।

(3) एक ही समय में एक से अधिक पति साथ किया गया विवाह।

(4) इद्दत की अवधि काटती हुई स्त्री के साथ किया गया विवाह।

(5) किसी ऐसी स्त्री के साथ किया गया विवाह जो मूर्ति पूजक या अग्नि पूजक हो। वह किताबी स्त्री से विवाह कर सकता है। लेकिन मुस्लिम महिला सिर्फ मुस्लिम पुरुष के साथ विवाह कर सकती है। कोई भी मुस्लिम व्यक्तिईसाई या यहूदी महिला के साथ विवाह कर सकता है, लेकिन हिन्दू या पारसी महिला के साथ विवाह नहीं कर सकता।

शून्य विवाह के परिणाम–

शून्स विवाह के कोई वैधानिक परिणाम नहीं होते। पक्षकरों के बीच किसी प्रकार के अधिकारों एवं दायित्वों की उत्पत्ति नहीं होती। इनके द्वारा उत्पन्न सन्तान भी जारज मानी जाती है। इस प्रकार यह आरम्भः शून्य होता है।

अमान्य विवाह के परिणाम-

(1) जब तक विवाह पूर्णावस्था को नहीं पहुंचा हो, अमान्य विवाह के कोई वैधिक प्रभाव नहीं होते हैं। यह शून्य विवाह जैसा ही माना जाता है।

(2) लेकिन पूर्णावस्था को पहुंचने के पश्चात्-

(1) पत्नी महर प्राप्त करने की अधिकार हो जाती है।

(2) पत्नी को 'इद्दत' की अवधि का पालन करना होता है।

(3) सन्तान औरस मानी जाती है।[1]

(4) पक्षकरों के बीच पारस्परिक दायाधिकार की उत्पत्ति नही होती है।

(5) पत्नी भरण - पोषण प्राप्त करने की अधिकारी नही होती है।

(6) पति दाम्पत्य अधिकारों की पुनर्स्थापना के लिए वाद संस्थित नही कर सकता।

मान्य या वैध विवाह के परिणाम-

वैध विवाह के निम्नलिखित अधिकार एवं दायित्व होते है-

(1) पति-पत्नी के पारस्परिक अधिकार एवं दायित्व-

(1) दोनों पक्षकार एक दूसरे से इर्स प्राप्त करने के अधिकारी हो जाते है।

(2) पक्षकारों के बीच संबंधों से निषिद्ध आसतियों का जन्म होता है।

(3) दोनों के बीच समागम सन्तान वैध हो जाती है।

(4) उनके बीच वैध शर्तें हो जाती है।

(2) पति के अधिकार एवं पत्नी के कर्तव्य -

(1) पति को दाम्पत्य जीवन का लाभ उठाने का अधिकार हो जाता है।

(2) उसको पत्नी के साथ समागम करने का अधिकार को जाता है।

(3) मृत्यु या तकाल की अवस्था में विवाह विच्छेद होने पर पर पत्नी को इद्दत की अवधि का पालन करना होता है।

(4) पत्नी पति के सारे युक्तियुक्त आदेशों की पालना करने के लिए बद्ध होती है।

(5) पति के मकान में उसके निर्देशन में रहना आवश्यकहै।

(6) पति पत्नी की गतिविधियों पर युक्तियुक्त नियंत्रण स्थापित पर सकता है।

1

(3) पत्नी के अधिकार एवं पति के कर्तव्य-

(1) पत्नी महर प्राप्त करने की अधिकारी हो जाती हे।

(2) वह पति से भरण पोषण प्राप्त करने की अधिकारी हो जाती है।

(3)वह पृथक् कमरे की मांग कर सकती है जिसमें उसके पति के अलावा और कोई नही आ सकेगा।

1. नरुल हसन बनाम मोहम्मद हुसैन (7 आई.सी. 1222)

2.मुसबख की बीबी बनाम कयूमद्दीन, (ए.आई.आर् 1934 लाहौर 904)

(4) वह अपने माता-पिता के पास सप्ताह में एक बार हर शुक्रवार को, एवं अपनी निषिद्ध आँसतियों एवं के पति द्वारा उत्पन्न बच्चों के पास वर्ष में कम से कम एक बार जाने की अधिकारी हो जाती हो जाती है।

(5) यदि एक से अधिक पत्नियाँ हों तो प्रत्येक समान व्यवहार की तांग कर सकती है।

(6) उचित आधारों पर वह विवाह विच्छेद की मांग करने की अधिकारी हो जाती है।

'ख्यार-उल-वुगूल' -

ख्यार उल वुगूल को 'वयस्कता का विकल्प' भी कहते हैं।

'वयस्कता का विकल्प ऐसे अवयस्क लड़के या लड़की का, जिसके विवाह के संविदा संरक्षक के द्वारा की गई हो, वयस्कता प्राप्त कर लेने पर, विवाह की अस्वीकृति या पुष्टि का अधिकार है।'

जब निकाह पन्द्रह वर्ष की आयु के पर्वू उनके संरक्षक की सहमति से किया जाता है, तो पक्षकार के वयस्क हो जाने पर उसको यह अधिकार होता है कि वह चाहे तो विवाह की पुष्टि करे या चाहे तो अस्वीकार कर दे।

स्वीकृति या अस्वीकृति के सम्बन्ध में तीन बातें महत्वपूर्ण हैं-

(1) 'सगीर'-

अर्थात् सात वर्ष से कम आयु में किया गया विवाह किसी भी अवस्था में मान्यता प्राप्त नहीं कर सकता।

(2)'सारीरी'

यदि विवाह 7 वर्ष की आयु के बीच उनके संरक्षकों की सहमति से किया गया है।

(3) बुगूल-

यदि विवाह पन्द्रह वर्ष की आयु पूरी कर लेने पर होता है तो वे स्वयं विवाह की संविदा कर सकते हैं। यदि विवाह को वयस्कता के बाद अस्वीकृत किया जाता है तो अविलम्ब किया जाना चाहिये।

निम्नलिखित अवस्थाओ में विवाह अस्वीकृत किया जा सकता है-

(1) यदि संरक्षक ने सहमति देने में लापरवाही बरती हो।

(2) उसका विवाह ऐसे व्यक्ति के साथ कर दिया जो घातक रूप से रोगगस्त हो।

(3) ऐसे धर्मावलंमी के साथ कर दिया हो कि एक दूसरे की धार्मिक भावनाओं को ठेस पहुंचती हो। जैसे शिया-सुन्नी के मध्य विवाह।

(4) ऐसे व्यक्ति के साथ विवाह कर दिया हो जो जिसके साथ रहना कष्टप्रद हो, आदि-आदि।

(5) यदि विवाह की स्वीकृति माता- पिता के अन्यथा किसी व्यक्ति द्वारा दी जाती है तो यस्कता प्राप्त करने पर बिना किसी कारण के विवाह को अस्वीकृति किया जा सकता है।

1.नूर मोहम्मद बनाम जियाउद्दीन,(ए.आई.आर.1992 मध्यप्रदेश 244)

विवाह की उपधारणा-

पिपाह एक तथ्य प्रश्न है जिसे लिखित मैखिक साक्ष्य द्वारा या फिर आचरण द्वारा साबित किया जा सकता है। जहां आचरण द्वारा विवाह का अनुमान किया जाता है, उसे 'विवाह की उपधारणा' (Per sumption of marriage) भी कहते हैं। पति और पत्नी के रूप में दीर्घकालीन समागम विवाह की उपधारण का एक अच्छा उदाहरण है।

लेकिन वेश्या के साथ ऐसा समागम विवाह की प्रकल्पना को जन्म नहीं देगा।

खिलावत-उस-सहीह-

जब पति पत्नी जिनका वैध विवाह हुआ हो, एक दूसरे को त्याग देते हैं, ऐसी परिस्थितियों में जबकि वैवाहिक समागम के लिए उन पर वैधानिक, नैतिक या शारीरिक दष्टि से कोई प्रतिबंध नहीं हैं, तो इसे 'खिलावत-उस-सहीह' कहते हैं।

प्रभाव

खिलावत उस सहीह के निम्नांकित प्रभाव होंगे-

(1) पत्नी महर प्राप्त करने की अधिकारी होगी।

(2) पैतृत्व का निर्धारण किया जा सकेगा।

(3) इद्दत की अवधि काटनी होगी।

(4) इद्दत की अवधि में पत्नी भरण-पौषण प्राप्त करने की अधिकारी होगी।

(5) अवैध सयोग निषेध होगा।

(6) अहु विवाह पर प्रतिबंध होगा।

'इद्दत'-

मुस्लिम विधि में इद्दत का महत्वपूर्ण स्थान है।

'इद्दत वह अवधि है, जिसमें किसी स्त्री के लिए, जिसके विवाह का मृत्यु या तलाक द्वारा विच्छेद हो गया हो, एकान्त में रहना एवं दूसरे पुरुष के साथ विवाह न करना अनिवार्य है।'

अमीर अली के अनुसार-'वह मृत्यु या तला द्वारा एक वैवाहिक संबंध की समाप्ति और दूसरे के प्रारम्भ के बीच का ऐसा अन्तराल हैं, जिसका पालन करना स्त्री के लिए अनिवार्य है।'

न्यायमूर्ति महमूद के अनुसार-इसका एकमात्र उद्देश्य इस बात का पता लगाना है कि मृत्यु या तलाक के बाद कहीं स्त्री पति ो पैतृत्व की रक्षा करता है।

वह बच्चे के पैतृत्व की रक्षा करता है।

1. ख्वाजा हिदायत बनात राय जान, [(1854) 3 एम.आई.ए. 295]

2. गजनफर अली बनाम कनीज फातमां, [(1910) 37 आई.ए. 105]

मोहम्मद अमीन बनाम वकील अहमद,, (ए.आई.आर. 1953 एस.सी.358]

इद्दत कब आवश्यक है-

(1) यदि विवाह विच्छेद मृत्यु द्वारा हुआ है तो प्रत्येक वैध विवाह मे इद्दत आवश्यक है।

(2) यदि विवाह अमान्य है तो इद्दत तभी आवश्यक है जबकि वह पूर्णावस्था को पहुंचा हो।

(3) यदि विवाह विच्छेद तलाक द्वारा हुआ है तो इद्दत तभी आवश्यक है जबकि विवाह पूर्णवस्था को पहुंच गया हो। ऐसा विवाह चाहे वैध हो या अमान्य।

इद्दत की अवधि-

(1) वैध विवाह की अवस्था में यदि विवाह विच्छेद मृत्यु द्वारा हुआ हो तो चार माह दस दिन।

(2) यदि विवाह विच्छेद मृत्यु द्वारा हो तो मासिक धर्म की अवस्था में 3 मासिक धर्म तक। अन्य सभी मामलों में 3 चन्द्रमास तक।

(3) यदि तलाक की इद्दत के दौरान पति की मृत्यु हो जातह है तो इद्दत की अवधिमृत्यु की दिनांक से आरम्भ होगी।

(4) यदि पति की मृत्यु के समय पत्नी गर्भवती है तो बच्चा होने तक या गर्भस्त्राव होने तक। यदि बच्चा या गर्भवस्त्राव चार माह दास दिन से पूर्व हो जाता है तो बाकी अवधि तक इद्दत काटनी होगी।

इद्दत की अवधि का आरम्भ कब से होगा-

(1) मृत्यु की अवस्था में मृत्यु की तिथि से।

(2) तलाक की अवस्था में तलाक तिथि से।

(3) यदि विवाह अमान्य है तो पृथक् होने की तिथि से।

इद्दत के दौरान पत्नी के अधिकार एव कर्तव्य-

(1) वह भरण पोषण प्राप्त करने की अधिकारी होती है।

(2) इद्दत पूरी होने से पूर्व पत्नी दूसरा विवाह नहीं कर सकती है।

(3) पति भी यदि उसके चार स्त्रियाँ है तो वह दूसरा विवाह नहीं कर सकता।

(4) मुअज्जल महर प्राप्त करने का अधिकार होता है।

'मुत्ता विवाह' -

'मुत्ता' का शाब्दि अर्थ है- आनन्द या उपयोग।

मुत्ता विवाह से अभिप्राय-किसी व्यक्ति का किसी मुस्लिम स्त्री के साथ अस्थाइ रूप से लेकिन एक निश्चित अवधि के लिए महर निश्चित करते हुए विवाह करना है। ऐसे विवाह के लिए 'प्रस्ताव' एवं 'स्वीकृति' दोनों ही आवश्यक है।

'तजवीज', 'निकाह' या 'मुत्ता' शब्द का प्रयोग किया जाना भी आवश्यक है। मुत्ता विवासह सिर्फ शिया सम्प्रदाय में ही मान्य हैं, सुन्नी में नहीं। शिया विधि के अन्तर्गत कोई भी मुस्लिमान पुरुष किताबिया अर्थात् ईसाई या यहूदी एवं पारसी स्त्री से मुक्त विवाह कर सकता है, पर हिन्दू या किसी अन्य धर्म की स्त्री से नहीं।[1] यहां यह उल्लेखनीय है कि मुस्लिम स्त्री किसी गैर मुस्लिम से मुत्ता विवाह नहीं कर सकती है।

मुत्ता विवाह के आवश्यक तत्व-

(1) मुत्ता विवाह की अवधि निश्चित होनी चाहिए। यह अवधि कितनी भी हो सकती है।[2]

(2) महर की राशि निश्च्ज्ञित किया जाना भी आवश्यक है।[3]

मुत्ता की वैध प्रसंगतियाँ-

(1) प्रक्षकारों के बीच दायाधिकार उत्पन्न नही होता।[4]

(2) उनके द्वारा उत्पन्न संतान वैध होती है।[5]

(3) इसकी न्यूनतम अवधि नहीं होती।

(4) पत्नियों की संख्या सीमित नही होती।

(5) पत्नी भरण पोषण एवं पृथक् निवास की अधिकारी नहीं होती।

(6) पत्नी को इद्दत की अवधि काटनी होती है।

(1) यदि विवाह विच्छेद मृत्यु द्वारा हुआ हो तो 4 माह 10 दिन।

(2) यदि वह उस गर्भवती हो तो बच्चा होने तक।

(3) मासिक धर्म की अवस्था में दो मासिक धर्म तक।

(4) यदि मासिक धर्म नही होता हो तो 45 दिन तक

(7) महर की कोई सीमा नहीं है।

(1) यदि विवाह पूर्णावस्था को नहीं पहुंचा हो तो पत्नी 15 महर प्राप्त करने की अधिकारी होती है। यदि विवाह पूर्णावस्था में पहुंच गया हो तो पूरा महर पाने की अधिकारी होती है।

(2) यदि समय से पूर्व पत्नी पती को छोड़ देती है तापे इसी अनुमत में महर कम किया जा सकता है।

(8) मुत्ता विवाह निम्नलिखित अवस्थाओं में भंग हो जाता है-

(1) किसी पक्षकार की मृत्यु पर;

(2) निश्चित समय के अवसान पर;

(3) यदि पति समय से पूर्व उसे छोड़ता है तो उसको दान आदि दिये जाने पर;

(4) पति द्वारा उसकी तुलना निषिद्ध आसतियों के भीतर की किसी स्त्री के साि किये जाने पर।

निकाह एवं मुत्ता मे अन्तर-

यहां निकाह एवं मुत्ता विवाह के बीच अन्तर को स्पष्ट कर देना समीचीन होगा॥ इन दोनों में मुख्यतया निम्नांकित अन्तर पाया जाता है-

(क) निकाह एक स्थायी विवाह होता है जबकि मुत्ता एक निर्धारित अवधि के लिए पूर्ण रूप से अस्थायी विवाह होता है। निकाह द्वारा सम्पन्न विवाह का विघटन केवल मृत्यु अवथा विवाह विच्छेद द्वारा ही हो सकता है जबकि मुत्ता विवाह अविध पूर्ण होने के साथ ही समाप्त हो जाता है।

(ख) निकाह में पक्षकरों को पारस्परिक उत्तराधिकार का हक प्राप्त होता है जबकि मुत्ता विवाह में ऐसा कोई हक नहीं मिलता है केवल मुत्ता विवाह के दौरान उत्पन्न सन्तान ही माता पिता से उत्तराधिकार का दावा कर सकती है।

(ग) निकाह में तलाक एवं विवाह-विच्छेद मान्य होता है जबकि मुत्ता विवाह में तलाक एवं विवाह-विच्छेद के लिए कोई स्थान नहीं है। इसमें पति 'हिबा-ए-मुद्दत' द्वारा ही पत्नी से छुटकारा पा सकता है।

(घ) निकाह में पत्नी पति से पूरा महर प्राप्त करने की हक़दार होती है चाहे विवाहेत्तर संभोग हुआ हो या नही; जबकि मुत्ता विवाह में विवाहेत्तर संभोग नहीं होने की दशा में पत्नी केवल आधा महर ही पाने की हक़दार होती है।

(ङ) निकाह के अन्तर्गत पत्नी पति से भरपोषण पाने की हक़दार होती है जबकि मुत्ता विवाह में पत्नी केवल दण्ड प्रक्रिया संहिता, 1973 की धारा 125 के अन्तर्गत ही भरणपौषण का दावा कर सकती है, अन्यथा नहीं।

1. एस.आगानुल्ला हुसैनी बनाम राजम्मा, (ए.आई.आर.1977 आन्धप्रदेश 152)

2 सज्जद कानूम बनाम फकीर जंग,(ए.आई.आर.1953 हैदराबाद 359)

3. अकबर हुसैन बनाम शुनख बेगम, (31 आई.सी.657)

4. मोहम्मद आबिद अली बनाम लूडन, (14 कलकत्ता 276)

5. सोहरत सिंह बनाम जाफरी बाबा , (24 आई.सी.499)

सुन्नी एवं शिया विवाह में अन्तर-

सुन्नी विधि

(1) प्रस्ताव एवं स्वीकृति के शब्दों का किसी निश्चित क्रम ें होना आवश्यक नहीं है।

(2) उपयुक्त महर के लिए उपयुक्त पुरुष से विवशता के अन्तर्गत बिना आशय के किया गया विवाह भी मान्य है।

(3) विवाह की मान्यता के लिए दो पुरुष या एक पुरुष और दो स्त्रियों की उपस्थिति गवाहों के रुप में आवश्यक है।

(4) विवाह संबंध का निषेण केवल विवाह ही से नहीं, वरन अवैध समागम, अनुचित घनिष्ठता के कार्यो या वासनायुक्त किसी अन्य कार्य से भी उत्वन्न होता है।

(5) तलाक ही इद्दत के दौरान, चाहे वह विखण्डनीय हो या अविखण्डनीय, अनेकता और अवैध संयोग के विरुद्ध निषेध्ध बना रहा है।

(6) मुसलमान पुरुष किसी गैर मुस्लिम किताबिया स्त्री से विवाह कर सकता है।

(7) दो बहनों या चाची और भतीजे से एक पुरुष विवाह नहं कर सकता।

(8) अग्र पूजक किताबी नहीं होते।

(9) मासिक धर्म वाली पत्नी की इद्दत की अवधि तीन मासिक धर्मों की ओर बिना मासिक धर्म वाली तीन चन्द्र मास की होत है।

(10) गर्भवती स्त्री की, चाहे गर्भ जिनका ही क्यों न हो, इद्दत की अवधि बालक के जन्म तक विस्तृत हो जाती है।

(11) मृत्यु या तलाक पर, जलैसी भी अवस्था हो, उस दिनांक के इद्दत प्रारम्भ होती है, चाहे पत्नी को उसकी जानकारी नहीं हो।

(12) यदि पत्नी इर्स प्राप्त करने की अधिकृत है और अविखण्डनीय तलाक के लिए भी इद्दत पालन करने के दौरान पति की मृत्यु हो जाये तो नये सिरे से इद्दत का पालन करना आवश्यक होगा।

(13) मक्का की यात्रा के दौरान किया गया विवाह शून्य।

(14) विवाह तीन प्रकार के होते हैं वैध, अनियमित और शून्य।

(15) इद्दत पालन करने वाली स्त्री से विवाह पक्षकारों के बीच विवाह का स्थायी निषेध नहीं कर देता।

(16) अवयस्क जिसने विवेक की आयु प्राप्त कर ली हो, द्वारा संवेदित विवाह केवल अनियमित होता है।

(17) अस्थायी विवाहों के लिए अनुमति नहीं है।

(18) मान्य एकान्त कई प्रयोजनों के लिए विवाह की पूर्णावस्था होता है।

शिया विधि

(1)'तफवीज' या 'निकाह' शब्दों या उनके व्याकरण प्रकारान्तों के द्वारा उनका किया जाना आवश्यक है।

(2) ऐसा विवाह शून्य होता है।

(3) किसी गवाह की अपेक्षा नहीं है।

(4) विवाह के पूर्व का अवैध समागम निषेध को जन्म देगा। दृष्टि या स्पर्श के अन्य कार्य निषेध नहीं उत्पन्न करेंगे।

(5) केवल विखण्डनीय तलाक की अवस्था में उन निषेधों के सम्बन्ध में इद्दत का पालन होता है।

(6) पुरूष या स्त्री गैर मुस्लिम से, सिवाय मुत्ता के, तिनाह नहीं कर सकते।

(7) पत्नी की भतीजी से , पत्नी की अनुमति एवं पत्नी की चाची से बिना उसकी सहमति के विवाह किया जा सकता है।

(8) अग्री पूजक किताबी होता हैं।

(9) मासिक धर्म वाली पत्नी की अवधि 3 नूहर की औश्र बिना मासिक धर्म वाली की 78 दिन की होती है।

(10) अगर र्भ जिना का है और तलाक द दिया जाय तो इद्दत की अवधि सिर्फ 3 माह की होती है और बालक के जन्म तक विस्तृत नहीं होती।

(11) यदि मृत्यु पत्नी की अनुपस्थिति में हो तो उसकी सूचना मिलने की दिनांक से इद्दत आरम्भ होती है और यदि पत्नी को तलाक का ठीक समय मालूम नहीं हो उसकी

सूचना से इद्दत आरम्भ होती है।

(12) ऐसे मामलों में जिसमे अविखण्डनीय तलाक के लिए इद्दत का पालन कर रही हो, नये सिरे से इद्दत की आवश्यकता नही होगी।

(13) यात्रा के दौरान विवाह निषिद्ध है।

(14) विवाह दो प्रकार के होते हे- वैध या शून्य

(15) यदि इद्दत के दौरान निषेध की जानकारी होते हुए समागम किया जा तो पक्षकारों के बीच विवाह का स्थायी निषेध हो जाता है।

(16) वयस्कता और विवेक की आयु प्राप्त करने के पहले किये गये कार्य शून्य होते है।

(17) अस्थायी (मुत्ता) विवाह के लिये अनुमति है।

(18) मान्य एकान्त पूर्णावस्था का प्रतिरूप माना जाता है।

महर

* जैसाकि हमने पूर्व अध्यायों में देखा-मुस्लिम विवाह का स्वरूप एक वंदिसा जैसा है। हमने संविदा के अनेक तत्व पाये जाते है। संविदा का एक अनिवार्य तत्व है - 'प्रतिफल' (Consiseation) प्रतिफलके अभाव में किये गये कारर शून्य होता है ठीक यही बात मुस्लिम विवाह पर लागू होती है विधिमान्य मुस्लिम विाह के लिए 'महर' (Dower) का होना आवश्यक है। महर के अभाव में कोई भी विवाह सम्पन्न नहीं हो सकता है। वस्तुत: यह विवाह का प्रतिफल ही जो पति की और सये पत्नी को दिया जाता है। इस अध्याय में 'महर' पर विस्तृत प्रकाश डाला गया है।

अर्थ एवं प्रकृति-

महर विवाह की एक आवश्यक प्रसंगति है। महर के अभाव में पूर्ण नहीं माना जाता है। यदि विवाह की संविदा में महर निश्च्छित नहीं किया गया है तो भी यह पूर्व धारणा कर ली जाती है कि महर अनिवार्य रूप से देय है।

महर की विभिन्न परिभाषायें दी गई है-

सामान्यत:- महर पत्नी को विवाह के एवज में दिया जाने वाले प्रतिकार है।

मुल्ला के अनुसार:-'महर एक ऐसी सम्पत्ति है जो विवाह के प्रतिकार के रूप में प्राप्त करने के लिए पत्नी अधिकृत है'

सक्सेना के अनुसार–'महर एक ऐसी सम्पत्ति है जो पत्नी को विवाह के प्रश्चात अपने शरी के समर्पण के लिए सम्मान के रूप में दी जाती है।'

डा. एस.जंग के अनुसार–'महर स्त्री के बुजा के उपयोग के बदले में दिया जाने वाला प्रतिकार है।'

तैय्यबजी के अनुसार–'महर वह धनराशि है जो विवाह के बाद पति द्वारा पत्नी को पक्षकरों के करार या विधि के अनुसार देय होता ळै। वह तो तात्कालिन होता है या आस्थगित।'

कलकत्ता उच्च न्यायालय के मत में–'महर एक ऐसी कीमत है , जो विवाह की संविदा में , पत्नी के जिस सम्पत्ति माना जाता है, प्रतिफल स्वरूप दी जाती है। '

महर गैगम्बर मोहम्मद द्वारा आवश्यक बना दिया गया है। आरम्भ में यहश्राशि शुल्क में पिता द्वारा प्राप्त की जाती थी लेकिन पैगम्बर मोहम्मद ने उसमें संशोधन कर इस पत्नी को दिये जाने का प्रावधान किया।

उद्देश्य–

महर के मुख्यतया दो उद्देश्य है–

(1) पति की विवाह करने की स्वच्छन्दता पर रोक लगाना।

(2) पत्नी के सम्मान सूचक उसे राशि पदान करना।[1]

1. फातिमा बीबी बनाम दीन, (ए.आई.आर.1937 लाहौर 345)

महर की आवश्यकता–

महर की इतनी आवश्यकता एवं महित्व को देखते हुये यह प्रश्न उठता है कि मुस्लिम विधि में इसे इतना अधिक महत्व क्यों दिया गया है इस प्रथा के प्रचलन का मुख्य कारण क्या प्रकृति है? सम्भवत: इसका एक मात्र कारण मुस्लिम विवाह की संविदात्मक प्रकृति है। मुस्लिम विधि के अन्तर्गत विवाह को एक पवित्र संस्कार नहीं माना जाकरएक संविदा माना गया है। पति कभी भी अपनी पत्नी को तलाक दे सकता है। इसमें पत्नी के लिए हरदम तलाक का खतरा बना रहता है, उसे अपना जीवन अंधकार मय लगने लगता है। शायद इसी खतरे को टालने के लिए एवं पति के तलाक की स्वेच्छाचारी शक्तियों पर अंकुश लगाने के लिए महर को इतना महत्वपूर्ण स्थान प्रदान किया गया है।[1]

विषय वस्तु-

महर में ऐसी कोई सभी सम्पत्ति हो सकती है 'माल' की परिभाषा में आती है। लेकिन महर की विषय वस्तु निम्नलिखित सम्पत्ति नहीं हो सकती-

(1) भावी सम्पत्ति, जिसका वर्तमान में अस्तित्व ही नहीं हो।

(2) मुसलमानो के लिए निषिद्ध वस्तुयें- जैसे शराब, सुअर का मांस आदि।

(3) पति की सेवायें।

महर की राशि

महर की राशि निश्चित नहीं है। यह अधिकतम एवं न्यूनतम कैसी भी सकती है। इसका निर्धारण मसय एवं परिस्थितियों के आधार पर किया जाता है। यह एक रुपये से एक लाख रुपये तक का हो सकता है। कुरान में तो यहां तक कहा गया है कि- 'महर पर्वत के बराबर सोना भी यदि महर में दिया जाये तो कम है।' पैगम्बर मोहम्मद के अनुसार- 'कुरान की शिक्षा दिया जाना भी एक पर्याप्त महर है।'

विल्सन मोहम्मद के अनुसार- 'दो मुठ्ठी खजूर और एक जोड़ी जूता भी पर्याप्त महर हो सकता है।' शिया सम्प्रदास में 500 दिरहम अधिकतम महर माना गया है। यह वह राशि है जो पैगम्बर ने अपनी पत्नियों को महर के रूप में दी थी। हनफी लोग महर की न्यूनतम राशि 10 दिरहम एवं अनय परिस्थितियों को देखते हुए निर्धारित किया जाता है। वर्तमान में महर पति की हैसियत एवं अन्य परिस्थितियों को देखते हुए निर्धारित किया जाता है।

महर के प्रकार

महर चार प्रकार के बताये गये है-

(1) मुअज्ज्ल महर,

(2) मुबज्जल मरह,

(3) निश्चित महर अर्थात् 'महर-ए-मुस्लम्मा', एवं

(4) रिवाजी महर, या उचित महर। इसे महर-ए-मिस्ल भी कहते हैं।

1. अब्दुल कादिर बनाम सलीमा (आई.एल.आर. 8 इलाहाबाद 149)

मुअज्ल महर-

इसे 'तात्कालीन महर' भी कहा जाता है यह महर विवाह के पश्चात तुरन्त देय होता है। इस महर की मांग पत्नी द्वारा विवाह के समय या विवाह के बाद कभी भी की जा सकती है। यदि पति द्वारा इसका भुगतान अथवा संदाय नहीं किया जाता है तो पत्नी सहवास से इन्कार कर सकती है। यहां एक प्रश्न उठता है कि पत्नी द्वारा महर की मांग किये जाने पर पति द्वारा कितने समय में वह दे दिया जाना चाहिय? इस सम्बन्ध में कोई समय सीमा निर्धारित नहीं है। उचित अर्थात युक्तियुक्त समय में उसका संदाय कर दिया जाना चाहिये। उचित समय का अवधारण प्रत्येक मागले की परिस्थितियोंपर निर्भर करता है।

मुवज्जल महर-

इसे 'आस्थगित महर' भी कहा जाता है इसका भुगतान पत्नी द्वारा मांग किये जाने पर नहीं किया जाकर विवाह - विच्छेद या तलाक द्वारा विवाह के घिटन के समय किया जाता है। पत्नी विवाह- विघटन से पूर्व इस महर की मांग नहीं कर सकती। यह बात अलग है कि पति इसे तात्कालिन महर मानकर विवाह विघटन से पूर्व भी इसका भुगतान कर सकता है इस महर का मुख्य उद्देश्य यह है कि विवाह विघटन के पश्चात महर की इस राशि से पत्नी अपना यापन भली भांति कर सकें।

निश्चित महर-

निश्चित महर को 'विनिर्दिष्ट' अथवा 'महर -ए- मुस्लम्मा' भी कहा जाता है। यह महर सामान्यता विवाह के समय तय कर लिया जाता है। लेकिन कतिपय परिस्थितियों में यह विवाह के बाद भी तय किया जा सकता है। गह मौखिक संविदा द्वारा तय किया है। पत्नी ऐसी तयशुदा महर की सम्पूर्ण राशि पाने की हक्रदार होती है।

उचित महर-

जब विवाह में के पक्षकरों के बीच महर की कोई राशि निश्चित नहीं की जाती है। तो इसे 'रिवाजी महर' या 'महर-ए-मिस्ल' भी कहा जाता है। उचित महर सामान्वत: पति-पत्नी की हैसियत एवं आर्थिक स्थिति को ध्यान गें रखते हुए निर्धारित किया जाता है।

महर की राशि की अवधारणा-

इस राम्बन्ध में सभी एकमत है कि मुस्लिम विधि के अन्तर्गत महर विवाह की एक आवश्यक प्रसंगति है, लेकिन महर की राशि के बारे में अभी विभिन्न मत एवं धारणायें

प्रचलित हैं। समय एवं पस्थितियों के अनुसार इसमें परिवर्तन होता रहता है। कहीं रूढ़ियों एवं प्रथाओं के आधार परइसे मान्य किया है तो कहीं अधिनियमित विधि एवं न्यायिक विनिश्चयों के आधार पर। उचित महर की राशि का अवधारण करते समय सामान्यतया निम्नांकित बातों को ध्यान में रखा जाता है-

(1) पति की आर्थिक स्थिति,

(2) पत्नी की निजी योग्यता, शुलकता एवं अर्हतायें,

(3) उसके पिता के परिवार की स्थिति,

(4) उसके पिता के परिवार मे स्त्रियों का दिया गया महर,

(5) अन्य परिस्थितियां।

महर की प्रकृति-

(1) यह एक अप्रतिभूत ऋण है। पत्नी पति की मृत्यु पर अपने पति की सम्पत्ति में से इसे अन्य महाजनों की तरह ही वसूल कर सकती है। पर उसे उन पर पूर्वता प्राप्त नहीं होगी।

(2) समागम से इन्कार करने का अधिकार- जब तक पत्नी को महर की राशि नहीं मिल जाती है तब तक वह समागम से इन्कार कर सकती है। पर यह तभी तक ज कि विवाह पूर्णावस्था को नहीं पहुंचा हो।

(3) पति की सम्पत्ति पर काबिज रहने का अधिकार- जब तक महर की राशि प्रास नहीं हो जाती, तब तक के लिए पत्नी पर काबिज रहने को अधिकृत होती है।[2]

एक मामले में आन्ध्रप्रदेश उच्च न्यायालय ने यह अभिनिर्धारित किया है कि जहां मृतक पति की सम्पत्ति पर विधवा ने कब्जा कर लिया हो, वहां महर की अदायगी के एवज में वह ऐसी सम्पत्ति पर कब्जा बनाये रख सकती है।

काबिज रहन का यह अधीकार दाय-योग्य है।परन्तु इसके अन्तरणीय होने का तथ्य अभी सुनिश्चित नहीं है।[5]

(4) सम्पत्ति का हस्तान्तरण नहीं किया जा सकना- पति के वारिस के रूप में सिर्फ अपने हिस्से तक का ही हस्तान्तरण किया जा सकता है अधिक का नहीं शेष हस्तान्तरण अवैध माना जायेगा।

1. हमारी बीबी बनाम जुबेदा बीबी, (आई.एल.आर. 38 इलाहाबाद 581);

2. मुम. मैमूना बनाम शराफतुल्ला, (ए.आई.आर. 1931 इलाहाबाद 405)

3. मैना बीबी चौधरी वकील अहमद, [(1925) 52 आई.ए.145]

1. सैय्यद युसुफ हुसैन सैय्यद मुर्तजा अकबर हुसैन, (ए.आई.1983 आन्धप्रदेश 225)

4. मुहम्मउ बनाम मुनीर (ए.आई.आर. 1977 आन्धप्रदेश 358)

5. गौस यार खान बनाम फातिमा बेगम, (ए.आंइ.आर. 1988 आन्धप्रदेश 355)

हस्तान्तरण की दशा में वारिस बिना किसी शर्त के उस सम्पत्ति को पुनः प्राप्त करने के अधिकारी होते है।

वाद संस्थित करने का अधिकार-

देय मेहर के लिए पत्नी न्यायालय में वा संस्थित कर सकती है। मुअज्जवल महर की अवस्था में - मांग किये जाने पर इन्कार किये जाने की विधिसे 3 वर्ष के भीतर।

मुवज्जवल महर की अवस्था में-तलाक या मृत्यु की तिथि से 3 वर्ष के भीतर।

स्त्री अपने महर ऋण को प्राप्त करने की हकदार होती है। उसकी मृत्यु हो जाने पर उसके दायाद अथवा वैध प्रतिनिधि ऐसे महर ऋण को प्राप्त करने के लिए वाद संस्थित कर सकते है। मेहर ऋण चूंकि विवाह की सम्पत्ति होती है, अतः उसकी मृत्यु के बाद वह उसके दायादों को न्यागत होती है। महर की राशि के लिए आवेदन अब मुस्लित स्त्री (विवाह-विच्छेद पर अधिकारों का संरक्षण) अधिनियम, 1986 की धारा 3 के अन्तर्गत सम्बन्धित मजिस्ट्रेट को करना होता है।

महर कितना मुअज्जल एवं कितना मुवज्जल-

यह विवाह के समय मुअज्जवल एवं मुवज्जल महर की सीमा तय नहीं की गई की गई हो तो-

शिया विधि के अनुसार महर मुअज्जवल होता है। सुन्नी विधि के अनुसार आंशिक मुअज्जल एवं आंशिक मुवज्जल होता है। आनुपातिक महर का अवधारण प्रथाओं के आधार पर किया जायेगा। कोई महर मुअज्जवल होगा या मुवज्जल, यह सामान्यतया पक्षकारों के बीच की गई संविदा पर निर्भर करता है। लेकिन जब संविदा में इस बात का उल्लेख नहीं हो कि महर का कितना भाग मुअज्जल होगाएंव कितना मुवज्जल, ऐसी परिस्थिति में पत्नी के परिवार की प्रथा के आधार पर इस बात का निर्णय किया जायेगा।[3]

बेली के अनुसार– 'महर का मुअज्जल या मुवज्जल होना पत्नी के परिवार की प्रथा के आधार पर तय होना चाहिए।'

अमीर अली के अनुसार– 'भारत में यह प्रथागत है कि महर का आधा भाग मुअज्जव एवं आधा भाग मुवज्जल प्रथाओं द्वारा होता है। यह प्रथा औरंगजेब के समय से चली आ रही है।' इलाहाबाद उच्च न्यायालय ने मामले में यह अभिनिर्धारित किया है कि – 'मुअज्जल महर का अनुपात प्रथाओं द्वारा विनियमित होता है और प्रथाओं के अभाव में पक्षकारों की हैसियत एवं महर की कुल राशि द्वारार।'

लेकिन मद्रास उच्च न्यायालय का यह मत है कि –'पक्षकार चाहे शिया हो या सुन्नी, महर के मुअज्जल होने की पूर्णधारणा की जानी आवश्यक है।'

1. मो. जून दूल हक बनाम मो. जुबैर हैदर और अन्य, (ए.आई.आर. 1981 पटना 345)

2. अमजुम हुसैन सिद्दिकी बनाम सलाम बीबी, (ए.आई.आर. 1992 इलाहाबद 322)

3. नसीरुद्दीन शाह बनाम अमतुल मुगनी, (ए.आई.आर. 1948 लाहौर 135)

4. रेहाना खातून बनाम इक्तिदारुद्दीन, (1943 ए.एल.जे.98)

5. मिर्जा बेदूर बख्त बनाम मिर्जा कामरान बख्त, [(1893) 19 डब्ल्यू.आर. पी.सी.]

पत्नी का महर की राशि को माफ करने का अधिकार–

पत्नी महर की राशि को चाहे तो कम कर सकती है और चाहे तो बिल्कुल माफ कर सकती है।

महर सम्बन्धी सुन्नी एवं शिया विधि में अन्तर –

सुन्नी विधि

(1) महर की वस्तु का अस्तित्व होना आवश्यक है।

(2) पारस्परिक विवाह मान्य होते है और प्रत्येक पत्नी को उचित महर देय हो जाता है।

(3)यदि महर का बसद में तय किया जाना पत्नी पर छोड़ दिया जाय तो वह उचित महर से ज्यादा निर्धारित नहीं कर सकती है; यदि पति पर छोड़ा जाय तो वह उचित महर से कम निर्धारित नहीं कर सकता है और,यदि किसी तीसरे व्यक्ति पर छोड़ा जाय तो उचित महर देय होग।

(4) निश्चित महर की राशि सीमा कम से कम 10 दिरहम विहित है।

(5) उचित महर की कोई अधिकतम सीमा नहीं है।

(6) निश्चित महर की विषय-वस्तु नहीं हो सकती है।

(7) व्यक्तिगत सेवा महर की विषय-वस्तु नहीं हो सकती है।

(8) यदि मृत्यु से विाह विच्छेद हो और महर निश्चित नहीं हो या करार हो कि काई महर देय नही होगा तो विवाह न चाहे पूर्णावस्था प्राप्त की हो या नहीं की हो, उचित महर देय नहीं होगा।

(9) यह करार कि कोई महर देय नहीं होगा, शून्य होता है।

(10) किसी करार के अभाव में महर के सिर्फ युक्तियुक्त भाग के मुअज्जल होने की उपधारणा की जाती है।

शिया विधि

(1) ऐसी सम्पत्ति का उपभोग जो अस्तित्व में नहीं हो और घटनापेक्ष लाभ महर के विषय हो सकते है।

(2) ऐसे विवाह शून्य होते हैं पर पूर्णावस्था प्राप्त करने से मान्य हो जाते हैं और उचित महर देय हो जाता है।

(3) ऐसी अवस्था में पति कोई भी राशि निर्धारित कर सकता है, लेकिन पत्नी 500 दिरहम से ज्यादा निर्धारित नहीं कर सकती है।

(4) कोई भी कम से कम सीमा विहित नहीं है।

(5) उचित महर 500 दिरहम से अधिक नहीं हो सकती।

(6) 500 दिरहम से अधिक महर निर्धारित किया जाना घृणित समझा जाता है, पर अवैध नहीं।

(7) व्यक्तिगत सेवा महर की विषय वस्तु हो सकती है।

(8) ऐसी अवस्था में यदि विवाह ने पूर्णावस्था प्राप्त नहीं की है तो कोई महर देय नहीं होगा।

(9) स्वस्थचित एवं वयस्क पत्नी द्वारा किया गया ऐसा करार मान्य होता है।

(10) पूरे महर के मुअज्जल होने की पूर्वधारणा की जाती है।

□□□

14

भारत में धर्म और समाज

किसी विशेष के स्वरूप का परिचय हमें उसकी समस्याओं से ही हो सकता है। प्रत्येक विषय की समस्यायें अपनी हैं तथा उनका स्वरूप भी अपना है। विषय का अपना स्वरूप ही उस विषय को दूसरे विषय से भेद का भी ज्ञान कराता है। दूसरे शब्दों में, किसी विषय की समस्या एक ओर तो उस विषय के स्वरूप को स्पष्ट करती है और दूसरी ओर विषय का दूसरे विषय से भेद का ज्ञान भी कराती है। यदि किसी विषय की समस्या अपनी है तथा उसका स्वरूप भी अपना है तो निश्चित रूप से उसकी समस्यायें दूसरी की समस्याओं से भिन्न है। यदि एक विषम की समस्या दूसरे विषय की समस्या नहीं बन सकती तो एक का स्वरूप भी दूसरे का स्वरूप नहीं हो सकता। इससे स्पष्ट होता है कि स्वरूप एक और तो समस्याओं को बतलाता है और दूसरी और विषय की सीमा का भी निर्धारण करता है। इस सीमा निर्धारण से ही एक विषय का दूसरे विषय से भेद सम्भव हो पाता है। अत: हम कह सकते हैं कि इससे विषय की समस्याओं तथा सीमाओं का परिचय उसके स्वरूप-ज्ञान के बिना सम्भव नहीं। यही स्वरूप-ज्ञान की उपयोगिता है। धर्म-दर्शन के स्वरूप-ज्ञान की भी यही आवश्यकता और उपयोगिता है। स्पष्ट शब्दो में, हम यह कह सकते हैं कि धर्म-दर्शन के स्वरूप बोध से हमें धर्म-दर्शन की समस्याओं का परिचय मिलेगा तथा उसकी समस्याओं से ही उसके स्वरूप का बोध होगा। सच पूछा जाय तो स्वरूप और समस्या में अन्योन्याश्रय सम्बन्ध है। स्वरूप और समस्या के साथ ही सीमाओं से अवगत होना भी है, क्योंकि सीमा से अवगत हुए बिना स्वरूप का परख्ग रो भेद सम्भव नहीं। अत: विषय के स्वरूप का बोध उसकी समस्या और सीमा दोनों के

लिये आवश्यक है। उपरोक्त विवरण के सन्दर्भ में यह प्रश्न उपस्थित होता है कि धर्म-दर्शन का निजी रूप या स्वरूप क्या है, उसकी समस्यायें क्या है और इसकी सीमायें क्या हैं? हम जानते हैं कि प्रत्येक विषय का एक अपना रूप या स्वरूप है जो दूसरे का रूप या पर रूप नहीं हो सकता। उदाहरण के लिए, तर्कशास्त्र का स्वरूप तार्किक ज्ञान है, यह तर्क सम्बन्धी समस्याओं की विवेचना करता है। तत्त्व-मीमांसा का स्वरूप तत्त्व सम्बन्धी ज्ञान है। यह तत्त्व सम्बन्धी बातों की व्याख्या करता है। नीतिशास्त्र का स्वरूप नैतिकता या औचित्य का ज्ञान है, यह नैतिक समस्याओं को प्रस्तुत करता है। इसी प्रकार धर्म-दर्शन की भी अपनी समस्याएँ और सीमाएँ हैं जिनसे धर्म-दर्शन का स्वरूप स्पष्ट होता है। पुनः प्रश्न किया जा सकता है कि धर्म-दर्शन की समस्या और सीमा क्या है? इसका उत्तर सरल नहीं। धर्म-दर्शन अत्यन्त व्यापक है तथा इसका क्षेत्र विशाल है। धर्म और दर्शन तो अपने आप में बड़े गम्भीर विषय हैं, दोनों मिलकर तो निश्चित रूप से गम्भीरतर हो जाते हैं। धर्म का क्षेत्र अत्यन्त व्यापक है, इसमें सभी प्रकार की धार्मिक अनुभूतियाँ तथा व्यवहार सम्मिलित है। परन्तु धार्मिक अनुभूतियाँ और व्यवहार प्रायः व्यक्तिगत हुआ करते हैं, क्योंकि इनका सम्बन्ध व्यक्ति की आस्था, विश्वास और भावनाओं से होता है। दूसरी और दर्शन का तत्त्व तो जिज्ञासा है। तत्वान्वेषण में दर्शन-शास्त्र अनेक तार्किक सिद्धान्तों से तत्त्व की पुष्टि और प्रतिपादन करता है। सिद्धान्तों की पुष्टि और प्रतिपादन के लिए इसे बौद्धिक, व्याख्यात्मक और तार्किक बनाना आवश्यक है। इसीलिए दर्शन-शास्त्र को बौद्धिक व्याख्या तथा तार्किक प्रणाली को अपनाना पड़ता है। परम-तत्त्व तो बौद्धिक व्याख्या और तार्किक विवेचना के परे हैं, परन्तु दर्शन की विशेषता यह है कि यह अबौद्धिक को बौद्धिक और तर्कातीत की तर्कगम्य बनाता है। हम संक्षेप में कह सकते हैं कि धार्मिक अनुभूतियों की बौद्धिक व्याख्या ही धर्म-दर्शन का स्वरूप है। धार्मिक अनुभव और व्यवहार व्यक्तिगत हुआ करते हैं। इन्हें बौद्धिक व्याख्या तथा तर्क की सीमा में नहीं बाँधा जा सकता। परन्तु इन्हें बुद्धि, व्याख्या और तर्क की परिधि में लाना ही धर्म-दर्शन का प्रमुख कार्य है। हम कह सकते हैं कि धर्म-दर्शन के द्वारा धार्मिक आस्था और विश्वास का विषय बुद्धि और व्याख्या का विषय बन जाता है। तर्कातीत धार्मिक विश्लेषण तर्कगम्य बन जाता है। विश्वास का विषय व्याख्या बन जाता है। व्यक्तिगत आस्था समष्टिगत सिद्धान्त का रूप ले लेती है। इसका लाभ यह है कि धार्मिक रहस्यों की गम्भीर ग्रन्थियाँ खुल जाती हैं और व्यक्तिगत धार्मिक अनुभूति व्यापक ज्ञान का रूप ले लेती है। अनुभूति जब ज्ञान का रूप ले लेती है तो इसका मूल्यांकन प्रस्तु करता है। मूल्यांकन में तर्क का खुलकर प्रयोग किया जाता है। तर्क बौद्धिक हुआ करता है, क्योंकि बुद्धि किसी अनुभूति की तार्किक व्याख्या कर इसे व्यापक रूप प्रदान करती है। इसीलिए धर्म-दर्शन को धर्म की बौद्धिक व्याख्या धार्मिक अनुभूति का दार्शनिक विवेचन माना जाता है। हम

पहले कह आये हैं कि धर्म और दर्शन का क्षेत्र भिन्न-भिन्न है। विश्वास और व्याख्या, हृदय और बुद्धि, आस्था और तर्क का क्षेत्र अलग-अलग है। परन्तु इस भिन्नता या अलगाव को दूर करना धर्म-दर्शन की विशेषता है। तात्पर्य यह है कि यह आस्था और बुद्धि में, विश्वास और तर्क में संगति और सामञ्जस्य प्रस्तुत करता है। इसे एक उदाहरण के द्वारा और अधिक स्पष्ट रूप में समझ सकते हैं। ईश्वर में आस्था, ईश्वर के अस्तित्व में विश्वास धर्म का विषय है, परन्तु इस आस्था को तर्क के तराजू पर तौलना, ईश्वर के अस्तित्व को सिद्ध करना अर्थात् ईश्वरीय अस्तित्व के लिए प्रमाण देना धर्म-दर्शन का कार्य है। आत्मा की अमरता में आस्था तो धर्म का विषय है, परन्तु अमरत्व को सिद्ध करना धर्म-दर्शन का विषय है, अर्थात् इसके लिए प्रमाण प्रस्तुत करना धर्म-दर्शन का कार्य है। धार्मिक अनुभूति यथार्थ ज्ञान या प्रेम का विषय नहीं बन सकती, जो प्रेम का विषय नहीं वह प्रमेय नहीं अर्थात् वह अप्रमेय है। दूसरे शब्दों में यह अनुभूति अप्रेमय, अतर्क्य, अबौद्धिक, अतीन्द्रिय और अगोचर है। परन्तु धर्म-दर्शन की विशेषता यह है कि यह अप्रमेय को प्रमेय, अबौद्धिक को बौद्धिक, अतर्क्य को तर्कगम्य, अतीन्द्रिय को इन्द्रियगम्य और अगोचर को गोचर बना देता है। वस्तुतः यही धर्म-दर्शन का स्वरूप है। इस स्वरूप के कारण हीं धर्म-दर्शन को अबौद्धिक धर्म की बौद्धिक व्याख्या कहा गया है। हमने विचार किया है कि धार्मिक अनुभूति की दार्शनिक व्याख्या करना ही धर्म-दर्शन का स्वरूप है। इस स्वरूप का समावेश करते हुए प्रो. डी. एम. एडवर्ड ने धर्म-दर्शन की परिभाषा इस प्रकार की है-धर्म दर्शन धार्मिक अनुभूति के स्वरूप, कार्य, मूल्य तथा सत्यता की दार्शनिक खोज है। धार्मिक अनुभूति मुख्यतः मुख्यतः ईश्वरीय अनुभूति है। ईश्वर परमतत्त्व या अन्तिम सत्ता है। इस अन्तिम सत्ता की अनुभूति मनुष्य को यथार्थ रूप में होती है या नहीं, यहीं धर्म-दर्शन का प्रमुख विचारणीय विषय है। इस विषय की व्याख्या पूर्ण रूप से धर्म-दर्शन में की जाती है। अतः प्रो. एडवर्ड की परिभाषा धर्म-दर्शन के सार को स्पष्ट करने वाली परिभाषा है। इसी कारण विद्वान इसे ही धर्म-दर्शन की प्रायः यथार्थ परिभाषा स्वीकार करते हैं। धर्म-दर्शन की परिभाषायें तो अनेक हैं, परन्तु धर्म-दर्शन के सार का स्पष्ट समावेश इससे अधिक कहीं नहीं हो पाता।

प्रो. ब्राइटमैन कहते हैं कि धर्म-दर्शन एक प्रयास है जिससे धर्म की बौद्धिक व्याख्या की खोज होती है। यह धर्म का सम्बन्ध अन्य अनुभवों से स्थापित करता है तथा धार्मिक विश्वासों की सत्यता एवं धार्मिक मनोवृत्तियों का मूल्य निश्चित करना है। प्रो. राइट का कहना है कि धर्म-दर्शन की सत्यता तथा धार्मिक व्यवहारों एवं विश्वासों की मूल विशेषताओं पर सम्पूर्ण विश्व के सम्बन्ध में विचार करता है। प्रो. जॉन. ए. निकलसन का कहा है कि धर्म-दर्शन का उद्देश्य धार्मिक विश्वासों और उन मौलिक विश्वासों के साथ एकता स्थापित करना है जो मानव जीवन को साकार और दिशा प्रदान करते हैं। इस

प्रकार धर्म-दर्शन की अनेक परिभाषायें दी गयी है। सभी परिभाषायें किसी न किसी दृष्टि से ठीक भी है। विद्वानों की दृष्टि में भेद के कारण उनकी परिभाषाओं में भिन्नता है। उदाहरणार्थ-निकलसन महोदय धर्म-दर्शन के उद्देश्य को ध्यान में रखकर और राइट महोदय धर्म-दर्शन के विषय को ध्यान में रखकर परिभाषा देते हैं। यहाँ एक प्रश्न उपस्थित होता है कि किस परिभाषा को समीचीन स्वीकार किया जाय और क्यों? परिभाषा के लिए सबसे आवश्यक बात यह है कि किसी विषय की परिभाष उस विषय के सामान्य और सार गुणों को ध्यान में रखकर दी जाय। सार के बिना विषय नि:सार है, अत: सार का समोवश आवश्यक है। उद्देश्य और विषय-वस्तु की अपेक्षा स्वरूप और सार की दृष्टि से परिभाषा देना अधिक उपयुक्त होगा। इस दृष्टि रो हम कह सकते हैं कि प्रो. डी. एम. एडवर्ड की परिभाषा अधिक समीचीन और मान्य है, क्योंकि इसमें धर्म-दर्शन के स्वरूप और सार को अधिक स्पष्ट किया गया है। परन्तु इसका अर्थ यह नहीं है कि केवल यही धर्म-दर्शन की परिभाषा है। इसी प्रकार इसका अर्थ यह भी नहीं कि यह सबको मान्य या सबसे प्रचलित परिभाषा है। इसका अर्थ केवल इतना ही है कि स्वरूप और सार की दृष्टि से यह धर्म-दर्शन की परिभाषा अधिक समीचीन है।

धर्म-दर्शन का क्षेत्र और समस्याएें

किसी विषय के क्षेत्र का पता उसकी समस्याओं से ही लग सकता है। इस दृष्टि से धर्म-दर्शन के क्षेत्र का पता भी उसकी समस्याओं से निश्चित होगा। अत: प्रश्न यह कि धर्म-दर्शन की प्रमुख समस्याएँ क्या है? उत्तर यह है कि धर्म-दर्शन बड़ा व्यापक शास्त्र है। अत: इसकी समस्यायें भी व्यापक है, इनका निश्चय करना सरल कार्य नहीं। संक्षेप में हम कह सकते हैं कि धर्म-दर्शन की प्रमुख समस्याएं निम्नलिखित है-

(1.) **धार्मिक अनुभूति और व्यवहार की व्याख्या**-धर्म-दर्शन धर्म का दार्शनिक विवेचन है या बौद्धिक व्याख्या है, अत: धार्मिक व्यवहार इसका आवश्यक अंग है। धार्मिक व्यवहार के अन्तर्गत हम अपने आन्तरिक इष्टदेव या भगवान का ध्यान करते हैं, उनके लिए पूजा-पाठ, प्रार्थना करते हैं और उन्हें पुष्प, प्रसाद चढ़ाकर प्रसन्न करने का प्रयास करते हैं। धर्म-दर्शन इस प्रश्न पर विचार करता है कि इन आचरणों से हम अपने इष्टदेव से कितना निकट का सम्बन्ध स्थापित करते हैं। यदि इष्टदेव ध्यानगम्य है तो उनके लिए पुष्प और प्रसाद की आवश्यकता क्या है? यदि भगवान आत्मशुद्धि से प्राप्य है तो ब्राह्य उपकरणों का प्रयोजन क्या है? इस प्रकार जो व्यक्ति धार्मिक व्यवहार या आचरण करता है उसकी व्याख्या तथा उपादेयता बतलाना धर्म-दर्शन की समस्या है।

(2.) **धर्मों का ऐतिहासिक तथा मनोवैज्ञानिक अध्ययन**-संसार में जितने भी धर्म हैं उनका अपना-अपना इतिहास है। उनकी उत्पत्ति और विकास का क्रम समझना आवश्यक है। धर्मों की उत्पत्ति और विकास के विश्लेषण से धर्म-दर्शन अपने अध्ययन के लिए तथ्य या सामग्री प्राप्त करता है। धार्मिक मान्यताओं की समीक्षा धार्मिक तथ्यों के बिना सम्भव नहीं। तथ्यों का संकलन इतिहास का प्रमुख कार्य है। अत: धर्म-दर्शन ऐतिहासिक अध्ययन करता है। पुन: इसके अध्ययन के उपकरण मनोवैज्ञानिक विश्लेषण से भी प्राप्त होते हैं। धर्म में धार्मिक चेतना अत्यन्त आवश्यक है। धार्मिक चेतना क्या है, यह ज्ञानात्मक है या क्रियात्मक, इस प्रकार का विश्लेषण करना धर्म-दर्शन का कार्य है।

(3.) **धर्म का दार्शनिक अध्ययन**-धर्म-दर्शन धर्म का दार्शनिक विवेचन है, यह विवेचन बौद्धिक हुआ करता है। बुद्धि किसी विषय की विवेचना करते में युक्ति या तर्क की विवेचना करती है। दार्शनिक स्व-पक्ष मण्डन के लिए पर-पक्ष खण्डन के लिए तर्क प्रस्तुत करता है। यह दार्शनिक प्रणाली जब धर्म के क्षेत्र में लागू की जाती है तो धार्मिक मान्यताओं के लिए भी तर्क-वितर्क का प्रयोग किया जाने लगता है। तर्कसंगत तथा युक्तिपूर्ण बौद्धिक मान्यताएँ श्रद्धा का केवल विषय ही नहीं बनतीं, वरन् सुसंगत तथा युक्तिपूर्ण बौद्धिक सिद्धान्त का रूप ले जाती है। हमारी भगवान में आस्था या श्रद्धा हो सकती है, यह धर्म का विषय है। परन्तु जब हम अपने ईश्वर को तर्क या युक्ति से सिद्ध करना चाहते हैं, तो यह धर्म-दर्शन का विषय बन जाता है। सिद्ध और असिद्ध करना तो बुद्धि का कार्य है, इसके लिये बुद्धि तर्क का उपयोग करती है, अत: धर्म का दार्शनिक विवेचन धर्म-दर्शन की समस्या है।

(4.) **ईश्वर का अध्ययन**-प्राय: विद्वान् धर्म-दर्शन को ईश्वर केन्द्रित बतलाते हैं, क्योंकि ईश्वर-विचार इसका मुख्य विषय है। ईश्वर की अनुभूति करना तो धर्म का विषय है, परन्तु ईश्वरीय अनुभूति या सत्ता के लिए युक्ति या तर्क देना धर्म-दर्शन का विषय है। सच तो यह है कि धर्म-दर्शन अप्रेमय ईश्वर को प्रमेय बना देता है। यदि ईश्वर है तो वह मनुष्य के मन, बुद्धि, वाणी आदि इन्द्रियों के परे हैं। इसीलिये ईश्वर के लिये तर्क का प्रयोग कर अबौद्धिक और अप्रमेय ईश्वर को बौद्धिक और प्रमेय बना देता है। धर्म-दर्शन में ईश्वर की सत्ता सिद्ध की जाती है, ईश्वर के

व्यक्तित्व पर विचार किया जाता है, ईश्वर के गुणों का विश्लेषण किया जाता है, ईश्वर और मनुष्य के गुणों में भेद भी बतलाया जाता है।

(5.) **अशुभ का अध्ययन**–यह धर्म-दर्शन में विशेष आकर्षण का विषय है। ईश्वर सर्वोच्च सत्ता तथा सर्वोच्च मूल्य है। वह शुभ गुणों का धाम हैं। संसार में जो भी शुभ है वह परम शुभ ईश्वर का अंश है। परन्तु एक आवश्यक प्रश्न है कि संसार में शुभ के साथ-साथ अशुभ भी है। दुःख-दैन्य, निराशा, पाप, अत्याचार, शोषण आदि की सत्ता भी है, इनका कारण कौन? यदि ईश्वर सृष्टिकर्त्ता है, वही सबका पालनकर्त्ता, पिता, कृपा का धाम है तो उसकी सृष्टि में दुःख-दैन्य क्यों? यदि वह पिता है और दया का सागर है तो अपने पुत्रों को दुःखी क्यों देखता है? ये प्रश्न बड़े महत्त्वपूर्ण हैं। धर्म-दर्शन भगवान के साथ शैतान की समस्या का शुभ के साथ अशुभ की, पुण्य के साथ पाप की और सुख के साथ दुःख की समस्या का अध्ययन करता है।

(6.) **अमरत्व का अध्ययन**–मनुष्य संसार में रहकर जन्म और मृत्यु के चक्र में पड़ा हुआ है। वह जन्म लेता है मरने के लिए और मरता है जन्म लेने के लिए। जन्म और मरण का यह अनवरत चक्र सदा चलता रहता है, कहीं विश्राम नहीं है। क्या मनुष्य इस चक्र से छुटकारा पा सकता है? वह सान्त संसार सागर को पार कर अनन्त अमरत्व को प्राप्त कर सकता है? तात्पर्य यह है कि मरणधर्मा मनुष्य अमर बन सकता है? धर्म-दर्शन इस अमरत्व की समस्या का अध्ययन करता है। अमरत्व क्या है, यह कैसे प्राप्त हो सकता है, ज्ञान, भक्ति, कर्म आदि साधनों से यह प्राप्य है या नहीं?

(7.) **श्रद्धा और तर्क का अध्ययन**–धर्म श्रद्धामूलक है। किसी अदृश्य या अगोचर सत्ता में अटूट आस्था की विशेषता है। प्रश्न यह है कि क्या श्रद्धा या विश्वास का विषय युक्ति या तर्क का विषय बन सकता है? श्रद्धा और तर्क का सम्बन्ध क्या है, श्रुति और अनुभूति में कौन प्रमाणिक है, श्रुतियों में श्रद्धा का आधार आस्था है या तर्क? आजकल तो धार्मिक भाषा का विश्लेषण करना भी धर्म-दर्शन का प्रमुख कार्य बन गया है। धार्मिक भाषा प्रतीकात्मक होती है। जो साधारण भाषा में भिन्न है। साधारण भाषा तथ्यात्मक होती है और इसके कथनों की समीक्षा हो सकती है, अर्थात् साधारण वाक्य सत्य-असत्य रूप में परीक्षित हो सकते हैं। धार्मिक भाषा मूल्यात्मक होती है। प्रश्न यह है कि क्या धार्मिक कथनों की सत्य,

असत्य रूप में परीक्षा हो सकती है। आर्ष ज्ञान धर्म का आधार है, क्या आर्ष ज्ञान की परीक्षा को सकती है?

(8.) **धार्मिक चेतना की प्रामाणिकता का अध्ययन**-मनुष्य में धार्मिक चेतना है। वस्तुतः इसे धर्म का सार माना जाता है, परन्तु धार्मिक चेतना तो व्यक्तिगत अनुभूति है। क्या धार्मिक चेतना को सामान्य ज्ञान का विषय मानकर हम इसकी आलोचना और प्रत्यालोचना कर सकते हैं, यह धार्मिक ज्ञान की गम्भीर समस्या है? धार्मिक ज्ञान अप्रमाणिक नहीं है, परन्तु यह साधारण ज्ञान के समान प्रामाणिक भी नहीं है। इस गहन समस्या के अध्ययन में धर्म-दर्शन ज्ञान की उत्पत्ति, सीमा और प्रामणिकता का भी अध्ययन करता है। बुद्धिवाद, अनुभववाद, समीक्षावाद आदि सभी सिद्धान्त इसके अध्ययन के विषय है। धार्मिक ज्ञान की सबसे बड़ी समस्या रहस्य की अनुभूति है। रहस्य का अनुभव होता है, परन्तु इसे प्रामाणिक कैसे सिद्ध किया जाय? व्यक्तिगत रहस्य की समष्टिगत प्रामाणिकता कहाँ तक है? आजकल तो धार्मिक प्रत्ययों का विश्लेषण भी धर्म-दर्शन का विषय बन गया है। आज ईश्वर, मुक्ति, शाश्वत जीवन, पवित्रता आदि धार्मिक विषयों का विश्लेषण कर इन प्रत्ययों के यथार्थ स्वरूप का निश्चय किया जा रहा है।

(9.) **धर्म के मूल स्वरूप का अध्ययन**-किसी धर्म के मूल रूप तथा विकसित रूप में बड़ा भेद होता है। उत्पत्ति के समय जो धर्म का स्वरूप रहता है वह विकास के चरणों में नहीं रह पाता। विकास के विभिन्न चरणों में धर्म के क्षेत्र में नयी मान्यतायें स्वभावतः प्रवेश कर जाती है। धर्म-दर्शन धर्म की मूल मान्यताओं तथा नयी मान्यताओं की समीक्षा करता है। इसी आधार पर यह कहा जाता है कि धर्म-दर्शन का कार्य धर्म के स्वरूप, विकास तथा लक्ष्य की परीक्षा करना है। यह बतलाता है कि धर्म अपने मूल-रूप में कहां तक स्थित है। नयी मान्यताओं से धर्म में कौन-कौन से गुण या दोष उत्पन्न होते हैं। रूढ़िवादिता और अन्ध-विश्वास आदि धर्म को कैसे दूषित करते हैं। संक्षेप में, हम कह सकते हैं कि यह धर्म के मूल तथा विकसित रूप को हमारे सामने रखता है।

(10.) **धर्म के प्रति आक्षेपों का अध्ययन**-वर्तमान युग विज्ञान का युग माना जाता है। विज्ञान की उन्नति के कारण धर्म में अनास्था-सी उत्पन्न होने लगी है। वैज्ञानिक धार्मिक मान्यताओं को सन्देह की दृष्टि से देखते हैं।

कहा जाता है कि वैज्ञानिक आविष्कार धार्मिक मान्यताओं पर कुठारघात कर रहे हैं। विज्ञान धर्म के सम्मुख चुनौती देता है। ऐसी स्थिति में धर्म-दर्शन ही इस चुनौती को स्वीकार कर धर्म की उपादेयता सिद्ध कर रहा है। यह धर्म के आक्षेपों का उत्तर देकर धर्म के प्रति नयी आस्था उत्पन्न कर रहा है। इसी कारण तर्क के आधार पर धार्मिक विश्वासों का परीक्षण धर्म-दर्शन का रोचक विषय बन गया है। वर्तमान युग का मानव परम्परागत नहीं वरन् परीक्षित सत्यों में विश्वास करने लगा है। अतः सत्य और मूल्यों की परीक्षा कर धर्म-दर्शन अपनी उपादेयता सिद्ध कर रहा है।

उपरोक्त विवरण से स्पष्ट है कि धर्म-दर्शन की समस्यायें अनेक है। यदि धर्म अगोचर है और दर्शन अनन्त है तो धर्म-दर्शन की समस्याओं का अनेक होना स्वाभाविक है। परन्तु इसकी प्रमुख समस्या धार्मिक मान्यताओं का दार्शनिक विवेचन है। विवेचन तो तर्क या युक्तिपरक होता है, अतः धर्म के क्षेत्र में तर्क का प्रयोग धर्म की आज सबसे बड़ी समस्या बन गयी है। परन्तु तर्क या युक्ति के बिना यथार्थ स्वरूप स्पष्ट नहीं हो सकता तथा स्वरूप को जाने बिना हम पर रूप से भेद नहीं समझ पायेंगे। प्रायः देखा जाता है कि धार्मिक मान्यताओं में प्रबलता होती है। प्रबल विश्वास के कारण मनुष्य में पूर्वाग्रह तथा हठवादिता आ जाती है। इससे विवेक कुंठित होता है और अन्धविश्वास जन्म लेता है। ऐसे शुद्ध तथा अन्धविश्वासी व्यक्ति की आँखों को खोलने के लिए धर्म-दर्शन की नितान्त आवश्यकता है। धर्म-दर्शन ही नये दार्शनिक विश्वासों को खत्म करता है तथा पुराने विश्वासों को सुदृढ़ बनाता है। इसीलिए कहा जाता है कि धर्म की सच्ची समस्या दार्शनिक है और यह कार्य केवल धर्म-दर्शन ही कर सकता है। अतः धर्म-दर्शन का स्थान कोई दूसरा नहीं ले सकता। यह धर्म को बुद्धि-ग्राह्य बनाता है क्योंकि तर्क के बिना बुद्धि किसी वस्तु को यथार्थ रूप में ग्रहण नहीं कर सकती। अतः धर्म-दर्शन बुद्धि-ग्राह्य तत्त्वों की खोज का एक सही प्रयास है।

धर्म-दर्शन की उपयोगिता

धर्म औ दर्शन दोनों ही बड़े प्राचीन है। इनका इतिहास तो मानव-जाति का इतिहास है। आदि काल से ही मनुष्य किसी धर्म में विश्वास करता आया है और किसी दर्शन के अनुसार जीवन-यापन करता आया है। संसार में सम्भवतः ऐसी कोई जाति नहीं जिसका न कोई धर्म हो और न दर्शन। अतः धर्म और दर्शन तो अत्यन्त प्राचीन हैं परन्तु धर्म-दर्शन नहीं। ऐतिहासिक दृष्टि से धर्म-दर्शन का प्रारम्भ अठारहवीं शताब्दी से माना जाता है। इस दृष्टि से इसकी आयु अभिक नहीं। परन्तु बीसवीं शताब्दी में यह अत्यन्त उपयोगी सिद्ध हुआ है। इसकी उपयोगिता के निम्नलिखित कारण है-

(1.) **धर्म का तर्क से सम्बन्ध**-धर्म-दर्शन धर्म का दार्शनिक विवेचन है। इसके लिए तर्क की अत्यन्त आवश्यकता है। धर्म-दर्शन तर्क के आधार पर धार्मिक मान्यताओं का मूल्यांकन करता है। यह धर्म-दर्शन का सबसे महत्त्वपूर्ण कार्य है। अभी तक धार्मिक मान्यताओं को तर्क के परे समझा जाता था। इसीलिए कहा जाता है कि जहाँ तर्क का अन्त होता है वहीं से धर्म का प्रारम्भ होता है। धर्म-दर्शन ही इस भ्रान्ति को दूर करता है क्योंकि यह धर्म का मूल्यांकन तर्क के आधार पर करता है। धर्म-दर्शन ने यह सिद्ध कर दिया है कि धर्म तर्क के परे नहीं। धार्मिक होने का अर्थ तार्किक होना है और तार्किक होने का अर्थ धार्मिक होना है।

(2.) **धर्म के सार को स्पष्ट करना**-धर्म-दर्शन धर्म के ऐतिहासिक विकास का वर्णन करता है। धार्मिक विकास के विभिन्न चरणों को देखने से यह स्पष्ट होता है किसी धर्म का सार क्या है। इस प्रकार को ही धर्म का सत्य कहते हैं। यह मौलिक सत्य प्राय: सभी धर्मों में समान ही होता है तथा भेद बाह्य स्वरूप के कारण होता है। धर्म-दर्शन विभिन्न धर्मों के सार को स्पष्ट कर विभिन्न धर्मों में एकता की कड़ी स्थापित करता है जिससे धार्मिक अन्ध-विश्वास, कट्टरता और रूढ़िवादिता का अन्त होता है।

(3.) **धार्मिक विश्वास को सबल बनाना**-धर्म-दर्शन धर्म का बौद्धिक मूल्यांकन कर धार्मिक विश्वास को दृढ़ करता है। मनुष्य जब किसी धार्मिक मान्यता की तर्क या युक्ति से परीक्षा कर लेता है तो वह मान्यता उसके जीवन का अंग बन जाती है। मान्यतायें मूल्यांकन के बाद बौद्धिक विश्वास का रूप ले लेती हैं तथा मनुष्य इनके अनुसार जीवन-यापन करना अपना कर्त्तव्य समझता है। अत: निष्ठा में मूल्यांकन सहायक है।

(4.) **धार्मिक अन्ध-विश्वासों को दूर करना**-अन्धविश्वास के कारण ही धर्म का स्वरूप विकृत हो जाता है। धर्म-दर्शन हमारे सामने धर्म के मौलिक रूप तथा कृत्रिम रूप दोनों उपस्थित करता है। कृत्रिम रूप के प्रति बौद्धिक मानव को अनास्था उत्पन्न होती है। इस प्रकार धर्म-दर्शन धर्म में आये हुए विकारों को दूर करता है तथा धर्म का अनावरण करता है।

(5.) **धर्म को वैज्ञानिक रूप प्रदान करना**-आज धर्म और विज्ञान के बीच एक लम्बी दीवार खड़ी हो गयी है। वैज्ञानिक धार्मिक रहस्यों की पोल खोल रहे हैं तथा धर्म के ठेकेदारों, मुल्लाओं और पादरियों की बातों में

अनास्था उत्पन्न कर रहे हैं। रहस्य, चमत्कार, जादू आदि को वैज्ञानिक बुद्धि स्वीकार नहीं करती। बीसवीं शताब्दी का वैज्ञानिक मानव मन्दिर, मस्जिद, गिरजाघर और गुरुद्वारा की मान्यताओं को सन्देह की दृष्टि से देखने लगा है। इस समय धर्म-दर्शन ही सत्य-असत्य का सही निर्णय कर धर्म को विज्ञान का स्तर प्रदान करता है।

(6.) **धर्म का जीवन से सम्बन्ध स्थापित करना**-धर्म जीवन-यापन का साधन है। जो जीवन से दूर है वह जीवन के लिये अनुपयोगी है। अनुपयोगी मान्यताओं का बौद्धिक या वैचारिक महत्त्व हो सकता है परन्तु सामाजिक नहीं। धर्म-दर्शन धर्म के क्षेत्र में जीवनोपयोगी मूल्यों को प्रकट करता है तथा धर्म की सामाजिक उपयोगिता सिद्ध करता है। स्थितप्रज्ञ, जीवन्मुक्त आदि धार्मिक आदर्श जीवन के लिए उपयोगी है।

(7.) **धार्मिक विवादों का अन्त करना**-धार्मिक व्यक्ति आस्थावान होता है। उसकी आस्था इतनी प्रबल होती है कि वह सभी गुणों को एकमात्र अपने ही धर्म में देखने लगता है तथा अपने धर्म के विरुद्ध कुछ भी सुनने के लिए तैयार नहीं होता। परन्तु प्रबलता या दृढ़ता की यह स्थिति कट्टरता में बदल जाती है। इसी के कारण संसार में बड़े-बड़े युद्ध हुआ करत हैं तथा धर्म के नाम पर भीषण नरसंहार होता है। धर्म-दर्शन धार्मिक मान्यताओं में समानता दिखलाकर सर्व-धर्म-समन्वय का प्रयास करता है। इसकी यह मान्यता है कि विभिन्न धर्म सत्य-प्राप्ति के विभिन्न साधन है। सर्व-धर्म-समन्वय से ही मानवता के हित की रक्षा हो सकती है।

(8.) **धर्म के प्रति आक्षेपों का निराकरण**-आज के वैज्ञानिक युग में धर्म के विरुद्ध अनेक आक्षेप किये जाते हैं। इन आक्षेपों के कारण बुद्धिजीवी मानस में धर्म के प्रति अनास्था उत्पन्न होती है। कुछ लोग तो यहाँ तक कहते हैं कि धर्मविहीन समाज में ही सुख और शान्ति की स्थापना हो सकती है। इसी कारण लोग धर्म को मानवता विरोधी मानते लगे हैं। धर्म-दर्शन ही इन आक्षेपों का उचित उत्तर देकर धर्म की सामयिक उपयोगिता सिद्ध कर रहा है।

(9.) **भावना और विश्वास में समन्वय स्थापित करना**-भावना का सम्बन्ध हृदय से है और विश्वास का बुद्धि से। ये दोनों एक नहीं हो सकते। धर्म-दर्शन इनमें एकता स्थापित करता है। धर्म-दर्शन धार्मिक मान्यताओं का बौद्धिक विवेचन कर धार्मिक आस्था को परिष्कृत, परिवर्द्धित और सुदृढ़

बनाता है। इसके कारण ही बौद्धिक व्यक्ति धर्म में विश्वास करता है। उपरोक्त तथ्यों से धर्म-दर्शन की उपयोगिता सिद्ध होती है। कुछ लोग धर्म-दर्शन की कल्पना को निराधार समझते हैं। उनका कहना है कि धर्म-दर्शन सामान्य-धर्म या विश्व-धर्म की स्थापना करना चाहता है, परन्तु विश्व में विभिन्न धर्मों का अस्तित्व है, न कि विश्व-धर्म का। धर्म किसी व्यक्ति या समाज का हो सकता है। सभी व्यक्ति और समाज का कोई धर्म नहीं हो सकता, परन्तु ऐसा सोचना निराधार है। विभिन्न धर्मों की मान्यताओं में समानता हो सकती है जिनके आधार पर सर्व-धर्म-समन्वय की कल्पना की जा सकती है।

धर्म के स्वरूप

धर्म के स्वरूप को जानने के लिए धर्म का अर्थ जानना अति आवश्यक है। धर्म शब्द प्राय: हम सबके लिए इतना परिचित शब्द है कि इसका प्रयोग हम दैनिक जीवन में प्रतिदिन करते हैं। अत: इस शब्द के अर्थ के सम्बंध में सामान्य व्यक्ति किसी प्रकार की कठनाई अनुभव नहीं करता है। सामान्य व्यक्ति धर्म शब्द का अर्थ विश्व में प्रचलित विभिन्न धर्मों की ओर संकेत करके ही स्पष्ट करेगा। सामान्य व्यक्ति मंदिर, मस्जिद, गिरजाघर आदि उपासना स्थलों में जाकर विशेष प्रकार से प्रार्थना या पूजा करने को ही धर्म मानता है। इसके अतिरिक्त व्यक्ति के जन्म, नामकरण, विवाह, मृत्यु आदि महत्वपूर्ण अवसरों पर सम्पन्न किए जाने वाले विशेष कृतियों या अनुष्ठानों को भी धर्म की संज्ञा देता है। इस प्रकार स्पष्ट है कि सामान्य व्यक्ति धर्म को कुछ विशेष बाह्य वस्तुओं, भवनों, वस्त्रों,पुस्तकों, व्यक्तियों तथा प्रार्थना या पूजा-पाठ सम्बधी कर्मकाण्डों को ही धर्म मानता है।

सामान्यत: धर्म की वही परिभाषा उपयुक्त मानी जा सकती है जिसमें विश्व के सभी धर्मों की सामान्य विशेषताएँ या उनके मूल तत्त्व सम्मिलित हो और जिसके आधार पर धर्म को साहित्य, कला, विज्ञान, राजनीति, दर्शन, नैतिकता आदि से धर्म को पृथक किया जा सके। उपर्युक्त तथ्यों को ध्यान में रखते हुए धर्म की निम्नलिखित परिभाषाएँ दी जा सकती हैं। धर्म की परिभाषा के सम्बंध में जॉन मार्ले का कथन है कि धर्म की दस हजार परिभाषाएँ संकीर्ण हैं और कुछ व्यापक। प्रो. गैलवे का विचार है कि "धर्म की परिभाषाएँ करने के लिए हमें उसके दो पहलुओं पर ध्यान देना होगा-(1)आन्तरिक तथा(2)बाह्य। आन्तरिक पहलु के अन्तगर्त विश्वास व श्रद्धा की भावनाएँ आती हैं और बाह्य पहलु के अन्तर्गत उसका बाह्य रूप। अत: धर्म की वही परिभाषा अधिक समीचीन होगी जो धार्मिक चेतना के विभिन्न पहलुओं अर्थात् बुद्धि,भावना, संकल्प से सम्बन्धित

हो और साथ ही मनोवैज्ञानिक व वैज्ञानिक भी हो। धर्म की जितनी भी परिभाषाएँ दी गई हैं-उनको मोटे रूप में निम्नलिखित पाँच वर्गों में बाँटा जा सकता है-

1. ज्ञानमूलक परिभाषाएँ
2. भावनामूलक परिभाषाएँ
3. संकल्प मूलक परिभाषाएँ
4. मूल्य सम्बंधी परिभाषाएँ
5. समाजशास्त्री परिभाषाएँ
6. अन्य परिभाषाएँ-

(अ) भारतीय (ब) पाश्चात्य।

धर्म की परिभाषाओं का उपर्युक्त वर्गीकरण पाश्चात्य व भारतीय विद्वानों द्वारा प्रस्तुत धर्म की परिभाषाओं के आधार पर किया जा सकता है।

1. ज्ञानमूलक परिभाषाएँ -कुछ विद्वानों ने धर्म की जो परिभाषाएँ की हैं,उसमें केवल बुद्धि-तत्व को महत्व प्रदान किया गया है। हेगल धर्म की परिभाषा करते हुए लिखता है कि "अपूर्ण बुद्धि द्वारा अपने स्वरूप कर पूर्ण बुद्धि के रूप ही धर्म है।"-इस प्रकार हेगल ने धर्म को एक प्रकार का ज्ञान माना है जिसमें निरपेक्ष सत्ता का पूर्ण बोध प्राप्त होता है। मैक्समूलर धर्म मानसिक शक्ति के रूप में परिभाषित करता है और कहता है कि धर्म वह मानसिक शक्ति या प्रवृति है जो मनुष्य को अनन्त सत्ता का ज्ञान प्राप्त करने में सक्षम बनाती है। टाइगर के अनुसार धर्म आध्यात्मिक सत्ताओं में विश्वास है।

आलोचना-उपर्युक्त परिभाषाएँ एकांगी व संकीर्ण है क्यों कि इनमें ज्ञान के विश्वास को धर्म माना गया है जब कि धर्म में भावना व संकल्प भी महत्पूर्ण होते हैं। धर्म को केवल ज्ञान या विश्वास तक ही सीमित नहीं किया जा सकता है, क्यों कि ऐसा करने से आदिम धर्मों-टोटमवाद, प्राणवाद आदि की व्याख्या नहीं की जा सकती।

2. भावनामूलक परिभाषाएँ -अनेक विचारकों ने धर्म की भावनामूलक परिभाषाएँ प्रस्तुत की है, जिनमें श्लायर मारवर का नामक उल्लेखनीय है। उनका कहना है कि "ईश्वर पर पूर्ण रूप से निर्भर रहने की भावना में ही धर्म का तत्त्व निहित है।-" इसी प्रकार सी. पी. तोल ने कहा है कि "धर्म वह शुद्ध एवं श्रद्धायुक्त मनोवृति है जिसे हम भक्ति कहते है।" इन विचारकों की मान्यता है कि धर्म के लिए ज्ञान,नैतिकता,तर्क को आवश्यक अंग नहीं माना जा सकता है, केवल भावना ही धर्म का मूल तत्त्व है।

आलोचना-भावनामूलक परिभाषाओं के आधार पर भावना पर धर्म को आधारित करना अनुचित नहीं है किन्तु एडवर्ड जैसे अनेक विचारकों ने इसकी आलोचना यह कहकर की है कि इनमें निर्भरता की भावना को क्षेत्र व्यापक है तथा विचार तथा ज्ञान से भावना को अलग नही किया जा सकता है। इसमें धर्म को उच्च रहस्यवादी धरातल पर प्रस्तुत किया गया है।

3.संकल्पमूलक परिभाषाएँ-इन परिभाषाओं के अन्तर्गत संकल्प को धर्म का मूल तत्त्व माना गया है। नैतिक संकल्प या नैतिक चेतना को ही व्यवहार के रूप में अभिव्यक्त किया जाता है। ज्ञान और अनुभव की अपेक्षा व्यवहार ही धर्मों का मुख्य आधार है। सबसे पहले कान्ट ने कहा था-''दैविय आदेश के रूप में कर्त्तव्यों की स्वीकृति ही धर्म है।'' फ्लेण्डर का मत है कि ''देवता के विचार के अनुरूप निर्दिष्ट संकल्प ही धर्म है।

आलोचना-इन संकल्पमूलक परिभाषाओं की आलोचना यह कहकर की जाती है कि यह एकांगी है क्यों कि इनमें केवल व्यवहारिकता और क्रियात्मक पक्ष पर बल दिया गया है और भावना पक्ष की अवहेलना कर दी गई है। धर्म और नैतिकता के अन्तर को भी इन परिभाषाओं ने ध्यान में नहीं रखा है।

4. मूल्य सम्बंधी परिभाषाएँ-एडवर्ड का मत है कि धर्म की भावमूलक परिभाषा की अपेक्षा मूल्य सम्बंधी परिभाषा अधिक समीचीन है। उनका मानना है कि ''धर्म नित्य के जीवन की कई समस्याओं और विपत्तियों के मध्य मानसिक शांति के मार्ग की खोज का सतत् प्रयत्न है।''

इन परिभाषा में धर्म के प्रयोजन मूलक पक्ष पर बल दिया गया है। प्लेटो के विचार से भी 'शुभ' और कान्ट के 'शुभच्छा' में मूल्य के प्रत्यय निहित है। लोटेज और पिछल का मत है कि मूल्य व भावना अभिन्न हैं। मूल्य को ध्यान में रखते हुए सर्वप्रथम धर्म की परिभाषा हेराल्डहाफडिग

4. मूल्य सम्बंधी परिभाषाएँ-एडवर्ड का मत है कि धर्म की भावमूलक परिभाषा की अपेक्षा मूल्य सम्बंधी परिभाषा अधिक समीचीन है। उनका मानना है कि ''धर्म नित्य के जीवन की कई समस्याओं और विपत्तियों के मध्य मानसिक शांति के मार्ग की खोज का सतत् प्रयत्न है।

इन परिभाषा में धर्म के प्रयोजन मूलक पक्ष पर बल दिया गया है। प्लेटो के विचार से भी 'शुभ' और कान्ट के 'शुभच्छा' में मूल्य के प्रत्यय निहित है। लोटेज और पिछल का मत है कि मूल्य व भावना अभिन्न हैं। मूल्य को ध्यान में रखते हुए सर्वप्रथम धर्म की परिभाषा हेराल्ड हाफड़िग ने की थी और ''मूल्यों के संरक्षण में आस्था'' के रूप

में धर्म की व्याख्या की थी। उनका मानना था कि "मूल्यों की संरचना में विश्वास ही धर्म का मूल तत्त्व है और उसने यह प्रदर्शित करने का प्रयास किया है कि मानव-जीवन के अन्तर्गत मूल्यों का कभी नाश नहीं होता। मूल्यों का संरक्षण शक्ति के संरक्षण नियम के अनुकुल है। यदि व्यक्ति को धर्म का विश्वास होता है तो उसके जीवन में मूल्यों का संरक्षण होता है और वह किसी शक्ति का सहारा लेते हुए मूल्यों के प्रति सचेत रहता है।" हाफड़िग मूल्यों की मान्यता में पूर्णतया विश्वास रखता है और कहता है कि संसार में शक्ति और शुभेच्छा की विजय होती है। सृष्टि की पूजा ऐसी शक्तियां हैं कि सद् वृतियों एवं शुभ की रक्षा में सहायता करता है। वह यह कहता है कि धार्मिक और मनोवैज्ञानिक मनोवृत्ति एक दूसरे के विरोधी नहीं है। यदि इन्हें एक दूसरे की पूरक कहा जाय तो अनुचित न होगा क्यों कि मूल्य वास्विकता से अलग नहीं कहे जा सकते हैं।

आलोचना-इस परिभाषा का सबसे बड़ा दोष यह है परन्तु व्यावरिक रूप को भुला देती है। धर्म केवल मूल्यों के संरक्षण में ही नहीं वरन उनकी सिद्धि में आस्था भी है। दूसरे धर्म के तत्त्व के रूप में मूल्य केवल नैतिक नहीं है, क्यों कि ईश्वर नीति-अनीति से परे है। एलेग्जेण्डर ने इस परिभाषा की आलोचना यह कह कर की कि यह अत्यधिक बौद्धिक है, परंतु यह कहने में कि "ईश्वर को सर्वोच्च मूल्य नहीं कहा जा सकता क्योंकि कोई ऐसा निर्मूल्य नहीं है, जिससे उसकी तुलना हो सके" उसने निरपेक्ष विधियों को सापेक्ष विधेय मान लिया है। यदि किसी वस्तु में मूल्य होता है तो वह किसी मूल्यहीनता की तुलना में होता है। सीमित वस्तुओं के विधेय सापेक्ष होते हैं परंतु ईश्वर के विषय में कहा जाता है वह निरपेक्ष विधेय है।

5. समाजशास्त्रीय परिभाषाएँ -अनेक समाजशास्त्रियों ने समाज को दृष्टिकोण में रखकर धर्म की परिभाषाएँ प्रस्तुत की। फेयरचाइन्ड के अनुसार-"उच्च अ" ही नहीं वरन् श्री अरविन्द के शब्दों में सारांश यह है कि धर्म का सार्वाधिक आन्तरिक तत्त्व-ईश्वर की खोज और ईश्वर की सिद्धि है। उसकी आकांक्षा है असीम निरपेक्ष, एक भागवत सत्ता की खोज जो इन सभी मानव और ईश्वर में सच्चे और परम् सम्बन्धों का जीवन व्यतीत करना है, ऐक्य के सम्बन्ध, अनैक्य के सम्बन्ध, एक ज्योतिर्मय ज्ञान के सम्बन्ध, एक रसावेश जनित प्रेम और आनन्द के सम्बन्ध, एक ज्योतिर्मय ज्ञान के सम्बन्ध, एक रसावेश जनित प्रेम और आनन्द, एक पूर्ण आत्म-सम्प्रण और सेना, हमारी सत्ता के प्रत्येक अंश को उसके साधारण स्तर से निकल कर मानव की भावगत सत्ता की ओर ऊर्ध्वोन्मुखी प्रगति में ढ़ालना और भागवत्त सत्ता का मानव में अवतरण। श्री गाँधी ने धर्म को हृदय ग्राह्य बतलाया है न कि मस्तिष्क के द्वारा। अन्य पाश्चात्य विचारकों अनुसार धर्म-फिलिन्ट, जेम्स, गैलवे आदि पाश्चात्य विचारकों व दर्शनशास्त्रियों ने धर्म की परिभाषाएँ प्रस्तुत करते हुए उसके स्वरूप को स्पष्ट करने का प्रयास किया है।

1. फिलिट की परिभाषा-फिलिन्ट के अनुसार धर्म मनुष्य की ऐसी सत्ता या सत्ताओं में विश्वास है जो उसे शक्तिशाली और इन्द्रियजीत है, परन्तु वह उसके स्थायी भावों तथा क्रियाओं के प्रति उदासीन नहीं है।

2. जेम्स की परिभाषा-जेम्स के अनुसार धर्म का अर्थ व्यक्ति का एकांतिक भाव, क्रिया एवं अनुभव है, जो व्यक्ति और ईश्वर के सम्बन्ध के ज्ञान से उत्पन्न होते हैं।

3. गैलवे के अनुसार-अपने से परे शक्ति में मनुष्य का वह विश्वास धर्म है, जिसके द्वारा व अपनी भावनाओं की संतुष्टि और जीवन की स्थिरता प्राप्त करता है तथा जिसे व पूजा एवं सेवा के माध्यम से प्रकट करता है।

4. बोकेट-महोदय ने धर्म की शाब्दिक व्याख्या इस प्रकार प्रस्तुत की है। उसका मत है कि रिलीजियन शब्द की उत्पत्ति लेटिन भाषा के शब्द से हुई जो स्वयं धातू से निकाला है, जिसका अर्थ बाँधना या साथ-साथ है। इसमें दो अर्थ निहित हैं। पहले अर्थ के अनुसार पवित्र में विश्वास तथा दूसरे अर्थ में ऐसे कार्य जो मनुष्य व अलौकिक शक्ति का परस्पर बाँधे अर्थात् दोनों में परस्पर सम्बन्ध स्थापित करें। धर्म के अर्थ में दोनों ही बातें सम्बन्धित हैं। विश्वास व स्तुति-पूजा दोनों ही धर्म के मुख्य अंग हैं।

5. डायसन के अनुसार-जब कभी और जहाँ कहीं भी मनुष्य में बाह्य शक्तियों में परस्पर निर्भरता के भाव उत्पन्न होते हैं, जो रहस्य के समान गुप्त रहती है तथा जो स्वयं मनुष्य से उच्च है वही धर्म होता है। भय की तथा स्वयं को नीचे गिराने की भावना जिसमें मनुष्य उन शक्तियों की उपस्थिति से भरा रहता है, वह आवश्यक रूप से धार्मिक संवेग है, पूजा व प्रार्थना का पक्ष है।

❑❑❑